KB268835

뉴욕 한인사회의 현상과 교육문제

재외한인학회총서 2

뉴욕 한인사회의 현상과 교육문제

2011년 12월 19일 초판 인쇄
2011년 12월 22일 초판 발행

지은이 | 이광규
펴낸이 | 이찬규
펴낸곳 | 북코리아
등록번호 | 제03-01240호
주소 | 462-807 경기도 성남시 중원구 상대원동 146-8
         우림2차 A동 1007호
전화 | 02-704-7840
팩스 | 02-704-7848
이메일 | sunhaksa@korea.com
홈페이지 | www.bookorea.com
ISBN | 978-89-6324-135-7 (94330)
         978-89-6324-134-0 (세트)

값 18,000원

* 본서의 무단복제를 금하며, 잘못된 책은 구입처에서 바꾸어 드립니다.

재외한인학회총서 2

뉴욕 한인사회의 현상과 교육문제

이광규 지음

북코리아

PREFACE

　　2006년 11월에 재외동포재단 이사장직을 끝내고 2가지 요청이 있었다. 숙고 끝에 한국에서의 공직생활의 여념을 없애고 새로운 출발을 함에 있어서 미국에서 다른 일로 몰두함이 바람직하다 생각되어 미국행을 결심했다. 미국에서 새로이 한 일은 첫째, 미국 동북부인 코네티컷 주 뉴헤이븐(New Haven)에 위치한 동암문화연구소(East Rock Institute)의 임시 소장직을 1년간 맡아달라는 전혜성 박사의 요청을 수락한 것이다. 둘째는 재미동포교육진흥재단의 이사장직을 맡아 유명무실해진 재단을 살리는 것이었다. 이 재단의 전임 이사장이신 이상오 박사가 물러난 자리를 인수받은 것이며, 사무인계를 김총림 목사가 맡기로 하고, 박희민 목사와 차종환 박사 등이 적극 후원해주기로 했었다. 그러나 막상 미국에 와서 보니 재단 일을 인계해주는 사람도 없고, LA 지역의 교육 관계자를 소집해 새로이 재단을 조직하려 했으나 평소 재미동포교육진흥재단의 인상이 좋지 않아 호응하는 사람이 없었다. 그나마 사무장을 맡겠다고 자처한 사람이 일을 하지 않고 수개월이 지나면서 유야무야하게 되어 미국에 온 목적의 하나인 재단 살리기는 완전히 수포로 돌아가고 말았다. 박희민 목사를 비롯하여 차종환 박사, 그리고 김총림 목사님들께 미안한 마음 간절하다.

　　첫 번째 목적인 동암문화연구소 근무는 이곳에 상근했기 때문에 별사과 없이 무사히 직무를 수행할 수 있었다. 그러나 이곳의 직무도 원래 생각했던 것과는 환경과 조건이 달라 만족스러운 성과를 올렸다고 생각지 않아 필자를 초청한 전혜성 박사와 연구소에서 같이 근무한 동료들에게 미안하게 생각한다.

동암문화연구소에 정력을 쏟지 못한 데에는 실은 본인의 탓이 더 많다. 본인의 탓이란 첫째, 외부의 출장이 많아 시간적으로 동암문화연구소에만 전념하지 못한 것이고, 둘째는 뉴욕을 중심으로 예상치 않았던 운동을 전개한 것이다. 본인이 미국에 와 있다는 것을 알고 여러 지역에서 강연을 부탁하여 10여 회 출장을 갔으며 거의 전국 각지를 다녀온 셈이 되었다.

미국에 와서 새로이 발견한 것의 하나가 미국에서 한국이 총 없는 전쟁을 하고 있다는 사실이었다. 미국에서는 'SAT II'에 한국어를 추가했고, 2000년에 선포한 국가안보교육 프로그램(National Security Education Program)인 'Flagship Scholarship' 10개국어에 한국어를 두었으며, 2004년 'Bush Grant 2004'에 한국어가 추가되었으며, 2008년 NSLI(National Security Language Initiative)인 'Critical Language Scholarship' 9개국어에 한국어를 추가했다. 말하자면 이제 한국어는 명실공히 미국이 인정한 세계어가 되었으며, 미국 연방정부는 기회가 있을 때마다 한국어를 중국어, 일본어와 같은 수준에서 국민 그리고 학생들이 배워야 할 외국어로 인정한 것이다. 특히 'Bush Grant'는 중·고등학교에서 선택할 외국어로 한국어, 중국어, 일본어를 인정했기 때문에 미국 중·고등학교에서 한국어, 중국어, 일본어가 경쟁을 하게 된 것이다. 이러한 사항을 모르고 한국인 학부모들 중 그까짓 한국어를 미국까지 와서 배워 뭐 하는가 하는 참으로 어리석은 생각을 가진 사람들이 많았다. 말하자면 미국이 한국어를 세계어로 인정해주었으나 한국인들이 그것이 어떻게 세계어가 되겠는가 하는 생각을 갖는다는 것이다. 나의 생각으로는 이것이 반대가 되어야 한다고 생각한다. 미국이 한국어를 인정하지 않는다면 재미동포들이 한국어를 국제어·세계어로 인정하라고 조르고 시위를 하고 난리를 쳐서라도 한국어를 'SAT II'와 'Flagship

Scholarship', 'Bush Grant 2004' 또는 'Critical Language Scholarship'의 추천 외국어로 넣어주어야 하는 것이 마땅한 것이라 생각한다. 그러나 이것이 정반대가 되어 있어 한국을 아끼는 한 사람으로 참으로 서운한 마음이 들었다.

이러한 이유로 미국에 있는 동안 뉴욕을 중심으로 미국 중·고등학교에 한국어 보급하는 운동을 전개했다. 다행이 뉴욕에 있는 한인 지도자나 중·고등학교에 근무하는 한국인 교사 그리고 교육 관계자들이 필자의 뜻을 바로 이해해주고 적극적으로 운동을 전개해 참으로 기쁘게 생각한다. 그리고 내가 가는 곳마다 이런 생각을 토로하고 그곳의 교육 관계자분들에게 이러한 운동을 전개할 것을 부탁했고, 이것을 쾌히 응낙하여 지역의 사정에 맞추어 이 운동을 전개할 것을 약속하여 다행으로 생각한다.

이러한 마음을 전히기 위히여 이왕이면 책을 하나 준비하고자 시간을 내어 자료를 모아보았다. 2007년 한 해라는 짧은 시간이기에 전국을 대상으로 하지 못하고 뉴욕을 중심으로 재미동포사회가 현재 어느 정도 성장했고, 이 교민사회가 어느 방향으로 가야 하는가를 제시하는 의미에서 재미동포의 교육문제를 거론해보기로 했다.

이 저서는 크게 3가지 분야로 나누어진다. 하나는 '들어가며' 부분이다. 저서의 서론이지만 재미동포들이 삶의 의미를 정하는 데에 도움이 될 시대사상을 언급해보았다. 특히 미국에 와서 한국 것을 잊어버리는 2세들에게 왜 한국 것을 유지해야 하는지 민족 정체성 당위의 문제에 보탬이 될 문명사가의 이론과 필자의 의견을 첨가해보았다.

둘째, 본론에 해당하는 재미동포사회의 현실을 1부에서 서술했다. 오늘의 재미한인사회의 모습과 역량을 뉴욕의 한인사회를 통해 언급해보았다. 여기에는 뉴욕이 어떻게 전 미국의 동포사회를 대표하느냐 하는 문제가 있다. 그러나 뉴욕 거주 동포들이 LA 다음으로 많은 곳이고, 뉴욕이 동부 미국만을 대상으로 하는 지역이 아니라 세계 문명의 중심지이기에 이곳에 거주하는 한국인들도 미국 내 동포를 대표함에 손색이 없다고 생각해 뉴욕을 중심으로 한인사회를 묘사해보았다.

셋째, 교육문제를 2부에서 자세하게 분석했다. 교육문제를 재미동포의 미래과업으로 생각했기 때문에 교육문제를 별도로 다룬 것이다. 앞서 언급한 것과 같이 앞으로 10년 한인들이 미국에서 어떤 방향으로 나아가는 것이 옳은 길이겠느냐 하는 문제에 역시 교육이 중요한 영역이라 생각했기 때문이다. 예가 될지 모르겠으나 6·25 한국전쟁 전후로 북한에서 남하한 월남 피난민이 상당수에 이르렀었다. 이 중에는 맨손으로 남하하여 동대문, 남대문에서 갖은 고생을 하고 기업을 일으켜 재벌급에 오른 사람들이 많았다. 이들이 자녀에게 사업을 물려주면서 자본만 주기보다 뼈대를 같이 주기 위하여 족보를 산 시기가 있었다. 말하자면 돈보다 뼈대를 물려주고 싶은 것이 한인들의 마음인 것 같다. 현재 재미동포사회는 1세가 물러나고 2세들이 등장하는 큰 과도기에 놓여 있다. 1세들은 낯선 곳에서 우선 생존을 위한 경제적인 기반을 닦기 위해 온 정력을 다 바치면서 1세는 인색하다, 1세는 영어를 못한다, 1세는 옹졸하다는 별 말을 다 듣고 그래도 다른 민족에 비해 뒤지지 않는 경제적인 기반을 닦아 놓았다. 이제 전환기에 들어선 재미동포사회가 2세에게 사업만 물려주고 말 것인가는 곰곰이 생각해야 한다. 말하자면 경제적인 것보다 정신적인 것을 물려주는 것이 더 중요하다고 생각한다.

다행히 미국은 다민족국가, 다문화사회이다. 다문화사회에 우리 후손들이 어떤 모습으로 사는 것이 유리할 것인가를 생각해야 한다. 미국은 한국이나 프랑스와 같은 민족국가가 아니라 모든 민족이 자유로이 경쟁할 수 있는 이민의 나라, 경쟁의 나라이다. 이곳에서 한국말을 전혀 못하고, 한국인이 아니라 해도 미국 사람들이 한국계 후손이라 생각하는 사람이 한국적인 것을 모르는 것을 오히려 이상하게 생각한다. 미국 사람보다 우리의 경쟁자는 소수민족인 유색인종이고, 우리와 가장 가깝다는 일본인,

중국인이 우리의 경쟁 대상이며, 우선 이들과의 경쟁에서 이겨야 미국에서 살아남을 수 있다. 그리고 우리의 이웃은 남미의 라틴계 사람들이고, 우리의 친구는 흑인들이다.

재미동포들은 그간 빠른 속도로 사회적인 기반을 구축했다. 특히 뉴욕에서 보는 것과 같이 도매상인 유대인과 이탈리아인을 상대로 경쟁하여 오늘의 경제 기반을 구축했고, 흑인이나 라틴계 고객들과 싸우면서 가게의 자리를 잡았으며, 멕시칸 고용인의 속을 썩이면서 기업을 반석 위에 올려놓았다. 이렇게 상하좌우의 이민족을 상대로 하면서 기업을 키워나간 민족도 많지 않다. 특히 전문가의 눈으로 볼 때 한국사람이 대단하다고 생각하는 것은 원래 한국인들은 장사를 할 줄 모르는 양반문화를 가진 사회 출신들이기 때문이다. 원래 상인이라면 한 푼이 남으면 적하고도 악수하라는 유태인 상법을 모르는 사람들이다. 이런 한인들이 전혀 훈련도 받지 않고 예상도 못한 환경에서 사업을 성공시킨 것을 보면 참으로 대단하고 대견스럽다고 생각한다. 이렇게 1세들이 뼈가 부스러지는 고생을 감수하면서 이민의 목적인 자녀들의 교육을 위해 전념하고, 그 목적을 달성한 덕분에 자녀들이 변호사나 의사가 된 사람이 많다. 이제 한국적인 문화와 얼까지 전승하고 한국문화를 널리 보급시켜 한국을 명실공히 선진국의 대열에 올려야 할 것이다. 특히 1960~1970년대 미국으로 이민 온 사람들 중 한국에 대한 열등의식을 갖는 이들이 많다. 이것이 한국을 일등국으로 만들지 못하는 우리의 못난 열등의식이다. 이것에서 빨리 벗어나 한국이 일등국임을 자랑스럽게 생각하고 이것을 자녀에게 전해주려는 것임을 알아야 한다.

그간 짧은 기간에 자료를 모으느라 많은 분들에게 신세를 졌다. 이런 분들의 도움 없이는 불가능했으리라 생각된다. 인터뷰에 응해주신 30여 분을 모두 열거할 수 없어 몇 분만을 열거해보면, 뉴욕에서는 김기철 전 한인회장, 고은자 한인회 교육담당 부회장, 김영덕 유권자센터 이사장, 정진

기 미주한국국악진흥회 회장, 그리고 뉴욕시립대학교의 민병갑 교수에게
많은 도움을 받았다. 코네티컷에서는 손지용 뷰티서플라이 연합회 총회
장, 동암문화연구소의 전혜성 박사와 심운섭 교수 등에게 도움을 받았다.
여러분들에게 깊은 감사를 드리는 바이다. 이분들의 도움이 없었다면 이
저서의 출판이 어려웠을 것이다.

그리고 미국 중·고등학교 한국어 정규과목채택추진회를 결성하고
사업을 추진하는 공동대표 김영덕, 이광호, 이세목 세 분 선생과 사무처를
맡으신 이선근 박사와 이지선 선생, 그리고 후원회장을 맡으신 서진형 이
사장에게 감사하는 바이다. 마지막으로 이 책을 출판해주신 북코리아 출
판사 이찬규 대표님께도 감사드린다.

2011년 12월
저자 이광규

제4장 뉴욕 재미동포의 종교생활 / 183

제5장 뉴욕 재미동포의 예술 · 체육활동 / 208

제2부 뉴욕 재미한인사회의 교육

제1장 대학에서의 한국학 연구 / 240

제2장 중·고등학교, 초등학교 한국어 강좌 / 274

제3장 주말 한국학교 / 295

들어가며

인류 문명권

　　20세기 초 독일의 문명사가인 오스발트 슈펭글러(Oswald Spengler)가 유명한 저서 『서구의 몰락』(*Die Untergang des Abendlundes*)을 발표하면서 서구 여러 나라의 의식 있는 모든 사람들은 심각한 사유를 하지 않을 수 없었다. 로마사를 연구한 그는 고대 문명의 집대성인 로마가 영원히 지속될 줄 알았다. 그리하여 돌을 깔아 축성한 로마의 길(La strata roma)이 다르면 다르지 로마는 영원할 것이라 생각해왔다. 그러나 현재 로마는 멸망했고 폐허로 변해버렸다. 로마의 멸망을 연구한 슈펭글러는 로마 멸망의 원인을 로마의 가정에서 찾았다. 건전한 로마의 가족이 로마를 건설했으며, 로마가 멸망한 것은 건전한 로마 가정이 없어지고 성생활이 문란해지면서 결국 멸망하고 말았다고 했다. 문제는 로마 문명이 융성기를 지나 멸망에 이르렀던 문명의 노화현상이 현 유럽에도 나타나기 시작해 세계를 지배하던 유럽이 멸망할 것이라는 것이다. 이것은 19세기와 20세기 세계를 지배하던 유럽 여러 나라들이 심각하게 받아들이지 않을 수 없었다. 그러면 서구는 어떻게 할 것인가. 슈펭글러의 답은 이것이 문명의 융성과 멸망의 운명적 곡선의 전개라면, 유럽인은 후대의 사가가 신사답게 죽었다는 말이라도 듣게 운명에 순응하며 곱게 죽어가는 것이 옳을 것이라 했다.

이러한 비참한 예언에 대해 희망을 준 것이 영국의 문명사가 아놀드 토인비(Arnold Toynbee)이다. 그는 『역사의 연구』(A Study of History)에서 인류 문명의 역사는 운명론적 역사가 아니라 도전과 응전의 역사이며, 그간 20개의 문명이 낳고 죽고 한 것이 이 도전과 응전의 법칙에 의한 것이라고 했다. 현재 지구에는 5개의 문명이 살고 있으며, 이들 중 도전과 응전의 법칙에 의해 승리한 자가 살아남을 것이다. 5개의 현존 문명은 기독교를 중심한 유럽 세계, 회교를 기반으로 하는 중동 지역, 힌두교를 기반으로 하는 인도, 유교를 기반으로 하는 동아시아, 그리고 공산주의를 신봉하는 소련이라 했다. 말하자면 토인비는 종교를 문명의 기반으로 한 것이다. 역사의 장난이 기독교의 유럽으로 하여금 비유럽의 모든 문명을 공격했다. 이에 어떤 문명권이 유럽 문명에 도전해올 것인가 하는 것이며, 그 도전에 대해 응전해 승리하면 살아남고, 도전에 굴복하면 멸망할 것이라 했다.

토인비의 도전과 응전의 법칙에 대해 보다 진일보한 이론을 전개한 문명사가가 영국의 크리스토퍼 도슨(Christopher Dawson)이다. 그는 『유럽의 형성』(Making of Europe)이라는 저서에서 유럽의 현대사를 희랍의 역사와 비교하면서 설명했다. 2000년 전 희랍시대 인류의 머리에 하나의 국가라 하면 그것은 도시국가였다. 아테네, 스파르타 등 도시국가가 옹기종기 살고 있을 때 페르시아(Persia) 대군이 몰려왔다. 이에 희랍인들은 자유를 위해 오합지중이 모였으나 전력을 다해 싸웠으며, 결국 페르시아 대군을 물리쳤다. 그 후 아테네가 희랍을 통일하려 할 때 모든 희랍의 도시국가들이 반대해 아테네를 멸망시켰고, 다시 스파르타가 자기 휘하에 희랍을 통일하려 할 때 모든 나라들이 합심했으나 힘이 부족해 페르시아의 힘을 빌려 스파르타를 공격해 승리를 했으나 결국 희랍은 멸망하고 말았다. 2000년이 지난 현대에서 국가라 하면 그것은 영국, 프랑스, 독일 같은 넓이와 인구를 가진 것이 국가이며, 대서양에서 태평양에 이르는 미국은 연합국이다. 나폴레옹이 프랑스 밑에 유럽을 통일하려 할 때 모든 나라가 프랑스를 공격하고 나폴레옹을 가두고 말았다. 다시 독일 밑에 유럽을 통일하려 하는 히틀러를 공격하기 위해 유럽 나라들은 유럽이 아닌 미국과 소련을 불러들여 히틀러를 멸망시켰다. 그러나 유럽은 없어지고 미국과 소련이 지배하는 세계가 되고 말았다. 유럽인들은 나폴레옹의 말을 들을 만큼 현명하지는 못했으나 희랍인들과 같이 그냥 죽기보다는 약간 현명해 유럽공동체를 형성한 것이다.

도슨의 이론은 현대 유럽공동체를 형성한 이론적 배경이 되었으며, 앞으로 인류는 유럽공동체(EU), 북미합중국 등 합중국 또는 국가 연합체가 인류생존경쟁의 단위가 될 것이라는 것도 충분히 납득되며, 토인비가 『역사의 연구』에서 말하는 문명권 대립과 충돌이나 슈펭글러의 『서구의 몰락』 등 모두 인류에게 깊은 생각을 하게 하는 문명사가들의 명저라 아니할 수 없다.

뉴욕에서 9 · 11 사태가 발생하자 미국 대통령 부시도 유럽이 아랍을 공격하던 13세기의 십자군 전쟁을 연상했고, 아프가니스탄의 알 카에다도 기독교와 회교의 전쟁을 선언했다.

이런 것으로 미루어 오늘날 미국이 이란을 공격하는 것은 단순한 미국과 이란의 전쟁이라 할 수도 있으나 기독교와 회교의 충돌이라고도 말할 수 있다. 이런 의미에서 토인비가 말하는 문명권의 존재가 확실해진다. 그렇다면 토인비가 말하는 기독교의 유럽권에 대해 유교의 동아시아 문화권이 존재하는 문제가 발생된다.

그가 말하듯 동아시아는 유교를 공유하는 나라들이 문명권을 형성했고, 한자를 공유했으며, 불교에서도 대승 불교를 공유했고, 회교가 유포되지 않은 점 등 하나의 문명권을 형성하기에 충분한 조건을 소유하고 있다. 그리고 토인비가 말하듯 유교 문명권이 기독교의 서구 문명에 의해 침범을 당한 것도 사실이다.

동아시아 문명권

　　문제는 한국, 중국, 일본을 포함하는 동북아시아 여러 나라들이 동아시아 문명권을 인식하느냐 하는 것과 이것이 유럽공동체와 같은 국가를 초월하고 지역을 묶는 공동체 형성을 고려하고 있는 것이냐 하는 것이다. 1990년대에 진입하면서 일본과 한국에서 학자들의 동아시아권 형성에 관한 이론들이 전개되었다. 그러나 일본의 경우, 일본을 중심으로 하는 이른바 '기러기 론'과 같이 일본이 주도하고 다른 나라들이 추종하는 형태의 아시아 통합론을 전개하고 있다. 한편 중국은 중국 중심의 동아시아 공동체 형성을 설명하고 있으며, 이것 역시 중국 중심의 동아시아 문화권을 연상시킨다. 『문명의 충돌』(*Crash of Civilization*)을 서술한 새뮤얼 헌팅턴은 동아시아 문화권을 중국 문화권과 일본 문화권, 이 둘로 나누어 놓았다. 말하자면 동아시아 문화권은 존재하지 않으며 중국권과 일본권이 있을 뿐이라 할 때 이것은 오늘의 현상을 보기에 유리하다. 경제 대국인 일본은 군사 대국화를 서두르고, 인구 대국인 중국은 경제 대국화를 서두르고 있다. 그러나 이러한 현상은 제국주의적 발상이며 세계평화에 극히 위험한 현상이라 아니할 수 없다.

　　긴 안목으로 보았을 때 일본의 군국주의화는 인류 평화에 바람직하지 못하다. 그것은 일본이 한반도를 식민지로 했던 것에 대한 반성이 없는 민족이고 종군위안부에 대한 사과를 할 줄 모르는 민족이기 때문이다. 한편 중국도 인구 대국, 경제 대국에서 군사 대국으로 성장했을 때 그것은 또 다른 세계 대전을 초래할 뿐 결코 인류 평화에 공헌하는 것이 아니다. 따라서 한국, 일본, 중국이 하나 되는 동아시아 유교문명권을 주장하는 것은 토인비가 말하듯 다른 문명권을 침략하기 위해서가 아니다. 오히려 동아시아 유교문명권이 확실하게 성립됨으로써 기독교 중심의 유럽 문명과 회교 중심의 아랍 세계를 중개하고, 이들과 더불어 조화를 이룰 때 세계 평화가

온다는 의미에서 동아시아 문명권의 확립이 필요한 것이다.

동아시아를 중국권과 일본권으로 나눈 헌팅턴은 한국을 중국권에 편입시켰다. 이것은 동아시아의 근세사를 망각한 강대국 중심의 발상에 기인한 것이다. 말하자면 청일전쟁의 원인이 무엇이었으며, 러일전쟁이 왜 발생했는지를 잘 모르는 처사인 것이다. 한국이 건전해야 동아시아의 평화가 온다는 사실을 대부분 강대국의 역학구조로 세계사를 보는 사람들이 범하기 쉬운 오류인 것이다. 말하자면 한국은 동아시아 유교 문화권의 중심적 역할을 할 수 있는 나라이고 일본과 중국의 균형을 잡아줄 수 있는 나라이다. 한국의 안전과 평화만이 동아시아의 안전과 평화를 유지할 수 있다.

중국과 한국, 일본이 유럽공동체 또는 미국을 중심한 북미자유무역협정(NAFTA)과 같이 하나의 경제권을 이룩한다면 이 지역은 인구와 면적에서 그리고 경제저인 생산고와 금융에서 세계를 지배하고도 남음이 있다. 한 예로 중국의 북경, 한국의 서울과 부산, 일본의 오사카와 동경을 연결하는 지대를 '베세토 벨트(BESETO Belt)'라 하며 이곳에 몰려 있는 인구와 시장, 금융과 공업이 세계에 가장 밀집된 지역으로 미국의 뉴욕이나 유럽의 런던이 이를 따라오지 못한다.

중국, 한국, 일본이 하나가 되는 동아시아 문화권은 유럽에 맞서는 오랜 역사를 가지고 있으며, 유교와 불교의 공통 문화를 소유해왔고, 특히 정신 문화에서 공통된 문화를 소유했으며, 예술에서도 상당한 경지까지 개척했던 문화이다. 특히 사군자에서 대표되는 것과 같이 자연을 벗 삼아 철학을 높은 경지에 올렸던 문화권을 가진 나라들이다. 이런 문화적 기반은 유럽공동체보다 하나 되는 데에 유리한 조건을 갖고 있다.

중국, 한국, 일본으로 구성되는 동아시아 문명권이 중국과 일본으로 대립 됐을 때 반드시 분쟁이 발생되며, 한국이 대등한 입장에서 균형을 이룰 때 비로소 동아시아의 문화권이 성립될 수 있다. 말하자면 한국이 일본에 가담해도 균형이 깨지고, 한국이 중국에 가담해도 균형을 상실해 동아시아는 분쟁을 일으키게 된다는 말이다. 따라서 한국은 비록 인구나 영토에서는 작은 나라이지만 동아시아의 균형이라는 조건에서 결코 작은 나라가 아니고, 균형이라는 조건에서 강대국의 의미를 갖는 나라이며, 따라서 한국은 강대국인 것이다.

한국

모든 민족이 나름대로 특이한 역사를 갖고 있는 것과 같이 한국도 중국이나 일본과도 다른 특유한 역사와 역사 발전법칙을 갖고 있는 나라이다. 중국은 300년을 주기로 왕조가 바뀌고 남쪽의 세력과 북쪽의 세력이 번갈아 교체한 역사, 말하자면 진나라, 한나라, 당나라, 송나라, 원나라, 명나라, 청나라가 모두 남쪽과 북쪽 세력이 300년을 주기로 교체되었던 왕조들이다. 한국의 역사법칙은 남북이 교대한 것이 아니다. 자체 내에서 한때는 왕건과 같이 덕을 갖고 통일을 이룩했고, 한때는 이성계와 같이 사회혁명을 통해 왕조를 이룩해나갔다. 무엇보다 한국의 역사는 왕권과 신하의 권한이 견제를 이루고 수평구조와 수직구조가 조화를 이루는 특이한 역사법칙을 가진 나라이다.

한국은 19세기에 들면서 약 100년간 참으로 특이한 격동의 역사를 전개해왔다. 서구 열강 제국주의의 높은 파장이 밀어닥쳤을 때 한국은 철종, 순종, 고종으로 이어지는 이씨 왕조의 조선조는 내부적으로 이미 왕조 말기적 현상이 일어나고 있었고, 열강의 선풍에 힘없이 몰락해 20세기 전반기에는 식민지라는 굴욕의 역사를 경험해야 했다. 그리고 해방이 되어 겨우 건국된 두 나라는 동족상쟁의 쓰라린 경험으로 인해 남이고 북이고 모두 잿더미에 앉게 되었다. 한국전쟁이 끝나는 1953년 한국의 GNP는 67달러에 불과한 세계 최저 빈국으로 전락되었다.

20세기 후반에 진입한 한국은 식민지 경제체제에서 한강의 기적이라

22

불리는 경제적인 도약을 이룩해 농업국에서 경공업국을 거처 중화학공업 국가로 발전했고, 마침내 10대 경제 강국으로 도약하기에 이른다.

한국은 경제 면에서만 강대국에 진입한 것이 아니다. 4·19로 독재를 타도한 학생혁명은 군사독재를 물리치는 시민 민주주의의 바탕을 이룩했고, 마침내 군사독재를 물리치고 민주정치를 실현해 선거에 의해 야당이 승리하는 민주정치를 이룩했다. 경선에 의해 후보자를 선출하는 과정 그리고 더 나아가서 보다 많은 경제력을 가진 반대당을 물리치고 경제적으로 약세에 있었던 후보가 당선하는 정치적인 민주화를 이룩했으며, 인터넷의 위력을 이용해 후보가 당선되는 인터넷 강국을 과시한 특이한 정치의 민주화를 이룬 나라가 되었다. 말하자면 한국은 유럽 문명권 이외에 경제적 강대국, 그리고 정치적 민주화를 이룩한 유일한 선진국이 된 것이다.

오늘날의 한국은 1960년대와 1970년대 인위적으로 이룩한 정경유착으로 인해 피비린내 나는 사회적 진통을 겪고 있다. 이러한 와중에 한국은 후기 산업사회로 진입하면서 1등 내지 2등을 하는 나라가 되었다. 후기 산업사회의 산업은 IT(Information Technology), BT(Biological Technology), NT(Nano Technology), CT(Cultural Technology) 등을 말하며, IT에서는 미국, 인도와 더불어 3대 강국으로 경쟁을 하고 있다. BT에서는 미국, 영국과 더불어 경쟁을 하고, NT에서는 미국, 독일과 같이 경쟁하며, CT에서는 한류가 동남아시아, 중국, 일본을 휩쓸고 이제 미국과 유럽에 상륙 중이다.

재외한인동포

20세기 후반에 들어 기적을 이룩한 한국에 또 하나의 기적이 있다면 그것은 700만의 재외동포를 갖게 된 것이다. 재외동포 1명은 국내 한국인 10명의 역할을 하고 있다고 할 수 있다. 그런 의미에서 한국인은 국내에 7,000만, 해외에 7,000만의 역량을 가진, 총 1억 4,000만의 동포를 가진 것이 된다.

　재외동포 한 사람이 국내 한국인 10명의 역할을 한다는 것은 재외동포가 갖는 민간 외교관으로서의 기능, 한국 제품을 선전하는 외판원으로서의 기능, 그리고 한국문화를 선전하는 문정관으로서의 기능을 합했을 때 하는 말이다.

　특히 미국의 거주하는 동포들이 한국에 끼친 영향은 지대하다. 재미동포가 한국에 지대한 공헌을 한 것은 SAT II에 한국어가 채택된 것이다. 이것은 재미동포 200만이 있었기 때문에 생긴 것이며 이것은 한국어를 사용하는 한민족이 지구상에 생을 영위하기 시작하면서 세종대왕께서 한글을 창제하신 것에 버금하는 공헌을 한 것이다.

　한국이 현재 진통을 겪는 것과 같이 재외동포사회도 미국의 경우 1세에서 2세로 전환하는 큰 전환기에 진입하고 있다. 이곳 재미동포의 문제는 유태인과 같이 1세는 노동을 필요로 하는 직종에서 2세는 화이트칼라직으로 사회적 상승만으로 끝일 것이냐, 아니면 1세의 직종마저 2세에 전해줄 것이냐 하는 문제가 있다. 그러나 2세들은 1세의 노동집약적인 직종을 물려받으려 하지 않는다. 그렇다면 1세가 2세에 무엇을 물려줄 것이냐 하는 문제가 있다. 돈만을 물려줄 부모는 없을 것이다. 재산보다 더 중요한 것, 말하자면 한국적인 시련을 극복하던 1세들의 강한 의지와 한국적인 정신문화를 전해주어야 할 것이다. 이것을 위해 미리 앞에서 서양 문명사가의 이론을 소개했고, 문명권 이론을 소개했으며, 동아시아 문명권에서 한국의 위상을 자리매김해보았다.

정신문화유산

　1960년대와 1970년대 미국으로 이민 온 1세들은 한국에 대한 비하사상과 미국이나 일본이 한국보다 낫다는 열등의식을 갖고 있다. 당시 미국에 온 사람들은 자녀를 일부러 한국 학생이 없는 학교에 입학시키고 자녀에게 한국말을 빨리 잊어버리고 영어만을 잘하라 했다. 집에서도 부모가 잘 못하는 영어를 잘하는 것이 대견해 부모는 한국어로 말하고 자녀는 영어로 대답하게 했고 후에는 그것마저 못하게 해서 자녀들이 한국인이면서 한국어를 전혀 못하는 이상한 사람들을 만들었다. 그 후에 이주해온 한국인들은 자녀에게 한국어를 사용하게 해서 오히려 젊은 1.5세, 2세들이 현재 한국어를 못하는 세대와 대조를 이루고 있다.

한편 한국어를 잘 구사할 수 있는 사람이 영어도 잘 구사한다는 것이 미국 교육계 실험의 결과이며, 현재 미국에서는 이중언어교육이 활발히 진행되고 있다.

미국에서도 한국어를 배워야 한다는 주장이 시대착오적인 민족주의 아집이라 평하는 사람노 있나. 그러나 다행히 미국은 다민족국가이고 다문화사회이기 때문에 다른 문화를 존중하고, 특히 이민자의 자기문화 중시의 사고를 높이 평가한다. 재미동포 2세로 한국어를 전혀 못하고 영어만 할 때, 기업에서 영어만을 필요로 한다면 미국 사람을 채용하지 왜 한국사람을 채용하겠는가 하고 생각하면 한국어를 배워야 한다는 인식을 쉽게 할 수 있다.

특히 정신적 지도급에 있는 한인사회 유지나 기독교 교직자 중 미국적인 것에 익숙하고 한국적인 것을 경멸하는 사람이 있다. 이를테면 현재 미국에서 교회가 대부분의 한국학교를 운영하고 있으며 한국학교에서 예절이나 윷놀이 등 한국문화를 가르치고 있지만 한국역사 가르치기를 꺼리고 있다. 이유인즉, 한국역사를 가르치면 불교적인 것이 많아 기독교 전파에 지장이 있다는 것이다. 그리고 한국인들이 빨리 기독교에 개종하고, 철저한 기독교인이 되기를 원한다.

한국인이 미국에 기독교인이 되기 위해 온 것은 아니다. 한국인으로서 주체성을 갖고 기독교적인 요소를 흡수하러 온 것이다. 만일 우리가 우리의 전통을 빨리 버리고 기독교에 완전히 귀의해버린다면 그것은 뿌리를 잃은 문명의 고아가 되는 것이다. 문명의 고아가 되는 것은 우리의 조상의 삶을 전부 부정하는 것이 된다. 오늘을 사는 우리가 21세기에 들어 자기의 문명을 다 버리고 서양 문명의 고아가 되라고 우리 조상들이 반만 년을 살아온 것이 아니다.

말하자면 기독교에 귀의하러 온 것이 아니라 기독교를 배우러 온 것이다. 인류의 문명은 아이러니하다고 한다. 그것은 이러한 현상을 보고 하는 말이다. 서양 문화가 동양 그리고 한반도에 닥쳐올 때 이것의 파도가 하도 높아 우리는 모든 것을 압도당하고 말았다. 그리하여 동양악기는 악기가 아니고 서양의 바이올린 같은 것이 악기로 인정받았고, 동양화는 어린이 그림 취급을 받고, 서양의 유화가 제대로 된 그림 취급을 받았다. 한국의 유교는 종교가 아니고 종교는 기독교 같은 것이 종교였다. 이리하여 앞도 당한 동양은 서양 사람이 말하듯 서양 언어, 서양 종교, 서양 과학, 서양 예술 등 모든 분야에서 서양 것을 배우느라 백여 년의 세월을 보냈고 모든 사람이 이것을 배우려 노력했다. 그리하여 동양이 서양 것을 약 40% 흡수했다.

이제 서양이 제2차 세계대전을 경험하고 특히 냉전시기를 지나면서 많은 약점을 노출해 서양 문명이 인류를 이끌 수 있는 문명이 아니라는 것을 깨달았다. 이에 서양 문명과 동양 문명을 합해 새로운 제3의 문명을 이룩하겠다는 생각을 갖고 동양을 배우기 시작했는데, 그 시기가 동양이 서양 것을 배운 기간에 비해 너무 짧고 배우려는 층이 너무 얇다. 따라서 서양이 동양 문화를 배우는 것은 10%에도 못 미치고 있다. 따라서 서양 문화와 동양 문화를 합해 제3의 문화를 창조하는 데 동양이 훨씬 앞서고 있으며 이것을 역사의 아이러니라고 말하고 있다.

우리 동포들은 미국에 온 것은 이러한 서양 문명과 동양 문명을 합해 제3의 문명을 만들어 인류를 이끌 과제를 안고 있다. 그리하여 서양 문명이 저지르는 과오를 깨우치게 하고 아랍 문명의 잘못된 점을 지적해야 한다. 이런 식으로 서양 기독교와 중동의 아랍 문명이 충돌할 때 결국 인류는 멸망하고 말 것이라는 충고를 주며, 서양과 아랍 문명의 균형과 조화를 이루어 인류 공생의 길로, 인류 번영의 길로 나아가도록 충고할 수 있고, 세계를 선도할 수 있는 동양 문명을 건설하는 데 전력을 다해야 할 것이다. 이것을 위해 우리 조상들이 반만년을 살아왔고, 이것을 위해 원효가 있었고, 퇴계와 율곡이 있었던 것이다.

로마가 희랍을 힘으로 정복하고 희랍의 문명을 소화해 로마의 문명을 조성하는 데 300년이 걸렸다고 한다. 서양 문화를 동양 문화가 흡수해 앞으로 올 세계를 이끌 제3의 문화를 만들기 시작한 것이 불과 100년이 조금 넘었다. 우리의 세대가 다가고 다음 100년이 더 가야 이러한 세계 인류를 이끌 문화가 탄생한다면 우리는 현재 그 기니긴 여정의 중간에 있는 것이다. 중간에 있기로서니 우리의 역사적 사명을 망각해버리는 아둔한 선조가 되어서는 안 될 것이다.

또 우리는 동양 문명권에서 중국과 일본에 주도권을 빼앗겨서도 안된다. 한국은 유달리 현대사에서 많은 시련을 겪어왔다. 중국보다 더 굴욕적인 식민지 생활을 했고, 동족상쟁의 쓰라린 경험도 했으며, 세계의 최저 빈국으로까지 전락되었다. 이것이 중국과 일본에 주도권을 빼앗기기 위해 겪었던 시련이 아니다. 오히려 반대로 동양의 문화권을 지키면서 서양 것을 흡수하고 소화해 제3의 문명을 이룩하기 위한 조건을 갖추기 위한 시련을 경험한 것이다.

연구 목적

이러한 이론을 배경으로 재미동포의 오늘을 진단하고 재미동포의 한글 교육에 관한 자료를 분석해 재미동포의 진로에 방향을 잡기 위한 것이 본 연구의 목적이다. 재미동포의 오늘을 진단하는 것은 재미동포의 미래로서의 교육을 설명하기 위한 기초 자료로 활용하기 위한 것이다. 재미동포의 교육은 재미동포사회의 미래를 제시하기 위한 것이다. 말하자면 재미동포사회를 설명하고 재미동포의 앞날을 제시하기 위해 교육을 선택한 것이다.

이곳에서 재미동포사회는 뉴욕을 중심한 동북부에 한정하기로 했다. 이곳에 뉴욕 중심의 동북부란 뉴욕 주, 뉴저지 주, 코네티컷 주를 포함하는 지역이며, 미국에서도 이 3개 주를 통합해 트라이 스테이트(*Tri States*)라 한다. 이 3개 주는 맨해튼을 사이에 두고 서로 인접해 조지 워싱턴 브리지만 넘으면 뉴저지가 있고, 맨해튼에 가까운 코네티컷 주에는 뉴욕의 부자가 많이 살고 있다. 말하자면 뉴저지와 코네티컷은 뉴욕의 생활권에 있는 것이다.

뉴욕은 로스앤젤레스 다음으로 한국동포가 많이 사는 지역이고, 무엇보다 미국의 금융과 경제의 중심지이며, 학문과 예술을 포함한 문화를 대표하는 지역이다. 때문에 이곳에 거주하는 한국동포도 나름대로 특성을 갖고 있으며, 동시에 한국인으로서의 공통된 점도 갖고 있다. 따라서 단일 지역을 선정해야 할 경우 뉴욕의 한인을 선정한 것이 가장 적절하다.

본 연구의 주된 목적은 재미동포의 앞날의 방향을 제시하는 의미의 교육문제를 언급하는 것이다. 교육으로 방향을 제시하기 위해서는 미국 내에서 이루어지고 있는 한국학교육, 한국어교육을 알아야 한다. 따라서 이곳에서는 미국의 대학에서 이루어지고 있는 한국학을 검토하고, 미국 중·고등학교에서 실시되는 한국어교육을 분석하며, 초등학교 수준의 교육으로 한국학교 교육을 살펴보기로 한다. 이러한 교육 현황을 분석해 앞으로 재미동포가 어떠한 방향으로 교육을 육성해야 하며, 이에 대한 재미동포사회의 미래상이 어때야 하는가를 보기로 한다.

제1부
뉴욕
재미한인사회

1

뉴욕 재미동포사회의 개관

뉴욕에 거주하는 한인동포들의 생활을 보기에 앞서 객관적인 자료로
서 뉴욕동포의 지역적 분포와 이주의 역사를 보기로 한다.

1. 미국 내 한인 분포

미국 내 한인들이 얼마가 살고 있는가 하는 것도 흥미롭지만 미국동
포는 세계 한인동포들에서 어느 정도의 위치에 있는가 하는 문제도 흥미
롭다.

세계 한인 분포

2005년 말을 기준으로 한국 외무부가 집계한 재외한인의 분포는 다음
과 같다.

지 역	인구 수	백분율
일 본	901,284	13.58
중국	2,439,395	36.75
기타 아시아	249,732	3.76
미 국	2,087,496	31.45
캐나다	198,170	16.49
중남미	107,162	1.61
CIS	532,697	8.02
유 럽	107,579	1.62
중동 지역	6,923	0.10
아프리카	7,900	0.12
총 계	6,638,338	100

자료: 2005년도 외교통상부 집계.

외무부의 집계에 의하면 세계 170여 개국에 663만 2,338명의 재외동포가 분산되어 있다. 위 집계에 의하면 중국에 243만 9,395명의 동포가 거주해 1위를 차지하고, 미국이 208만 7,496명으로 2위에 있다. 세 번째가 90만 1,284명의 일본동포이고, 네 번째가 53만 2,697명의 동포가 거주하는 CIS 지역이다. 이들 4개국은 동포들도 많이 거주하지만 한반도에게 중요한 영향을 주는 나라들이다. 4개국에서 미국을 제외한 중국, 일본, CIS 등 한반도를 둘러싼 아시아를 합하면 387만 3,376명으로 전체의 58.35%가 된다. 재외동포를 흔히 700만이라 하는 것은 위의 집계에 입양인 18만 명과 국제결혼한 여자 20만 명을 더한 수치이다. 따라서 기억하기 쉽게 재외동포 700만 명이 170개국에 거주하고 있다고 한다.

미주 내의 한인 분포

북미주 내의 한인 분포를 보면 다음과 같다. 이것은 주재 영사관이 집계한 것이다.

지 역	인구 수	백분율
주미 대사관	143,200	6.27
로스앤젤레스	699,400	30.60
뉴 욕	356,250	15.59
시카고	225,800	9.88
샌프란시스코	166,152	7.27
시애틀	154,157	6.74
휴스턴	121,300	5.31
애틀랜타	148,900	6.51
보스턴	30,857	1.35
호놀룰루	35,700	1.56
하갓냐	5,780	0.25
캐나다	198,170	8.67
총 계	2,285,666	100

자료: 2005년 외교통상부 집계.

캐나다를 포함한 북미주 한인의 수가 228만 5,666명이고, 미국은 북미주의 91.33%인 208만 7,496명이다. 미국 내에서는 로스앤젤레스에 가장 많은 한인들이 거주하고, 2위가 뉴욕이며, 3위가 시카고이다. 1위인 로스앤젤레스는 2위인 뉴욕의 거의 2배가 되는데 1위와 2위의 차이가 큰 것이 특성이다. 3위는 2위의 약 2/3에 해당한다. 위의 집계는 2005년의 자료로 이것을 2003년의 자료와 비교하면 한인들이 많이 거주하는 순위는 변하지 않았으나, 지역에 따라 약간의 인구 증감이 있었다. 인구가 증가한 지역으로는 애틀랜타가 가장 높았고 휴스턴, 로스앤젤레스, 시카고, 샌프란시스코, 시애틀 등이 약간 증가했다. 그리고 뉴욕과 보스턴은 인구가 감소했다.

이것으로 미루어 재미동포는 거의 지역적으로 안정이 되었으나 아직도 지역적인 이동이 이루어지고 있음을 알 수 있다. 이동이 심했을 때는 초기와 1992년 로스앤젤레스 폭동사건이 있은 후 로스앤젤레스 한인들이 다른 도시로 분산되어갔을 때이다. 현재로서 많이 집결하는 지역이 남부에 해당하는 지역이며, 특히 애틀랜타 지역으로 많이 모여들고 있다.

뉴욕 내의 한인 분포

대뉴욕한인회가 2005년도 초에 집계한 자료에 의하면 트라이 스테이트의 한인 인구분포는 오른쪽 표와 같았다.

이곳에서 쉽게 눈에 띄는 것이 앞서 본 전 미주 한인 집계에서 뉴욕이 35만 6,250명으로 되어 있는 것과 이곳에서 본 뉴욕 거주 한인이 뉴욕 시와 뉴욕 주를 합해 27만 900명으로, 약 8만 5,000여 명의 차이가 나는 것이다. 위의 자료는 영사관의 집계이고 이곳에서 본 것은 한인회의 자료이다. 주 자료를 검증할 방법이 없어 이곳에서는 한인회의 자료를 중심으로 분석하기로 한다.

뉴욕 시에는 5개 구(borough)가 있다. 이곳에 거주하는 한인들이 20만 6,700명이다. 뉴욕 시 5개 구에서는 퀸즈에 속해 있는 플러싱(Flushing)에 14만 5,300명(뉴욕 한인의 23%)으로 가장 많은 한인이 거주하고 있다. 다음이 맨해튼(Manhattan)에 2만 8,300명이 거주하고 있다. 뉴저지에서 한인들이 많이 거주하는 동북 뉴저지란 베르겐(Bergen), 허드슨(Hudson), 에식스(Essex), 유니온(Union), 파세익(Passaic)을 포함하는 지역을 말한다.

플러싱이 속해 있는 퀸즈 보로닉스에 최근 아시아계, 라티노, 그리고

지역	구역	인구
NYC	퀸즈	145,300
	맨해튼	28,300
	브루클린	16,800
	브롱크스	8,600
	스테이튼 아일랜드	7,700
	소 계	206,700
NYS	롱아일랜드	42,300
	업스테이트 뉴욕	21,900
	소 계	64,200
NJS	동북 뉴저지	153,900
	북남 뉴저지	8,300
	중앙 뉴저지	28,300
	소 계	190,500
CTS	코네티컷	17,600
	총 계	481,480

자료: 대뉴욕한인회 제공.

카르비안 흑인들이 집중하는 곳으로 특히 퀸즈의 엘름허스트(Elmhurst), 아스토리아(Astoria), 잭슨 하이츠(Jackson Hights), 우드사이드(Woodside), 포레스트힐즈(Forest Hills), 레고파크(Rego Park) 등은 다인종 지역으로 유명하다. 퀸즈에서도 11구인 배이사이드(Bayside), 리들 넥크(Little Neck), 오클랜드 가든스(Oakland Gardens) 그리고 더글라스튼(Doughlaston)에 한인과 중국인이 많이 거주하고 있다. 이곳의 한인은 1만 1,539명, 중국인은 1만 4,619명, 그리고 백인이 거주하고 있다.

뉴욕 시 이외의 지역에서는 롱아일랜드(Long Island)의 경우, 서폴크 카운티(Suffolk County)와 나소 카운티(Nassau County)에, 뉴저지에서는 베르겐 카운티(Bergen County), 그리고 업스테이트 뉴욕(Upstate New York)에서는 웨스트체스터 카운티(Westchester County)와 록랜드 카운티(Rockland County)에 한인들이 많이 거주하고 있다.

뉴욕은 세계의 모든 민족과 인종이 모여 사는 국제도시이다. 특히 흑인도 많고, 남미계의 히스패닉계 사람도 많으며, 동양계로는 중국, 인도, 필리핀인들도 많은 편이다. 참고삼아 동양계를 비교해보면 뉴욕에서는 중국, 인도, 한국, 필리핀, 일본, 베트남 순으로 많이 있고, 뉴저지에서는 인도, 중국, 필리핀, 한국, 일본, 베트남 순으로 분포되어 있다. 어느 지역에서나 한국인이 1위를 하는 곳은 없다. 말하자면 한인들은 소수민족의 소수민족이다. 그러나 한인들은 어려운 환경에 놓일수록 열심히 살고 조직을 강화해 뉴욕이나 뉴저지에 공공단체도 많고 봉사단체도 많아 공동의 힘을 발휘한다. 또한 눈에 띄게 경제계와 정치계에서 두각을 나타내고 있어 아시아계에서 한국인이 결코 적은 소수민족이 아니다.

2. 뉴욕 이민 역사

1960년 이전

세계의 수도 뉴욕에는 허드슨 강 하류에 자유의 여신상이 있고, 그 밑에는 "너의 피곤과 가난을 나에게 주고 자유를 갈망하는 억압된 하층민은 내게 보내라"라는 문구가 새겨져 있다. 뉴욕은 말하자면 자유의 도시 그리고 이민자를 포용하는 미국의 관문이기도 하다.

이민은 아니지만 뉴욕에 가장 먼저 온 한국사람으로는 구한말 민영익 보빙사절단을 들 수 있다. 그는 당시 미국 대통령인 아서(Chester A. Arthur)에게 국서를 전달하기 위해 처음 뉴욕을 방문했으며 국서를 전한 다음 약 일주일간 뉴잉글랜드를 시찰하고 귀국했다.[1]

뉴욕을 포함한 동부 지역에 처음으로 유학한 사람이 이승만이다. 그는 1905년 조지워싱턴대학교에 입학해 1907년 학부를 졸업한다. 그는 뉴욕에 있는 유니온신학대학교에 잠시 있다가 컬럼비아대학원에 진학한 후 다시 프린스턴대학교으로 적을 옮겨 1910년 박사학위를 받는다.

다음 유학생이 홍승국이다. 그는 1909년 11월 서울을 떠나 시베리아 철도로 유라시아 대륙을 횡단하고 파리를 거쳐 영국을 경유해 미국에 온 사람이다. 그는 정식 입국을 못하고 엘리스 아일랜드(Ellis Island)의 임시 검문소에 유치되어 있는 것을 한국에서 선교활동을 하던 존 서(John 서) 검역관의 도움으로 검문소에서 풀려나오게 된다. 그는 부두노동을 하면서 공부했다고 한다. 1911년 9월에는 안창호 선생이 뉴욕을 다녀갔다.

보다 널리 알려진 사람이 조병옥이다. 그는 와이오밍에 있는 고등학교를 졸업하고 1918년 컬럼비아대학교에 입학해 경제학을 전공했다. 대학원에 진학해 1923년에 석사학위를, 1925년에 박사학위를 받았다.[2]

1919년 3·1운동이 일어나자 재미한인 유지들이 뉴욕 타운홀에 모여 궐기대회를 갖는다. 당시 유학생 대표가 서재필, 조병옥, 필대성, 윤헬렌, 조두림, 조정환 등이다. 당시 한국에서 20여 년간 근무하던 존스 여사의 도움으로 조병옥이 감리교 뉴욕지구 선교회에서 1만 2,000달러의 보조를 받고 한인동포들의 헌금을 합해 1921년 4월 한인교회를 설립하고 임종준 목사를 초대 목회자로 초청한다.

오늘까지 이어오는 한인교회는 설립 후 1927년 맨해튼 115가 웨스트 663번지로 이전하고 이름을 '한인교회 및 연구소(Korean Church and Institute)'라 명명했다. 이것은 교회가 종교적인 기능만이 아니라 사회적 기능을 했기 때문이다. 이곳은 한인회, 한인학생회, 동지회, 흥사단, 대한인국민회 지부 등으로 사용되었고, 각종 집회의 장소였으며, 3층은 유학생 또는 독

---

1   『대뉴욕한인 100년사』, 2004, 23쪽.
2   최병현, 1992, 96쪽.

립지사가 머물던 장소가 되기도 했다. 김활란 선생이 이곳에 유수했었고, 안익태 선생이 뉴욕에 계실 때 이곳에서 머물렀다고 한다.[3]

3·1운동에 이어 미국에서는 1919년 4월 14일 서재필과 이승만이 주동해 필라델피아에서 전한인연합대회인 한인자유회의(Korean Liberty Congress)를 추진한다. 당시 조병옥은 유학생 자격으로 이 대회에 참석한다. 그 후 조병옥은 서재필을 도와 뉴욕한인회를 조직한다.

기록에 의하면 1922년 4월 미국에서 유학하던 유학생이 북미한인유학생총회를 조직한다. 당시 뉴욕을 대표한 유학생이 필지성, 김용대, 윤헬렌, 조득림, 조병옥, 그리고 조정환이다. 당시 회장으로는 이용직, 부회장으로 조병옥이 선출되었고 본부를 뉴욕에 두기로 했다. 이 회는 1922년 5월, 본부를 시카고로 옮기고 1927년에는 북미대한유학생회로 명칭을 바꾼다. 이 사이에 뉴욕에 1924년 12월 이승만을 후원하기 위해 뉴욕한인교민단이 조직되었다.

해방 후 뉴욕의 한인사회는 유학생이 주도하는 시기라 할 수 있다. 현재까지 연결되는 조직으로는 1955년에 조직한 뉴욕 지역 한인유학생회(The Korean Student Association of Greater New York)이다. 당시 컬럼비아대학교와 뉴욕대학교에 재학하던 학생 50여 명이 모여 학생회를 조직하고 컬럼비아대학교 재학 중인 백선기를 초대 회장으로 추대했다. 이 학생회는 3·1절 행사, 8·15 기념행사를 주도했고 회원들의 친목을 위해 여름방학이면 친목 피크닉을 갖기도 했다.[4]

뉴욕에서 한인회가 조직되는 것이 1960년 6월이다. 이승만 정권에 반대해오던 학생들이 4·19를 계기로 맨해튼에 모여 80번가에 있는 한국 총영사관 앞에서 시위를 벌였다. 그 후 유학생과 동포 유지들이 동포사회의 결집을 위해 한인회를 조직하기로 한 것이다. 당시 학생회를 주동하던 강

---

3   최병현, 1992, 83쪽.
4   김원용, 2004, 38쪽.

한모, 윤치창, 김형린, 서상복, 홍윤식, 송헌구, 김준성 등 7명이 발기인이 되어 한인교회에서 뉴욕한인회를 조직하고 서상복을 초대 회장으로 추대한다. 당시 뉴욕에는 유학생, 영주권자, 주재원, 불법 체류자 모두 합해 약 4,300명의 한인이 있었다고 한다. 한국 정부에 반대해 한인회를 결성한 것이 뉴욕 한인들의 성격의 일면을 보여주는 것이기도 하다.

맨해튼 지역

1960년 한인회가 조직되고 이민들이 증가하면서 뉴욕동포사회가 맨해튼을 중심으로 이루어진다. 맨해튼 지역도 미국의 다른 지역과 같이 1965년 새 이민법에 의해 한인들의 인구가 급증하게 된다. 이민 중에 특히 뉴욕 지역에 특이한 것은 1965년 새 이민법이 발효되면서 1977년까지 뉴욕 일대에 1,000여 명의 의학계 한인들이 이주해온다. 의학계 한인이란 의사, 간호사, 약사, 치과의사 등을 말한다. 당시 트라이 스테이트 내의 전체 재미동포의 30%가 거주했다 하니 얼마나 많은 한인들이 뉴욕에 거주했는지를 알 수 있다. 당시 한인들은 한국에서 직접 온 사람도 있으나 독일 광산 근로자와 간호원으로 근무하다 3년 임기를 끝내고 미국으로 이주하는 사람, 그리고 남미에 이주했다가 미국으로 재입하는 사람들이 많았다.

1964년 당시 뉴욕에 한인이 1,690명, 뉴저지에 506명, 코네티컷에 147명이 거주하고 있었다. 당시는 한인동포들이 적었기 때문에 새로 설립된 한인회가 한인들의 모든 행사를 주동했고, 한인회가 주최하는 야유회나 8·15 기념행사에 유엔대표부, 유엔대사, 총영사 등이 참가했다. 한인회는 한국의 밤, 어린이의 밤, 음악회 등을 주최했으며, 1965년에는 뉴욕 유학생 출신의 이동원이 외무부 장관이 되어 뉴욕은 한참 기쁨에 부풀어 있었다. 미국이 새 이민법을 발표해 많은 이민들이 몰려오게 되는 것도 1965년이다.

1967~1968년 사이에 유럽에서는 동백림 거점 유학생 간첩단 사건이 발생했고, 한국 내에서는 울진·삼척 무장공비 출현 사건이 발생한다. 이에 영향을 받아 미국에서는 공부를 끝낸 유학생들이 귀국하지 않고 미국에 잔류하게 된다. 이들의 대부분이 명문대학이 집중되어 있는 동북부 지역에 집중하고, 특히 뉴욕 일대에 많이 모여들었다. 미국 국내에서는 1968년 브루클린 부두에서 알젠틴호 사건이 발생한다. 이것은 알젠틴호 선장이 도주하고 6개월간 배가 부두에 정박해 선원들이 굶어 죽게 된 사건이다. 당시 한인 선원 30명이 알젠틴호에 있었다. 이것을 알고 뉴욕동포들이 단합해 한인들을 구하고 한국에 보내준 사건이다.

1960년대 후반은 한인들의 가발 붐에 편승해 맨해튼 미드타운인 브로드웨이가 번창할 때이다. 한인이 입주하기 전 이곳은 흑인 집거지로 뉴욕에서 가장 더러운 우범지대 중 하나였다. 이곳에 가발 붐에 편승해 한인 상가가 활기를 띠고, 브로드웨이가 한인 상가지역으로 확정된다. 한편 이때부터 한인 거주지가 맨해튼 업타운과 브루클린에서 퀸즈와 브롱크스 지역으로 확대되어가기 시작한다. 1960년대 말에는 뉴욕한인경제인회, 청년상공회의소, 한국문화센터(KCC) 등이 설립된다.

1960년대 한인으로서 성공한 사람으로 김형빈, 조종무, 장용호, 김혁규 등을 들 수 있다. 조종무는 조선일보사 출신으로 라디오 코리아를 시작해 크게 성공했고, 장용호는 가발장사에서 시작해 YH무역을 경영했으며, 김혁규는 맨해튼 상가를 개발하는 데 공이 있다.

뉴욕 맨해튼의 한인 집거지는 제6애비뉴와 제5애비뉴 사이의 24번가와 34번가 사이로 이른바 브로드웨이 한인상업구(Broadway Korean Business District)라 하며 32스트리트와 브로드웨이가 만나는 곳이 그 중심지가 된다. 이곳을 뉴욕 시가 1995년 코리아타운(Koreatown)이라고 선포했다.[5]

---

5   서진형 사장 담.

뉴욕을 중심으로 번창하던 가발업이 사양길에 들어서기 시작하는 것이 1974년이다. 재미한인모발업자조합이 독점금지법 위반으로 소송을 당한다. 이에 대해 조합이 항소했으나 패소를 당하고 벌금 2만 5,000달러와 변호사비 16만 달러와 함께 대외활동 중지 3년의 언도를 받는다. 이것으로 가발직수입업자가 큰 타격을 받는다. 때마침 쌀의 방부제에 암 유발물질이 함유되어 있다는 뉴스가 전해지면서 쌀 불매운동이 일어나 이것으로 일본계 식품업자들이 큰 타격을 받았다.[6]

가발업이 사양길에 들어서기 시작하는 1974년 한인사회의 한편에서는 한인 청과상조회와 식품협회가 결성된다. 또한 동년에 뉴욕지구 한인 의사회가 조직되고, 보험인협회, 그리고 한인교회연합회 등이 결성된다. 가발업은 한국과 관계된 사업으로 한국 기업과 동포 상인들이 타격을 받았다. 그러나 청과상이 조합을 형성한 것은 순수 동포의 힘으로 일으킨 기업이 사회 표면에 대두했다는 의미를 갖는다.

무엇보다 다행했던 것은 1975년 7월 맨해튼 57번가와 파크 애비뉴에 한인무역협회 22층 건물을 구입해 개점하게 된 것이다. 이곳에 뉴욕 총영사관, 한국계 은행, 한인회 사무실 등이 입주하게 된다.

다음 해인 1976년 또다시 한인들에게 불리한 사건들이 일어난다. 이에 문선명의 통일교가 뉴욕 양키스타디움에서 큰 집회를 가져 미국을 놀라게 한다. 미국의 언론들이 이것을 부정적으로 보도하고, 한편으로 한국 정부의 연류설이 나돌고 같은 해 박동서 사건이 발생하면서 또 한 번 재미 한인들이 큰 고역을 치르게 된다.

이러한 소문보다 한인들이 직접 피해를 봤던 것이 1977년 7월 13일에 있었던 뉴욕 시 정전사태(New York City Blackout)이다. 시내가 정전으로 마비되자 흑인들이 한인 가게를 습격해 상품을 약탈해갔다. 이어 자메이카 165

---

6   뉴욕한인모발협회장 담.

번가 한인 청과상에서의 사건으로 상점 앞에서 흑인들이 시위를 벌였고, 브루클린 처치 애비뉴에서도 청과상에서 사건이 발생해 한인 상인들이 고역을 치렀다. 지역개발위원회 등의 알선으로 시위는 없어졌으나 한인에 대한 인상에 악영향을 주었다.[7]

1970년대 후반, 한국인에게 불리했던 사건이나 여론이 1979년 대한항공의 뉴욕 취항을 계기로 일전하게 된다. 호전된 분위기를 보여주듯 1980년 뉴욕 시장이 8·15를 '한국의 날'로 선포했고, 시장의 디너파티에 한국 연예인을 초청했다. 1982년은 한미조약 100주년이 되는 해로, 미국은 1982년을 '한미 우호의 해'로 선포했다.

1985년 한인회관이 현재 위치(브로드웨이 애비뉴와 6가 애비뉴 사이의 26번가)에 입주하던 해에 뉴욕 일원에는 62개의 한인단체가 있었다. 공공기관이 8개, 직종별 단체가 29개, 지역별 번영회가 10개, 봉사 자선단체가 9개, 학생회, 청년단체가 5개, 친목단체 동창회가 58개, 체육문화단체가 7개, 금융기관이 19개, 정치단체가 3개, 언론기관이 9개, 향우회 종친회가 5개, 그리고 교회가 270여 개였다.

한참 전성기인 1990년, 맨해튼에 약 400여 개의 한인 수출입 도매상이 몰려 있었다. 도매상이 대상으로 한 물품은 한국의 가발, 핸드백, 의류, 완구, 그리고 다른 아시아 나라들의 제품 등이었다. 호황기를 지나 2005년에는 250개 업소로 감소했다. 그것은 중국인과 인도인의 추적이 있었고, 뉴욕 시의 도시개발 등으로 한인들이 밀렸기 때문이다. 그러나 현재도 한인들의 부동산, 회계사 사무실, 여행사 등 무역을 돕는 직종이 있으며, 40여 개의 식당, 나이트클럽, 제과점, 서점 등이 있다. 흥미로운 것은 이곳 상점을 찾는 고객이 1.5세, 2세의 학생 등이 주종을 이루고 있는 것이고, 이곳 식당은 한인보다 외국인 상대로 발전하고 있으며, 뉴욕 시민들이 아끼

---

7   서진형 사장 담.

는 식당가가 된 것이다. 뉴욕을 찾는 관광객도 많이 이곳 한인타운을 들르고, 특히 한인 관광객이 뉴욕을 가면 반드시 가는 뉴욕의 명소가 되었다.[8]

뉴욕에는 유엔 본부에서 가까운 미들타운 맨해튼에 한국 영사관이 있다. 영사관은 파크 애비뉴와 57번가에 위치하고 있다. 이곳에서 한인들이 영사업무를 보고 뉴욕 한인들의 편의를 도모하는 곳이다. 뉴욕에는 한국 문화원이 있어 한인들의 작품전시회나 강연회 또는 연주회 등을 도와주고 있다.

2005년도 집계에 의하면 재미동포의 16%가 뉴욕과 뉴저지를 포함한 트라이 스테이트에 거주하고 있다고 한다. 이것은 전체 한인동포의 24%가 거주하는 LA에 이어 두 번째로 많은 한인이 거주하는 지역임을 보여주는 것이다.

1992년 LA 폭동이 있었을 무렵, 미국의 다른 지역의 한인동포들도 LA 보다는 적으나 한·흑 갈등에 시달렸고, 뉴욕이라고 예외가 아니었다. 위에서 본 것과 같이 1979년에 한인 상가에 대한 불매운동이 있었고, 1984년 할렘 125번가의 식품상 가게에서 거스름돈 실랑이가 폭행사건으로 이어지더니 식품점, 식당, 생선가게가 문을 닫는 지경에 이르렀다. 흑인들은 한인 소유의 빌딩을 헐값에 흑인 주민에게 넘기고 흑인들의 거주 지역인 할렘에서 나가라고 요구했다. 이것이 6개월이나 지속되자 가게 주인은 결국 철수하고, 사태는 겨우 수습이 된다. 1990년에는 맨해튼의 한인 모자가게에서 반납품 때문에 사건이 발생했고 델리 가게에서 샌드위치 시비가 벌어지는 등, 1992년을 전후해 뉴욕 한인 상가에서도 흑인들의 강도, 살인, 방화 등이 연일 발생했으며, 1992년 한 해에만도 한인 10명 이상이 죽었다. 이에 대해 한인들은 방법대책위원회를 조직해서 대항했다.

뉴욕에서 한·흑 갈등사건은 한·흑 혼거지역의 대표지인 맨해튼에

---

8   『대뉴욕한인 100년사』, 2004, 110쪽.

서 발생한 것이 아니라, 브루클린의 처치 가의 한인 상가에서 흑인 불매운동으로 일어났다. 불매운동이 6개월이나 계속되어도 뉴욕 시장이 우유부단했고, 더구나 편파적인 처리에 대항해서 한인이 주동해 시청 앞에서 인종화합평화대회를 개최했다. 이에 한인 6,000여 명이 참가했고, 한인 이외의 아시아 지도자들도 참가했다. 무엇보다 한국을 비하하는 흑인의 여론을 중화시키기 위해 흑인 지도자 12명에게 한국 방문의 기회를 만들어주었다. 미국에 거주하는 한국인들은 각고의 노력을 통해 LA의 영향으로 흑인들이 봉기할 기회를 미연에 차단한 것이다.

1980년대와 1990년 초반은 한인들의 수난의 시대였다. 당시 한인 상점 주인들은 "상점에 있는 것이 전쟁터에 있는 기분"이라 했다. 상점의 좀도둑, 백주의 강도, 권총으로 협박하고 돈 털어가기, 점포를 뚫고 들어오는 절도, 협박과 공갈, 상점 방화, 한인 구타와 살인 등 한인들은 많은 시달림을 당했다. 한인이 흑인에게 많이 당하는 이유는 한인들이 현금이 많다는 것, 영어를 못한다는 것, 권총이 없다는 것, 그리고 사고가 나도 신고를 잘 안 하는 것 등이다.[9]

이에 한인들은 흑인과 친하기 위한 운동을 전개했다. 한인 지역 상인 번영회가 중심이 되어 흑인을 초청해 쇠고기 파티도 개최하고, 추수감사절에는 터키를 보내기도 하며, 흑인 지도자의 한국 방문을 주선하고, 흑인 학생에게 장학금을 주기도 했다. 교회에서는 합동예배 또는 조찬기도회에 흑인을 초청하고 흑인 행사에 참가하기도 했다. 특히 흑인 대변지인 암스테르담 신문과 친선을 위해 노력하고 있다.

그러나 중요한 것은 미국 내에서 흑인이 이룩한 업적을 한인들이 이해하는 것이다. 흑인은 노예해방 이후에 피눈물나는 투쟁을 통해 소수민족의 참정권을 획득했으며, 시민권 운동을 지속적으로 행해 오늘의 소수

---

9   서진형 사장 담.

민족 정책을 이루어냈다. 흑인 이외의 유색인종은 흑인의 노력에 감사해야 한다.

현재는 한·흑 갈등이 없어졌다고 말할 수 있다. 한·흑 갈등이 적어진 이유는 흑인 이외에 라틴계 사람들이 입주해 흑인 거주지역이 다민족 거주지역으로 되고, 더욱이 뉴욕의 도시계획이 잘 이루어져 도시가 활성화되면서 범죄율이 낮아졌기 때문이다. 이에 따라 한인들의 미들맨 마이너리티(middleman minority)의 기능도 없어지게 된다. 이를테면 장사하는 사람도 한인만이 아니라 여러 민족으로 다양화되면서 중간 상인으로서의 역할을 다민족들이 분담했고, 고객 또한 다양화해 명실공히 다민족사회가 되었기 때문이다.

1990년대 말 경 1998년 한국에서 IMF 사태가 발생했을 때 뉴욕은 오히려 한인들이 모여드는 한인 수가 증가했다. 말하자면 미국의 타 지역에서 공부한 지식인들이 1990년 발표한 '전문인 이민법(professional immigrant)'의 혜택을 받고 미국에 머물렀고 이들이 뉴욕으로 몰려들어 1999년 4만 1,000명이었던 학생이 2005년에는 5만 9,000명으로 증가한다.

이제 맨해튼 코리아타운은 9·11의 후유증에서 완전히 벗어나 제2의 전성기를 맞고 있다. 한인 식당과 유흥업소 등 요식 주류업소가 주종을 이루고 있는 32번가에서는 평일 식당 앞에 줄을 서야 되고, 주말이면 30분 이상을 기다려야 가게에 들어갈 수 있게 되었다. 과거는 상인과 유학생이 출입하던 이곳이 현재는 한인 2세와 한국인 관광객 그리고 타 민족 사람들로 붐비고 있다. 연방 상무부의 통계에 의하면 한국인 방문자나 관광객이 51%로 절반이 넘고, 84%가 쇼핑을 하며, 62%가 외식을 한다고 한다. 한국인 방문자가 뉴욕에서 쓰는 돈은 9억 달러로 추정하며, 상당 부분을 32번가에서 소비한다고 보고 있다.[10]

---

10 『대뉴욕한인 100년사』, 2004, 232쪽.

플러싱 지역

1970년대 중반부터 한인들이 모여든 곳이 맨해튼의 동부에 있는 플러싱이다. 플러싱이 포함되는 퀸즈 일대에 1990년대까지 뉴욕 한인의 23%가 거주하고 있었다고 하니 뉴욕의 한인 거주지는 맨해튼보다 플러싱이라 할 수 있다. 이곳은 1960년대까지 백인 거주지역으로 순수 백인이 96%, 비백인이 3%에 불과했던 곳이다. 백인은 주로 유대인, 이탈리아인, 독일인들이었다. 현재는 백인이 20%에 불과하다. 1970년 초 뉴욕 시의 경제사정이 악화되면서 중산층의 백인들이 롱아일랜드(Long Island) 쪽으로 이주해 빈 가게들이 생기게 되었다. 1970년 한국인들이 플러싱으로 몰려올 때 중국 사람 특히 대만 출신 중국인들도 이곳으로 모여들기 시작했다. 한인들은 플러싱의 중심가인 루즈벨트 애비뉴(Roosevelt Avenue)와 유니온 스트리트(Union Street) 사이의 35번가에서 41번가까지 점유했고, 중국인들은 메인 스트리트(Main Street)에서 동쪽으로 집결해 유니온 스트리트가 한국과 중국이 인접한 경계선이 되었다.

1990년대까지 플러싱은 한인들의 가게가 밀집된 코리아타운이라 했다. 한인 상점이 메인 스트리트에서 유니온 스트리트를 중심으로 405개나 있었다. 특히 플러싱에 삼복식품과 34가에 삼복식당 등은 한인타운의 상징이기도 했다. 이곳에 한국 YMCA, 한인청년센터, 한인교회협의회, 한인노인회 등 중요한 한인 기관들이 있다.

이미 1980년대부터 한인들은 플러싱에서 중국 사람들에게 밀리기 시작했다. 처음에는 한인타운에서 소니사이드(Sonyside) 34가 근처로 확대되더니, 다시 소니사이드에서 우드사이드(Woodside)로 그리고 이곳에서 다시 엘름허스트 잭슨하이드(Elmust Jacsonhide)로 확대되었으며 다시 롱아일랜드로 확대되어갔다.

2005년 현재 플러싱 중심지를 중국인에게 밀린 한인 가게는 240개로 줄어들었다. 그 대신 한인들은 노던 불러바드(Northern Boulevard)를 해링턴 스트리트(Farrington Street)에서 165번가 스트리트까지 30블록을 점유했던 것이 현재는 배이사이드(Bayside)를 향해 220번가 스트리트까지 확대해 50개 블록을 차지하며 노던 불러바드에 한인 가게가 865개가 된다. 이곳에는 식당, 식품점, 다방, 미장원 그리고 다른 상점들이 줄을 지어 있다.

중국인들이 모여 사는 차이나타운(China Town)과 한인들이 모여 사는 지역은 민족적 특성을 보이고 있다. 중국인은 똘똘 뭉쳐 상점 주인도, 도매 상 거래도, 고객도, 그리고 고용인도 모두 중국인으로 단결한다. 그러나 한 국인의 경우, 도매 거래는 백인하고 하고, 고용인은 히스패닉의 라틴계 사람이며, 고객은 흑인 또는 백인으로, 도매, 고객, 고용인이 모두 다른 민족을 상대로 하고 있다. 중국인은 플러싱 차이나타운을 제2의 차이나타운이라 하고 맨해튼 남쪽을 제1의 차이나타운이라고 했다.

퀸즈 지역은 현재 12개 민족이 거주하고 있으며 흑인이 74%, 백인이 6%에 불과하지만 한인들이 보다 많이 거주하는 배이사이드, 리들 넥크, 오클랜드 가든스, 더들라스튼은 백인이 60%, 그리고 아시아계가 27%가 되는 곳이고 아시아계는 한국인, 중국인뿐이다. 이곳도 역시 학군이 좋은 곳으로 알려져 있다.

뉴저지 지역

1980년 중반부터 현재까지 한인들이 모여드는 곳이 뉴저지이다. 뉴욕 맨해튼에서 조지 워싱턴 다리를 건너면 뉴저지의 베르겐 카운티(Bergen County)이다. 1970년도 한때 한국 간호원이 대거 뉴저지로 이주한 적이 있다. 뉴저지로 이주하는 사람은 새로운 이민보다 퀸즈나 롱아일랜드에 있던 한인들이 이곳으로 이주해오는 사람이 많다. 뉴저지로 한인들이 몰려오는 이유는 집값이 싸고 학군이 좋기 때문이다. 그리고 이곳은 한국의 지상사가 많이 몰려 있는 곳이기도 하다. 2000년 현재 베르겐 카운티에 거주하는 한인은 3만 6,075명이다. 베르겐 카운티에서도 파리사이드 파크(Pariside Park)에 한인 36%가 거주하고, 인접한 포트 리(Fort Lee)에 31%가 거주하고 있다. 파리사이드 파크에 한인 가게가 120개 그리고 포트 리에 130개가 있다고 한다. 잉글우드(Englewood)에는 한인 지역회관과 경로회관이 있다. 이곳 직경 20마일이 한인촌이라 한다. 인접한 미들섹스 카운티(Middlesex County)의 에디슨(Edison)에는 2000년 현재 한인 9만 7,687명이 거주하고 있다. 따라서 뉴저지 한인의 수는 일리노이와 텍사스를 능가하고 뉴욕에 이어 3위가 된다. 2005년 한국계 3세의 최존(Joan Choi)이 시장으로 당선되었다. 그리고 파리사이드 파크와 포트 리에 각각 1명의 시의원이 한국계이다.

이상 뉴욕과 뉴저지의 한인의 역사를 보았다. 뉴욕은 1945년 이전 LA나 샌프란시스코보다는 늦으나 한인교회가 독립운동의 중심지로, 특히 이승만 대통령 시절에 한국에서 활약한 사람들이 많이 거주한 곳으로 알려져 있다. 뉴욕 출신으로 역대 정권에서 활약한 조병옥 박사와 장리욱 박사, 김활란 이화여자대학교 총장이 그 예이다. 박정희 대통령 시기의 이동원 외무부 장관, 김대중 대통령 시절의 박지원 장관, 그리고 현재는 김혁규 국회의원 역시 뉴욕 출신으로 유명하다.

뉴욕은 한국 이민의 역사를 모두 갖고 있다. 특히 시비가 엇갈리고 우여곡절의 한인 이민사를 단축한 것 같은 한인의 역사가 뉴욕 일원에서도 전개되었다. 초기 한인 이민사와 가발산업은 불가분의 관계에 있다. 가발이 유행할 때 한인들은 포대에 달러를 쓸어 모았다고 한다. 그 가발이 LA 일대에서도 성행했으나 특히 뉴욕은 더 성행해 맨해튼의 브로드웨이를 중심으로 한 한인타운이 가발상가를 중심으로 시작되었다. 또 당시는 가발에 가려 언급을 안 했으나 봉제공장이 성행해 이민 초기 한인 여성치고 재봉틀을 밟지 않은 사람이 없었을 정도이다.

가발산업이 사양길에 들어서는 1970년대 뉴욕의 경우, 청과상을 비롯해 뉴욕에서 기반을 갖는 한인 산업들이 표면에 등장하면서 뉴욕 일원은 다시 한인 소상인의 호황기를 맞는다. 이때를 전후해 한인무역협회가 설립되고 대한항공이 뉴욕으로 취항하는 제2의 도약기를 맞는다. 그리하여 1980년대 한국 기업이 400개에 달하는 전성기가 도래한다. 그러나 이것을 절정으로 1990년 초반부터 한인 상가가 감소하기 시작한다.

이러한 맨해튼의 한인 상가의 융성기에 한인들은 뉴욕 맨해튼을 벗어나 롱아일랜드나, 업스테이트 그리고 코네티컷 방향으로 주거지를 확대하고, 상가는 플러싱을 중심으로 성행하게 된다. 그러나 플러싱에서는 중국인들에게 밀려 중심에서 동북쪽으로 노던 불러바드를 따라 한인 상가가 확대되어 간다. 그 후 한인들은 다시 뉴저지 방향으로 이주해 현재도 뉴저지로의 이동이 진행 중이라 할 수 있다.

뉴욕 재미동포의 사회생활

중앙일보사가 집계한 것을 보면 한인회가 17개, 사회단체가 56개, 봉사단체가 79개, 경제단체가 19개, 직능단체가 47개, 문화예술단체가 57개, 일간지 통신사 11개, 방송 및 TV가 17개, 주간지·월간지가 34개, 재향군인단체가 6개, 체육단체가 64개, 향우회가 17개, 중·고등학교 동창회가 75개, 대학동창회가 33개, 교회를 제외한 종교단체가 44개, 기도원 수양관이 16개이다.[1]

이 자료를 통해 뉴욕 한인사회의 특성을 말하자면 첫째, 한인회와 같은 지역단체가 많은 것이다. 뉴욕에 지역단체가 많은 것은 한인회가 처음 시작할 때 친목단체로 출발했으나, 뉴욕을 방문하는 사람들을 위한 한인들의 대표적인 기능을 수행하면서 주민 봉사의 기능을 소홀히 할 수밖에 없게 되면서 이에 따라 자발적인 지역 한인회가 많이 자생적으로 생겨났기 때문이다.

두 번째 특성은 직능단체가 많은 것이다. 이것은 뉴욕의 한인들이 그

---

1   『대뉴욕한인 100년사』, 2004, 312쪽.

만큼 많은 경제활동을 하는 것을 보여주는 것이다. 세 번째 특성은 봉사단체가 많은 것이다. 이것은 한인사회가 그만큼 많은 문제를 갖고 있다는 것을 의미하는 것이기도 하다. 네 번째 특성은 문화예술단체가 많은 것이다. 이것은 뉴욕이 문화와 예술의 중심지라는 특수성 때문에 한인단체에도 문화예술 방면의 활동이 많은 것을 의미한다.

말하자면 뉴욕 한인사회는 뉴욕이 세계 경제와 문화의 중심지라는 조건을 반영하는 것이며, 또한 뉴욕의 많은 다른 민족들과 섞여 경쟁을 하면서 살아가야 하는 환경과 조건 때문에 많은 한인단체들이 있는 것으로 사료된다. 이곳에서 지역단체, 사회단체, 직능단체, 종교단체, 예능단체 등을 통해 뉴욕 한인의 생활상을 보다 자세히 보기로 한다.

1. 지역단체

뉴욕 내 한인회

뉴욕한인회가 집계한 바로는 뉴욕, 뉴저지, 코네티컷 3개 주를 포함하는 트라이 스테이트 내에는 26개의 지역단체가 있다. 이들은 뉴욕한인회, 뉴욕 중부 한인회, 뉴욕 맨해튼 한인회, 뉴욕 업스테이트 한인회, 뉴욕 플러싱 한인회, 대올바니 지역 한인친목협회, 로체스터 한인회, 롱아일랜드 한인회, 마운트버너 한인회, 브루클린 한인회, 스테이튼 아일랜드 한인회, 올바니 한인회, 웨체스터 한인회, 퀸즈 중부 한인회, 전미 조선족 동포협회, 뉴저지 한인 총연합회, 뉴저지 한인회, 중부 뉴저지 한인회, 중앙 뉴저지 한인회, 뉴저지 중앙 한인회, 대남부 뉴저지 한인회, 대뉴저지 한인회, 애틀랜틱시티 한인회, 포트 리 한인회, 마운트버논 한인회, 코네티컷 한인회 등이다.

이상 뉴욕한인회가 파악하고 있는 26개의 한인회를 보았다. 26개 한인회에는 뉴욕 14개와 뉴저지 10개, 코네티컷 1개, 그리고 조선족 협회가 하나 있다. 뉴욕의 경우, 전체를 포함하는 한인회와 뉴욕 중부를 포함하는 중부 한인회가 있고, 뉴욕 시의 구를 기준으로 한 것이 4개, 업스테이트와 롱아일랜드와 같이 구보다 넓은 지역을 포함하는 한인회가 2개, 소지역을 포함하는 한인회가 5개 있다. 차원으로 나누면 구를 중심한 것, 구보다 넓은 지역을 포함하는 것, 구보다 적은 구역을 포함하는 것 등 3개 차원이 있는 셈이다. 그리고 올바니는 올바니 한인회와 대올바니 지역 한인친목협회로 중복되는 것이 있다. 한인회가 복잡하게 중복되는 곳이 뉴저지이다. 이곳은 구나 카운티별로 한인회가 있는 것이 아니라 지역을 중심으로 한 한인회가 3개 있다. 나머지는 뉴저지 전부를 포함하면서 중복을 이루고 있어 뉴저지 한인회, 뉴저지 한인회 총연합회가 겹치고 중부에서는 중앙 한인회, 중부 한인회 등이 겹친다. 이것에 비해 코네티컷은 인구는 적으나 단일 한인회로 통합되어 난맥상을 보이지 않는다. 위에서 특이한 것으로 조선족 동포협회가 있다. 최근 미국 각지에 중국 조선족이 많이 이주해 살고 있는 것을 알 수 있다. 그러나 이들이 모두 협회를 조직한 것은 아니다. 뉴욕이 특이하게 조선족의 협회를 등록했고 이것을 한인회가 인정하고 있다.

뉴욕한인회

뉴욕한인회를 'The Korean-American Association of Greater New York'이라 한다. 뉴욕한인회는 1960년에 건립되어 현재 이세묵 회장이 제30대 회장직을 맡고 있으며 뉴욕 일대에서 가장 오래된 단체이고, 명실공히 뉴욕을 대표하는 한인들의 조직이다.

현 한인회 조직을 보면 회장 1명과 수석부회장 1명, 20명의 부회장이 있었다. 이들은 상임 부회장, 대외담당 부회장, 대내담당 부회장, 정책담당 부회장, 경제담당 부회장, 사회담당 부회장, 문화담당 부회장, 법률담당 부회장, 복지담당 부회장, 교육담당 부회장, 여성담당 부회장, 홍보담당 부회장, 섭외담당 부회장, 의전담당 부회장, 민원담당 부회장, 청소년담당 부회장, 차세대담당 부회장, 그리고 종교담당 부회장이 3명이다. 뉴욕한인회에는 6개의 위원회가 있다. 재산관리위원회, 선거위원회, 정치력신장위원회, 특별사항위원회, 법조항연구위원회, 임시특별위원회 등이다. 한인회 사무국에는 사무총장 1명, 사무간사 2명, 회관관리 2명, 행정관리 2명, 전산실장 1명, 자료관리 1명, 도합 9명이 근무하고 있었다.

1960년에 건립된 뉴욕한인회 자체가 뉴욕의 역사의 한 가닥이기도 하다. 1960년 중반까지 뉴욕한인회는 유학생이 중심이었고 주로 소식지 발간, 한글학교 운영, 야유회 등으로 친목을 다지는 단체였다. 1970년대 후반 상업 이민자들이 한인회를 장악하면서 한인사회는 한인회의 필요성을 절감했다. 따라서 한인회는 동포의 구심점과 주나 시를 상대로 하는 대외 활동을 전개해 권익을 창출하는 단체가 되었다. 1980년에 들면서 한인회는 차세대의 교육사업에 중점을 두는 한편, 정치력 신장을 위한 활동을 전개한다.

이제 뉴욕한인회는 단체 중의 단체로서 뉴욕의 한인사회를 대표하는 기관이 되었다. 이를테면 종군위안부 문제에서도 유권자센터와 협력해 한인을 최대한으로 동원했고, 탈레반 인질 사건이 발생하자 편지보내기 운동을 주도했으며, UN본부 앞에서 시위를 주도하기도 했다. 미국 내 문제로 캘리포니아에 대형 산불이 나자 뉴욕한인회는 즉각 모금운동을 전개하고 위로금을 보내기도 했다.

뉴욕한인회는 맨해튼 24번가에 지하 1층, 지상 6층의 독립된 건물을 소유하고 있으며 한인회로서 기본적인 다음과 같은 사업을 추진하고 있다. 첫째, 사회봉사 사업이다. 한인들의 법률문제를 해결해주고, 각종 보험관계의 문의에 응해주며, 복지정책이나 사회봉사 사항 등을 설명하고,

새로운 이민자에게 편리를 제공해주는 사업을 추진하고 있다. 둘째, 한인회는 한국 교민만이 아니라 한국 정부를 대신해 미국의 정치·경제·문화 각 방면에서 교섭과 중개를 해 한민족의 권익 증진과 한국문화 전파에 기여한다. 셋째, 한인회는 문화사업을 적극 추진한다. 한국어 보급이나 한인들의 직업훈련 그리고 한국문화를 선전하고 교육하는 데 전력을 다하고 있다.

뉴욕한인회는 자체가 하나의 조직으로 각종 행사를 진행한다. 다른 단체와 같이 친선 골프대회를 개최하고, 야유회를 행하기도 한다. 이러한 일반적인 행사 이외에도 3·1절과 8·15 광복절에 회관에서 한인사회를 대표해 경축식을 진행한다. 이것은 공적인 행사로 뉴욕한인회가 역점을 두고 행하는 것이다. 한인회에서는 추석, 설날과 같은 한국의 전통적인 명절에도 한인을 대표해 행사를 성대하게 거행한다. 무엇보다 크게 추석맞이 뉴욕 브로드웨이에서 행하는 한인 퍼레이드를 진행한다.

특별한 상황이 발생하면 한인회가 적극적으로 운동을 전개한다. 한인사회를 대표하는 것의 하나가 미국 선거에 참여하는 운동이다. 1990년대에 들면서 한인사회에서 선거에 관심을 갖기 위해 뉴욕한인회 내에 특별위원회로 '유권자위원회'를 설치했다. 24대 이정희 회장 당시 조직된 유권자위원회는 한인 유권자 데이터베이스를 구축하고, 유권자센터에 5,000달러를 지원해 홍보용 포스터를 제작하게 하고, 범퍼 스티커 및 개인이 다는 뱃지를 만들어 크게 선전했다. 1996년에 있었던 선거에서 1.5세와 2세가 자원봉사를 했으며, 한인 유권자 약 4,000명이 투표에 참가했다. 한인회의 이러한 활동을 이어 한인유권자센터가 건립되고, 한인청년이 주동이 된 '한뜻열린마당'과 뉴욕청년동우회 등이 결성되고 한인민주당도 결성된다.

뉴욕한인회는 동포의 권익운동에 적극 앞장서고 있다. 최근 한인들이 미 의회에 종군위안부 문제를 제출했을 때 한인회도 전력을 다해 적극적으로 도왔다. 이러한 권익운동은 아시아계 다른 민족과 협력해 공동보조를 취하고 다른 민족과의 연대관계를 담당해 범아시아 운동으로 이어가는 역할을 하고 있다.

그리고 한인회가 행하는 중요한 것의 하나가 각종 토론회나 강연회, 학술대회 등을 직접 행하거나 이런 행사를 돕는 것이다. 특히 뉴욕의 타 민족과 공동으로 세미나를 주최해 여론을 환기시키는 사업이나, 미 행정 부나 시 또는 시의회와 관련된 포럼을 개최해 미국 행정부와 공동으로 문 제를 논의하고 토론하는 장을 마련하는 것이다. 또 한인으로 정치적 신장 을 도모하기 위해 한인 정치인들을 초대해 토론회 또는 강연회 등을 개최 하는 것이다.

이와 같이 뉴욕한인회는 여러 행사와 사업을 추진하고 있으나 개인을 대상으로 하기보다 지역단체, 직능단체, 봉사단체, 사회단체, 문화단체, 교 육단체 등 동포사회 500여 개의 단체를 괸할하고 있어 딘체 중심의 단제라 할 수 있다. 단체 중심이기에 개인의 문의가 있기 전에 봉사를 할 수 없으 며, 이에 따라 소지역의 한인회들이 생길 수 있는 여지가 있다. 그리고 뉴 욕한인회는 뉴욕 일대 50만의 한인동포를 대표하는 기관이기에 뉴욕을 방 문하는 대부분의 사람이 이곳 한인회를 찾고 있으며, 한인회장은 한인동 포를 대표해 외부 손님을 맞이하고 대내적으로 각종 단체를 총괄하고 있 다. 그밖에 뉴욕한인회가 주관하는 '뉴욕한인의 날' 행사도 단체의 대표답 게 1년간 뉴욕에서 활동한 모범적인 사람들에 대한 시상식을 행한다.

뉴욕한인회가 가장 역점을 두는 사업의 하나가 뉴욕의 한복판인 브로 드웨이에서 한국 퍼레이드를 펼치는 것이다. 추석을 맞이해 10월 중 하루 를 택해 한국일보와 공동주관으로 코리안 퍼레이드를 진행한다. 27년째를 맞이한 2007년 10월 6일 12시에 진행된 코리안 퍼레이드는 151개 단체가 참가해 5,000여 명이 행진했으며 꽃차 12대가 동원되었다. 한인회장과 총 영사, 한국의 귀빈 등 8명이 그랜드 마샬이 되고, 한국부인회가 대형 태극 기를 앞세워 행진했으며, 뉴욕 시 경찰청(NYPD) 브라스 밴드가 협찬을 했고, 특히 중국계 법륜대법이라는 악단이 참가해 더욱 성황을 이루었다. 세종대왕 어가행렬과 육군 취타대의 행진은 2007년에 처음 등장했다. 장엄한 행렬은 마치 서울인 양 착각하게 할 정도였다.[2]

행진에 이어 브로드웨이 32번가 한인타운 길을 5애비뉴에서 6애비뉴까지 전부 막고 한인민속야외장터가 펼쳐졌다. 길 양쪽 진열대에는 먹거리, 볼거리가 즐비했고, 제일 뒤쪽에는 특설무대를 설치해 기념식을 진행했다. 이 날 행사에는 총 19개 단체가 참여해 기량을 자랑했다.

뉴저지 한인회

뉴저지 한인회는 대 뉴욕을 옆에 두고 있다는 지리적 조건과 21개의 카운티(county)를 갖고 있는 뉴저지 자체가 남북으로 길게 뻗어 있어 남부는 오히려 펜실베이니아의 영향을 받아 통일된 하나의 한인회를 갖기 어려웠다. 뉴저지에 한인회가 성립된 것은 1975년 10월이다. 한인 이주자가 증가하자 동포사회 유지들이 뉴저지시티에 모여 뉴저지 한인회를 조직한다. 그 후 북에서 멀리 떨어져 있는 남부에 한인회가 성립되어 별도의 사업을 추진하고 있었다. 2대 회장 때 뉴저지 한인회에서 독립한 남부 뉴저지 한인회가 3대 회장 때 북부와 통합할 의사를 밝히고 통합에 노력했는데도 쉽게 뜻을 이루지 못했다. 그러나 마침내 8대 회장 때 결실을 보게 된다. 1986년 남부 대표, 중부 대표 그리고 북부 대표가 모여 뉴저지 한인총연합회를 결성하고 지방에 있는 기존 한인회를 산하단체로 두게 된다. 뉴저지 한인총연합회는 뉴저지의 유일한 주립대학인 러트거스(Rutgers)대학교에 한국어과의 설치를 위한 운동을 전개하고 주지사 선거, 주의회의원 선거, 지방 선거 등에 개입하면서 정치활동을 전개했다.

---

2 뉴욕한인회, 2003. 5.

뉴저지 한인총연합회 산하에는 대남부 뉴저지 한인회, 애틀랜틱시티 한인회, 중앙 뉴저지 한인회, 서부 뉴저지 한인회, 뉴저지 한인회 연합회, 뉴저지 한인회(전 북부 뉴저지 한인회), 동부 뉴저지 한인회, 포트 리 한인회 등 9개의 한인회를 두고 있다.

뉴저지 한인총연합회 영역 내에 4개의 교육기관이 있다. 우리한국학교, 뉴저지 한국학교, 뉴저지 한인청소년센터, 뉴저지 한인학부모협회 등이 그것이다. 뉴저지에는 5개의 종교단체가 등록되어 있다. 이들은 뉴저지 한인교회협의회, 뉴저지 지역교회, 뉴저지 한인기독실업인협회, 뉴저지 오렌지 한인천주교회, 그리고 불교다. 봉사단체로는 뉴저지 한인경찰자문회, 한인국제부인회, 여성상담교육센터 등 3개가 있었다. 노인회는 4개가 있는데 뉴저지 노인회, 뉴저지 한인상록회, 남부 뉴저지 한인노인회, 그리고 뉴저지 중앙노인회 등이다. 문화예술단체로 6개가 등록되어 있는데 한국문화원, 언론기관, 한국무용회, 뉴저지 필하모닉 오케스트라, 뉴욕 한인미술인협회, 그리고 뉴욕 갤러리 등이다.

뉴저지 한인총연합회 내에는 14개의 직능단체가 있다. 캠튼 한인경제인협회, 뉴욕 한인상조회, 패터슨 한인상인번영회, 뉴저지 한인뷰티서프라이협회, 뉴저지 한인기독실업인협회, 트렌튼 한인경제인협회, 뉴저지 한인미용인협회, 허드슨 한인실업인협회, 뉴저지 미주한인우정공무원협회, 팔리세이드팍 상공회의소, 뉴저지 한인네일협회, 뉴저지 한인세탁협회, 뉴저지 한인경제인협회, 뉴저지 메도우랜드 한인번영회 등이다.

뉴저지 한인총연합회에는 13개의 체육단체가 등록되어 있다. 뉴저지 대한체육회, 뉴저지 한인골프협회, 뉴저지 대한축구협회, 뉴저지 한인테니스협회, 뉴저지 한인육상연맹, 뉴저지 한인탁구협회, 뉴저지 검도협회, 뉴저지 바둑협회, 뉴저지 한인볼링협회, 뉴저지 한인수영협회, 뉴저지 한인농구협회, 뉴저지 한인유도협회, 뉴저지 태권도협회 등이다.[3]

코네티컷 한인회

코네티컷 한인회는 인원이 적은 한인회다. 이곳 한인회는 회장을 포함해 수석부회장, 부회장, 사무총장, 재무이사 등 5명으로 구성된 회장단이 있다. 그리고 지역지부장으로는 브리지포트, 덴버리, 뉴헤이븐, 하트퍼드, 뉴런던, 토링튼, 스템포드, 워터버리 등 8개 지역대표로 구성되어 있다. 이사는 상임이사, 일반이사 그리고 명예이사 등 3종류가 있다. 상임이사는 역대 이사장을 지낸 사람으로 현재 16명이다. 일반이사는 개별로 선정된 사람으로 현재 48명이다. 명예이사는 회장을 지낸 사람으로 현재 20명이 있다. 이사 이외에 한인회는 6명의 고문을 두고 있는데 상원위원을 역임하거나 국회의원을 역임했던 사람들과 법률 고문 2명, 세무 고문 1명, 28명의 자문위원을 두었다.

한인회를 실제 운영하는 기관을 집행위원회라 한다. 집행위원회는 감사, 기획, 홍보, 사회사업, 문화, 출판, 교육, 체육, 장학, 경로, 청년, 대학, 청소년, 아동 등을 담당하는 부서장들의 모임이다. 그리고 특별위원회로 공천위원회 6명, 회칙위원회 5명, 자산관리위원회 5명, 정부관계 2명으로 이루어져 있다.

코네티컷 한인회는 2007년 7월 1일 한인회의 부설로 한인봉사센터를 설립했다. 이것은 한인들이 필요로 하는 사회복지, 의료, 민원 서비스 등을 신속하게 처리하기 위한 것이다. 구체적으로 봉사센터는 영사관이나 관공서의 민원 업무를 대행하는 일, 운전면허증 취득을 위한 차량국의 한국어 필기시험, 이민국 서비스 지원, 사회보장 업무 대행, 노인과 청소년을 위한 핫라인 상담 등을 제공하고 있다.

코네티컷 한인회가 해마다 거듭하는 정기행사는 2월에 행하는 정기

---

3   뉴저지한인회, 2002. 7.

이사회, 3월에 3·1절 기념행사, 4월과 10월에 행하는 경로잔치, 5월에 행하는 한인회 야유회, 7월에는 청소년 모국방문 및 선진업체 견학자 선발, 8월에는 광복절 및 장한 어버이 시상식, 9월에는 열린음악회, 10월에는 장학금을 위한 골프대회, 11월에 청소년 고국방문 후원을 위한 대회, 그리고 12월에는 송년파티를 겸한 민속 음악회 등이 있다.

이 중 가장 큰 행사는 야유회다. 이 대회는 뉴욕의 한인회장이 참석하는 자리로 약 800여 명이 공원에 모여 여러 가지 행사를 진행한다. 경기로는 배구 경기, 윷놀이, 팔씨름 대회, 가수왕 선발대회, 그리고 학생들을 위해서는 그림 그리기 대회를 하되 유치부, 초등부, 중등부 등 3개 부로 나누어 각각 금상, 은상, 동상을 준다.

코네티컷 한인회 영내에는 4개의 한국학교가 있다. 하트포드 한국학교, 뉴헤이븐 한국학교, 코네티컷 토요한국학교, 코네티컷 빛나는 토요한국학교 등이다. 코네티컷에는 29개의 교회와 2개의 천주교 교회가 있다.

코네티컷 한인회는 연 4회 잡지 코네티컷 한인회보를 발간하고 있다. 한인회보에는 한인회에 관한 상세한 소식과 행사에 관한 설명이 있으며, 시사와 교양글과 세계 명소를 소개하는 난, 한국 고전이나 명소를 소개, 차세대를 위한 영문난과 학교와 교회에 대한 소식 그리고 광고 등이 있다.[4]

이상 3개의 한인회를 보았다. 이것은 다른 한인회 등을 이해하는 표본이 될 것이다. 이들을 통해 알 수 있는 특성의 하나는 간부가 많은 것이다. 뉴욕한인회는 부회장을 많이 두어 직무를 수행하고, 실무를 주로 담당하는 코네티컷과 같이 인원이 적은 한인회는 이사진, 고문, 자문위원, 집행위원 등 수십 명의 인원을 배정해 이 공식 명칭을 갖는 사람만도 153명이나 된다. 이와 같이 많은 인원을 포진하는 이유는 한인사회에 직함이 필요하다는 사회적 원인과 보다 많은 사람이 협력하는 단체라는 사회심리적

---

4   코네티컷한인회, 2003. 7.

이유, 그리고 이사나 위원이 되면 경제적인 부담을 주어도 무방하리라는 경제적 이유 때문일 것이다.

한인회는 지역을 단위로 하는 공적인 봉사단체이다. 한인회의 봉사는 대민봉사가 주가 되어 지역 한인들의 여러 가지 자문에 응하고, 법적이고 제도적인 불편을 덜어주며, 보험과 같은 미국생활에 필요한 것을 안내해주는 일차적 봉사집단이다. 그러나 보다 넓은 지역을 포괄하는 한인회는 이러한 봉사적 기능보다 집단을 대표하는 명분적 기능을 중요시해야 한다. 뉴욕한인회가 그 대표적 사례다. 이와 같이 한인회는 크기에 따라 나눌 수 있고 기능에 따라 나눌 수 있다. 말하자면 큰 한인회는 대외활동을 주로 하는 명분적 집단이 되는 경향이 있고, 적은 한인회는 원래의 기능인 봉사의 기능을 수행하는 집단이 된다.

한인회가 크건 작건, 또한 어떤 기능을 강조하던 하나의 공통된 특징은 한인회장이 모두 무보수 봉사직이라는 것과 한인회장이 되면 상당한 경제적 희생을 감수해야 한다는 것이다. 그러나 한인 1세들은 명예를 위해 막대한 비용을 들이면서 한인회장에 출마하고, 경쟁이 심할 경우 불미스러운 경험으로 인해 결국 당선이 되고도 고소하는 사례들이 왕왕 발생한다. 이런 것이 모두 1세들의 특유한 과거사에서 유래되는 것이다. 이렇게 1세들은 서로 이해를 하지만 2세들은 이러한 행동을 이해하지 못해 한인회에 접근하기를 꺼린다. 즉, 한인 2세들이 한인회에 참여하려 하지 않는다. 따라서 1세의 문제는 한인회 체질을 개선해 명실공히 봉사 단체로 화하고, 2세들이 납득이 가도록 투명한 경영과 활동을 해야 한다. 그래서 시간이 흘러 2세가 주인공이 되는 한인사회에서도 지속적인 존재가 가능할 수 있는 한인회를 만드는 것을 일차적으로 고려해야 할 것이다.

2. 사회단체

사회단체 개관

넓은 의미의 사회단체는 한인회와 같은 지역단체나 경제 부문의 직능단체도 포함되지만 이곳에서는 사회단체를 좁은 의미로 해석해 지역단체와 직능단체 및 예능계 단체를 제외한 단체를 사회단체라 했다. 중앙일보의 집계로는 사회단체가 58개, 봉사단체가 79개가 있다.[5]

순수친목을 도모하는 모임에 대학동창회 33개, 중·고교동창회 56개가 있었고, 도민회가 18개 그리고 재향군인회가 6개가 있다. 이것은 순수친목을 목적으로 하는 단체들로, 뉴욕이라 해서 특이한 것은 없다.

한국일보 주소록에 의하면 결혼상담소 19개, 직업소개소 22개, 빈역공증 35개, 사회복지 2개, 생활상담 8개, 운명철학 14개, 탐정 3개, 양로원 10개, 장의사 15개, 공원묘지 1개, 비석 2개 등 도합 131개 생애와 관련된 기업이 있다. 생각보다 많았던 것이 결혼상담소와 운명철학 그리고 장의사 등이다. 결혼상담소가 많은 것은 재미동포에게 결혼이 큰 문제라는 것을 말하고, 운명철학이 많은 것은 그만큼 사회불안을 느끼는 사람이 많다는 것을 의미한다. 장의사가 많은 것도 특이했으며 특히 탐정이 3명이나 있는 것도 흥미로웠다.[6]

건강과 관계된 사업으로 당구장 6개, 당구장 자료 1개, 볼링장 5개, 체육단체 18개, 태권도 86개, 단전호흡 26개, 지압원 9개, 헬스센터 8개, 검도 17개, 건강관리 12개, 홈케어 5개 등 201종이 있으며, 생활에 필요한 변호사 215개, 공인회계사 171개, 세무사 11개, 회계사 15개 등 전문직이 412명이나 되었다. 건강과 관련해서는 태권도가 다른 지역과 같이 가장 많

---

5   중앙일보 주소록, 2005.
6   한국일보 주소록, 2005.

았다. 변호사와 공인회계사도 많으나, 특히 변호사가 더 많은 것이 뉴욕의 특색이라 하겠다.

언론과 관계된 업종으로 방송국 19개, 위성방송 9개, 신문사 21개, 월주간지 26개, 출판사 12개, 인쇄 48개, 인쇄 자료 1개, 만화 4개로 도합 140개소가 있고 악단 5개가 있다. 언론에 관한 기관은 다른 지역보다 뉴욕이 훨씬 많은 것을 알 수 있다.

교육관계는 별도로 언급하겠지만 우선 뉴욕의 교육과 관련된 직업이 얼마나 되는가를 보았다. 학교 55개, 항공학교 1개, 학습교재 14개, 꽃꽂이 학원 4개, 대체의학 학원 1개, 댄스 학원 6개, 미용 학원 3개, 속셈 학원 2개, 원전 학원 26개, 유치원 49개, 유학원 10개, 종합 학원 125개, 방과 후 학원 75개, 수학 학원 188개, 학원 학원영어 165개, 예체능 학원 124개, 직업 학원 28개, 진학 학원 9개, 회계 학원 1개, 컴퓨터 학원 9개, 이민유학 36개 등 도합 931개의 학교와 학원이 있다. 미국 역시 한국 못지않게 학원이 많다는 것을 이 자료로도 읽을 수 있다. 이곳의 학원은 성인용 학원과 학생용 학원으로 대별되며, 학생을 위한 학원은 한국과 같이 영어와 수학 분야가 많았다. 이를 통해 예능계, 체육계까지 학원을 다녀야 안심을 하는 한인동포들의 심리를 읽을 수 있다.

뉴욕 한인들의 생활의 일면을 볼 수 있는 것이 병원이다. 이곳에 뉴욕 시내 한인들의 병원을 집계했던바 종합병원 30개, 가정의학 11개, 내과 75개, 심장 16개, 신장 7개, 위장 16개, 비뇨과 53개, 성형외과 36개, 레저성형 5개, 정형외과 18개, 소아과 42개, 소아치과 6개, 안과 28개, 검안과 7개, 외과 27개, 피부 10개, 알레르기과 9개, 이비인후과 14개, 구강의과 3개, 정신분석 19개, 신경과 2개, 신경외과 2개, 척추신경 32개, 치과 231개, 재활의학 26개, 내분비 2개, 노인과 1개, 암혈액 4개, 방사선 7개, 발전문의 13개, 병리 2개, 심리상담 6개, 심리학 2개, 스포츠의학 1개, 통친치료과 23개, 통친치료원 16개, 메디케이트 콜서비스 1개 등 합계 840개소가 있다. 한약방 25개, 한의원 132개, 한방재료 5개, 한방척추교정 3개 등 도합 165개소였고, 약국 45개, 의료기기 14개, 도합 59개소였으며, 동물병원 21개소나 되었다. 병원의 경우 모든 분야에 병원이 있기 때문에 한인들은 불편한 것이 없다. 뉴욕 한인 의사들에 특기한 것이 있다면 성형외과가 많은 것과 한의원이 많은 것이다. 이는 동포 여성들이 성형과를 찾는 비율이 높다는 것을 보여 주고, 한의원, 한약방이 많은 것은 1세가 과도한 노력으로 경제기반을 닦아 육체적으로 망가진 사람이 많다는 것을 보여 준다.

한인 봉사단체가 집계한 바에 의하면 뉴욕 일대에는 다음과 같은 봉사단체가 있다. 가나안봉사센터, 가정문제연구소, 가정선교원, 가족사랑상담센터, 가족사회복지제단, 경로회관, 공공보건센터, 국제장애인선교회, 국제천연치료봉사회, 기독교가정상담연구소, 가독교가정치료상담실, 기독교연합봉사회, 뉴비전청소년복지재단, 뉴욕가정상담소, 뉴욕복지생활, 뉴욕소비자고발센터, 뉴욕아시안여성센터, 학대 받는 여성보호기관, 뉴욕제이씨, 뉴욕한인봉사가정급식센터, 뉴욕한인봉사센터 바자상점, 뉴욕한인봉사센터(브루클린) 뉴욕한인봉사센터경로회관, 뉴욕한인봉사센터공공보건실, 뉴욕한인봉사센터교육개발원, 뉴욕한인봉사센터무궁화상조회, 뉴욕한인봉사센터본부, 뉴욕한인봉사센터장년교육센터, 뉴욕한인봉사센터퀸즈커뮤니티센터, 뉴욕한인사회복지상담소, 뉴욕한인이민봉사센터, 뉴욕한인청소년센터, 뉴욕한인YMCA, 뉴욕한인YWCA, 뉴욕합동소셜워커사무소, 뉴저지민원정보센터, 뉴저지한인청소년센터, 뉴저지한인YWCA, 뉴저지한인YMCA가정상담소, 대뉴욕노인복지회(스테이튼아일랜드), 대뉴욕지구한인상록회, 두레마을 두레도서실, 무지개의 집, 미주카톨릭사회복지회, 미주한인봉사교육단체협의회, 믿고찾는무궁화센터, 브롱크스사회봉사센터, 새가정아동복지회(입양서비스) 색동문화교실, 생명의 선물, 살롬복지회, 씨엔엘가정문제연구소, 이주인평등회, 엄마마음아동복지재활센터, 익스프레스이민봉사협회, 자비원봉사센터, 자원봉사상담센

터, 주의결핍증한국학생동우회, 캐리김 상담치료원, 퀸즈차일드가이던스
센터, 퀸즈차일드가이던스아시안클리닉, 패밀리인터치, 팰리사이드경로
대학, 한미기독교봉사센터, 한미법률재단, 한미장애인재활협회, 한미정
신건강센터, 한미정신건강알코올/약물상담소, 한미지역사회건강센터, 한
인경로회관바자상점, 한인권익신장위원회, 한인노인문제상담센터, 한인
봉사교육원, 한인유권자센터, 한인지역사회관 및 한인진료소, 한인컴퓨
터교육봉사센터 등이다.

이상 76개의 봉사단체 중에는 전문적인 지식을 요하는 봉사단체도 있
고, 단순한 도움을 줄 수 있는 봉사단체도 있다. 대상은 가정, 아동, 부인,
노인 등으로 분류할 수 있다. 문제는 이것을 전부 분석할 수 없으므로 이
들 중 널리 알려진 봉사단체 몇 개를 골라 단체의 조직과 활동 등을 분석해
보기로 한다. 이곳에 선정한 단체는 한인봉사센터(KCS), 청년학교 유권자
센터, YWCA, KWCA, 가정상담소, 가정문제연구소, 무지개의 집, 상록회,
한미사회사업가협회, 한미정신건강협회, 한미장학재단, 뿌리교육재단, 그
리고 혼혈인협회 등이다.

뉴욕 한인봉사센터

뉴욕 일원에 있는 봉사센터로서 가장 규모가 크고 활발한 곳이 뉴욕
한인봉사센터(Korean Community Services of Metropolitan New York: KCS)일 것이
다. 이 봉사센터는 전속 근무자 25명, 임시직 10명 그리고 100명의 봉사자
를 갖는 대규모 비영리 복지기관이다. 이 외에도 12명의 이사가 있고, 4명
의 사무원이 있으며, 연간 3억 달러의 예산을 사용하고 있다. 봉사센터는
뉴욕 시에서 지원을 받는 31개 단체 중 유일한 아시아계 단체로, 한인 이외
에 타 민족을 포괄하는 프로그램을 진행하고 있다. 봉사센터는 7개의 지역
지부를 갖고 있으며 3개 분야의 사업에 26개 프로그램을 진행하고 있다. 3

개 분야란 노인복지 분야, 지역사회봉사 분야, 공중보건 분야를 말한다.

봉사센터는 노인복지 분야를 중히 여겨 이곳에 17명의 직원을 배정했다. 노인복지 분야에는 5개의 프로그램이 있다. 그 하나가 '코로나 한미노인센터(Korean American Senior Center of Corona)'이다. 코로나 지역에서 행해지는 이 프로그램은 점심 식사 제공, 교육과 오락, 그리고 사회봉사 3가지를 진행하는 것이다. 점심식사 제공은 뉴욕 보건국의 후원과 지시를 받아 노인들에게 가장 좋은 영양의 점심을 대접하는 것으로, 주중 매일 12시에 제공된다. 145명의 노인이 혜택을 받으며, 이곳에는 한국 노인이 주가 되지만 타 민족 노인도 포함되어 있다.[7]

코로나의 노인을 위한 교육과 오락 프로그램은 주말에 ESL 영어 강좌, 시민 강좌, 영어 독서 연습, 한자 공부, 바둑, 장기, 붓글씨 쓰기, 그리고 컴퓨터 교실 등이다. 또한 가까운 명소를 찾는 야유회와 여행, 중요한 현안에 관한 강연회 등이 있다. 이 외에도 노인들에게 필요한 사회 안전 수칙, 의료에 관한 상식, 식량 배급에 관한 지식, 주택에 관한 지식 등을 지도하고 직접 상담에 응하기도 한다.

복지센터가 자랑하는 것의 하나가 노인들을 위한 식사 배달 프로그램이다. 이것은 60세 이상으로 거동이 불편한 노인에게 매일 점심을 배달하는 것으로, 1998년 40명을 대상으로 시작한 것이 인원이 확대되어 현재는 95명이 대상이 되어 있고, 주중에만 배달하던 것이 주말에도 배달하고 있다. 지역 범위는 플러싱, 코로나, 우드사이드, 서니사이드, 롱아일랜드 시티, 그리고 애스토리아까지를 포함한다.

노인을 위한 프로그램의 하나가 한인상조회(Korean Mutual Aid Society)이다. 이것은 노인들이 건강을 위한 의료 상식을 전하고, 상호 상조하는 모임을 가지며, 사망 후 묻힐 묘지를 미리 가서 보고 장지를 구입하는 등 노인

---

7   코로나한미노인센터 소식지, 2004.

의 사후를 안심하고 지낼 수 있게 하는 프로그램이다. 이것을 위해 매달 2,000부의 소식지를 배포한다.[8]

노인을 위한 프로그램의 하나가 플러싱 한미노인센터(Korean American Senior Center of Flushing)이다. 2002년에 시작한 이 프로그램은 장소가 플러싱일 뿐 봉사활동의 내용은 코로나와 같다. 다만 노인 218명이 점심을 먹는다. 노인을 위한 교육과 오락, 여행, 건강관리에 관한 교육은 코로나와 유사하다. 이곳의 특이한 것 중 하나는 전화를 통한 상담이 가능한 것과 출입이 불편한 노인을 위한 자동차 봉사가 있는 것이다.

한인봉사센터는 뉴욕시의회의 유나이티드웨이의 재정지원을 받아 무지개의 집, 청년학교 등과 더불어 실시하는 무료 직업교육이다. 가정간호보조원, 하계 소득세 신고, 옷 수선 재봉, 사무직 컴퓨터, 의료 보조 등 직능별로 진행된 프로그램에 지원자가 많기 때문에 150명을 선별해 교육시키고 있다.[9]

봉사센터가 2006년부터 시작한 프로그램의 하나가 성인일과센터(Adult Day Care Center)이다. 이것은 노인 병동에 가기 직전의 노인을 대상으로 하는 것이다. 특히 55세 이상의 정신장애자나 신체거동이 불편한 사람을 돌봐주는 프로그램이다. 이들을 차로 모셔다 행사에 참가할 수 있게 하고, 한식으로 아침과 점심을 대접한다. 손으로 만드는 물건 만들기, 그림 그리기, 간단한 운동, 노래 부르기 등의 활동을 하고, 이렇게 만든 제품의 전시회 등을 알선해준다. 이러한 프로그램에 도움을 받는 사람은 약 20~25명 정도이고, 지역사회 프로그램에 19명이 종사하고 있으며 9개의 사업을 포함하고 있다. 그중 중요시 여기는 사업이 55세 이상이 되어 조기 정년퇴직을 당한 아시아계 사람들의 적성을 찾아 재훈련을 시키는 프로그램으로 '아시아 아메리칸 성인센터(Asian American Adult Center)'라 한다. 40여

---

8   한인상조회 소식지, 2002.
9   한인봉사센터, 2006.

개 비영리단체의 취업을 목적으로 훈련을 하며, 건강이 좋은 사람은 공원 같은 직장을 구하고, 보통은 사무실에서 근무하는 사무직을 훈련시킨다. 훈련 도중 시간 근무를 하던 사람이 교육이 끝난 후 전속으로 근무하게 되는 사람도 있다. 이 과정의 교육을 받는 사람이 연간 190명이고 그중 한국인이 55%, 중국인이 35% 그리고 기타 아시아인이 10%이다. 이 중 교육을 끝낸 사람의 약 35%가 취업을 했다.

지역사회 프로그램의 하나로 교육발전연구소라는 것이 있다. 이것은 일반 이민자들에게 실시하는 교육 프로그램으로 특히 한국인과 같이 교육 수준이 높으면서 영어가 부족해 자기의 본래의 직종을 갖지 못하는 사람을 대상으로 교육을 실시해, 보다 나은 보수를 받을 수 있는 직장을 갖게 하는 것이다. 이러한 직업교육을 위해 봉사센터는 5개 기관과 계약을 맺고 위탁교육을 실시하고 있다. 중점적으로 실시하는 교육은 의학조사직성법, 의학규정 전문가 양성, 가정치료사, 보수 건축가 및 재봉사, 그리고 회계사 등의 영역이다. 이 외에도 컴퓨터반, 영어반, 회계경리반, 정부용역 심리상담반 등의 교육도 있다. 이곳의 교육을 받은 이가 152명이나 되고, 위탁교육을 받는 사람까지 합하면 도합 895명이 이 과정을 거쳤다.

한인봉사센터는 2세를 위한 특별 기구로 백년기획위원회를 두어 1세와 2세의 거리를 좁히는 사업을 실시하고 있다. 한인커뮤니티재단(KACF)과 공동으로 주최한 세미나에 한인 2세 60명이 참가해 1세와 2세의 시각차이를 규명하고, 1세들이 갖고 있는 언어, 보건, 빈곤의 문제를 해결하기 위해 2세가 어떻게 공동노력을 할 것인가를 의논하는 것이다.

지역사회 프로그램 중에는 9·11 회복 프로그램이 있다. 미국 적십자사가 후원하는 이 프로그램은 9·11 희생자 가족의 재활을 위한 교육과 훈련을 지원하는 사업이다. 동시에 참사 후유증을 치료하는 각종 사업이 있어 가족이 동시에 정신과 치료를 받거나, 개별적으로 어려운 문제 등을 같이 의논하고 풀어주는 훈련을 하는 것이다. 현재까지 한국인 9·11 희생자

가족을 400명으로 추정하고 이들에게 각종 사회봉사시설에서 도움을 받게 하기도 한다.

또 다른 프로그램으로 시민교육 프로그램(Civics Educational Literacy Program)이 있다. 이것은 이민 온 사람들에게 영어를 가르쳐 미국 생활에 빨리 적응하고 시민권 시험에 빨리 통과하도록 돕는 교육 프로그램이다. 8~10개 반을 편성해 ESL 기초반, 2개의 ESL 초급반, 2개의 ESL 중급반, 1개의 ESL 고급반으로 나누어 쿼터제로 교육을 실시한다. 연간 200명을 졸업시키며 그간 480명이 이 과정을 마쳤다.

그밖에도 이민 프로그램이 있다. 이것은 새로이 이민 온 사람이 겪는 여러 가지 어려운 점을 돌봐주고, 특히 시민권 획득을 위한 절차를 소개해준다. 시민권자 시험을 위한 준비, 시민권 신청을 위한 서류작성법, 시민권 발급을 위한 여러 절차 등을 소개하고 안내하는 것이다. 그간 약 5,000명이 시민권을 얻는 데 도와준 업적이 있다. 2007년에는 이민법 개정에 반대하는 가두시위에 10만 명을 동원해 참가하기도 했다.

지역사회 프로그램 중 1999년부터 시작한 사업이 브루클린 사업(Brooklyn Project)이다. 이것은 플러싱과 코로나에서 실시한 봉사사업을 브루클린 지역에서 실시하는 것으로, 말하자면 지역사회 프로그램의 브루클린 지부를 말하는 것이다.

청년 지역행동 프로젝트(Youth Community Action Project)라 불리는 프로그램은 고등학교 학생을 대상으로 하며, 이들이 보다 원활하게 백인 친구와 섞일 수 있고 지역사회에 봉사할 수 있게 하는 것이다. 특히 대통령 봉사상을 탈 수 있도록 사회봉사활동을 도와주는 사업이다.

방과 후 사업을 프로젝트 홈커밍(Project Homecoming)이라 한다. 이것은 학습에 취미를 갖지 못해 성적이 뒤쳐지고 문제를 일으키기 쉬운 환경의 저소득층 학생을 대상으로 하는 프로그램이다. 이들을 위해 집단 심리상담과 개인 심리상담을 하고, 지역사회 포럼을 개최하는 것이다. 집단 심리상담은 방과 후 학생들이 몇 개의 집단으로 나누어 집단 토론을 하게 해 문제를 풀고, 다른 의견을 청취하며 자기의 의견을 조절하는 훈련을 한다. 개인 심리상담은 개별적인 문제를 상담해 생활과 학습에 도움이 되게 하는 것이다. 그리고 포럼은 사회 유지나 교회 지도자, 정신과 의사 등을 초청해 강의를 듣는 것이다. 2005년부터는 뉴저지 지역에도 같은 프로그램을 시작했다.

또 다른 프로그램의 하나는 절약 상점(Thrift Shop)이다. 이것은 코로나 루스벨트 거리에 위치한 상점으로 지역 회원들이나 노인들이 가져다 준 헌 장류, 헌 의류, 장난감, 휴대품 또는 공구 등을 모아 싸게 파는 상점으로 매상의 이익금으로 이웃을 도와주는 일을 한다.

지역사회 프로그램이 진행하는 건강보건 프로그램에는 10개의 사업이 있다. 그중 하나가 사용자 부조 프로그램(Managed Care Consumer Assistance Program)이다. 이것은 의료보험에 해당하는 사람들이 언어나 문화의 장애로 올바른 서비스를 받지 못하는 것을 시정해 의료보험이나 장애자 보험 등을 제대로 받을 수 있게 교육을 하는 것이다. 그간 40여 회의 설명회를 가졌고, 이것의 혜택을 본 사람이 400여 명이 된다.

또 하나의 의료봉사 프로그램이 저소득층 의료보험자 선정 교육사업(Medicaid Choice Education Project)이다. 이것은 저소득층 사람들이 의료혜택을 받을 수 있도록 19개 사업에서 선정해야 한다. 이것을 위해 보다 유리하고 보다 효과적인 것을 선정하게 해 그것을 교육시키는 것이다. 그간 76회의 시사회가 있었고 이것은 장차 다른 지역으로 확대할 예정이라 한다.

또 하나의 의료 관련 프로그램이 건강접근 프로그램(Health Care Access Porgram)이다. 이것은 뉴욕에 거주하는 뉴욕 시 공중건강보험 프로그램을 모르는 사람들에게 저소득자 보험, 가족건강보험, 아동보험 등 여러 보험을 설명해 불이익을 받지 않도록 하는 프로그램이다. 그간 약 700명이 참가했고 370명이 혜택을 보았다.

또 하나의 프로그램이 이민자 건강 증진과 변호 협력(Immigrant Health Care Access and Advocacy Collaborative)이다. 이것은 집단 교육이나 개별적인 상담을 통해 병원이나 보건진료소 등에서 언어의 장애로 불이익을 당하는 사람을 도와주는 사업이다.

봉사센터가 뉴욕 시 보건국과 협력해 진행하는 사업의 하나가 B형 간염 프로그램(Asian American Hepatitis B Program)이다. 아시아인들에게 B형 간염이 많다는 것을 안 시 당국이 이 센터에게 의뢰해 이곳에서 간염에 관한 교육, 진단, 접종 등을 실시하는 것이다. 2005년 이후 1,136명이 검진에 임했고, 365명이 접종했으며, 114명이 입원 치료를 받았다. 이것을 위해 봉사센터는 한인 의사협회, 한인 간호협회 등과 긴밀한 연계를 갖고 있다.

또한 보건에 관한 것으로 금연가정운동(Smoke-Free Home Campaign)을 2004년부터 전개하고 있다. 이것은 금연을 위한 교육을 실시하고, 금연을 실시하는 가정 조사를 실시하며, 학생들에게 금연에 관한 그림을 그리게 하고 글을 짓게 해 우수한 작품에는 상을 주기도 했다. 이러한 다방면의 금연운동 결과 1,100명이 금연을 실시했으며 특히 집안에서 금연하는 금연집안을 확대해가고 있다.

또 하나의 프로그램이 한인 면역 프로그램(Korean Immunization Program)이다. 한인들이 면역에 약한 것을 보완하기 위해 미국 아시아 여성 건강 조직과 뉴욕 시 보건성의 후원을 받아 한인을 대상으로 면역에 관한 교육을 실시하고 예방에 만전을 기하도록 하고 있다. 예컨대 독감 예방을 위해 매년 별도의 유인물을 발행해 널리 알리고 예방 접종을 맞게 한다.

제이슨센터(Jaishon Center)의 재정적 후원을 받은 봉사센터는 당뇨병학급(KSC Diabetes Class)을 운영하고 있다. 이것은 당뇨에 관한 교육으로 당뇨병의 증상, 운동, 식사, 당료병 치료 등을 설명하는 것이다. 그간 80명이 교육을 받았다.

봉사센터가 아시아 태평양 도서 연합(Asian and Pacific Islander Coalition)

과 공동으로 HIV/AIDS에 관한 계몽과 퇴치를 위한 운동을 전개하고 있는데 이것을 '정국 깨기 운동(Breaking Silence Project)'이라 한다. 특히 의심스러운 사람에게 이에 관한 검사를 받게 한다.

봉사센터는 여러 보건기구와 협력해 이른바 건강정보와 추천, 건강증진활동(Health Information and Referral/Health Promotion Activity)을 추진해왔다. 이것은 건강 프로그램, 노인 프로그램, 한미 의료 서비스 기관 등과 연계해 세미나나 교육을 통해 한인들의 건강을 지켜온 것을 말한다. 말하자면 각종 보건의료 서비스 기관 등과 연계해 보건에 관한 교육을 실시해왔고, 특히 혈압 검사, 당뇨 검사, 콜레스테롤 검사 등을 실시해왔다.

봉사센터는 뉴욕 일대에 있는 보건기구, 의사회, 간호협회만이 아니라 사회봉사단체인 YWCA, 가정상담소, 무지개의 집, 청년학교 등 한인 봉사단체 모두와 긴밀한 협력관계를 유지해 상호 도움을 주고, 도움을 빈기도 한다.

뉴욕한인봉사센터는 노인과 불우한 사람에게 교육과 봉사를 통해 생활의 질을 향상시키고 특히 미국 사회단체에서 행하는 여러 프로그램과 연계해 미국 당국의 후원으로 프로그램을 추진하고 있다. 무엇보다 센터를 이끄는 사무장이나 지도요원이 봉사자들을 잘 훈련시켜 모범적인 봉사를 할 수 있게 해 더욱 모범적인 단체가 되었다.

한인봉사센터는 2007년 11월 15일 설립 34주년을 경축하는 만찬을 베풀었다. 이 만찬을 통해 1년간의 활동 사항을 보고하고, 지난해 플러싱에서 처음 커뮤니티센터를 마련한 데 이어 제2의 커뮤니티센터의 건립을 약속하고 기금 모금에 온 힘을 다하고 있다.

한인봉사센터는 뉴저지에 지부를 내고 3년 전부터 활동을 해왔다. 봉사센터 뉴저지 사무실을 펠리세이드 파크로 이전한 이후 청소년의 정신건강과 가정문제 상담과 함께 B형 간염 예방집종을 실시했다. 또 방과 후 하교와 유아를 위한 데이케어 프로그램도 강화하고 상담과 사회봉사를 실시하고 있으며, 저소득층과 무보험자 등을 돕는 사업을 전개하고 있다.

뉴욕한인봉사센터는 순수 사회봉사단체이며 저소득층, 불우계층, 노인 등 불리한 사회계층에 있는 사람들을 위해 많은 프로그램을 갖고 있는 모범적인 봉사단체이다. 특히 봉사단체는 뉴욕 시와 긴밀한 관계를 갖고 사업을 추진하므로 뉴욕 시의 대행기관이라고도 말할 수 있다.

청년학교

청년학교(Young Korean American Service and Education Center: YKASEC)는 젊은 사람들이 주관하는 사회봉사단체의 하나이다. 바르게 살고, 뿌리를 잊지 말며, 조화로운 생활을 하도록 하고 있다. 특히 재미한인 중에서도 경험이 적은 젊은 계층, 사회에서 뒷전으로 물러난 노인 계층, 최근에 이민 와서 미국 사회를 잘 몰라 불이익을 받는 한인, 저소득 계층으로 불리한 처지에 있는 한인 그리고 영어가 부족해 불이익을 당하는 사람 등을 대상으로 사업을 추진하고 있다. 사업을 추진하는 직원은 회장 포함 12명이다.[10]

청년학교가 추구하는 사업은 크게 5개 분야가 있다. ① 교육, ② 시민운동, ③ 이민법 운동, ④ 사회봉사, ⑤ 문화 전승과 보급 운동이다. 교육 프로그램은 청년을 대상으로 하는 시민 교육으로 한인 지역사회에서 한인들에게 필요한 각종 시민 상식을 토론 또는 강의 형태로 전개하는 것이다. 교육에서 중점을 두는 것의 하나가 여름에 청소년을 데리고 캠프를 하면서 집중적으로 교육을 실시하는 것이다. 교육에는 새로 이민 온 사람을 위한 영어교육 ESL이 있다. 특히 새로운 이민자들에게 직장을 구하기 위한 교육을 실시하고 임시 고용인으로 취업한 사람을 완전 취업을 하도록 훈련을 시키는 것이다.

10　청년학교 소식지, 2005.

청년학교가 다른 단체와 다른 것의 하나가 시민운동이다. 이것은 특히 선거와 관련된 시민운동으로 영어가 부족해 미국 사정에 밝지 못한 사람을 대상으로 선거와 투표에 관한 훈련을 시킨다. 선거에 관한 여러 상식을 교육시켜 선거에 임하도록 권하고, 또한 정당이 어떤 것이 있으며, 정당의 전략 정책이 어떤 것이고, 후보자는 어떤 사람인지 등을 교육하고 지도하는 것이다. 무엇보다도 선거인 명단에 등록을 하고 선거에 참가하도록 권유한다. 청년학교는 그간 협력단체와 공동으로 매일 아침 브루클린 법원에 나가 유권자 등록 운동을 전개한 결과 2개월 만에 신규 유권자가 2,000명이나 증가했다.

청년학교가 최근에 1,362명을 대상으로 한 설문조사에 의하면 응답자의 44%인 602명이 특정 정당을 선택하지 않았다. 이것은 무소속 한인 유권자 29%보다 월등히 높은 수치이고 뉴욕 시 전체 유권자 가운데 무소속 비율 16%보다 28%나 높은 것이었다. 아직 한인들은 미국 정치에 무감각한 것으로 보인다.

청년학교가 가장 주력하는 프로그램은 이민 권리 프로그램이다. 청년학교는 뉴욕 한인사회의 대표적 이민 권익단체라고 할 수 있다. 이것은 이민법이 이민자에게 불리할 때 이민법의 교정을 요구하거나, 불법자라도 미국에 들어온 사람은 보호하고 불법에서 합법으로 전환시키는 운동을 전개하는 것이다. 최근 부시 행정부가 종업원에 주민등록번호를 요구하라는 법을 제정했다. 이것은 말할 것도 없이 불법 체류자를 단속하고 추방하려는 것이었다. 이에 대하 청년학교가 앞장을 서고 협력단체들과 서면으로 이것이 부당하다는 것과 국회의원을 방문해 구제를 요구하는 등 로비 활동을 겸하고 있다. 한편 '꿈의 법안 실현'이라는 운동을 전개하고 있는데 이것은 꿈을 갖고 이주한 학생들이 서류미비로 추방당하게 된 것을 구제하는 운동이다. 이런 학생들에게 장학금을 주기 위한 운동을 전개해 협력 기구인 현대 이민 지원팀(Modern Immigration Support Team)과 협력해 일일 찻

집을 열어 이익금으로 학생들을 돕기도 했다. 또 불법 체류자에게 이민 당국에서 조사 나왔을 때 어떻게 대처하라는 교육도 시키고 있다. 불심 검문을 당하면 당황하지 말고, 거짓을 고하지 말 것, 미비한 서류에 관해 묵비권을 행사하면서 변호사가 온 후에 그의 지시에 따라 서류에 서명할 것 등을 사전에 교육을 시킨다.

1996년 이후 이민법이 엄격해지고, 이민자에게 불리한 것이 많아진데다가 특히 9·11 사태 이후 외국인에 대한 불신이 더해지면서 이민을 단속하는 것이 지나칠 정도로 미국이 외국인을 보는 눈이 달라졌다. 이에 한인만이 아니라 중국, 일본, 필리핀 등 전국 26개 주에서 모인 아시안들이 모여 로비활동을 했는데, 이것을 청년학교 회장인 정승진이 주도했다.

9·11 사태 이후에 나오는 새로운 이민법 내지 이민 단속법은 도를 넘는 것이 많았다. 이에 부당함을 호소하기 위해 글을 일간지에 기재하기 위한 모금운동으로 1인 1달러 운동을 전개했던바 예상을 훨씬 넘는 2만 5,000달러가 모였다. 이에 청년학교는 자신감을 얻고 워싱턴포스트 지에 전면 광고를 냈으며 크게 고무되었다.

한편 청년학교는 뉴욕이민자연맹 등 30여 개 이민단체들과 같이 '이민개혁 캠페인 위원회'를 구성하고 뉴욕 시 12명의 연방하원의원을 대상으로 일대일 밀착 로비활동을 전개했다. 이것은 연방 상원에서 무산된 이민법 개정안을 하원에서 되살리려는 운동이었다.

사회봉사 프로그램이란 특히 저임금 노동자나 영어가 부족해 미국 사정에 어두운 사람, 그리고 지역사회에서도 소외된 계층에 있는 사람들에게 시에서 제공하는 여러 혜택을 받게 하는 것이다. 미국에는 이러한 소외되고 낙후된 사람들을 위한 여러 가지 혜택이 많이 있다. 저소득자 세금혜택이 있고, 저소득자 생활보조 기금이 있으며, 생활혜택을 위한 여러 시설, 심지어 이민자 보조수당 등이 있다. 이것을 활용하고 혜택을 충분히 받도록 서류를 대행해주거나 실제 혜택을 받게 하는 심부름을 하기도 한다.

청년학교가 추진하는 문화운동은 사물놀이를 통해 거리 축제 등에 참가하고 사물놀이를 학습하는 과정 등에 있다. 청년학교는 처음부터 역사교실을 비뚤어진 조국관과 민족관을 바로잡는 일에 힘썼으며 풍물강습, 탈춤강습, 민요공부 등을 통해 전통문화와 놀이를 익히고 즐기며 이어받아 왔다. 이 프로그램은 한인 청년 2세는 물론 입양인까지 포함해 많은 사람에게 사물놀이를 보급시켰다. 축제로 정월 초승에 행하는 민속놀이로는 지신밟기가 있다. 특히 축제 시에는 사물놀이 이외에 한국에서 가수를 초청해 대대적인 음악제를 연출하기도 한다. 사물놀이를 비롯해 한국의 전통민속놀이나 음악을 장려하는 것은 차세대에게 전통문화를 계승시키는 것이 되고, 미국과 같은 다문화사회에서는 다문화에 공헌하는 것이 되기도 한다.

뉴욕의 청년학교는 로스앤젤레스에 한국자원센터(Korean Resource Center), 시카고의 한미자원문화센터(Korean American Resource and Culture Center), 필라델피아의 한미지역센터(Korean American Community Center)와 긴밀한 협력관계를 갖고 각종 사업을 공동으로 추진하고 있으며, 연 2회 전체 회의가 있고, 주 1회 사무장들의 회동이 있으며, 1년에 1회 30명이 되는 전 간부들의 모임이 있다.

청년학교는 뉴욕 내에서는 특히 YWCA 한인봉사센터, 원광사회복지관, 무지개의 집, 가정상담소, 그리고 한인회 등과 긴밀한 협조를 하고 있다. 소수민족의 시민운동에는 타 민족이 동참하는 것이 유리하다. 청년학교는 지역사회단체로서 특히 흑인중심인권운동단체인 NAACP와 긴밀한 협조관계를 유지하고 있다.

청년학교는 전국적인 자매단체를 갖고 있으면서도 지역에 따른 독자적인 사업을 전개하는 단체이다. 불우한 계층, 소외된 계층의 사람을 위한 봉사를 하는 봉사단체이면서도 한편 유권자의 계몽을 하는 정치적인 권익을 추구하는 정치단체의 사업을 포함하고 민족문화 보존을 위한 운동을 실시하고 있는 단체이다. 특히 위에서 본 한인봉사센터와 비교했을 때 순수 봉사단체이기 보다 정치·문화를 포함한 다목적 단체라 할 수 있으며, 특히 1.5세 2세들의 젊은이가 주도하는 단체라는 특성을 갖고 있다.

봉사단체 중에는 청년학교보다 더 전문적으로 단일 분야에서 봉사하는 단체들도 많다. 이를테면 한미법률재단은 운전면허와 관련된 특별 단체로 운전면허와 운전과 관련된 법률문제만을 다루고 있다.

1.5세 2세를 위한 단체로 뉴저지 레오니아 한인봉사협회가 있고, 뉴저지 청소년센터가 있다. 뉴욕에는 미주한인청소년재단이 있고, 한인교회협의회 내에 뉴욕한인청소년센터가 있다. 이곳에서는 가출청소년을 단속하기 위한 사업을 진행하고 있다. 한인회에도 청소년 위원회가 있어 한인청소년의 건전한 방향으로의 선도적업을 추진하고 있다.

유권자센터

사회운동단체로서 분명한 목적의식을 갖고 출발한 단체가 유권자센터(The Korean American Voters' Council)이다. 이것은 1991년에 뉴욕에서 있었던 브루클린 처치 애비뉴 사건과 1992년 LA에서 있었던 사건을 계기로 한인들이 미국 사회에 보다 적극적으로 참여하는 길이 재미한인들의 나아갈 길이며, 이것을 위해 정치에 참여하는 길이 지름길임을 깨달았다. 이에 정치에 참여하는 것은 투표에 참여하는 것이라는 견지에서 동포들에게 정치적인 참여로서의 투표 참여를 권장하는 운동을 전개하는 단체로 출발한 것이 유권자센터이다.[11]

정해민과 김영덕이 주축이 되고 김동석이 총무를 맡은 유권자센터는 1996년 설립하고 한인 밀집지대인 포트 리에 사무실을 정했다.

---

11 유권자센터 소식지, 2004.

투표는 국회의원이나 대통령 선거만이 아니라 지방의원이나 시장 선거 등 미국에서 실시하는 많은 선거에 참여하는 것이다. 미국은 자치제가 발달해 각종 선거가 끝없이 많이 전개된다. 그리고 투표에 참가하는 것이 바로 그 민족의 저력이고 힘이기에 선거철이 되면 후보자가 민족별로 투표율을 집계하고 그 민족을 방문해 득표 작전을 전개한다.

유권자센터는 한인사회를 대상으로 한인의 권익운동으로 선거에 임하도록 계몽하고 교육을 실시하고 있다. 미국과 같은 나라에서 선거가 얼마나 중요한가, 국민으로서의 권리와 의무가 무엇이며 이것이 인권과 어떤 관계를 갖고 있는 것인가를 교육하는 것이다. 이것을 위해 유권자센터는 교회나 학교를 순회하면서 강연회를 전개해왔으며, 이것을 위해 학술대회를 조직하기도 했다. 한편 유권자센터는 투표용지를 한국어로 표시된 것을 요구해 실행하고 있다.

유권자센터는 한인사회의 차세대 지도자로서의 1.5세나 2세에게 자원봉사를 실시토록 하고 이러한 과정을 통해 한국 이민사회를 이해하고 한인으로서의 정체성을 함양하게 하는 교육적 효과를 중시해 자원봉사 훈련에 역점을 두었다.

유권자센터는 사업을 확대해 불법체류자의 사면을 위한 운동을 전개했고, 한미 간 비자면제 운동을 전개해 추진 중에 있다. 무엇보다 유권자센터가 이룩한 가장 큰 업적은 일본군 위안부 결의안을 미국 의회에서 통과시키는 데 앞장서 전국적인 운동으로 전개하고, 미국 의원들에게 로비활동을 전개해 결국 미국 의회에서 통과하게 한 것이다. 운동은 전국적인 서명운동, 위안부 할머니 의회증언, 연방 하원 로비데이 행사 등으로 전개해갔다. 결의안을 발의한 마이클 혼다 의원과 같은 적극적인 사람과 톰 랜토스 외교위원장 등이 도왔으나 일본은 2개의 로비회사를 고용하고 부시 행정부에 대해 자국이 '21세기 최대의 우방'임을 내세워 외교적 압력을 가하는 등 끈질긴 방해공작을 벌였다. 그러나 미국 의회가 만장일치로 통과시켜 미국 정치권이 일본 정부에 잘못을 인정하고 사과하라는 공식적인 입장을 밝혔다는 점에 큰 의미가 있다.

2008년 미국의 대선을 기해 김동석 소장은 올바른 선택과 적극적 참여라는 기치를 내걸고 뉴욕한인회, 뉴욕지역한인회연합회, 뉴욕직능단체장협의회, 뉴욕평통 등 단체와 협력해 선거에 참여함으로써 소수민족의 목소리를 내는 기회로 삼고 있다. 한인은 소수계의 소수이며, 후발 이민이라는 약점을 갖고 있기 때문에 더욱 열심히 선거에 참가해 높은 투표율로 한인의 목소리를 높이는 수밖에 없다고 한다. 특히 2007년 2월 5일의 슈퍼 화요일을 대비하기 위해 유권자센터는 아시아아메리카법률교육재단(AALDEF)과 손잡고 1월 28일 맨해튼에서 한인과 중국인을 대상으로 투표 안내, 통역 안내를 위한 자원봉사자들에게 교육을 실시했고, 한인들이 많이 거주하는 퀸즈에 한국어로 된 안내문을 만들 것을 건의했다.

유권자센터는 사업의 성격으로 보아 봉사단체라기보다 권익단체라 할 수 있다. 이것은 1세가 후원하고 2세를 훈련시키는 교육적 기능을 수행하고 있는 정치력 신장을 위한 사회단체라 규정할 수 있다.

한인들의 정치력 신장을 위한 단체로 한인공공정책위원회(KAPAK)라는 단체가 있다. 이것은 이철우 회장이 설립했으며, 주류 사회로 나아가는 것은 정치력 신장이라 생각해 정기 모임에 명사를 초청해 강연을 듣는다. 지난번에는 뉴욕 주 감사원장 디나 폴리를 초청해 미국의 법조계에 관한 이야기를 들었다.

이러한 봉사활동으로 앞서가는 것 같으나 실은 언제나 중국인들에게 한발 늦다. 한인들이 다수 거주하는 플러싱의 경우도 플러싱 출신 뉴욕구의원도 중국계의 엘렌 영(Ellen Young)이고, 뉴욕 시의회의원도 대만 출신의 존 류(John Liu)이다. 뉴욕 롱아일랜드 서퍽(Suffolk) 출신 국회의원도 뉴욕 업스테이트 웨스트체스터(Westchester) 출신 의원도 중국계 사람들이다.

YWCA

퀸즈에 위치한 한국 YWCA는 대표적인 봉사단체의 하나로 뉴욕 내에
만도 3개의 YWCA가 있고 세계 300여 개의 YWCA에 속한 세계적 기구의
하나이다. 퀸즈 YWCA가 설립된 직접적 동기는 1978년 퀸즈에 거주하는
한 이민 가정에서 13세 어린이가 혼자 있는 집에 불이 난 사건이 있었다.
이민 온 한인들은 하루 24시간 일하다시피 해서 집에 어린이만 두고 문을
잠그고 나가는 일이 허다하다. 한때 어린이에게 열쇠를 목걸이로 만들어
주어 부모 없는 빈집을 혼자 출입하게 하기도 했다. 이것은 미국에서는 상
상도 못하는 불법이다. 미국에서는 13세 이하의 어린이를 집에 혼자 두면
부모가 처벌받게 되어 있다. 어린이 혼자 있는 집에 불이 난 사건을 계기
로 한국 여성이 앞장서서 방과 후 학교를 운영하기로 결심하고, 9명의 뜻
있는 사람들이 모임을 가졌다. 이곳의 중심이 된 사람이 한국에서 이미
YWCA 활동의 경험이 있는 홍인숙 선생이다. 따라서 한국식 YWCA 조직
과 경영을 모방해 퀸즈에 한국 YWCA를 건립한 것이다.[12]

현재 퀸즈 YWCA에는 회장을 보필하는 사무총장과 30명으로 구성된
이사회가 있고, 활동을 돕는 직원은 전임 직원 13명과 파트타임 봉사자 30
명에서 많을 때는 50명이 활동하고 있다. 연간 예산은 1억 달러 정도이고,
정부보조가 60%, 나머지 40%는 프로그램에 의한 수입으로 충당하고 있
다. YWCA를 돕는 회원이 1,000명가량이고, 각종 프로그램에 참가하는 사
람이 약 1만 2,000명가량이 된다.

YWCA는 현재 추진하고 있는 사업에 따라 5개의 위원회를 갖고 있
다. 5개의 위원회는 방과 후 학교, 청소년센터, 한글학교, 프로젝트 시티
(Project city), 그리고 노인센터 등이다. YWCA는 어린이로부터 노인까지 전
연령층을 대상으로 하고 있으며 각 위원회는 이사 중 그 방면에 관심이 있

---

12 YWCA 소식지, 2004.

는 사람과 외부의 특별 전문가가 별도의 위원회를 구성하고 있다.

방과 후 학교는 유치원생에서 초등학교 6학년까지 학생 20명을 관장하고 있다. 이곳에 참가하는 학생은 모두 YWCA 근처에 거주하는 어린이들이다. 부모가 직장에서 늦게 귀가하는 집의 어린이와 초등학교 학생을 YWCA가 맡아 돌봐주는 프로그램이다.

청소년센터는 고등학교 학생을 대상으로 하는 프로그램으로 뉴욕 시에서 위촉받은 사업을 진행한다. 학생이 학업에 취미를 갖게 지도를 하면서 학생이 탈선하지 않게 선도한다. 진학할 의사가 없는 학생은 직업훈련을 시키고, 진학할 의사가 있는 학생은 검정고시를 치를 수 있게 학습을 시킨다.

한글학교란 다른 지역의 한국학교와 같이 주말에 한국어를 가르치는 것이다. 먼저 있던 퀸즈 한국학교를 1980년 인수받아 YWCA 한국학교로 이름을 바꾸어 어린이 한국학교를 운영하고 있다. 4세에서 12세까지의 어린이를 대상으로 하고 있으나, 최근 교회에서 운영하는 한국학교가 경쟁이 심해 학교 운영에 어려운 점이 많다.

프로젝트 시티는 청소년을 대상으로 하는 프로그램의 하나이다. 학교 잘 다니는 학생에게는 자원봉사 정신을 함양하고 봉사를 통해 큰 포부를 갖게 하며, 모범적인 학생은 대통령상을 받게 한다.

YWCA는 집에서 손자 손녀를 돌보며 애쓰는 노인을 위해 노인센터를 개설했다. 노인센터는 노인들에게 영어를 가르치고 여유가 있는 여성에게는 시 노동국과 연결해 직업훈련을 시키기도 한다. 노인 프로그램에서 가장 중요시하는 것이 늘푸른대학이다. 매주 화요일과 토요일 아침 9시 반에서 12시까지 노인들에게 유리한 수업을 듣게 하고 일정한 과정을 끝내면 수료식을 갖고 늘푸른대학 수료증을 수여한다. 퀸즈 지역에는 한국 노인만 거주하는 것이 아니라 타 민족 노인들도 많다. 이들을 모두 포함해 프로그램을 진행하기에 늘푸른대학은 다국적 대학이 되었다. 노인들의 프로그램에 참가하는 노인이 400여 명이 되어 토요반과 일요반으로 나누어 프로그램을 진행한다. 노인 프로그램은 노인들을 모시고 히세나 공원에 가서 점심을 대접하고 경기대회를 한다. 그리고 1년에 1번 큰 운동회를 개최하기도 한다. 노인들 중에 활동할 수 있는 할머니들을 모아 늘푸른 합창단을 조직했고, 늘푸른 봉사단을 조직해 나이가 더 많은 노인들이 있는 양로원을 방문해 봉사하게 하기도 한다.

이상의 정규 프로그램 이외에도 YWCA는 문화활동으로 어머니 합창단을 조직해 중앙일보의 경선대회에 보내기도 하고, 여성 건강을 위한 프로그램을 개발해 많은 사람이 참가하게 한다. 특히 한국 여성이 타 민족을 위한 봉사활동을 장려하고 있다.

YWCA가 적극적으로 참가하는 행사로는 '아시아 태평양 미국문화유산의 달(Asian Pacific American Heritage Month; APA)'이 있다. 지역사회 행사로서 문화유산의 달인 5월 한 달간 계속되는 행사다. 2007년 행사의 주제는 리더십, 다양성, 그리고 통합이었다. 이러한 주제하에 합창, 무용, 작품전시 등 각종 행사가 전개되고, 이에 한국인들도 적극 참가했다.

YWCA는 2007년의 경우 5월 7일에서 12일까지 제6회 수공예 클럽 전시회를 가졌다. 이것은 매주 월요일 여성 회원 10여 명이 모여 어린이 이불, 장식, 의상 등을 만든 작품을 모아 전시회를 하고 판매도 하는 것이다.

YWCA가 주력하는 행사 중 하나가 여름방학 캠프이다. 2007년의 경우 7월 2일에서 8월 17일까지 7주간 어린이들을 해변으로 데려가 단체생활을 통해 자연 속에서 심신단련과 학습을 진행하는 것이다. 이것은 뉴욕시 교육위원회 장학 규정에 의해 진행되는 것이어서 학생들에게 상당히 유익하고 좋은 행사다.

YWCA가 여름방학인 8월에 진행하는 프로그램에는 여름 문학 축제(Summer Literacy Festival)가 있다. 2007년에는 HSBC은행이 2만 달러를 지원해 이 프로그램을 진행했다. 이것은 청소년이 부모와 함께 하는 행사로 글짓기, 그림 그리기 대회를 진행하는데, 이것에 "음악과 함께 놀자"라는 새로운 음악 이벤트를 추가했다.

YWCA는 매년 4월 29일을 정해 기금 모금 저녁 만찬을 한다. 2007년 29회를 맞이한 만찬은 지역사회 지도자, 후원자, 이사, 직원 등 400여 명이 모여 축하행사도 하고 만찬 후에 여흥을 즐긴다.

10월에는 바자회를 개최한다. 제28회 바자회에서는 주력 상품이던 만두가 사라지고, 대신 맞벌이 부부들을 위한 각종 밑반찬이 등장해 인기를 끌었다. 특히 수공예, 장식품, 화장품, 웰빙 건강용품 등 연말연시에 필요한 다양한 상품들이 전시되고 판매되었다.

YWCA과 유사한 봉사단체로 긴밀한 연계를 갖는 곳이 한인봉사센터, 한인안내센터 YMCA, 가정문제상담소, 가정문제연구소, 상록회, 그리고 청년학교가 있다. 그중 가장 가까운 곳이 YMCA다. 플러싱의 YMCA는 한인에 의해 이룩되었으며, 직원의 70%가 한국인이지만 미국 YMCA에 소속되어 있고, 이사장도 미국 사람이다. 그러나 플러싱 YMCA는 한국 청소년을 선도하기 위한 사업으로 '플러싱을 살리자'라는 운동을 전개했고 YWCA와 같이 '플러싱 한국을 살리자'라는 운동을 전개해 거리 청소 및 무궁화 심기를 실시했다. 이와 같이 YMCA도 한국 지역사회를 위해 많은 일을 했다.

KWCA

플러싱의 YWCA에서 분리되어 뉴저지 지역에서 YWCA 사업을 진행하는 단체는 아시아 여성 기독교 협회(Asian Women's Christian Association: KWCA)이다. YWCA에서 분리 · 독립되었다고는 하나 이곳 역사도 벌써 27년이나 된다. 뉴저지 티넥(Teaneck)에 위치한 KWCA에는 소장과 부소장, 프로그램 담당, 사회봉사 담당, 중국인 담당, 가정봉사센터, 가정 홈케어,

홈케어 한국부, 홈케어 중국부, 건물관리자 등 도합 14명이 근무하고 있다. 사무직원 이외에 25명의 이사가 있고, 69명의 자원봉사자 그리고 160여 명의 후원자가 있다.[13]

이곳의 사업은 크게 노인 프로그램과 가정상담, 개인상담, 심리상담 아카데미, 그리고 봉사활동 등 네 영역으로 나눌 수 있다. 노인 프로그램을 노인대학이라 하고 노인들의 영어학습반과 한국어반이 있다. 영어학습반은 5개 수준으로 나누어 미국에서 살아갈 노인들에게 영어를 학습시키는 것이다. 한국어 반은 한국어를 배우려는 외국인에게 수업을 하는 것이다. 노인 프로그램에는 한인들이 미국 생활에 필요한 여러 사항을 설명하는 봉사 프로그램이 있고, 노인들의 건강을 위한 댄스나 요가를 포함하는 의료세미나가 있다. 그리고 노인들로 구성된 합창단도 있다.

노인들을 위한 봉사활동에 KWCA가 자랑하는 것이 의료 데이케이센터(Medical daycare center)다. 이것은 의사의 진료를 받으러 오는 환자, 회복기에 있는 환자, 거동이 불편한 환자들을 봉사자가 도와주는 프로그램과 집에 가서 돌봐드리는 노인가정 방문간호사제도 등이 있다. 이러한 의료봉사의 혜택을 보는 노인이 80여 명에 달한다.

가정상담은 개인적인 서비스와 상담으로 나눌 수 있다. 개인적 서비스란 개인의 병원문제, 아파트를 구하는 문제 등 일상생활에 필요한 것을 의논하는 영역이다. 상담에는 가정상담, 청소년상담 그리고 결혼상담이 있다. 상담에는 문제가 있는 사람이 방문했을 때 상담에 응하는 것 이외에 미연에 문제를 방지하기 위해 변호사 등이 일정한 시간에 설명회를 갖기도 한다.

심리상담 아카데미는 하나의 교육 과정으로 여기에는 신학과와 상담과 두 과정이 있다. 신학과는 목사가 되기 위한 과정으로 외부의 신학생이

---

13 KWCA 소식지, 2004.

실습을 하러 오기도 한다. 상담과는 다른 조직의 상담원을 데려다 정식 과목으로서의 상담을 가르친다. 말하자면 봉사자에게 전문적인 상담을 다시 공부하게 하는 것이다.

봉사활동으로는 저소득층 사람들을 위한 자비 봉사가 있고, 정신질환자와 같이 위독한 사람을 구제하는 봉사가 있다. 저소득층 사람을 위해 가정 살림을 도와주고 정신질환자의 경우, 병원을 데려가거나 병원을 가지 못할 때에는 약을 사다주는 봉사를 한다.

KWCA 산하에 입양인을 위한 엔젤학교가 있다. 다른 한국학교와 같이 토요일 9시부터 12시까지 한국어 수업을 하는 학교로 목사 부부가 담당하고 있다.

KWCA가 제일 자랑하는 것은 중국인 노인들을 위한 프로그램이다. 매주 있는 노인 프로그램에 중국 노인 60여 명이 참가해 문화강좌, 건강 관련 학습, 건강관리실습 등에 참가하고 있으며 이것을 위해 2명의 중국계 봉사자가 근무하고 있다.

KWCA는 뉴저지에서 YWCA의 사업을 행하는 단체이지만 지역의 특성에 따라 봉사활동의 내용도 다르고 교육 프로그램도 달라지고 있다. 그러나 KWCA나 YWCA 모두 전형적인 사회봉사단체로 노인에 대한 봉사, 불우 이웃에 대한 봉사, 청소년에 대한 봉사 등의 활동을 하고 있는 다기능 봉사단체라 할 수 있다.

상록회

노인회의 대표적인 조직은 상록회이다. 플러싱에 위치한 대뉴욕지구 한인상록회(The Korean-American Senior Citizens Society of Greater New York)는 1976년 설립되었다. 집행부에는 회장과 부회장, 사무총장과 사무차장이 있으며 5개의 분과를 갖고 있다. 집행부를 돕는 기관으로 이사회가 있으며 이사회도 이사장, 부이사장 그리고 5개 분과를 지원하는 분괴위원회가 있다. 5개의 분과란 대사회관련 분과, 경로봉사 분과, 지역사회봉사 분과, 교육 분과, 그리고 취업 훈련 분과이다.[14]

상록회가 크게 자랑하는 사업은 노인복지사업이다. 사회복지사를 채용해 전문적인 노인을 위한 민원 서비스와 복지업무를 담당하게 했다. 노인복지는 노인들이 생활하는 데 필요한 주택비, 광열비, 난방비 등의 보조를 받게 하는 것이고. 노인 중에서도 신체불구자, 저임금 보호자 등은 별도의 생활보조비를 받게 한다. 이곳에서는 노인들의 의료보험과 의료혜택, 의료봉사를 받게 하는 업무, 노인 식권 안내, 노인 아파트 신청, 임대, 가격 인상 억제에 관한 사항, 노인들을 위한 전기, 전화, 의약품, 기차 버스 감면 내지 반액 신청 사항, 노인들을 위한 시민권, 영주권, 여권 및 기타 사회보장에 관한 업무를 대행해주며, 노인들의 세금보고업무를 대행해주기도 한다.

노인들에게 가장 관심이 있는 것은 의료혜택이다. 상록회에서는 부설 의무실을 설치해 매주 1회씩 내과·치과 의사의 무료 진료를 실시하고, 노인의 건강을 위한 세미나를 실시해 전문가의 강의를 듣게 한다. 상록회는 노인들에게 독감예방주사를 맞게 하고, 최근 뉴욕 시의 협조로 유방암 검진을 실시하고 있다. 최근에는 노인의학 및 재활복지 분야의 권위기관인 'Parker Jewish Institute for Health Care and Rehabilitation'과 협력해 외래진료소에서 치과, 안과, 내과, 재활과, 신경과, 외과 등의 진료를 실시하고 있다. 최근에는 치매를 예방하기 위한 실태조사를 실시했고, 치매에 관한 교육도 받고 조사에 응하고 있다. 특히 치매 환자를 둔 가족에게 유익한 교육을 실시하기도 한다.

상록회가 중점을 두는 부분은 바로 교육이다. 노인이지만 생활에 필

---

14 상록회회보, 2002.

요한 ESL영어반을 개설해 영어를 학습하고, 시민권 시험 대비반을 두어 특별히 영어와 상식 등을 교육하며, 컴퓨터 교육 이외에도 매주 금요일 미국생활에 필요한 정보를 제공하는 생활 세미나를 개최하고, 매주 목요일에는 서예교실을 열고 있다.

노인들이 특히 관심을 갖는 것 중 하나가 사후에 관한 것으로 묘지를 마련하는 것이다. 상록회는 롱아일랜드에 있는 메모리얼 공원의 묘지 계약을 알선해 이미 300여 기가 계약되어 있다. 그리고 사후 장례비를 미리 마련한다는 의미에서 경조부를 운영하고 있다.

다른 노인회나 교회와 같은 노인 급식을 하지 못하고 있는 대신 뉴욕 시에서 매년 3회 내지 4회 잉여식품을 공급받아 1,000여 명의 노인들에게 무상으로 배급해주고 있다.

노인들 중에도 불우 노인이나 신체부자유한 노인들은 뉴욕 시 당국으로부터 교통 편의를 제공받게 하고 있다. 자녀와 동거를 거부하고 독립된 생활을 하려는 노인에게는 양로원을 알선해주기도 한다.

노인들의 건강을 위해 운동 프로그램, 오락 프로그램, 요리강좌들을 실시하고 친목을 위해 구정과 연말에 잔치를 베풀고, 단체관광을 하거나, 식물원을 방문하거나, 합동야유회를 갖기도 한다. 때로는 모국 방문을 추진하기도 한다.

상록회는 뉴욕 시 공원국으로부터 5.1에이커의 땅을 대여받았다. 이것은 한국 노인들이 채소류나 화초 등을 심어 여가를 이용하고 건강한 야외생활을 할 수 있게 하는 것이다. 1인당 12.5평을 소유하게 하고 1/3은 꽃을 심게 했으며, 나머지는 마음대로 사용할 수 있게 했다. 이곳은 신청자 275명에게 분양해주었다.

상록회는 노인들을 위한 봉사단체이고 노인들이 운영하는 단체로 뉴욕에도 있고 뉴저지에도 별도로 있다. 그러나 노인회는 상록회 이외에 9개 단체가 있으며 모두 노인들을 위한 프로그램을 갖고 있다. 그중에서도 가장 역사가 오래고 사업이 많으며 잘 이루어지는 곳이 상록회이다.

위에서 본 사회봉사단체의 대부분이 노인문제를 중요하게 다루고 있으며, 봉사단체의 대표인 뉴욕한인봉사센터는 종합적인 봉사기관이지만 특히 노인을 위한 프로그램이 많다. 그리고 한인교회들도 노인 프로그램을 나름대로 개발해 노인들을 우대하고 있다. 교회에서 유명한 곳이 플러싱 한인제일교회이다. 이곳에서도 점심에 급식을 실시하는 등 대외 봉사도 하고 교회 내 노인을 위한 프로그램도 갖고 있다. 퀸즈 우드사이드 한성교회에는 한인경로회관이 있어 노인들을 우대하고, 플러싱 효신장로교회에서도 경로회관을 운영하고 있다. 이 외에도 한인노인상담소, 뉴욕노인상조회, 무궁화상조회, FGS 코러스 커뮤니티센터 등 노인회가 9개나 된다.

전문적인 봉사단체 이외에도 경로잔치를 베푸는 곳이 있다. 뉴저지의 늘푸른 농장은 배, 포도, 복숭아, 자두, 참외, 모과, 밤, 대추를 생산하는 농장으로, 매년 4월 배꽃잔치로 유명한 이 농장에 노인들을 초대해 큰 잔치를 벌인다. 2007년 4회를 맞이한 경로잔치에 1,500여 명의 노인을 초청해 잔치를 베풀었다. 노인들은 농장에서 제공한 닭 바비큐와 잡곡밥, 잡채, 떡, 과일 배즙 등을 즐겼다. 인근 로렌스타운 시니어센터의 평균 83세 연령의 할머니들도 참가해 하와이안 춤을 선보여 격찬을 받았다. 또한 동부관광은 170명의 노인을 모시고 1박 2일 일정으로 나이아가라 폭포와 인근을 여행하고 왔다.

가정상담소

18년의 역사를 가진 뉴욕 가정상담소는 속칭 한국의 이태영 여사 계열이라 한다. 이태영 박사는 미국의 각처에 여성을 위한 봉사센터를 건립했으며, 그 일환으로 이룩된 것이 뉴욕 가정상담소이다. 이곳 가정상담소에는 직원 13명과 자원봉사자 18명이 근무하고 있다. 사업은 크게 3개 분야로 청소년상담, 아동상담, 그리고 가정상담 등이다.[15]

청소년 프로그램은 7~17세에 해당하는 젊은 청소년들에게 학기마다 다른 사업을 만들어 추진한다. 이 프로그램의 목적은 1.5세, 2세에 해당하는 한인들이 정체성을 확립하고 대인관계의 기술을 함양해 지도자로서의 기질을 갖게 하는 것이다. 이것은 특히 나이가 많은 언니, 형들과 만날 기회를 만들어주어 선배들의 긍정적 역할 모델로 삶게 하는 것이다. 또한 지역사회에 봉사를 하게 하고 봉사를 통해 자신을 함양시켜 상담원의 지도로 지역사회에 가장 중요한 문제를 프로젝트로 선정해 이것을 조직하고, 기금모금 활동을 통해 사업을 평가하게 한다. 이러한 훈련과 더불어 100시간 이상 지역사회에 봉사해 대통령상을 수상하게 한다.

아동 프로그램은 6~12세까지의 어린이, 특히 가정폭력의 경험을 가진 아동, 언어나 문화의 어려움을 겪는 어린이, 그리고 저소득가정 어린이를 대상으로 하는 프로그램이다. 이것은 정규학교가 끝난 후 3시부터 6시까지이며, 월요일에서 금요일 까지 뉴욕 시 교육위원회가 허락하는 한도 내에서 보충수업을 하는 방과 후 학교로 '호돌이 프로그램'이라고도 한다. 수업은 각자 학생에 맞게 개별지도를 하는데 수학, 과학, 사회과목, 영어, 글짓기 등 학습이 떨어진 것을 보충해준다. 그리고 뉴욕 시 교육국의 지시에 따라 이들에게도 간식이 주어진다. 집단적으로는 자유토론, 놀이와 게임, 미술활동, 인형극, 음악과 율동, 영화 관람 등을 한다. 특별활동으로는 개인의 선택에 따라 미술, 공예, 연극, 사물놀이, 태권도, 다문화 체험 등을 하게 한다. 가정상담소에서는 필요한 학생에게 부모와 의논해 개별 상담도 하고 소집단을 구성해 학생들로 하여금 올바른 감정인식, 상황분석, 의사표현 등을 행해 자기 의사를 정리하고 발표하게 한다.

15　가정상담소 소식지, 2003.

가정상담소의 가장 중요한 사업이 가정상담이다. 가정상담은 우선 24시간 전화상담이 있다. 위기사항에 놓인 개인이나 가정에게 전화상담을 받게 하고 적절한 처방을 하는 사업이다. 이것은 부부문제가 심각한 가정에 직접 개입해 상담을 하는 것, 피해자를 보호해주는 사업, 법적으로 옹호해주는 사업, 법원에 동행해주는 사업들이 있다. 그리고 피해자에 대한 정부 보조 서비스와 연결해주어 정부의 보조를 받게 하는 것이다. 또 하나가 가정폭력 가해자 프로그램이 있다. 이것은 법원의 명령에 의한 상담을 해주는 것이다. 가정문제로는 폭력이 중요하지만 이 외에도 마약문제가 있으며, 이것들을 해결하고 예방하기 위해 가족원들의 협력을 구하는 것이다. 폭력 없는 사회를 만든다는 목표로 가정상담소는 가정문제의 예방을 위해 일반에게 교육을 실시한다.

가정상담소는 지역사회 프로그램으로 지원봉사자 교육이 있고 자녀양육을 위한 교육이 있다. 자원봉사자 교육 프로그램은 14주간의 집중적인 자원봉사자 교육을 실시하는 것이다. 이 프로그램에는 상담소 내의 직원이나 봉사자뿐만이 아니라 다른 기관의 상담원이 오기도 한다. 자녀양육 프로그램은 출산모를 위한 교육으로 특히 유아 양육을 어떻게 하는 것이 위생적이고 효율적인가를 교육하는 것이다.

가정상담소가 진행하는 프로그램 중 자랑하는 것의 하나가 '소원(Wish) 프로그램'이다. 여성들이 서로 아끼고 위해줌과 동시에 자립심과 희망을 갖게 하는 여성들의 모임인 이 프로그램은 일주일에 1회의 모임을 통해 여성의 긍정적 자기실현을 도모하려는 모임이다. 매번 주제를 통해 상담자가 지도해 토론회를 갖지만 때로는 전문가를 초청해 강의를 듣기도 한다.

가정상담소는 다른 기관에서 요청이 있을 경우, 그곳에 가서 부부문제나 자녀문제 등을 강의하기도 한다. 가정상담소의 협력기구로는 YWCA, 아시아 여성센터, 무지개의 집, 경찰서, 병원 그리고 교회 등이 있다.

가정문제연구소

　　가정상담소와 같은 사업을 하는 곳이 가정문제연구소이다. 가정문제
연구소는 1973년 염진호 여사가 뉴욕한국여성회를 창립해 가정문제상담
을 시작했다. 사업이 확대되면서 '가정문제연구소'(The Korean Family Counsel-
ing and Research Center)라 개칭했다. 1989년 염진호 여사 사망 후, 김레지나
여사가 이를 담당해 오늘에 이르고 있다. 가정문제연구소는 순수 민간 봉
사단체로 14명의 고문과 28명의 이사로 구성되어 있으며, 자문단으로는
가정문제 자문에 7명, 교육 부문에 4명, 법률 부문에 4명, 이민 부문에 3명,
그리고 건강 부문에 1명이 자문단을 이루고 있다. 실무진은 소장을 포함해
4명이 근무하고 있다.[16]

　　가정문제연구소도 위에서 본 가정상담소와 대동소이한 사업을 추진
하고 있으나 특이한 것이 쉼터이다. 가정폭력에 시달리는 여성들이 집을
나와 피신하고 쉴 수 있게 하는 곳이 쉼터이다. 비록 수용할 수 있는 수는
많지 않으나 여성이 폭력을 대피할 수 있는 곳이 있다는 것만으로도 크게
위로가 된다. 임시 대피 숙소인 쉼터 이외의 프로그램을 보면 24시간 온라
인 서비스, 피해여성상담, 개인문제상담 등이 있다

　　가정문제연구소가 특이하게 진행해온 자랑스러운 프로그램 중의 하
나가 김선자 선생 상담 프로그램이다. 이것은 '모래놀이 치료상담'이라고
도 하는 것으로 3세부터 80세 노인까지 정서불안, 스트레스 해소, 우울증
그리고 치매예방을 위해 모래놀이로 치료하는 것을 말한다. 또 하나의 방
법이 한지공예 제작기술과 만화 그리기 등을 통해 정신건강을 돕는 프로
그램이다.

　　가정문제연구소가 오래 지속적으로 역점을 두어온 사업은 무료 이민

16　제이나 김 가정문제연구소장 담.

법률상담, 단도박 친목모임, 무료 건강보험상담의 3가지가 있다. 무료 이민 법률상담은 비전문직 이민자, 취업 또는 가족 이민자 등이 이민 신청을 하는 법률적 지원을 하거나 비자 변경, 비자 연장, 약혼자나 배우자 비자 등 여러 문제를 해결해주고, 특히 가정폭력 피해 배우자의 홀로서기를 도와주는 것이다. 단도박이란 담배를 끊기 위한 모임으로 매주 화요일에 모여 운동을 전개해가는 것이다. 무료 건강보험상담은 19세 이하 아동 및 저소득층을 위한 무료 의료보험 혜택을 받게 하는 것이다.

가정문제연구소는 뉴욕 시 정부로부터 쉼터 건물 구입 보조금으로 100만 7,000달러의 보조를 받고 플러싱에 10명이 생활할 수 있는 3층짜리 건물을 구입해 본격적인 쉼터 관리를 하고 있다.

가정문제연구소가 집계한 상담 내용에 따르면 정신적 학대와 육체적 학대가 각각 37, 35건이라 한다. 이 외에도 배우지 부정건이 40건, 성적 불만건이 21건, 재산문제 싸움이 3건, 그리고 마약, 알코올 중독, 도박, 쇼핑 중독 등으로 호소하고 상담한다. 그간 상담 건수는 매년 증가하더니 1991년부터 1,000건이 넘었고, 2006년에는 연간 1,909건의 상담이 있었으며, 이것을 누적한 건수가 3만 7,577건이었다.

가정문제연구소도 매년 모금을 위한 디너파티를 진행해왔다. 2007년은 연구소 설립 34주년이 되고, 쉼터 건립을 위한 후원회 활동을 강화하는 사업이 겹쳐 성대하게 치렀다. 행사가 끝난 후 2부에서는 노래와 춤의 공연도 있었다. 특히 동포가수 신윤미가 자신의 히트곡과 춤을 선사해 참석자들에게 웃음을 전했다.

가정문제연구소는 가정상담소와 같은 일을 하면서도 약간 강조점이 다름을 알 수 있다. 가정상담소는 여자의 교육, 가정봉사교육, 출산모교육 등에 중점을 두었고, 그밖에 청소년과 아동 프로그램에 중심을 두었다. 가정문제연구소는 여성의 쉼터와 특별한 프로그램으로 모래놀이, 한지공예 등의 특별 프로그램이 있다.

가정상담소나 가정문제연구소가 가정과 여성문제를 취급하는 전문적인 봉사단체이지만, 이들 이외에 YWCA나 KWCA 등도 가정문제를 다루었다. 가정문제라고 하면 그것은 주로 가정폭력과 여성이 피해를 보는 문제들이다. 이것은 한인사회에 아직도 가정폭력문제가 심각하다는 것을 말하는 것이다. 한인을 포함해 다른 민족에게도 가정폭력문제가 시급한 문제여서 뉴욕 시는 10월을 '가정폭력 예방을 위한 캠페인의 달'로 선포했다. 이에 가정폭력 세미나, 피해자를 위한 핫라인 정보, 법률절차 등 문제를 다루는 행사가 뉴욕 시 5개 보로에서 개최되었다.

플러싱 109경찰서가 집계한 바에 의하면 2007년에 1,354건의 가정폭력사건이 있었으며, 플러싱에서 매주 평균 2건의 가정폭력이 한인사회에서 일어난다고 한다. 특히 접수된 사건의 약 10%가 남성이 피해자라고 한다.

가정문제를 상담하는 '생명의 전화'에 의하면 여러 가지 원인으로 가정문제가 발생하고, 가정문제의 원인도 시간의 흐름에 따라 변해서 상담의 내용도 달라진다고 한다. 상담을 시작하던 9년 전 배우자 부정의 경우는 여자가 남편의 외도를 상담하는 것이었으나, 3~4년 전부터 외도하는 아내로 인해 고민하는 남성들의 전화가 부쩍 늘었다고 한다.

가정상담소 집계에 의하면 2006년 상반기 접수된 상담 1,592건 중 가정폭력상담 건수가 1,155건으로 전체 상담의 80%라 한다. 이에 가정상담소는 10월 플러싱에서 가정폭력 추방을 위한 침묵시위를 전개했다.

무지개의 집

여성을 위한 사회봉사단체의 하나가 무지개의 집이다. 무지개의 집은 가정상담소나 가정문제연구소가 대상으로 하는 일반 여성보다 더 불우한 여성을 대상으로 하는 단체로서 1차적으로 가정폭력, 마약 중독, 알코올 중독, 매매춘, 정신질환 노숙인 등을 보호하고 치료하기 위해 설립된 단체이다. 현재 3명의 노숙자를 수용해 건강한 자원봉사자 3명과 함께 거주하게 하고 있다. 이들에게 돈 관리, 건강관리 및 취업을 알선하는 것이다. 이와 유사한 불우 여성을 돕는 기관과 협력하되, 무지개의 집은 보호와 수용의 차원을 넘어 자활을 돕는 기관으로 알려져 있다.[17]

무지개의 집은 불우한 여성은 아니지만 한인사회에서 소외된 국제결혼 여성을 돕는 사업도 하고 있다. 국제결혼을 한 후 불행해진 여성을 위한 쉼터를 운영하고, 이들의 재활을 돕는 일을 하는 것이다. 이 외에 국제결혼한 여성을 모아 한국을 방문하는 '무지개 평화 여성 대행진'이라 프로그램을 진행하고 있다. 국제결혼한 여성이 조국방문을 통해 한국의 전통을 다시 깨우쳐 정체성 확립에 도움이 되게 하고, 더 나아가 여성, 환경, 평화 등을 경험해 세계 평화에 기여하게 하는 것이다. 약 40명을 모집해 6박 7일로 한국을 방문하고, 한국의 불우한 국제결혼 여성을 만나 이들과 자매 결연하게 한다.

무지개의 집은 뉴욕 시 당국의 후원으로 저소득층의 여성을 위해 직업훈련을 실시하고 있다. 이것은 옷 수선 교실을 말한다. 한인여성으로 8주간 옷 수선 실기, 영어, 재정관리, 이력서 작성법, 노동법, 컴퓨터 교육을 받게 한다. 금번 5차에 참가한 수강생은 16명이고, 40~50대 중년 여성으로 그중 4~5명은 이미 취업이 되어 인터뷰를 남기고 있는 사람도 있었다. 이들은 제2의 인생을 걸을 수 있다며 이 교육과정을 감사히 여긴다.

무지개의 집은 한때 여성사회교육원을 운영했는데, 이것은 이민 온 지 오래지 않아 미국 사회에 적응하는 고생을 하는 가정의 여성을 모집해 실시하는 것이다. 영어 기초반과 중급반을 운영하고, 기초 수학, 기초 한국어, 요가 및 체조, 꽃꽂이, 노래 부르기 등을 월요일부터 금요일까지 오전반을 편성해 교육을 하고, 토요일이면 현장학습을 하며, 견학과 소풍 등을

---

17 김순옥 무지개의 집 소장 담.

진행했다.

무지개의 집은 한인 단체들과 협력해 사회봉사사업을 진행하고 있다. 세계 여성의 날을 맞이해 YWCA와 함께 무료 여성건강진료 및 건강 워크숍 행사를 주도했다. 무지개의 집은 한국 기지촌 여성들을 위한 단체인 ‘두레방’과 공동으로 ‘두레방 공동체’를 형성하고, 기지촌 여성의 삶을 그린 박경태 감독의 다큐멘터리 영화 〈나는 부엉이었다〉의 상영회를 가졌다.

무지개의 집은 뉴욕이민자연맹의 가입단체로서 뉴욕이민자연맹이 주관하는 ‘뉴욕 주 이민자의 날’ 행사에 참가했고, 5월에는 청년학교와 미주한인봉사교육단체협의회가 주관하는 ‘함께 일구는 미국의 내일: 이민개혁을 이루어 냅시다!’라는 전국 집회에 참가하기도 했다.

무지개의 집은 불우여성을 위한 쉼터를 갖고 있다는 데서 가정문제연구소와 유사한 사업을 하고 있으나 특히 불우한 여성을 상대로 하는 쉼터를 갖고 있는 점이 다르다. 특유하게 국제결혼한 여성을 위한 프로그램과 이들과 관계 지은 한국 기지촌 여성과의 유대를 강화하고 협력하는 프로그램을 갖고 있는 것이 다른 단체와 다른 점이다.

여성문제를 담당한 단체로 가정상담소, 가정문제연구소 그리고 무지개의 집을 보았다. 그러나 여성을 위한 단체가 이것만 있는 것은 아니다. 한미부인행동협회(Korean American Women for Action: KAWA)가 있다. 이곳에서는 여성에 관한 세미나나 토론회 이외에 유권자 등록 운동에 참가하고, 폭력 경찰 규탄대회를 열었으며, 재일동포 지문 날인 반대운동을 미국에서 전개하기도 했다. 한미부인회는 국제결혼한 여성들의 모임이고, 한국부인회는 한국 여성을 위한 단체이다. 한국부인회는 한국 예지원과 같이 전통예절교육, 훌륭한 어머니 시상식 등을 실시했다. 뉴저지여성회는 뉴욕재미한인학부모회와 같이 자녀의 교육문제에 관심을 갖고 사업을 추진하고 있다.

한미사회사업가협회

한인사회에 많은 봉사단체가 있는 것은 그만큼 한인사회 내에 문제가 많다는 것을 의미한다. 번화한 거리에는 성공한 한인들이 많으나 아직도 한인타운 근간으로 살아가며 언어의 부자유, 문화 차이를 경험하면서 미국 사회에의 적응이 어려운 저소득층을 벗어나지 못한 사람들도 많다. 이런 사람들은 미국 사회의 호황이나 불황에 상관없이 변두리 인생을 살아가는 사람이다. 이러한 사람들에게는 또한 이혼과 가족 해체문제, 청소년 문제, 마약과 약물 남용문제, 세대 간의 갈등문제, 정신건강문제, 공공서비스를 제대로 받지 못하는 문제 등 많은 문제를 안고 있다.[18]

한인사회에는 여러 봉사단체가 있으나 이들이 자생적인 것이 대부분이며, 전문적인 사회사업가가 크게 부족한 현상이다. 이에 뉴욕과 뉴저지 일대의 한인사회사업가들이 모여 15년 전 한인사회사업가협회(New York/New Jersey Korean Social Worker's Network)를 조직했다. 말하자면 미국의 사회복지기관이나 병원 등에 근무하는 한인들이 사회복지 일선에서 배운 경험을 한인사회에 접목시키기 위해 만든 것이다. 근년에는 유학생 출신으로 사회사업을 전공한 사람이 나오고, 특히 1.5세 2세에서 사회사업을 전공한 사람들이 나와 현재는 80여 명의 회원을 확보하고 있다.

이 협회의 사업은 크게 둘로 나눌 수 있다. 하나는 회원을 위한 사업이고, 하나는 한인사회를 위한 사업이다. 회원을 위한 사업은 2개월에 1번 회원들 전체가 모이는 강연회나 토론회를 개최해 회원들의 능력을 향상시키고 회원들 간의 친목을 도모하는 것이다. 한번은 한국 숭실대학교의 사회사업과 박종남 교수를 초청해 강좌를 열고 한국과의 연계를 도모했다. 한국의 경우, 사회복지사의 양적 팽창에만 주력해온 것을 미국과 연계해

해외연수를 통한 질적 향상을 도모하려는 것이었다.

뉴욕 인근에는 사회복지를 전공하는 학교가 많이 있다. 이를테면 컬럼비아대학교, 뉴욕대학교, 한틴칼리지, 포담대학교, 예쉬바대학교, 아델파이대학교 등에서 사회복지를 전공한 동포 2세 또는 유학생들이 배출되고 있다. 이들에게 직업을 안내해 취업을 도와주고 회원으로 가입하게 한다.

이 협회가 하는 사업에 중요한 것은 한인사회를 위한 사업이다. 우선 한인사회에서 사회복지사의 역할을 담당하고 있는 비전문 복지사에게 정식 과목으로서의 사회복지를 교육시키는 것이다. 한인들 중 미국 사회를 잘 몰라 서비스 혜택을 받지 못하는 사람들에게 서비스를 안내해 혜택을 받게 한다. 그리하여 한인사회와 미국의 주류 사회를 연결하는 역할을 한다. 이러한 부류에 속하는 사람이 국제결혼한 사람들의 자제들이다. 이들은 한국인도 아니고 미국인도 아니어서 애매한 입장에 있으며, 그 결과 심리적이고 정신적인 열등감을 갖고 있다. 이들을 위해 협회는 더욱 신경을 쓰고 있다.

이 협회는 2개월에 한번 지역주민을 위한 공개강좌를 실시해왔다. 이곳에서 다룬 문제들은 9·11 사태 이후 이민자의 권익문제, 교육문제, 청소년 및 가정문제, 의료서비스문제, 정신건강문제, 이민법 개정문제, 소수민족의 참정권과 선거권문제 등이었다. 현재는 이 협회만이 아니라 위에서 본 여러 단체, 이를테면 뉴욕가정상담소, 한인유권자센터, 뉴욕한인봉사센터, 청년학교, 플러싱 YWCA 등 봉사단체나 권익옹호기관 등이 참여하는 한인 포럼 네트워크도 구축했다.

현재도 새로운 단체들이 탄생하고 건립이 추진되고 있다. 지역사회복지센터, 한미지역사회재단, 아름다운 재단 등이 그것이다. 이들을 돕고 후원하며 또한 주도해나가는 것이 본 협회의 사업이기도 하다. 이 협회는 사업을 확대하기 위해 한국과의 관계만이 아니라 전미국사회사업가협회 그리고 중국인사회사업가협회와도 긴밀한 관계를 갖고, 보다 발전된 협회로 발돋움하고 있다.

한미정신건강협회

위에서 본 한미사회사업가협회와 유사한 기능을 가진 단체가 한미정신건강협회(Korean America Behavioral Health Association: KSBHA)이다. 이것은 한인사회를 걱정하는 한국 의사, 간호원 등 30여 명이 2001년 모임을 갖고 발족한 봉사단체이다. 이 협회는 이사 3명과 회장단으로 회장 1명과, 4명의 부회장을 두고 있고 부회장은 간호사 1명, 사회봉사자 1명, 정신과 의사 1명, 심리학자 1명으로 구성되어 있다. 또한 총무와 회계를 담당하는 사무장이 1명 있다.[19]

동 협회가 추구하는 사업은 대내적으로 회원 간의 연계와 친목을 위해 네트워크를 구축하고, 대외적으로는 한인지역사회 교육 프로그램을 만들어 추진하는 것과, 뉴욕 시의 요청과 후원으로 한인들의 정신건강문제를 취급하는 것, 그리고 한인 근무자가 없는 병원에 한인사회봉사의 지원을 요청하면 이에 응해 한인 전문가를 알선하고 파견하는 것 등이다.

이들 전문가들이 진단하는 한인사회 현상은 이러하다. 한인들은 이민생활에서 항상 긴장하고 있으며, 이것의 해소 방법을 몰라 가정 폭력, 흡연과 음주의 방법을 택한다. 이런 사람들에게 약을 복용하게 하면 두어 달만에 약 복용을 중지하고 결국 응급실로 실려온다. 이민 온 지 오래지 않은 사람일수록 보험이 없는 사람이 많고, 정신건강은 질병으로 여기지 않기 때문에 이러한 증세가 있어도 이것을 숨기는 사람이 많다. 특히 자영업을 하는 사람 중에는 보험이 없는 사람이 많다. 남자의 경우 정신건강 환

---

19 한미정신건강협회 소 회장 담.

자이면서 환자인 줄 모르고 분노의 표출을 술, 담배 등으로 풀려고 한다.

한국 여성의 경우, 경제적인 어려움으로 우울증 환자가 많으며, 삶의 어려움으로 무기력 상태에서 질병으로 발전하고, 심한 사람은 폐인이 되기도 한다. 미국 제도에서는 이러한 사람들은 돕는 프로그램이 많으나 한인들은 이것을 잘 모르고, 한인 서비스 기관은 많으나 정신건강과 관련된 기관은 적다. 이러한 환자들이 흔히 찾는 곳이 교회이다. 그러나 한국교회에는 목회자가 정신건강에 관한 인식이 부족하기 때문에 오해를 하는 경우가 많으며, 기도와 신앙으로 환자를 달랠 뿐이다.

최근 한인사회도 수십 년이 지나 1세들의 노인화가 진행되어 한인들 사이에 노인 질환이 생기고 있다. 그러나 그 현상을 잘 파악하지 못해 문제가 되고 있다. 이를테면 대표적 노인성 질환인 치매가 와도 잘 모른다. 더욱이 안타까운 것은 불법 체류자에게 환자가 발병할 경우이다. 이런 경우, 의료보험 혜택을 받지 못하고 한국으로 귀국하게 된다. 한국에 가도 국민생활보험 대상이 되지 못해 고생을 한다.

대학생의 경우, 급격히 성적이 저하되면서 독립된 생활을 유지하기 어려운 지경에 이르고, 학교로부터 정학을 받게 된다. 대학을 졸업하고도 취업을 못하는 학생들이 있으며, 사회에 적응을 하지 못하는 것이 정신 질환인지 모르는 경우가 많다.

어린이의 경우도 학교에서 미국식 규범을 배워오나 한국 부모 밑에서 이것을 재교육하지 못하므로 학교와 가정의 분리로 가치관의 혼란, 규범에 대한 혼란이 오며, 부모의 적절한 지도 편달이 없어 어린이들은 더욱 가치관의 혼란을 느끼며 행동이 거칠어진다.

버지니아 폴리테크닉주립대학교의 조승희 사건은 한인사회에 크나큰 파문을 던졌다. 외형적으로 별일 없었던 것처럼 수습된 이유는 미국 사회에서 이것을 한인의 문제가 아니라 미국 사회의 문제로 수용했기 때문이다. 이에 한인들은 안도하고 지나갔지만 이 사건이 한인사회에 준 충격은 큰 것이었다. 특히 한인 부모들은 이 사건을 자기의 일, 자기 자녀의 문제라고 자각하며 자기의 가정문제, 정신건강문제, 정서적 안정의 문제 등을 심각하게 생각하기 시작했다.

이것을 계기로 정신건강협회는 2007년 5월에 대대적인 심포지엄을 개최해 동포사회에서 많은 호응을 받았다. 좋은 학교에 보내는 것이 문제가 아니라 전인적 교육이 필요하고 개인주의보다 사회와의 적응이 중요하다는 것을 강조했다. 말하자면 미국식 개인주의에 유교식 더불어 사는 문화의 접목이 필요하다는 것을 강조했다.

특히 한인사회를 밖에서 보기에 한인이 성공한 이민이라 평가하지만 2세 교육에 문제점이 많은 것이 지적되었다. 이를테면 한인 2세의 경우, 학교를 졸업하고 직장생활을 한 2년 내지 3년 하다가 직장을 포기하고 놀거나 부모의 도움을 필요로 한다. 학교에서 아가데믹한 시야는 있으나 사회적인 시야가 좁아 적응을 못하는 것이다. 이런 것들을 노출시키고 전문의의 진단과 처방으로 나아지는 방향을 제시했다.

정신건강협회는 단독으로 사업을 추진하는 경우도 있으나 다른 기관과의 연대를 갖고 협력단체의 역할 및 다른 단체에 연결을 지어 합동으로 사업을 추진하기도 한다. 이들 협력단체는 크게 3종류가 있다. 하나는 한인 단체와의 관계이고, 두 번째는 아시아 아메리칸의 단체와의 관계이고, 세 번째는 다른 전문기관과의 관계이다.

이상 2개의 단체는 사회사업전문가, 정신과 전문의사 등이 조직한 단체로 이들을 통해 현재 재미한인사회에 많은 문제점이 있음을 볼 수 있었다. 뉴욕을 비롯해 근년에 미국으로 이민 온 사람을 엘리트 이민이라 한다. 이것은 미국에 오기 전 한국에서 이미 고등교육을 받았고 엘리트에 속하는 사람이 이민 온 것을 말한다. 이러한 사람이 실은 미국 사회에 적응하기가 어렵고 많은 정신질환적 요소를 갖고 있다. 그러나 한국사람은 자기 문제를 외부에 노출시키는 것을 주저하는 민족이기 때문에 신경정신적

문제가 더욱 많다.

한인들은 미국식 정신과 치료에 적응이 되어 있지 않다. 미국식 정신과 치료란 의사와 말 몇 마디 하고 치료비를 지불하는 것이다. 따라서 심리적 문제를 교회에서 풀려 한다. 그러나 교회에 전문가가 있는 것이 아니다. 때문에 전문가의 치료를 받지 못하고 한인들은 점점 상황이 악화된다.

한인사회의 고충을 덜기 위해 한인전문인모임인 가나(KANA)를 조직해 무료 상담에 응하는 단체가 있다. 박웅범 변호사를 중심한 봉사자들이 2005년 8월 뉴욕 플러싱 복음교회에 마련된 가나는 성법, 상해사고, 세무회계, 모기지 융자, 통증치료, 상용 생명보험, 부동산 매매, 한의, 애완동물, 자동차 정비, 이민법 등 10개 분야의 무료 상담을 한다. 한인들이 바쁜 이민생활로 인해 아프거나 문제가 생겨도 쉽게 전문인들을 찾지 못하는 실정이기 때문에 전문의가 한인사회를 찾아가 부담 없이 문제를 논의하려는 것이었다. 그러나 이러한 노력에도 여전히 한인들의 목소리가 높거나 행동이 거칠다. 이러한 한인들에게는 골프를 많이 하는 것이 정신건강에 유리한 것으로 보인다.

사회복지의 종합적인 행사의 하나가 롱아일랜드 한미문화축제다. 아이젠하워 파크에 나소카운티 일대의 9개 사회복지기관이 참가해 메디케어, 메디케이드 등 의료보험에서부터 장애복지, 성교육, 연성들의 권리, 노인 아파트, 봉사자 파견 프로그램 등 다양한 사회복지 관련 무료 설명회가 있었다. 일반인에게도 중요한 행사였으나 교회나 복지기관 요원들이 사회복지기관 전문가를 만날 수 있는 좋은 기회였다.

사회복지 상담기관인 뉴욕 차일드센터가 2008년 1월 16일 발표한 전년 회계연도(2006. 7. 1∼2007. 6. 30) 정신건강서비스 보고서에 따르면 포괄적인 정신건강서비스를 받은 사람이 163명이라 한다. 이는 전년도에 상담받은 98명보다 66.3%가 증가한 것이다. 중국이나 동남아시아 사람들도 상담자가 증가했으나 한인들이 특히 증가율이 높은 것으로 나타났다. 한인 상담의 경우, 이민 생활로 인한 우울증 환자가 대부분이었다. 이러한 정신질환 이외에 상담으로는 행동장애(40%), 부모자녀 갈등(32%), 가정불화(31%), 이민 적응문제(25%) 등이라 한다.

한미장학재단

재미한인사회에 많은 단체 중 하나가 장학재단이다. 전국 조직을 가진 가장 큰 장학 재단이 한미장학재단(The Korean American Scholarship Foundation: KASF)이다. 워싱턴 D.C.에 본부를 둔 이 재단은 아래와 같이 전국을 6개 지부로 나누었다. 6개 지부란 동부지부(PA, WV, VA, KY, NC), 중동부지부(MI, IN, OH), 중서부지부(ND, SD, NE, KS, MN, IA, MO, WI, IL), 북동부지부(ME, NH, VT, MR, RI, CT, NY, NJ), 남부지부(OK, TX, AR, LA, MS, TN, AL, GA, SC, FL.), 서부지부(MT, WY, CO, NM, ID, UT, AI, WA, OR, NV, CA, AK, HI) 등이다. 뉴욕의 한미장학재단은 북동부지부에 속한다. 이 재단은 학생을 선발해 장학금을 주는 것이 주목적이지만 지역사회봉사를 부차적인 목표로 설립된 재단이다.[20]

6개 지부는 중앙협의회와 공동으로 사업을 추진하지만 실은 각 지부가 완전한 독립체를 이루고 지역이사회에서 선출된 회장이 집행부를 관할하고 있다. 각 지부가 기금 마련의 독자적 역할을 하며, 장학생 선발도 독자적으로 행하고, 지역사회에 봉사하는 것도 독자적으로 행하고 있다

뉴욕의 경우, 2001년 10명의 유지가 모여 장학회를 형성하고 1대 회장에 권태진 변호사를 옹립했다. 현재 회장은 4대 회장이다. 이사는 50명 전후이고, 열심히 참석하는 이사는 약 20~25명 정도이다.

장학금을 낸 사람 중 일시불로 5만 불을 낸 강정숙을 비롯해, 회장을 역임한 원근재, 강성수, 권태진 등이 일시불로 기부했다. 개인적으로 지원

---

20 한미장학재단 강 이사 담.

한 단체로는 LG, 한아름, 교보생명이 있으며, 개인으로는 뉴욕 라이프의 김 사장, 이용찬 이사, 그리고 노혜선 씨 등이 있다. 뉴욕 라이프의 김 사장은 9·11 당시 사망한 아들의 위자료를 전부 기탁했고, 노혜선 씨는 1970년대 간호사로 도미해 성공한 사업가로 현재 남미, 중국 등지에 공장을 갖고 있고, 맨해튼에 사무소를 소유한 뉴저지 최고 부자이다. 입금된 돈은 일단 본부에 보내며 본부에서는 스미스 바(Smith Bar)에 입금한다.

장학금 수혜자는 한국인과 미국인이 국제결혼 해 낳은 자녀인 혼혈인이다. 연간 15명 정도가 신청한다. 이것을 이사들이 1차 선발을 하고, 다른 사람들이 2차 선발을 하며, 다시 이사들이 심사를 하는 3차에 걸친 심사 과정을 통해 최종 결정을 내린다.

장학금은 4종류가 있다. 최고가 연구장학금(Chair Scholarship)으로 매월 2,500달러를 받는 5만 달러 장학금과 매월 2,000달러를 받는 4만 달러 장학금, 그리고 월 1,000달러씩 받는 2만 달러 장학금이 있다. 두 번째는 지정 장학금(Designated Scholarship)으로 이것은 지정한 사람의 명의로 지급되는 장학금인데 2,000달러에서 2만 달러까지 지급될 수 있다. 셋째는 일반 장학금(General Scholarship)으로 지정자의 경우, 1,000달러에서 1,999달러까지 가능하고, 이것을 모아 장학회에서 선발한 다양한 전공의 학생에게 장학금 명의로 월 2,000달러씩 지급한다. 네 번째는 고등학교 성취상(High School Achievement Awards)으로 학교 성적, 봉사, 재능, 지도력 등을 고려해 고등학교 학생에게 월 100달러를 지급하는 것이다.

모든 지역의 장학회는 매해 장학생의 수가 증가하고, 이에 따라 장학금도 증가하고 있다. 참고삼아 2006년 보고서에 나온 각 지부의 장학금과 전체의 장학금 현황을 보면 오른쪽 표와 같다.

이 자료에 의하면 뉴욕이 포함된 북동부가 가장 많은 장학금을 지급하고 있음을 알 수 있다. 전체적으로 연간 400여 명이 장학금 혜택을 받고 있으며, 그간 누적된 학생 수는 약 4,000명이다.

장학내용	전 체	동 부	중동부	중서부	북동부	남 부	서 부
연구장학금	320,600	130,000	–	–	130,000	40,000	20,600
지정장학금	201,734	43,000	3,000	29,000	53,000	29,000	44,734
일반지원금	37,180	–	1,110	6,110	26,300	2,160	1,500
회장지원	29,590	15,100	1,090	5,800	3,900	2,100	1,600
모금운동	183,372	46,660	–	17,200	48,417	8,530	62,565
이자수입	375,073	2,413	562	26	0	0	252
총 계	1,147,549	237,173	5,726	58,136	261,617	81,790	131,251

주: 자료집에는 National Board에서 기증자 난에 37만 1,820달러가 기재되어 있음.
자료: 한미장학재단 제공.

　　북동부 지부인 뉴욕의 행사를 보면 지부에서 행사 책자를 발행하는 것 이외에 1년에 1회 장학금 시상식 만찬과 멘토십 포럼 후원회가 있다. 멘토십이란 장학금을 신청할 조건과 학교 진학을 위해 설명회를 진행하는 것으로 학생과 학부모를 한곳에 모아 설명회를 갖는데 보통 장학금 수여식 전에 행하는 경우가 많다.

뿌리교육재단

　　뉴욕에서 자생적으로 성립된 청소년을 위한 재단이 뿌리교육재단 (Korea-American Youth Assistance Coalition)이다. 뿌리교육재단의 가장 큰 사업은 모국연수단을 파견하는 것이다. 2007년 제8차 모국 방문단은 고등학교 학생 75명과 대학생 9명으로 한국을 방문해 현지를 보고 배우는 프로그램에 참가했다. 고등학교 학생은 10박 11일이며, 대학생은 4주간이다. 엄격한 심사를 거쳐 출국 전 예비 교육을 받고 한국으로 가는 이들의 한국 왕복 항공료와 교육비 그리고 체류비 등 모든 경비 일체를 재단이 부담한다.[21]

21　뿌리교육재단 김 이사 담.

　　모국방문사업이 알려지면서 신청자가 증가해, 2007년의 경우 65명 모집에 134명이 신청하는 바람에 선정에 어려움을 겪었다. 합격자는 1차 오리엔테이션에서 한국의 역사와 문화, 예절 등을 배우고, 2차 오리엔테이션에서 항공권의 배부와 주의사항을 듣는다.

　　재단은 한인사회에서 가장 심각한 문제가 되는 것이 청소년의 탈선행위로 보고 있다. 바쁜 이민생활에 부모들이 자녀를 돌볼 겨를이 없고, 자녀들을 소홀히 한 결과 폭력, 마약, 절도, 강도 등의 범죄로 2000년 현재 뉴욕 교도소에 수감된 한인 청소년이 250명이라 한다. 이에 한인 청소년들이 범죄의 늪에 빠지지 않게 하고 건전한 청소년 시절을 경험하고, 특히 훌륭한 조국관을 수립해 건전한 한국인의 후손으로서 밝은 사회로 나아가기 위한 프로그램을 마련하고 있다.

　　재단이 추진하는 사업의 하나가 동부 명문대학교를 탐방하는 것이다. 특히 고등학교 학생들을 모집해 하버드대학교, 엠아이티대학교, 예일대학교 등 동부의 명문대학을 탐방하고, 이곳 대학 출신 선배들이 직접 이들에게 대학 생활과 경험을 설명하도록 하는 프로그램이다.

　　재단은 또한 뿌리포럼을 진행하고 있다. 이것은 내외 귀빈과 학생 그리고 학부모들이 한 자리에 앉아 한국의 전통문화 등 뿌리교육을 실시하는 것이다. 2007년의 경우 2월에 대동연회장에서 모임을 가졌다.

　　장학금을 지급하는 단체는 이상의 두 단체 이외에 수십 곳이다. 장학재단만 해도 위에서 본 한미장학재단 이외에 설봉장학금이 25명에게 2,000~2,500 달러를 주고 있고, 재미한인장학기금이 80명에게 1,000달러씩 주며, 미주한인청소년재단이 17명에게 1,000달러씩을 주고 있으며, 한국어진흥재단에서 20명에게 장학금을 주고, 김재단, 현혜장학재단 등이 장학금을 준다. 봉사 친목단체로서는 포트 리 한인회, 뉴저지 한인회연합회, 팰리세이즈파크 상공회의소 뉴욕한인약사회, 대뉴욕지구개업의사협회, 덕우회, 재미한인과학기술자협회, 새뉴욕지구태권도협회, yKAN, JWin,

뉴저지여성사회봉사센터, 뉴욕한인간호협회, 이화여자대학교 동창회, 고려대학교 뉴욕교우회, 서울대학교 뉴욕동창회 등이 장학금을 지급하며, 기업 및 경제단체로는 나라은행, 우리은행, 코네티컷 프로세싱 업체 '뱅크카드서비스', 맥도날드 아시아 장학회, 헬렌 리 한아름지도자장학기금, 대뉴욕지구한인봉제협회, 뉴욕한인창과협회, 뉴욕한인네일협회 등이 장학금을 지급하며, 종교단체로는 한인교회협의회, 아름다운 교회, 퀸즈한인천주교회, 베다니 교회, 뉴저지 초대교회, 은혜교회, 뉴욕한빛교회, 재미한국불교장학회 등에서 장학금을 지급한다.

장학금을 많이 지급하는 것은 한인사회가 그만큼 청소년 문제를 우려하고 차세대의 희망을 걸고 있다는 것을 말해준다. 한인들은 열심히 돈을 벌어 차세대에 투자하는 것이다. 그리고 한인 청소년들이 탈선하거나 불우 청소년으로 전락하는 것을 가히 우려하고 있다. 이민생활에서 부모가 자녀를 충분히 돌보지 못했다는 죄책감에서 더욱 그러하다. 이에 뉴저지에서는 뉴저지 한인회총연합회 임극 회장, 한밝교회 김사환 목사, 뉴저지 한인상록회 배기현 회장이 청소년문제연구소를 설립해 김성태 소장을 중심으로 하고 청소년문제를 연구하고 청소년을 선도하는 방법을 모색하고 있다.

이밖에도 뉴욕만의 특이한 장학금 모금 행사가 있다. 뉴욕에는 대학 동창회장들의 모임인 동문총연합회가 있고, 이곳에서 매년 '젊음의 광장' 기금 모금을 목적으로 독수리기 쟁탈대항전인 골프대회를 개최한다. 젊음의 광장이란 한인 2세들에게 만남의 기회를 제공하고 장학금을 전달하기 위한 것으로 연말행사 중 가장 큰 행사가 되었다.

봉사지원재단

최근 전국적으로 2세들의 사회 진출이 돋보이기 시작했고, 그중에서도 LA의 한미지역사회(Korean American Community: KAC)와 뉴욕의 봉사지원 재단(Korean-American Community Foundation: KACF), 그리고 산호세 실리콘밸리의 한인 인터넷 망(Korean Internet Network)이 유명하다.

뉴욕의 1.5세, 2세들이 만든 모임이 뉴욕 봉사지원재단이다. 이것은 조원일 총영사가 재임 시 한인 1.5세, 2세들이 이미 사회에 진출해 활동을 하고 있으나, 이들이 1세들과 어울리기를 꺼리며 한인사회와 협력하지 못하자 분산되어 있는 인재들을 모이게 해 능력 있는 2세들이 자발적으로 모인 단체이다. 1일 1달러 운동으로 모인 참가자가 약 1,000명이고, 웹사이트로 연결되는 사람은 약 3,000명이 되며, 월 1회 모임에 참가하는 사람은 약 20명에서 30명 정도이다.[22]

이 재단의 상근 근무자는 3명이고, 이사는 16명이 있으며 운영위원이 40명이다. 재단 산하에 기금 모금, 마케팅, 홍보 등을 담당하는 운영위원회가 있다. 이 재단의 주된 모금활동 이외에 1세와 2세들을 잇는 교량 역할을 하기 위한 다양한 이벤트도 기획하고 있다. 사무실이 있는 맨해튼에서 이 재단의 운동이 알려지면서 타 민족도 회원으로 가입하게 되고, 한편 개인만이 아니라 단체들도 기금을 기부했다. 한국 측의 경우 삼성이 참가하고, 미국의 경우 포드 재단에서 2006년 20만 달러를 기탁해왔다.

이 재단은 기금을 모아 다른 사회봉사단체에게 지원하는 사업을 하는 재단이다. 한 단체에 1만 2,000달러를 지급하는 것에서 시작해 현재는 1만 8,000달러를 지급하고 있다. 신청을 접수해 일단 엄격한 심사를 거쳐 지원을 하되, 매년 사용액에 대한 평가를 하고, 3년마다 일단 지원을 1년을 쉬고 재평가를 받는 형식으로 계속한다.

창립 5년 만에 현재 이 재단의 후원금을 받고 있는 한인 봉사단체는 뉴욕한미봉사센터, 플러싱상록회, 뉴욕아시아여성센터, 한미지체자재활

---

22 KACP 총무 김봄시네 담.

센터, 퀸즈 YMCA, 미국 암센터, 아시아어린이가족연맹, 한미지역사회센터, 뉴저지노인협회, 무지개의 집 그리고 가정상담소 등으로 이들에게 35만 달러가 지급되었다. 또한 이 재단은 기업의 협찬을 받아 뉴욕 시 저소득층 청소년들에게 수십만 달러 상당의 재킷을 나누어주었다.

이 재단의 기금은 회원들의 기부도 중요하지만 모금운동에서 모이는 기금도 중요하다. 따라서 재단은 큰 모금만찬을 행한다. 2007년의 경우 10월 17일 뉴욕 맨해튼 복판의 그랜드 하얏트 호텔에서 실시했으며, 뉴욕 시장 블룸버그(R. Bloomberg)가 참석하고, 『피플 매거진』(*People Magazine*)의 주필인 제니 박(Jeannie Park)이 주제 강연을 했다. 2007년의 경우 뜻밖에 반기문 유엔사무총장이 방문해 예상 외로 많은 사람이 참석했고, 60만 달러가 모금되었다. 2006년에는 40만 달러를 모았다.

2008년 기금은 뉴욕밀알선교단, 뉴저지밀알선교단, 여성사회봉사센터(AWCA) 등 3개 단체가 1만 2,000달러를 받았고, 1만 8,000달러를 받은 기관은 한미장애인재활협회, 뉴욕아시안여성센터, 퀸즈 YWCA, 미 암협회, 아시안아동가정연맹, 한인지역사회관, 뉴저지한인상록회, 아주인평등회, 무지개의 집, 센추리포패밀리 등 10개 단체이다.

봉사지원재단이 후원하는 단체의 하나가 코리안아메리칸시민활동연대(KALCA)이다. 이것은 정치권에 진출하려는 한인 2세들의 모임으로 리더십 개발을 위한 위크숍을 개최해 좋은 강사를 초청하고 강연을 듣는다. 만찬행사를 겸한 2006년 6월 30일에는 아시아태평양지도자교육재단의 호코야마 회장을 초청해 강연을 들었다. KALCA는 특히 미국 사회를 빛낸 한인을 초청해 강연을 듣는다. 지난해에는 2006년 『타임』지가 선정한 영향력 있는 인물 100인에 오른 김용 하버드대학교 의학박사가 초청되었다.

KALCA는 해마다 1명을 선발해 올해의 리더십상을 수여한다. 7년째를 맞는 KALCA는 연례 만찬행사에서 시상식을 하며 2007년에는 미국 사회에서 아시안-아메리칸의 고정된 이미지를 타파하려고 애쓴 권율(32세)

에게 리더십상을 수여했다. 그는 컨설팅 업체 '맥킨지'의 경영 컨설턴트로 일하고 있으며, CNN 특집 프로그램 〈아시아 아메리칸을 말한다〉의 게스트 특파원으로 활약하기도 했다. 만찬에는 KALCA를 후원하는 한인단체와 아시안 법률단체 관계자 350여 명이 모였다.

이러한 사업 이외에 KALCA는 청년학교, 유권자센터와 함께 유권자 권익운동을 전개하고 유권자 등록과 선거의 참여를 권장하는 운동을 전개했다. 한편 KALCA는 리더십 개발 프로그램으로 신청자에게 대중연설, 자기 주장 훈련을 실시하고 비영리단체 희망자를 연결해주기도 한다.

혼혈인협회

현재 뉴욕에 있는 한미혼혈인협회는 메릴랜드에 있는 총연합회의 뉴욕지부로 2002년 결성되었다. LA는 20년 전에 서부연합회로 있다가 3년 전에 메리랜드 총연합회에 통합되었다. 한미 혼혈인협회의 전신이 미국의 월슨재단이 도와 이룩된 HAPA이다. 이곳에서 혼혈인들에게 기술을 전수하고 병원에 관한 것을 도와주며 학비를 대주기도 했다. 그 후 한미재단 박실태 목사가 도움을 주었고, 매리놀 신부인 알킴 신부와 제버 신부가 도움을 주었다. 미국에서 1982년 혼혈법이 통과되면서 한국에 있던 혼혈인이 대거 미국으로 이주하게 된다.[23]

현재 미국에는 3종류의 혼혈인이 있다. 하나는 국제결혼한 사람들의 자녀이고, 하나는 유학파라고 불리는 이들이 유학을 와서 정주하게 된 사람들이고, 다른 하나가 혼혈법이 통과되면서 미국으로 이주한 혼혈인이다. 뉴욕에는 유학파가 없고 세 번째 범주에 속하는 사람들이 대부분이다. 특히 10여 명이 자주 모이고 한국어를 주로 사용하는 사람들이 있다.

23　미주한미혼혈인협회 잔 회장 담.

메릴랜드 본부에서는 1년에 1회 총회를 개최해 전국에 분산된 혼혈인을 한 곳에 모이게 한다. 2007년이 3회째이고 모이는 사람은 약 50명 정도이며 한국에서 출생한 사람들이 주로 모인다. 이곳에 와서 정보도 교환하고, 웹사이트를 만드는 일에 협조하며, 무엇보다 회장단이 솔선해 자녀에게 한국어를 이수케 하고 한국 가기 운동을 전개하고 있다.

무엇보다 중요한 사업은 한국에 남아 있는 혼혈인을 미국으로 데려오는 운동이다. 한국에 남은 혼혈인이 약 3,000명인데 이들을 초청할 때 필요한 보증인이 되어주고, 현재까지 1982년생 이전 사람만 들어올 수 있는 제도 대신 그 이후에 출생한 사람도 미국으로 올 수 있는 법적 근거를 마련하기 위한 사업을 전개하고 있다.

혼혈인들 중에는 한국에서 힘들게 빠져나와 미국에서 불법 체류자로 방황하다가 체포되어 고생하는 사람도 있다. 한 사람은 미국에 왔다가 합법적인 체류를 위해 한국에 갔다가 죽은 사건도 있었다. 이와 같이 한국을 떠나 미국에서 고생하는 사람들을 위한 쉼터를 만드는 사업도 전개하고 있으며, 무엇보다 혼혈인 시민권 법안을 위한 운동도 전개하고 있다.

한편 한국에 남아 있는 혼혈인을 위해 고생하는 혼혈인협회 박근식 회장을 돕는 일, 평택에 세워진 국제학교를 돕는 일, 국제가족협회를 돕는 일, 그리고 다문화가정협회를 돕는 일 등을 추진하고 있다.

이상에서 뉴욕 한인사회의 단체를 특히 봉사단체를 중심으로 분석해 보았다. 봉사단체는 여러 분야를 망라하는 일반 단체와 특별한 영역을 담당하는 특별 단체로 나눌 수 있었다. 그러나 특수 단체도 시간이 경과하면서 활동의 영역을 확대해 일반 단체와 유사해지는 것을 보았다.

봉사단체를 통해 한인사회에서 문제시하는 영역을 노인문제, 가정과 여성문제, 그리고 청소년을 포함한 차세대 문제 등 3개 영역으로 나눌 수 있다. 한인사회에서 현안으로 가장 많은 배려를 하는 영역이 노인 영역이다. 노인을 위한 각종 봉사가 이루어지며, 노인의 후생문제, 노인의 복지문제 등이 활발히 진행되고 있다.

봉사단체사업의 분석에서 도출할 수 있는 문제의 하나가 한인들의 미국 사회의 부적응 문제이다. 이민의 역사가 짧아서 그렇겠지만 한인들이 미국 사회에서 소극적이고 폐쇄적이어서 미국 사회가 제공하는 많은 봉사 영역을 이해하지 못하고, 이로 인해 많은 불이익을 당하는 것으로 보인다. 한인봉사단체가 이러한 미국 정부에서 실시하는 여러 봉사 영역을 소개하고 안내하는 것을 보면 한인들이 보다 적극적이어야겠다는 결론을 얻을 수 있다.

그러기 위해서는 먼저 한인들이 미국에서 적극적인 사회참여를 위해 유권자로 행사해 정치에 참가해야 한다. 한국에서 이러한 훈련이 안 되어 있기도 하지만, 미국에서의 이민생활이 바쁘기도 해서 정치 영역은 이민생활과 관계가 없다고 생각하는 한인들이 많다. 문제의 해결을 위해 청년학교, 유권자센터 등이 단체가 활발히 운동을 전개하고 있는 것이다.

재미한인사회가 이미 반세기에 가까운 세월을 보냈지만 아직도 심각하게 문제되는 영역이 여성과 가족문제이다. 이것은 구체적으로 한 사람, 한 가정이 겪는 문제이기도 하지만 동양 문화와 서양 문화의 충돌과 융합이라는 이민 생활의 구체적인 사항이 이루어지는 영역이기에 문제는 더욱 심각한 것으로 생각된다. 여성문제를 보아도 한국에서 내외법이 있어 남자는 밖의 일을 여자는 안의 일을 담당했다. 남존여비, 남녀의 상하질서 등이 동양적 가치를 기준으로 한 가치체계를 이루고 있었다. 이것이 미국에와서 남녀평등과 여자 우선이라는 행동규범과 충돌하게 되는 것은 말할 것도 없다. 특히 미국에 와서 여자가 남자와 같이 생활전선에서 활약하고 가정에서도 발언권이 강해지고 있다. 이것을 남자가 어느 면에서든 여자보다 우월함을 느낄 때 참을 수 있는 것이지만, 남자가 그러한 자신이 없을 때 왜곡된 행위로 나아갈 수밖에 없다. 이리하여 부부문제가 생기고 이것은 다시 자녀에게 영향을 준다.

부모와 자녀문제는 더욱 심각하다. 한국적인 전통문화에서 성장한 부모가 미국에 와서 자기가 설 자리를 상실함으로써 오는 무력감에 대해 미국 문화유형을 답습한 자녀와 대화나 의사소통이 안 되는 것이 가장 문제이지만, 부모가 생활전선에 바쁜 시간을 소모하고 자녀에 대해 부모 역할을 잘 수행하지 못했다는 죄책감이 더해져서 부모와 자녀 간에는 이중적 중압감이 더해지는 것이다. 이러한 부모·자녀 간의 문제를 대화를 통하거나 전문가의 의견을 구해 정상으로 풀려하지 않고 개인적으로는 돈으로 해결하고 사회적으로는 봉사단체에 맡겨 해결하려는 데 동포들의 고민이 더해지는 것이다.

재미한인사회에는 심각한 여러 문제가 있어도 이것을 개인적으로, 친척을 통해, 그리고 교회를 통해 해결하려 하지 전문가를 통해 해결하려 하지 않는다. 이것 또한 한인전통사회의 유산이며, 오늘의 재미한인사회의 큰 문제이다.

그래도 한인 2세들은 부모가 생각하는 것보다는 훨씬 양호하고 좋은 방향으로 나아가고 있다. 그것의 한 예로 위에서 본 것이 뉴욕의 봉사지원재단이다. 한인 1.5세, 2세들은 나름대로 어려운 유년기를 보냈고 사회에 진출해서도 유색인종이기 때문에 겪어야 할, 말 못하는 사회적 편견과 차별을 이겨가며 주류사회에 진입하고 있다. 그러면서도 한인사회를 위해 봉사하려는 기특한 생각을 하고 있다.

뉴욕의 봉사단체를 분석하면서도 아쉬웠던 점은 국제결혼한 한인 여성들의 자료를 많이 구하지 못했고, 한·미 이중문화가정을 소홀히 했으며, 입양인 문제에 시간을 보내지 못했다는 것이다. 다만 한국교회가 입양인 가정을 초청해 잔치를 벌이는 극히 피상적이고 단편적인 것만을 참관할 수 있어 몹시 아쉬운 감이 있다. 이것을 보완하려고 혼혈인협회를 보았으나, 이들의 속 이야기를 들을 기회가 없어 아쉬웠다.

3. 최근 경향

연방센서스국이 2006년 발표한 사회 · 경제 · 주택현황조사에 뉴욕 5 개 보로에 아시아 인구가 증가하고 있다고 한다. 히스패닉 인구도 증가하고 있으나 흑인 인구는 감소하고 있다. 전체 인구에서 백인이 34.8%이고, 아시아인 12%, 흑인은 24% 그리고 히스패닉은 27%이다. 백인 인구는 1990년부터 감소하기 시작했다가 2000년부터 증가세를 보였기 시작했으나 큰 폭으로 늘고 있지 않다고 한다.

미국 연방센서스국은 미국 내 한국인을 133만 5,075명이라 발표했다. 이것은 미국 내 아시아 인구 1,310만 명의 10%에 해당하는 수치이다. 한인의 76%가 한국에서 태어났다고 하니 미국에서 출생한 2세는 24%가 된다. 이 자료가 밝힌 바에 의하면 한인들의 83%가 집에서 한국어를 사용하고 있다고 한다. 한국어 구사자의 38%가 영어를 매우 잘한다고 하며, 나머지는 잘 못한다는 반응을 보였다. 뉴욕 내의 아시아인들의 57.8%가 영어에 불편을 겪는 것으로 미루어볼 때 한인이 영어를 잘하는 편이고, 이것은 한인들의 학력이 고학년이기 때문인 것으로 이해된다.

위에서 본 자료는 미국에서 태어난 2세가 24%라 하지만 미국의 중앙일보와 고려대학교 윤인진 교수가 조사한 바에 의하면 미국에서 출생한 2세가 35.3%이고 1세는 49.6%이며 이른바 1.5세가 15.1%라 한다. 이들의 사회 경제적 특성을 보이는 전문직 · 관리직에 진출한 비율을 보면 1세가 32.9%이고, 1.5세가 43.4%이며, 2세가 40.2%다. 이것은 재미동포사회가 이미 1.5세, 2세가 다수를 이루는 사회가 되었다는 것이고, 재미동포사회의 전환기에 이르고 있다는 것을 증명하는 것이다.

연방센서스국의 통계에 따르면 뉴욕 주에 거주하는 한인의 50.7%가 25~54세의 청장년들로 젊은 연령층이 두터운 것으로 집계되었다. 뉴저지주에서도 이 연령층이 51.6%로 나타나 뉴욕과 유사한 것을 알 수 있다. 한편 5~24세까지는 뉴욕 주에서 31.2%이고, 뉴저지 주에서 32.3%로 2개 주에서 한인의 어린이·청소년층이 두터운 것으로 나타나 있다. 한편 55세 이상의 노년층은 15~20%로 한인사회도 노인대책이 시급하다는 것을 보여주고 있다. 학력을 조사한 바에 의하면 뉴욕과 뉴저지 모두 미국 전체보다 학력이 높게 나타나 있다. 특히 뉴저지의 경우, 4년제 졸업자가 43.9%이고 석사학위 소지자가 19.9%, 뉴욕의 경우 4년제 학사학위 소지자가 32.3%, 대학원 이상의 학력자가 17.9%이며, 특히 퀸즈의 경우 4년제 졸업이 28.8%이고 석사 이상이 10.3%였다.

연방센서스국에 따르면 16세 이상의 한인 중 62.4%, 뉴저지의 경우 60.5%가 취업을 하고 있다. 이들 취업자 중 82.7%가 민간 기업체에서 근무하고, 자영업자가 9.1%, 공무원이 7.4%로 조사되어 있다. 직업을 보면 전체 취업자의 39.9%가 경영 또는 전문직에 종사하고, 이들 중 남성이 40%, 여성이 39.9%로 나타나 있다. 세일즈와 사무직 종사자가 32.4%, 서비스직이 17.1%, 제조와 운송직이 7.5%, 건축 관련이 3.1%이다. 산업 분야별로 집계한 것은 소매업이 18.9%, 교육·헬스케어·사회복지가 16.6%, 공무원 등 기타 직종이 16.2%, 전문직·사회과학·경영 관련직이 11.2%, 예술·연예·레크리에이션·식품업이 8.0%, 공무원 등 기타 행정직이 16.2%, 재정·보험·부동산 관련업 9.7%, 도매업 4.1% 순이다. 직업에서도 이미 세대교체가 일어나기 시작했다는 것을 볼 수 있다. 말하자면 자영업 특히 소규모 서비스업이 감소하고 전문직, 관리직, 사무직 등이 증가한 것이다.

뉴욕 주 비영리경제단체인 재정정책연구소의 보고서인 〈뉴욕 주 경제와 이민자 프로파일〉에 따르면 한국 출생 뉴욕 시 이민자 가운데 의사나 변호사 등 전문직에 종사하는 한인이 1만 1,800여 명으로 이 영역 전체의 22%를 점하고 있고, 판매직에 종사하는 사람이 1만 1,400명으로 두 번째이고, 다음이 재정이나 경영 관련직 종사자가 1만 300명이라 한다. 이곳에서 파악하는 한인 불법 체류자는 2만여 명으로 이것은 뉴욕 불법 체류자 전체 53만 5,000명의 4%에 달한다. 이것은 멕시코 이민자와 대조를 이루고 있다. 멕시코 이민자의 경우 서비스업 종사자가 4만 6,800명으로 43%를 이루고, 건축업 종사자가 1만 7,000명으로 16%이다.

중앙일보와 고려대학교 윤인진 교수가 공동으로 641명의 고등학생·대학생을 대상으로 1.5세, 2세의 의식조사를 한 자료에 의하면 장차 희망 직업으로 변호사, 의사, 회계사, 교수와 같은 전문직을 선택한 사람이 67%에 달한다. 16%는 기업과 공무원 관리직을 선택했다. 한인 청소년들의 전문직 선호는 부모의 영향일 것으로 추정된다. 조사자 아버지의 77% 그리고 어머니의 68%가 대학을 졸업한 사람들이었다.

이러한 희망을 반영한 듯 2007년 2월에 발표한 변호사 합격자 중 한인이 63명이였다. 전체 응시자는 3,538명이고 합격자는 1,566명이었다.

3

뉴욕 재미동포의 경제생활

1. 직능단체

직능단체 개관

　연방정부 인구통계국 경제 센서스에 의하면 1997년 현재 한인의 업소는 13만 6,000개로 미국 전체의 288만 업소의 0.65%를 점한다고 한다. 이것은 중국계 25만 업소, 인도계 16만 업소에 이어 아시아에서는 3번째인 셈이다. 한편 센서스에 따르면 한인의 경우 인구 1,000명당 110개의 업체를 가졌는데, 중국계는 92개 그리고 인도계는 88개를 가진 것으로 한인들의 기업인 수가 다른 곳에 비해 많은 편이다.

　한인들 업체 13만 6,000개 중 고용인이 없는 사업체가 8만 5,000개이고 유급 종업원이 있는 업체가 5만 개라 한다. 이것은 한인 업체들은 가족 중심이 많다는 것을 의미한다. 1987년에서 1997년까지 10년간 고용인을 둔 업체가 2만 개에서 5만 개로 증가했으니 10년간 131% 증가한 셈이고, 고용인이 없는 업체가 4만 8,000개에서 8만 5,000개로 79% 증가한 셈이다.

그러나 한인들은 여전히 자영업체가 주류를 이루고 있다는 것을 보여준다.

한편 1975년 신한일보가 집계한 자료에 의하면 한인들의 이른바 대규모 기업체는 1,201개이며 연간 매상 거래액이 6,500만 달러라 한다. 그리고 이들 대기업은 LA에 165개소로 이곳의 거래액이 1,500만 달러이며, 뉴욕은 93개 업체의 거래액이 1,350만 달러라 한다. 이 자료가 벌써 30년이 지난 것이라 현재는 이것보다 대기업이 된 사업가의 수도 많아졌을 것이고, 이에 따라 거래액도 크게 증가했을 것이다.

그러나 재미동포들의 대부분은 아직도 소기업, 자영업에 치중되어 있다. 최근 조사한 바에 의하면 뉴욕 한인 사업의 42%가 자영업이라 하며, 이들 한인 업소의 82%가 민족 경제(ethnic economy)에 속하고 18%만이 일반 경제(general economy)에 속한다고 한다. 한인들이 민족경제에 주류를 이루고 있다는 것은 한인 업소가 적문적인 지식이 별로 필요치 않은 그리고 소매상을 주로 한다는 말이다. 한인들의 업소가 과연 어떤 것이기에 민족경제에 속한다고 하는지를 뉴욕 자료를 통해 보기로 한다.

중소기업을 분석하기 전, 한인 중소기업의 특징은 언급한 것이 있어 보기로 한다. 한인 중소기업의 66%가 부부 중심이다. 부부 중심이라 하지만 실제보다 중요한 역할을 하는 것이 여자이다. 비록 가게는 남자의 소유로 되어 있으나 보다 많은 노동을 제공하고 보다 많은 시간을 가게에서 일하는 것이 여자이다. 여자가 남자보다 책임감이 강하고 섬세하며 철저하다고 한다. 실례로 세탁소의 경우 가게를 지키는 것이 여자이고, 남자는 외부 일을 많이 한다. 생선 가게에서도 새벽 도매시장을 가서 물건을 사오는 것은 남자이지만 아침 4시부터 저녁 7시에 문을 닫을 때까지 가게를 지키는 것이 여자이다. 이와 같이 중소상인에서 여자가 없으면 사업이 불가능하고 특히 네일상은 여자가 매니저의 역할부터 모든 것을 관리한다.

중앙일보가 집계한 뉴욕 한인업소록의 자료를 의식주 관련 업소와 그 이외의 것을 크게 나누어 집계해보면, 의생활과 관련된 업소는 종합의류 6

개, 여성의류 43개, 웨딩드레스 27개, 의류 45개, 무용복의류 2개, 속옷류 12개, 어린이의류 9개, 유니폼 6개, 한복 13개, 의류수선 3개, 재봉 9개 등 으로 의류 판매업소만 163개가 있고, 의류 수선과 재봉을 합하면 의류 관 계업소가 175개가 된다. 이곳에 의류 세탁과 관련된 세탁소 144개, 세탁도 매 7개, 세탁 빨래방 8개, 세탁기계 25개 등 184개소를 합하면 359개 업소 가 된다. 이곳에 주의할 것은 의류소매업이 175개소이고, 세탁이 144개로 의류와 관계된 분야에서는 세탁업이 큰 부분을 차지하는 것이다. 이곳에 다시 텍스타일 디자인 2개, 넥타이 1개, 가발 13개, 모자 7개, 발모제 1개, 머리장식도매 1개 등을 합하면 의상 · 복식 · 머리까지 합해 384개 업소가 포함된다.[1]

식생활과 관련된 업소로 식당 312개, 식당연회장 14개, 제과점 26개, 아이스크림 2개, 피자 2개, 잔치떡 31개 등 387개소이고, 이곳에 청과상 71 개, 생선 21개, 수산물 6개, 정육점 14개, 식품점 55개, 김치전문점 5개, 파 티재료상 6개, 판촉물 21개, 식품도매 67개 등 266개소를 합하면 653개소 가 된다. 이곳에 주류 41개, 맥주 주류 12개 등 53개 업소를 합하면 706개 소가 되고 다시 생수 2개, 정수기 26개, 건강식 77개, 건강가정식품 29개 등 134개를 합하면 840개소가 되며, 다시 주방용품 17개, 식당용 장비 5개 등 22개소를 합하면 862개 업소가 된다.

주생활과 관련된 업종을 보면 건축설계가 274개소이고, 건축자재 29 개, 타일 마블 9개, 건축중장비 1개 등 39개 업소가 있고, 목공 14개, 실내 장식 45개, 온돌방 2개, 난방연료 5개, 보일러 12개, 마루 8개, 석면 1개, 선 반 8개, 문창문 3개, 실크스크린 2개, 커튼 26개, 커튼클리닝 8개, 벽장식 1 개 등 실내와 관련된 업소가 135개 있으며 가구 10개, 가구점 58개, 조명 11개, 램프 1개, 실내장식과 관련된 업소가 80개나 되고, 열쇠 16개, 경보

---

1   중앙일보 한인업소록, 2004.

도난방지 35개, 소방기기 3개, 소독 12개, 공기정화기 5개, 공해설비 1개, 청소기 2개 등 건축 관리와 관계된 업소가 74개이고, 정원관리 17개, 천막 6개 등 정원과 관련된 것이 23개소 그리고 특별한 업종의 하나로 건물 청소업체가 27개소였다.

신체의 미용과 관련된 업종으로 미용실 183개, 네일살롱 11개, 피부미용 59개, 성형모발 1개, 이발 34개 등이 288개 업소이고 이것과 관련된 재료상이 화장품 66개, 미용재료 23개, 네일재료 23개 등 112개소나 된다. 인체와 관련된 것은 아니나 사람이 가까이에서 사용하는 기구로서 보석 2개, 시계 20개, 쥬얼리 18개, 신발 5개, 구두 24개, 안경 8개, 안경원 33개, 장갑 1개, 가방 16개, 보청기 3개, 치약 2개, 잡화 26개, 장난감 7개 도합 165개 상점이 있었다. 그리고 종합상가인 백화점이 26개나 되었다.

사무용품과 관련된 업종으로 문방구 24개, 사무기기 15개, 봉투 6개, 수예점 4개, 제지회사 2개, 달력 11개, 표구 11개, 그림 1개, 카드 1개, 광고대행디자인 48개, 원색분해 4개 등 문방구와 관련된 가게가 127개소이고, 꽃 4개, 꽃집 87개 등 꽃집이 91개소이며, 사진 83개, 사진기 2개, 사진자료 1개, 자동사진 1개 등 87개소이고, 간판 48개, 간판허가 2개 등 간판 관련 가게가 50개소이고, 상패·트로피가 9개이고, 화랑 37개, 서점 19개, 도서관 1개 등 화랑과 서점 등이 57개소가 된다.

컴퓨터와 관련된 상점이 인터넷 24개, 컴퓨터 71개, 컴퓨터자수 2개, 전자 6개, 전자수리 25개, 셀룰러폰 82개, 전자제품 41개 등 251개 업소가 있고, 전화 관련 가게가 전화 41개, 전화장치 13개, 전기공사 38개, 전기재료 6개, 엔서링 2개, 전화카드 3개 등 103개 상점이 있고, 비디오 관련 상가로 비디오 대여 48개, 비디오 게임 1개 등 49개가 있다.

자동차와 관련된 사업으로 자동차 매매 126개, 자동차부품 7개, 유리 1개, 음향기 3개, 자동차정비 98개, 자동차 렌트 3개, 토잉 6개, 트랜스미션 2개, 폐차장 1개, 세차장 2개, 주유소 4개, 주차장 2개, 음주운전교육 5개 등 도합 255개 업소가 있고, 자전거 4개, 운송 214개, 통관 21개 등이 있다.

철물관계로 철물점 19개, 철공기계 11개, 플라스틱 6개, 플러밍(수도
관) 47개, 다크함석 16개 등 99개 업소가 있고, 냉동에어컨 80개, 유리 알루
미늄 21개, 스테인리스 2개, 중고물품 4개, 폐기물수거 3개, 페인트 26개
등이 있다.

부동산 관계로는 부동산 515개, 부동산 인스펙션 6개 등 521개 업소
가 있고, 무역이 36개소, 보험이 258개소이며, 은행 80개, 융자 142개, 현
금지급기 5개, 수금업체 1개, 통신판매 2개, 재정설계 5개, 융자(학자금) 14
개, 금고 1개, 금전등록기 6개, 신용카드 서비스 38개 등 금융과 관계된 업
소가 294개소이며, 증권회사가 8개가 있다.

스포츠와 관련된 업소로 골프장 45개, 연습장 19개, 골프용품 23개 등
골프와 관련된 업소기 87개소, 스포츠용품 22개, 낚시 6개 등 운동과 관련
된 사업체가 도합 115개소가 된다. 악기와 관련된 곳이 악기점 21개, 피아
노 32개, 노래방 22개, 녹음스튜디오 2개 등 77개소이고, 기원 3개, 카지노
5개, 사우나 39개, 호프 2개, 룸살롱 5개, 커피숍 22개 등이 있다.

이상의 것을 다시 한 번 크게 분류하면서 정리하면 의생활과 관계된
업소 전부 384개 업소이고, 그중 의류상이 163개, 세탁업이 144개소였다.
식생활과 관련된 업소는 전체가 862개 업소이고, 식당이 312개, 식품점이
266개, 건강식과 관련된 상점이 134개소였다. 주생활에서는 건축설계가
274개소, 실내장식이 135개소였다. 생활에 1차적인 영역에 속하는 의식주
를 비교해보면 식생활과 관련된 영역이 단연 우세하고 식당 단일 영역에
서도 으뜸이었다. 다음이 주생활이며 주생활에서는 건축설계가 많은 것이
특이했다. 그리고 다음이 의생활이다. 의생활에서는 의류상 못지않게 세
탁업이 많은 것이 특색이다.

의식주와 관련된 직종을 제외한 직종을 2차적 직종으로 구별하고 이
들을 몇 개의 영역으로 나누어 보았을 때 신체와 관련된 업소가 288개소이

고, 미용실이 183개소이다. 문방구가 127개소, 꽃집이 91개소, 사진 관련이 87개소, 화랑이 37개소, 전자제품 관련 업소가 251개소, 전화 관련이 103개, 비디오 관련이 49개, 자동차 관련이 255개, 운송업이 214개소, 통관이 21개, 철물 관련이 99개소, 부동산 관련이 521개, 보험 관련이 258, 은행이 80개소, 금전과 관계된 곳이 은행 포함 294개소, 무역이 36개소, 골프 관련 업소가 87개소, 노래방이 22개소 커피숍이 22개소였다.

이들 2차적 업종에서 상점이 많은 순서를 보면 500개소 이상을 가진 부동산 관련 업계가 으뜸이고, 200개 이상의 업소를 가진 직종이 은행을 포함한 금융업계로 294개소였고, 다음이 미용·이발 등 신체와 관련된 영역이 288개소를 가진 영역이었으며, 다음이 258개소를 가진 보험 관련 업소이고, 다음이 255개소를 가진 자동차 관련 업종이었다.

의식주의 1차적인 영역에서는 주가 식생활보다 수적으로 적었으나 2차적인 영역에서는 부동산이 으뜸인 것을 감안하면 한인들이 주거와 부동산에 관심이 많은 것을 알 수 있다. 금융업과 보험 등이 많은 것이나 신체와 관련된 업소가 많은 것은 그만큼 뉴욕 한인들의 생활에 여유가 생겼다는 것을 의미하기도 한다. 뉴욕의 특색이 있다면 운송업과 통관업이 많은 것으로 운송업과 통관업을 합한 것이 235개소였고, 이곳에 무역업을 합하면 271개소가 된다. 골프 관련 업소가 87개라 하면 이것 역시 많은 편이고, 비록 그 수는 적으나 막대한 자본이 요하는 업종이기에 그만큼 뉴욕 한인사회가 경제적으로 성장했다는 것을 말해주는 것이기도 하다. 기준을 어디다 두느냐 하는 것이 문제이지만 2000년대 중반의 뉴욕 한인사회는 상당한 수준에 도달하고 생활영역이나 경제활동영역이 도시 생활의 중간 이상의 높은 수준의 생활을 영위하고 있다고 말할 수 있다.

참고삼아 많은 수를 가진 직종의 지역적 분포를 3개의 항목 통해 521개를 가진 부동산, 188개를 가진 수학학원, 그리고 516개의 교회를 비교해 보았다.

지 역	부동산	학원(수학)	기독교회
맨해튼	63	2	8
퀸즈	187	39	215
브루클린	2	4	14
브롱크스	2	3	5
스테이튼 아일랜드	9	3	12
롱아일랜드	58	19	35
업스테이트	23	7	32
뉴저지	164	74	163
기 타	13	37	32
총 계	521	188	516

자료: 2004 한인업소록에서 정리.

　　직업의 분포에서도 한인들이 많이 거주하는 지역을 볼 수 있다. 위 표에서 보는 것과 같이 한인들이 많이 거주하는 지역 중 부동산이 많고, 교회가 많은 곳은 플러싱이 있는 퀸즈 지역이었다. 다음이 뉴저지이고 다음이 롱아일랜드였다. 흥미로운 지역이 맨해튼이다. 이곳에는 부동산은 많으나 교회도 적고 특히 학원도 적었다. 이것과 반대현상을 보이는 곳이 브루클린이다. 이곳은 교회가 부동산보다 많았고, 학원도 부동산보다 많았다. 한인들이 많이 거주하는 곳에 교회가 많고 학원이 많다는 것은 널리 알려진 사실이지만, 지역별로 약간의 차이를 보이고 있는 부분은 흥미로운 현상이다.

　　경제계의 현황을 알 수 있는 것의 하나가 금융일 것이다. 이곳에 뉴욕에 있는 한인 대상의 은행을 보면 우리아메리카은행이 점포 9개를 갖고 있으며, 신한뱅크아메리카가 6개, 나라은행 4개, BNB 4개, 월세은행 3개, 노아은행 3개 그리고 뉴뱅크가 1개 점포를 갖고 있는 등 9개 은행 30개 지점이 있다. 위 자료에서는 은행이 80개라 했으나 이곳에서 분석한 것은 맨해튼 중심의 한국계 은행만을 본 것으로 그 수가 30개에 불과했다. 이것은 14개 은행에 110개 지점을 둔 LA에 비하면 적은 편이지만 뉴욕은 나름대로 많은 은행이 있고 은행 간의 경쟁도 점차 치열해지고 있다.

직능단체협의회

뉴욕한인회가 파악하고 있는 경제인 단체는 35개로 실재 직능단체장들의 모임인 직능당체협의회에는 16개 단체가 포함되어 있었다. 이들 16개 직능단체는 뉴욕한인경영인협회, 뉴욕한인경제인협회, 뉴욕한인식품협회, 뉴욕한인드라이클리너스협회, 뉴욕한인청과협회, 뉴욕한인수산인협회, 대뉴욕뷰티서플라이협회, 대뉴욕지구한인봉제협회, 뉴욕한인네일협회, 뉴욕미용인협회, 미 동부한인귀금속보석협회, 뉴욕한인건설협회, 뉴욕한인변호사협회, 뉴욕한인기술인협회, 치과기공인협회, 뉴욕시경한인경찰협회 등이다. 이들은 경제인협회, 경영인협회 등 2차적인 협회와 식품협회, 세탁인협회, 청과협회, 수산인협회, 뷰티서플라이협회, 봉제협회, 네일협회, 미용인협회, 귀금속협회, 건설인협회, 기술인협회, 치과기공인협회 등 실제 판매에 종사하는 협회가 있고, 변호사협회, 경찰협회와 같이 직접 상업과 관련되지 않는 협회도 있다. 직능단체로서 뉴욕에서 중요한 협회가 청과상, 네일, 식품, 세탁, 뷰티서플라이, 귀금속 보석 등이라 할 수 있다.

직능단체협의회는 한인협회 간에 긴밀한 연락을 도모하고 회장들 간의 친목을 도모하기 위해 이룩한 협의회로 매월 둘째 화요일에 플러싱 금강산 식당에서 모임을 갖는다. 이곳에서는 협회들의 새로운 동향과 문제가 있으면 같이 의논하고 이에 대처를 해나간다. 일차적으로는 친목을 목적으로 하지만 필요시에는 기금을 마련해 봉사단체 등을 도와주기도 한다. 이를테면 한인사회에 큰 화제가 된 아프가니스탄 텔레반의 한인 납치

사건이 발생하자 직능단체협의회는 한인회와 더불어 모금운동을 전개했
다. 또한 조선족 가정돕기 운동을 전개하기도 했다.[2]

직능단체협의회에는 직능과 관계없는 경찰협회가 있고, 직능단체로
서 중요한 요식협회가 빠져 있다. 경찰협회가 있는 것은 한인들의 업소들
이 경찰에게 많은 신세를 지고 경찰과 관련이 깊기 때문이다. 경찰 중에
한인들의 경찰을 회원으로 하는 협회를 조직하고, 직능단체협의회의 회원
으로 초대한 것이다. 따라서 경찰협회는 회비를 부담하지 않는다. 그리고
직능단체 회원들이 많은 도움을 받는다고 한다.

직능단체협의회는 또한 경제와 관계없는 뉴욕한인변호사협회를 회원
으로 가입시켰다. 이것은 한인업자들이 언어의 불편으로 억울한 일을 당
하고도 소송하지 못하는 어려운 사정을 감안해 변호사협회를 회원 단체로
가입시킴으로써 이러한 어려운 문제들을 해결하는 데 도움이 되기 위함이
다. 그리고 이들 변호사협회 회원들이 대부분 2세로 이루어졌기 때문에 1
세와 2세가 같이 일하는 자리를 마련한 것이 계기가 되었으며 직능단체협
의회는 큰 이득을 본 셈이다.

2세와 같이 일하게 되면서 직능단체협의회는 2세 중심 단체인 코리안
아메리칸시민활동연대(KALCA)와 청년학교를 초청해 공청회를 개최했다.
여기서 한인 업계에서 어려웠던 사건 등을 호소하고 다양한 사업의 정보
를 교환했다. 이러한 모임이 있은 후 1세와 2세의 업자들이 더욱 가까워졌
고, 2세들이 한인업소의 대변인으로 등장하게 되었다.

직능단체장들이 임기를 끝내면 직능단체협의회의 회원의 자격을 상
실한다. 따라서 친목을 목적으로 했던 단체인 만치 우정과 전직 단체장과
현직 단체장의 친목을 유지하기 위해 '아름다운 사람들의 모임(아사모)'를
조직해 회원 부부가 참가하는 친목단체를 유지하고 있다.

---

2   뉴욕한인직능단체협의회 김용선 회장 담.

2. 개별 직능단체

청과협회

뉴욕 청과상이 모여 이룩한 협회를 뉴욕한인청과협회(Korean Produce Association)라 한다. 현재 회원수가 2,000명으로 뉴욕동포사회 직능단체로는 최대의 인원과 사업을 가진 대표적인 직능단체라 할 수 있다. 청과상은 무엇보다 뉴욕 청과유통시장의 80%를 점하고 있는 막강한 상인들의 단체이다. 조직에 있어 타 협회의 모범이 되고 활동에서는 타의 추종을 불허하는 활동을 하며 그의 역사가 마치 한인 단체의 역사를 대변하는 것과 같아 이곳에서 다른 직능단체보다 상세히 보기로 한다.[3]

재미한인들이 청과상에 손을 댄 것은 1970년대 초 뉴욕에 한인들이 모여들기 시작하면서부터이다. 남미로 갔던 한인들이 미국으로 재이주하면서 청과상을 시작해 1970년대 초반 맨해튼 미드타운과 브루클린 플렛부쉬 일대에 한인 청과상 가게가 10여 개 생기기 시작했다. 이곳에도 유명한 이야기가 있다. 한인들이 도매시장인 한츠포인트 시장(Hants Point Market)에 갔으나 새벽 시간 중 한창 바쁠 때 낯선 한인에게 팔 리가 없었다. 몇 번이고 도매상을 들르던 한인이 채소 상자를 발로 걷어찼고 땅바닥에 토마토가 구르자 도매상이 그를 주먹으로 때려 얻어맞은 한인이 땅바닥에 넘어지고 말았다. 그를 일으킨 도매상 주인이 상자를 찬 이유를 물으니 자기에게 물건을 팔라는 것이었다. 때린 것이 미안해서 한인에게 물건을 팔기 시작했는데 그때부터 한인들이 청과상을 시작한 것이다.

한인들은 노인들, 특히 유태인 노인들이 은퇴하는 가게를 세를 내어 장사를 시작했다. 1960년대는 당시 백인들은 시외로 빠져 나가고 흑인, 카

---

3 뉴욕한인청과협회 최 회장 담.

리브 사람, 푸에르토리칸 등이 시내로 몰려들 때였다. 흑인 동네 상점이 부족한 곳에 한인들이 침투하기 시작했다. 당시 이런 한인들이 영업을 시작한 지역이 처치 애비뉴, 브루클린, 자메이카, 브롱크스 등지였으며, 한인들의 상점은 청과상뿐만 아니라 의류상, 식품점, 가발 장사 등도 이때 생기기 시작한 것이다.

청과상도 다른 한인들의 소상인 업체와 유사하게 적은 자본으로 가게를 시작할 수 있었고, 가족 노동력을 집약적으로 사용할 수 있었으며, 부족한 영어로도 장사가 가능했다. 무엇보다 청과상은 새벽 일찍 시장에 가서 물건을 받아오고 일주일 내내 아침 일찍부터 저녁 늦게까지 일할 수 있어 부지런한 한인들에 적합한 직종이 되었다.

청과상 하면 우선 뉴욕의 맨해튼을 생각하게 된다. 이곳에서 한인들이 성공했기 때문이다. 이곳은 특히 인구가 밀집힌 지역으로 한인들이 지하철 부근 사람의 왕래가 많은 곳에 상점을 차려 맨해튼 도시민의 성격에 맞는 깨끗한 가게를 운영했고, 그들의 도시 생활에 필요한 것을 개발해 한인들의 가게가 번성했다. 1980년대 슈퍼마켓이 생기기 전 부지런한 한인들이 매일 도매시장인 한츠포인트에 가서 싱싱한 물건을 구입해 과일 진열이나 채소의 신선도를 유지하면서 잘 진열해 출퇴근하는 시민들이 자주 이용했다. 한인들이 부지런할 뿐만이 아니라 뉴욕 시민들이 편리하게 이용할 수 있는 샐러드 바를 개발해 퇴근하는 시민들이 간단하게 사갈 수 있게 했으며 이로 인해 샐러드 바가 크게 유행했다.

한인 청과상은 우후죽순과 같이 성행해 1979년 350개 업소가, 1989년에는 메트로폴리탄 뉴욕에만 1,500개 업소가 성행했다. 한편 한인들이 1980년대 들면서 맨해튼과 퀸즈 백인 중상층을 대상으로 확대해 교외 지대로서 백인들의 주택가인 업스테이트 뉴욕과 롱아일랜드 지역으로 확대해갔다.

1980년대 한인들의 청과상, 특히 맨해튼에 있는 가게들은 채소가게에서 꽃을 팔고 샐러드 바를 더욱 다양화해 델리 섹션을 두어 간단한 핫도그나 샌드위치, 달걀부침, 커피 등을 먹을 수 있게 하고, 소프트드링크도 비치해 바쁜 시민들이 손쉽게 가게에서 요기를 할 수 있게 했다. 델리 음식은 도시인에게 유리해 더욱 번창하게 되고 이것이 발달해 델리 식료품 잡화점 가게가 생기게 된다. 청과상이 번창한 것은 미국 중산층이 건강식을 선호해 채식을 많이 하게 되면서 더욱 발전한다.

한인들의 장사가 번창하는 것을 보고 유태인 건물 주인들이 점포 임대료를 올려 장사가 어려워지자 한인들은 다시 24시간 가게를 열어 대처해나갔다. 물론 밤에 문을 열면 그만큼 위험부담이 더해지는 것이다. 이러한 악조건에도 한인들은 잘 적응한 덕분에 1990년대 청과상은 더욱 번창해 1995년에는 2,500여 개의 한인 상가가 있었다.

그러나 1995년을 정점으로 한인 채소가게가 감소해 2005년 현재 한인 가게가 2,000개로 감소했다. 감소한 이유는 뉴욕의 라티노와 흑인이 많이 사는 지역이 도시계획으로 문을 닫아야 했고, 특히 유태인 가게 주인들이 가게 임대료를 높이면서 장사가 어렵게 되었으며, 무엇보다 슈퍼마켓이 생기면서 소매 자영업자들이 타격을 받은 것이다.

한인들이 대상으로 하는 한츠포인트 시장은 1986년에 건립된 과일 · 채소 도매시장으로 세계 최대의 시장이다. 이 사장은 500여 종을 취급하고 매일 3,000여 명이 출입하며 연간 1억 5,000만 달러를 유통하는 시장이다. 품목은 500여 종이지만 이것을 크기와 색깔로 세분화하면 2,000여 종이 된다. 이 시장은 뉴욕, 뉴저지, 코네티컷 등 트리 스테이트 내 1,500만 명을 대상으로 하고 있다. 70개의 대규모 도매상이 전국의 채소와 과일을 보급하고 해외 12개국의 상품도 수입해온다. 이들 도매상은 유태인과 이탈리아인들이 독점하고 있으며, 시장은 저녁 12시에서 다음날 아침 10시까지 개점을 한다. 사업주가 백인이기에 고용인들도 백인이 많았으나 최근에는 라티노와 흑인들의 고용이 증가하고 있다.

　　뉴욕에는 한츠포인트 시장 이외에 브루클린 터미널 시장(Brooklyn Terminal Market)과 브롱크스 터미널 시장(Bronx Terminal Market)이 있다. 이곳에서 한인들은 특히 남미계 고객들을 위해 남미 과일을 주로 파는 브루클린 터미널 시장에서 열대산 바나나의 일종인 플랜테인(plantain)이나 푸른 바나나, 유카스, 코코넛 등을 구입하러 간다.

　　한인들의 상인이 증가하면서 한인들 사이에 2종류의 상인이 생기게 되었다. 하나는 종전대로 한츠포인트 시장에 와서 직접 물건을 구입해가는 사람이고, 하나는 위탁판매로 배달하는 사람이다. 배달원은 도매상에서 물건을 구입해 가게에 전해주는 것으로 2005년 현재 약 250명이 있다. 직접 구입자를 '낮반'이라 하고 배달원을 '밤반'이라 한다. 21대 회장 때까지 낮반이 청과상조회를 주도했으나, 21대 회장이 밤반과 낮반을 합해 뉴욕한인청과협회로 명칭을 바꾸게 된다.

　　가게도 사양화하면서 맨해튼형과 브루클린형이 생기게 된다. 맨해튼형이란 채소, 과일, 꽃을 주로 하되 고급스럽게 하고 자주 새것을 진열하는 형이고, 브루클린형은 외부에 싼 것을 진열하고 안쪽으로 비싼 것을 진열하는 이중적 진열을 하는 가게이다. 또 하나의 형태는 주로 뉴저지와 롱아일랜드에 있는 가게로 이곳에서는 대형화하는 것이 특성이다. 맨해튼의 대부분의 가게들은 보통 4.5제곱피트로 소형이고, 큰 것이 9제곱피트로 큰 것이 8개 정도이다. 좁은 공간이 특성은 꽃, 과일, 채소 식료품들을 진열하되 먹는 장사 위주로 샐러드 바, 토스트, 웰빙 샌드위치와 순두부 등이 각광을 받고 있다. 특히 9·11 사태 이후 델리상도 타격을 받아 변화를 하고 있으며, 주택가의 가게들은 채소를 주로 하고, 사무 지역 가게들은 바로 먹을 수 있는 것과 과일 등을 주로 하고 있다.

　　한인들이 2,000여 가게를 가지면서 도매상으로 승격하려고 했으나 유태인과 이탈리아 도매상의 방해로 현재 한츠포인트 영내에 3개소 그리고 밖에 5개소가 있을 뿐이다. 외부의 가게란 브루클린 터미널 시장에 있는 것들이다. 한인들이 공동구매하거나 도매상으로 전환을 꾀할 때 유태인과 이탈리아인들이 마피아를 동원해 방해를 하고, 농장을 봉쇄하며, 농장에서 직접 구입해오는 차를 권총으로 위협해 가족을 몰살시키겠다고 협박해 포기하고 말았다. 무엇보다 한인들은 자본이 부족해 유태인, 이탈리아인의 도매상과 대결할 수 없었다.

한인 청과상이 조합을 결성한 것은 1974년이었다. 청과상 30여 명이 모여 권익옹호와 상부상조의 협력을 위해 결성한 것이다. 조합의 사업이 많아지고 외부와의 접촉이 많아지면서 조합은 2001년 '뉴욕한인청과협회'로 명칭을 개조하게 된다. 2007년 현재 청과협회의 조직을 보면 25대 회장에 박광천 씨가 담당하고 회장이 관할하는 집행부에는 수석부회장, 감사, 대외부회장 2명, 대내부회장 2명, 기획실장, 수석 총무, 섭외 총무, 운송 부회장, 브루클린 부회장, 브롱크스 부회장, 퀸즈 부회장, 맨해튼 부회장, 뉴저지 부회장, 장학회 이사장, 특별대책 위원장, 골프 회장, 한미재단 이사장 2명, 봉사부장, 섭외 부장, 재무부장, 홍보부장, 교육부장, 연예부장, 청년부장, 장년부장, 체육부장, 축구부장, 낚시부장, 레저스포츠부장 등 11명의 부회장과 9명의 실장, 총무 위원장, 이사장 등이 있으며 12명의 부장 등 도합 32명이 집행부를 구성하고 있다.

이사장은 유시연 씨가 담당했고, 이사회는 이사장 이외에 3명의 부이사장, 1명의 총무이사, 그리고 46명의 이사가 있다. 이사의 임기는 2년이고 이사회비로 회원 회비 100달러 이외에 이사회비 200달러를 지불해야 한다. 이사회는 연 4회 계절별로 모임을 갖고 있으나 출석률이 저조하다. 그 원인은 이사의 대부분이 거주 지역 내에 있는 교회의 집사가 대부분이며, 교회 일에 바빠 시간의 여유가 없고 또 한인들이 많이 하는 골프에 여가시간을 다 소모해 회의에 나올 여가가 없다고 한다.

추석맞이 대잔치와 같은 큰 행사가 있을 때는 이것을 위해 별도의 조직을 결성해 집행하고 있었다. 이를테면 2007년도 제25회 추석맞이 대잔치의 경우, 집행부의 간부들이 업무를 분담해 협회장이 대회장을 맞고 17개 분야로 나누어 74명이 동원되었으며 이 외에도 29명의 고문을 두었다.

청과협회는 한츠포인트에 사무실을 두고 있다. 4,500제곱피트가 되는 사무실에 2명의 상근자가 근무하고 있다. 아침이면 많은 회원들이 장을 보고 가는 길에 사무실에 들러 잡담도 하고 정보도 듣고 간다. 한츠포인트 내에는 식당 3곳, 커피숍 3곳이 있어도 사무실만 못하다. 뉴욕 이외에는 필라델피아에 청과상조회가 최근에 결성되었고, 워싱턴 D.C.는 한아름이 대신하고 있다.

청과협회는 우선 회원들의 권익과 친목을 위해 노력하고 있다. 한인 상인들이 뉴욕 시의 규정이나 상 법규 등을 몰라 손해를 보거나 부당한 대우를 받는 경우가 많다. 협회는 회원에게 사업허가를 받는 법, 주차에 관한 규정, 위생에 관한 규정 등을 알려주었다. 특히 한인 청과상이 많이 겪는 도로 좌판 규정으로 범칙금을 지불하는 것 등을 알려준다. 길가에 좌판 놓는 것을 뉴욕 시 당국이 과거에는 별로 신경을 쓰지 않았고, 벌금도 50달러에 불과했다. 그러나 1984년 갑자기 벌금이 3,000달러로 오르더니 단속도 심해 한인들이 많은 고통을 받게 되었으며, 이것으로 문의하는 전화가 사무실에 쇄도했다. 이에 협회는 영어에 불편이 없고 봉사정신이 강한 김성수 씨를 앞세워 우선 시 당국과 교섭을 하고 경찰서, 법원, 의회 등과 교섭해 해결을 보게 된다. 이러한 단체적인 문제해결 이외에도 단체구매운동도 전개했고, 건강보험, 신용조합 등도 구상했다. 특히 개인문제로는 주차권, 이민법, 집 매매, 자녀의 학교문제 등도 의논해주었다.

협회는 1982년 협회 내에 서비스센터를 설치한다. 그것은 유시종 씨가 강도에게 피살당한 사건이 발생했기 때문이다. 회원 150여 명이 장례식에 참가했고 1만여 달러를 모아 미망인에게 전했다. 1990년 업스테이트 뉴욕에 거주하는 강정일 씨가 임대비로 문제되어 고통을 당할 때 회원들이 5만 달러를 모아 지원했다. 1996년에는 옆집의 담이 무너져 가게가 크게 손상을 입은 사건이 발생했다. 보험회사에서 반에 해당하는 보상을 받았으나 이것으로 부족해 회원들이 1만 2,000달러를 모금해주었다. 이와 같이 회원들이 화재나 도난 그리고 불의의 사고를 당했을 때 상조하는 것이 서비스센터의 목적이다. 특히 회원들의 장례를 대비해 100명 전후의 회원이 상조회를 두었다. 말하자면 회원 사망 시 100~300달러 내에서 부조하는 제도이다.

협회가 직접 수행하는 친목 활동으로는 야유회가 있다. 회원의 가족 전원을 초청해 야외에서 운동경기도 하고 푸짐한 경품도 있어 한때 600여 명이 모이는 대성황을 이루기도 했다. 현재는 약 300명이 모인다. 협회가 주관하는 행사로 망년회와 신년회 등이 있다. 특히 '청과인의 밤'이라고 명명한 신년회에는 한인만이 아니라 뉴욕 시 관계자 정치인 등을 초청하며, 회원들에게 각종 상패와 상을 주며 사기를 돋우고 여흥도 있어 1990년대는 약 800명이 모이는 큰 잔치였다. 이것도 최근에는 저조해 약 300명이 모인다. 청과협회도 다른 단체와 유사하게 회원들의 부모를 위한 효도관광도 시행하고 있다.

청과협회도 다른 단체와 같이 회원들의 골프대회를 연 4회 갖는다. 2회는 장학금을 모급하기 위한 것이고 나머지 2회는 회원들 간의 순수 친목을 위해 행하는 대회이다. 보통 한번에 100명이 참가한다. 회원 간의 친목을 위한 행사로 협회는 바다낚시 대회를 개최하고 있다. 이곳에도 100여 명이 참가해 하루를 즐긴다. 비공식적인 모임으로 특히 오래 묵은 회원들이 노년기에 들면서 자기들의 장례를 위한 상조회를 조직하기도 했다.

3·1절이나 8·15 경축대회는 뉴욕 영사관에서 행하는 것으로 알고 있으나 청과협회는 단독으로 3·1절과 8·15 광복절에 기념식을 행한다. 직능단체로는 유일하게 이러한 공식적인 모임을 갖고 있다.

청과협회는 다른 단체와 같이 장학금을 지불하고 있다. 연간 12명의 장학생을 선발해 1,000달러씩을 지불한다. 장학생은 한인 회원 자녀가 약

반수이고, 반은 한인업소에 근무하는 종업원의 자제들이다. 청과협회에서도 한인 봉사단체를 지원하고 있다. 이를테면 YWCA, 상록회, 한인회 등에서 행사가 있을 때 많을 때는 20~30개 상자의 과일을 보내고, 최소한 5상자의 과일을 보낸다. 특히 노인회의 경로잔치에는 많은 후원을 한다. 다른 단체도 노인회를 빙자해 과일을 요구할 때가 있다. 청과협회는 가능한 한 많이 도와주고 있다. 한때는 수산인협회 피크닉에도, 맨해튼 식당의 파티에도, 한인회 파티에도 과일을 보냈었다. 한번은 플러싱, 엘름허스트, 서니밸리 등에 김장 장판을 벌여 지역 주민들의 김장을 도와주었다.

청과협회가 한인사회에 봉사하는 가장 큰 행사는 추석맞이 대잔치이다. 1982년에 시작해 2007년 제25회를 맞은 추석맞이 대잔치는 한인사회의 명물이고 뉴욕의 명물이 되었다. 한인에게는 추석 명절을 기억하게 하고, 2세에게 한인의 문화를 전하며, 특히 뉴욕 시민에게 한국문화를 선전하기 위해 추진하는 추석맞이 대잔치는 이제 완전히 자리를 잡았다. 그간 힘들 때도 있었으나 1985년 당시 뉴욕 시장 에드워드 코크(Edward Koch)가 추석맞이 잔치에 참가해 9월 29일을 '한인청과인의 날(Korean Grocers Day)'로 선포했고 뉴욕 주의회에서는 '한국청과협회의 날(Korean Produce Association Day)'로 선포했다. 이리하여 행사가 더욱 다채로워져 1996년부터는 2일간의 행사로 연장하게 된다.

추석맞이 잔치라 추석에 가까운 날을 선정해야 하나, 미국의 야구 시즌이 지나는 계절을 잡아 보통 10월에 행하게 되었다. 2007년에도 10월 20일과 21일 양일간 플러싱에 있는 메도스 코로나 파크에서 개최되었다. 예년보다 더 많은 관객이 모여 20만 명이 다녀갔다. 공원에는 경기도, 전라남도, 경상남북도 등 4개 도에서 34개 업체가 지방 농산물을 전시했다. 김치, 인삼, 떡, 김, 반찬류, 장류, 버섯가공품, 목공예품 등의 전시가 있었고, 특히 쌀 홍보 부스에서는 어린이들의 송편 만들기, 떡 메치기 체험 등의 흥겨운 장면도 있었다.

추석맞이 대잔치의 하이라이트는 첫날에 있었던 한류 탤런트 쇼인 연예인 공연과 애플가요제였다. 연예인 공연에는 한국에서 인기를 끌고 있는 SG워너비, 아이비, 정훈희, 양혜승, 바나나 등이 출연해 공연을 했고, 이때 젊은 2세들이 많이 참가해 성황을 이루었다. 애플가요제에는 12개 팀이 참가해 기량을 겨루었고 미국인 4개 팀도 참가해 더욱 흥을 돋웠다.

전통 축제로 2007년에는 27명의 남사당이 참가해 줄타기, 풍물놀이, 접시 돌리는 버나놀이 등을 공연해 흥을 돋웠고, 결혼하는 부부가 전통혼례를 직접 실현했으며, 씨름대회 또한 인기를 끌었다. 송편 만들기나 전주 한지 작품전시회도 흥미로웠으나 전주 시장이 직접 인솔하고 온 전주 비빔밥 만들기가 가장 인기였다. 큰 그릇에 300명분의 비빔밥을 만들었고, 이것은 순식간에 모두 동이 나고 말았다. 한국전통음악과 서양 리듬을 합한 퓨전 음악도 이색적인 인기거리였다. 청과협회는 추석맞이가 끝난 후 잡지를 발행해 행사 시에 진행했던, 특히 전통문화에 대해 자세한 설명을 가해 동포들이 전통문화를 이해하는 데 도움을 주고 있다.

청과협회에서는 추석잔치를 위해 수개월 전부터 부스를 비롯해 준비를 하고, 한국을 방문해 농산물 전시와 예술단체를 교섭하는 등 많은 활동을 하고, 한편 후원금을 모금하는 수고를 하지만 가장 큰 공로는 한국 농산물을 미국에서 전시하게 한 것이다. 청과협회 간부가 1982년부터 한국을 출입하면서 우선 한국의 농협, 새마을 대표들을 미국에 초청해 미국 시장을 알게 하고, 미국인 대표를 한국에 초청해 한국 시장을 알게 했다. 그러나 미국이 쉽게 한국의 농산물 수입을 승인하지 않았다. 청과협회는 이것에 굴하지 않고 다시 1996년 한미농산물교역증진의원회을 조직하고 10명의 위원을 한국에 보내 한국 농산물의 수입을 허가하게 했다. 특히 한국의 배, 사과, 감을 수입하게 되고 추석맞이에 한국 농산물이 전시하기 시작했다.

청과협회가 한국에 공헌한 것이 있다. 한국에서 홍수가 났던 1987년, 수해피해자에게 성금을 보냈고, 동포들이 한국 쌀보다 일본 쌀을 좋아하자 청과협회는 YWCA와 공동으로 세미나를 개최해 한국 쌀이 일본 쌀에 못지 않다는 것을 설명하고, 동포들이 한국 쌀을 많이 먹게 한 것이다. 한편 한국에서 반미감정이 고조되는 것을 방관할 수 없어 한국에서 65명의 영어선생을 뉴욕에 초청해 미국을 보게 하기도 했다.

청과협회가 공로가 있다면 외부와의 관계이다. 한인들은 다른 직종에서와 같이 백인들에게 물건을 받아다 흑인 등에게 판매한다. 이것을 사회학적으로 '중간자 이론(Middleman minority theory)'이라 하며 미국 내 한국인들이 중간자 이론의 대표적인 소수민족으로 꼽히고 있다. 청과상 또한 그 대표적인 것으로 도매상인 유태인, 이탈리아인과 끝없이 투쟁했고 유색인종 고객들의 도전을 받았으며, 한인들 가게가 대부분 그러하듯 히스패닉 고용인을 채용해 이들과의 마찰도 보게 된다. 뉴욕대학교의 민병갑 교수가 말하듯 중국계 사람들은 도매상, 고객, 고용인 등 모두가 중국 사람들로 이루어져 이민족과의 갈등이 적으나 한국계 사람들은 물건을 넘겨주는 도매상, 물건을 팔아주는 고객, 그리고 같이 일하는 고용인들이 모두 다른 민족이어서 어려움은 많으나 대내적으로 결속이 강화되는 현상이 있다고 했다.

청과상은 새벽에 장을 보러 가며 시장이 워낙 크기에 주차장에서의 사고도 많았고 특히 도매상의 횡포가 심했다. 주차장에 주차를 못하게 하는 시비가 생겨 주차장 직원에게 얻어맞는 일도 있었고, 주차료도 다른 민족보다 비싸게 부르며 차량을 견인해가는 등 무시당하는 일도 많았고, 새벽 주차장에서 강도를 당하는 일도 있으며, 심지어 한인들의 가게만을 대상으로 도둑질하는 경우도 있었다. 이에 대해 한인들은 1980년 사무실에 봉사센터를 설치해 피해를 당한 사람이 즉각 호소하게 했고, 이것을 공동으로 대처하기로 했다. 도난문제가 최고조에 이른 것이 1986년으로, 236건의 보고가 있었고 한인 40%가 당했다고 한다.

도매상의 횡포도 심해 같은 물건도 한인들에게는 비싸게 팔았고, 귀한 물건을 미리 돈을 지불했으나 판매를 거부하는 일도 있었으며, 상한 물건의 교부를 거절당하기도 하는 등 도매상의 횡포가 심했다. 이런 것에 불평을 하면 도매상 고용인들이 달려들어 집단 폭행을 가하기도 했다.

이러한 부당 행위에 항거하기 위해 한인들이 공동구매를 결심하고 농장을 찾아 직접 구매에 나섰으나 위에서 본 것과 같이 도매상의 방해로 뜻을 이루지 못하고 말았다. 한인들은 1980년 후반 1990년 초 자체 내의 방범대를 조직해 경비를 강화하고 부당한 행위를 반대하는 시위와 구입 거부운동을 전개해갔다. 1977년에서 1995년 사이에 한인들이 단결해 보이콧 행사한 것이 10건이 된다. 한인이 구타를 당했으면 그 도매상 앞에서 판매 거부 보이콧 행사를 했고, 도매상의 부당한 행위에 시위를 하거나 신문에 사과를 요구했으며, 시장실로 가서 항의를 하기도 했다. 이러한 단결된 한인들의 모습에 도매상들도 1990년부터는 크게 수그러져 한인들을 얕보지 못하게 되었다. 뿐만이 아니라 도매상 조합에서 한인청과협회에 65만 달러를 지원해 한인들이 행사에 큰 도움을 받기도 했다.

도매상 못지않게 어려운 대상이 고객들이다. 청과상들이 백인 주거지를 파고들었으나 아직도 다른 직종과 유사하게 흑인 또는 라티노 등 저소득층을 대상으로 하는 가게가 많다. 1981년부터 1995년 사이에 뉴욕에서 15건, 브루클린에서 3건, 자메이카, 퀸즈, 할렘, 그린위치 등에서 각각 1건의 한인 가게 거부 시위사건이 있었다. 그중에서도 4건이 사건은 장기적으로 시위를 계속해 가게를 유지할 수 없게 된 경우도 있었다. 가장 심한 항의 사건이 1990년 1월에서 1991년 4월까지 계속된 이른바 처치 애비뉴 (Church Ave.) 사건이다. 하이티계 여자가 계산대에서 실랑이를 부리다 주인이 잠시 흥분을 가라앉히려고 어깨를 두드린 것을 구타했다고 하면서 바닥에 구르면서 항의했다. 이것으로 주의의 하이티계 사람들이 피켓을 들고 한인 가게 불매운동을 전개한 것이다. 처치 애비뉴 사건은 계산대에서 일어난 사건이지만 청과상 같은 가게에서는 식품을 먹거나 가격을 깎는 데서 시비가 일기 쉽다.

1979년 자메이카 165번지 청과상 가게에서 발생한 사건도 임신부 고객이 구타당했다는 헛소문으로 흑인들이 집단으로 몰려와 가게 앞에서 시위를 한 데서 발생했다. 이 경우 주인이 한인대표를 학교 강당으로 초청해 억울한 사정을 호소했다.

흑인들의 경우 배후 조정자가 있어 더욱 무섭다. 1984년에 있었던 할렘 사건의 경우, 세계 흑인 개선협회(Universal Negro Improvement Association)가 배후 조종을 했다. 아프리카 선구자 운동(African Pioneer Movement)이 후원하는 경우도 있었다. 흑인들의 경우 한인들로부터 피해를 본다는 생각, 한인들이 자기들의 영역을 침입했다는 생각을 갖고 있다. 따라서 한인 가게 시위 시에는 '한인들 나가라', '한인 가게 문 닫아라' 등을 요구하는 것이다.

이러한 시위에 대해 한인들은 즉각 연락을 해 가게 주인을 도와주고, 흑인 단체를 방문해 화해를 청하고, 흑인 교회를 방문해 지도자들과 타협책을 강구하고, 시 당국에 항의 및 조속한 중개를 요구하며 법원, 경찰 시의회 등을 방문한다. 특히 처치 애비뉴 사건 시 시 당국의 조속한 중개를 요청하는 한인들의 피켓 시위가 있었고, 이에 동원된 인원이 7,000명이나 되었다. 당시 시위대를 운반하기 위해 교회 자동차들이 동원되었고 심지어 택시 운전사들이 자원해 한인 시위대원을 시청 앞까지 데려다주는 흥미로운 광경도 있었다. 이것이 여론화되어 끝내 부시 대통령까지 알게 되었다. 한인 중소 상인들의 고민이 백악관까지 전달된 셈이다.

그 후 1990년대에 들면서 흑인, 라틴계 고객들의 시위가 없어지게 된 것은 우선 한인 상인들이 슈퍼마켓의 등장으로 같은 피해자의 위치에 서게 된 것과 고객인 주민들도 다양화해 한인과 흑인이라는 대칭 구도가 없어지게 된 것, 그리고 한인 이외의 다른 민족의 상인도 증가하게 된 것 등이 원인이다.

그리고 무엇보다 어려운 대상의 하나가 고용인들이다. 한인들 가게는 한인보다 다른 민족을 고용인으로 채용하는 경향이 많다. 특히 멕시코, 남미의 라티노를 많이 고용한다. 이것은 청과상에 한하는 것이 아니라 세탁소, 식품점, 심지어 식당에서도 라틴계 고용인을 많이 볼 수 있다. 그러나 흑인 고객이 주종을 이루는 의류, 장신구 그리고 뷰티서플라이 가게에서는 흑인을 많이 고용하고 있다. 한국 상점인 청과상에 취직하고 있는 라티노 계통의 고용인은 원래 온순하고 한국인에 대해 피해의식이 흑인같이 강하지 않으며 미국에 아메리칸 드림을 갖고 온 것이나 가족제도와 경로사상 등 가치관에 한인들과 유사한 것이 있어 흑인같이 한인을 적대시하지 않고 한인 고용주에 잘 순응하는 편이다. 그러나 이들은 최저임금에 미달하는 임금을 받고 특히 저녁 늦게 일하면서 과외수당을 받지 못하는 것 등이 불만이다. 그러나 이것도 직접 항의하는 것이 아니라 노동조합이 후원해 간접적으로 피켓 시위를 하기도 한다. 고용인의 시위는 1987년에 2건, 1999년에 맨해튼에서 1건, 1996년 브루클린에서 1건 등이 있었다. 이러한 시위는 1998년 멕시코 노동자 조합이 형성되면서 강화되었고, 2001년에는 대학생이 개입하면서 더욱 거세진 셈이다. 이에 대해 2001년 한인회는 한인상권보호위원회를 결성하고 한인 보호에 나섰다. 노동조합에 대해서는 한인이 노임의 전부를 지불할 수 없는 이유를 설명하고, 고용인에 대해서는 미국의 노동법을 설명해주었으며, 심지어 노동조합 앞에서 한인들이 시위를 벌이기도 했다.

사건도 유야무야로 끝이 나고 말았다. 그러나 실제 한국인들은 가능하면 라티노계 고용인을 두려하며, 이들을 10여 년 동안 데리고 일하는 가게도 적지 않고, 주인과 사이가 좋은 가게가 더 많은 편이다. 특히 라티노들도 한국인과 유사하게 정이 많고 감정적이어서 주인이 조금만 잘해주면 충성스럽게 일을 한다.

2008년 초부터 뉴욕 시에서 노점상을 허가하는 법을 통과시키겠다는 것 때문에 청과상들은 항상 마음을 놓을 수 없었다. 노점상 1,500개를 허가하면 가게 옆에 노점을 차리고 장사해도 말할 수 없게 되는 것이다. 따라서 한인 청과상은 결사적으로 이 법안의 통과를 저지하고 나섰다.

직능단체를 대표해 청과협회의 조직과 활동 그리고 도매상, 고용인, 고객과의 관계 등을 자세히 보았다. 뉴욕의 모든 직능단체가 이것과 유사한 구조를 갖고 있으며 활동도 유사하고 대외 관계도 유사해 청과협회를 대표로 보았다. 뉴욕 직능단체가 단결을 도모하고 회원의 친목을 다지는 것도 뉴욕의 환경과 조건에서 생성된 한인들의 삶의 지혜일 것이다. 한인들은 유교적인 전통이 강해 실은 장사하기에는 적합지 않은 가치관과 의식구조를 갖고 있다. 이러한 민족이 뉴욕과 같이 다민족 간의 경쟁이 심한 곳에서 기업에 뿌리를 내리는 과정을 위에서 본 셈이다.

청과상에서 발달해 독립된 가게를 이룬 것이 이른바 델리 가게이다. 청과상들이 신선도를 유지하는 어려움이 많아 이것보다는 델리 가게로 전환하는 사람이 많다. 델리 가게는 신선도 걱정이나 상해서 내버리는 것이 적고 다만 못다 판 것은 스스로 버리는 경우가 있을 뿐이다. 델리 가게는 보통 부패, 샌드위치 코너, 그리고 음료수 코너로 나뉘고 이곳에 앉아서 먹을 수 있는 장소로서 식당을 겸하고 있다. 큰 델리는 오히려 청과상보다 더 가게도 크고 고용인도 많다. 이러한 델리 가게가 현재 뉴욕에 약 500개소가 있다고 추측한다. 뉴욕 시의 한 좋은 델리 가게는 고용인이 23명이나 있고, 하루 2,000명 이상의 고객이 몰리며 하루 1만 달러 이상의 소득을 올린다고 한다.

수산인협회

뉴욕 일대에 수산인협회(Korean Seafood Association of New York)가 생긴 것은 1977년이다. 처음 생길 때는 뉴욕 지구 어물상인회라 했다가 단체 활동이 증가하면서 1983년 현재의 명칭을 갖게 된다. 1970년대 브루클린의 어물 소매상에서 시작해 1979년에는 80여 상점으로 증가했고 1989년에는 470개의 점포가 있었으며, 현재는 800여 개의 점포가 있다. 이것은 뉴욕 전체 어물 상점의 70%를 점하는 것이다.[4]

한인들은 생선가게를 열고 다른 민족 가게보다 깨끗한 가게를 만들어 손님을 끌었고, 생선가게 한 모퉁이에서 즉석 튀김을 만들어 반찬이 되게 팔았으며 다시 생선 샌드위치를 만들어 손님들이 손쉽게 먹을 수 있게 했고, 이것은 특히 흑인 고객들이 좋아하는 인기 품목이 되었다.

생선가게도 백인들의 도매상과 거래하고 주로 흑인 등을 고객으로 하며 라티노를 고용인으로 사용하고 있는 것이 청과상과 유사하다. 따라서 수산업계도 청과상과 같은 도매상인의 횡포를 감당해야 했으며 고객들의 시위도 당했었다. 수산시장 도매상은 한츠포인트 옆에 있는 풀턴 생선시장(Fulton Fish Market)이다. 도매상에게 시달림을 당한 것은 오히려 수산업자가 청과상인보다 더했을 것이다. 청과상이나 수산업자는 새벽에 도매시장에 가야 하기 때문에 한인들과 같이 부지런한 사람에게 알맞은 직업이다. 새벽에 가면 수산업자도 주차장에서 강도에게 돈을 빼앗기기도 하고 흥정하는데 돈을 주고도 물건을 늦게 받거나 좋지 않은 것을 받아 시비를 가리다가 생선을 다루는 갈고리로 맞아 죽은 사람도 있는 등 청과상보다 더하면 더했지 적게 당하지 않았다고 한다.

수산업자들이 시달림을 당한 것 중 하나가 노조관계이다. 가게를 열고 고용인을 마음대로 정하는지 알고 고용인을 채용했으나 노조에 가입한 사람을 고용하지 않았다는 이유로 노조원들이 가게 앞에 몰려와 시위를 해 결국 노조에 가입된 고용인을 채용하는 것으로 타협을 보는 것이다. 이러한 노조 가입 노동자는 주인이라 해도 마음대로 하지 못했다.

수산업에서도 한인들이 도매상을 지향한 사람들이 있었다. 한때 도매

---

4   뉴욕수산인협회 김 회장 담.

상에서 물건을 실어와 한인들 상점 많이 있는 길에서 새벽에 소매상을 불러 팔았으며 이것을 확대해 도매상으로 진출하려 했으나 큰 도매상인들의 방해로 새벽 노상 판매도 중단되고, 결국 도매상으로의 꿈을 거두고 말았다. 물론 폭력배의 개입도 있었다. 수산업 도매상은 아직도 유태인, 이탈리아인 그리고 이란인들의 손에서 벗어나지 못하고 있는 실정이다.

수산업에도 청과상과 같은 중간 배달원이 있다. 매일 도매시장에 가지 않아도 중간 배달원이 물건을 가져다주는 경우이다. 그러나 청과상에서는 이러한 배달원이 성행하고 수입도 좋으나 수산업에서는 이윤이 적고 배달원을 하는 사람이 많지 않다. 수산업에서 배달원이라 하면 오히려 일식당, 한식당에 생선을 배달하는 사람이다. 생선 배달에서 큰 몫은 골프장이라 한다. 골프장 식당이 생선을 많이 필요로 한다는 말이다. 특히 육식보다 채식이나 생선이 건강식이라며 골퍼들이 생선을 즐겨 찾으면서 오히려 일반 식당보다 골프장 식당에 배달하는 몫이 커졌다 한다.

수산가게도 청과상과 같이 열심이 일해 월 20만 달러의 수익을 올리는 사람도 많아졌고, 개중에는 월 200만 달러 수익을 올리는 사람도 있다. 이런 사람이 적어도 수산업자 중 약 10%는 되리라 생각한다. 그리하여 마음 놓고 골프를 즐길 수 있는 사람이 40~50명이 된다고 한다.

수산협회도 집행부에 회장 1명, 부회장 2명을 두고 있으며 이사회는 이사장 외에 25명의 이사로 구성되어 있다. 협회에 등록된 회원은 250명이고 등록하지 않은 한인은 약 50여 명으로 추정하고 있다..

수산협회도 1년에 1회 정기총회를 갖고 이사회는 연 4회 실시하며, 친목 모임으로 하계 야유회가 있고, 수산인의 밤 행사가 있으며 장학기금을 위한 골프대회가 있다. 연 2회 하는 큰 골프대회 이외에도 4~11월까지 매달 친선 골프대회가 있다. 2007년도 수산인의 밤은 해를 넘겨 1월 12일 플러싱 대동연회장에서 개최했다. 300여 명이 참석한 이날 행사에서 회원 1명에게 수산인상을 수여하고, 회원 2명에게 공로상을 수여하며, 장학생

10명에게 1,000달러의 장학금을 수여한다.

세탁인협회

세탁업자들을 세탁인이라고 하기보다 드라이클리너라고 하는 데는 그러한 사연이 있다. 세탁업을 말할 때 보통 3가지를 말한다. 하나는 중국인들이 하는 세탁소(laundry), 유태인들이 하는 드라이클리너(dry cleaner), 그리고 기계를 설치한 코인 라운드리(coin laundry)가 있다. 한인들은 유태인들이 하던 드라이클리닝을 인수받아 하는 사람이 많다.[5]

뉴욕의 한인들이 드라이클리닝협회를 구성하던 1978년, 50개 업소가 가입해 시작했으나 5년 후에는 700여 업체로 증가했고, 1990년에는 2,000개 업체, 그리고 오늘날에는 5,000개 업체로 증가했다. 뉴욕 맨해튼 내에 700개, 5개 보로 내에 1,500개, 인근 지역에 3,500개, 나머지에 1,500개의 업소가 있다. 이들은 뉴욕 일원 드라이크리닝의 80%를 점하고 있다.

드라이클리닝협회는 주마다 독립되어 있어 트라이 스테이트도 뉴욕, 뉴저지, 코네티컷이 별도로 총연합회에 가입되어 있다. 뉴저지에만 드라이클리너 가게가 8,000개 그리고 코네티컷 주에 약 150개가 있다고 한다. 미주 드라이클리너 총연합회에는 35개 지역협회가 있다.

미국이 1970년대 들면서 나일론 옷감이 면직물, 모직물로 변하면서 드라이클리닝 업계도 호황기를 맞았다. 1990년 이후에는 백인뿐만 아니라 흑인과 히스패닉계 사람들까지 세탁소를 찾게 되어 드라이클리닝이 성황을 이루게 되었다.

드라이클리닝은 청과상이나 수산업 가게와는 달리 상점을 구입할 때 자본금이 있어야 하고, 주인이 어느 정도 영어 구사 능력이 있어 고객과 대화를 나누어야 하며, 교육을 받고 시험을 치른 면허증을 소지해야 영업을

---

5 뉴욕드라이클리닝협회 김 회장 담.

개시할 수 있어 다른 직종보다 힘들지 않고 더 나은 직업으로 여기고 있다. 말하자면 사업의 안정성이 높고, 현금거래로 수입성이 높으며, 시간에 쫓기지 않는 여유로운 직업으로 여기고 있다. 이러한 안전하고 자기 노동을 팔아 유지되는 조건으로 한인 고학력자가 많이 세탁업에 종사하고 있다.

그러나 세탁업도 만만치는 않다. 이탈리아인이나 유태인에게서 물려받았으나 인도인들의 도전이 있었으며, 현재는 중국인들의 도전을 받고 있다. 큰 기술이 필요치 않으며 몸으로 때울 수 있는 직종이기에 중국인들의 진출이 눈에 띄고 있다.

한인들 중 세탁업에 종사하는 사람의 40%가 가족구성원으로 경영하는 곳으로, 가족 비즈니스라 하며 대부분이 드롭숍(drop shop)이라 한다. 드롭숍이란 세탁물을 받아 기계가 있는 세탁소로 넘겨 세탁을 하고 그곳에서 세탁물을 받아다 고객에게 주는 가게를 말한다. 세탁업이라 하는 가게는 이와 같이 세탁물을 받아다 세탁소에 넘기는 중간 가게인 드롭숍이 있고, 기계를 갖고 의류를 세탁하는 세탁소가 있는 것이다. 드롭숍에도 큰 곳은 고용인을 두는 곳이 있으나 대략 고용인 없이 주인이 직접 가게를 보는 집이 대부분이다. 드롭숍에서는 의류를 모아 홀세일, 말하자면 도매상에 보낸다. 홀세일은 몇 군데 드롭숍의 것을 모아 세탁을 한다. 뉴욕 맨해튼에는 가게 임대료도 비싸지만 세탁기계를 설치해 증기기계를 놓으면 증기가 건물로 올라오고 화학물질이 올라온다 해서 기계를 설치하지 못하게 한다. 그래서 맨해튼 내에는 기계를 놓은 세탁소는 없고 모두 드롭숍이다.

세탁기계를 갖춘 집을 플랜터(planter)라 한다. 말하자면 플랜터가 보통 말하는 드라이클리닝 가게다. 보통은 가게를 소유하고 지휘하는 남자와 카운터와 바느질을 맞는 여자, 프레스라고 다림질을 하는 고용인 1명, 뒷일을 하는 고용인 1명, 도합 4명이 가게를 유지하는 것이 보통이다. 큰 기계라 하면 고용인을 4~5명을 두는 곳으로 물론 가게도 크다. 보통 드라이클리닝 가게는 연간 20만 달러의 이익을 남기고 주인이 20% 수익을 갖는다고 한다.

　세탁업이 다른 직종과 다른 것은 방계업소가 많은 것이다. 방계업소란 세탁소가 관여하는 기관 내지 사업체를 말하는 것으로 이를테면 폐수처리, 보일러, 장비 판매 수리, 부품 판매, 홀세이 서비스, 잡화상, 부품판매상, 봉제 서플라이, 컴퓨터, 보험, 융자 리스, 케미컬 제조, 폐기물 수거 등 관련된 사업체가 너무 많다. 이들 중에서 드라이클리너에게 가장 중요한 곳이 환경청이다. 환경청에 매년 사업보고도 해야 하지만 환경청에서 지시하는 기계를 사용해야 한다. 현재 세탁기로 '4세대 기계'를 쓰고 있으며 이것은 탄소흡수기가 부착되어 있고 이것을 사용하지 않으면 영업 중지를 당한다. 현재 사용하고 있는 4세대 세탁기는 5년이 되었으나 언제 다시 새로운 세대의 기계를 사용하라고 할지 모른다. 물론 새로운 기계를 사용하게 되면 그 전에 새로운 것에 대한 공청회가 있고 유해기간도 있다.

　모든 세탁소는 3년에 한번 기계 검사를 받아야 한다. 매년 3월 1일 전까지 환경청에 약품 사용에 대한 케미컬 사용법(The Right to Know)을 보고해야 하는데, 개별적으로 보고하는 이 기한을 넘기면 350달러의 벌금을 내야 한다. 세탁소에서 중요한 기준이 수용성, 기용성, 그리고 불포화성이다. 수용성이란 물때를 말하고, 기용성이란 기름때를 말하며, 불포화성이란 얼룩지는 것을 말한다. 물때는 약품을 사용하지 않고 세탁하는 것이고, 기름때는 드라이클리닝으로 때를 지우는 것이고, 얼룩은 비록 5% 정도로 많지 않으나 얼룩이 지면 큰 결함이 되므로 따로 화학약품으로 지워버려야 한다.

　드라이클리너도 다른 업종과 유사하게 고객의 항의와 소송사건이 많으며, 특히 백인 고객이 몹시 까다롭다고 한다. 뒤에서 볼 바지 사건은 특별한 사건이지만 사소한 것으로 시비가 잦다. 한 예로 커튼 소송사건이 있다. 커튼의 세탁을 맡긴 고객이 주인에게 1,200달러짜리 커튼을 잘못 빨아 못쓰게 된다고 하면서 3,000달러의 배상을 청구했다. 주인은 이것이 부당하다고 재판을 걸어 결국 169달러를 지급하라는 판결을 받았다.

드라이클리너는 식료품 잡화점이나 청과상과 달리 손님과 주인 사이에 칸막이가 있고 카운터가 있으나 이곳도 위험하기는 마찬가지이다. 이곳에서도 대낮에 권총강도가 닥쳐 털리기도 한다. 전석근 씨의 경험담에 의하면 대낮에 4명의 강도가 들어와 한 사람은 문을 잠그고, 두 사람은 가게 손님을 양 벽에 몰아놓고, 나머지 한 사람이 계산대에 있는 주인에게 권총을 들이대 현금을 내놓으라고 했다고 한다. 주인은 침착하게 자기가 주인이 아니고, 주인이 잠시 전에 현금을 가지고 갔다고 말해 현장을 모면했다고 한다.

한인 드라이클리너들은 도둑을 맞는 것은 불가항력이지만 생존 전략으로 서비스와 세탁의 질을 향상시킬 것, 가게를 청결하게 하며, 카운터에서 신속히 업무를 처리할 것, 스파팅과 프레싱도 장인 정신을 갖고 정성껏 할 것 등을 다짐하기도 한다.

전국 35개의 협회가 이룩한 총연합회는 2년마다 총회를 하고 연 1회 장비쇼를 하며 3개월마다 이사회를 개최한다. 총련은 정기적으로 연 2회, 노동절(봄)과 메모리얼 데이(가을)에 지역협회장 모임을 진행한다. 이 외에도 토의할 안건이 있으면 수시로 회의를 개최한다. 그리고 총련은 연 1회 골프대회를 열어 기금도 마련하고 친선을 도모하기도 한다.

총연합회가 행하는 가장 중요한 행사가 장비쇼이다. 2007년 3번째를 맞은 장비쇼는 첫해 뉴저지의 에디슨 파크에서 개최했고, 제2회는 LA에서 그리고 2007년에는 애틀랜타에서 개최했다. 세탁장비는 거대한 기계로부터 작은 물품까지 있으며 보통 160개의 부스가 참가하고, 50만 달러의 비용이 드는 대대적인 행사가 된다. 장비쇼 이외에 부정기적으로 개최되는 쇼에서 새로 나온 각종 기계를 선보여 업자들은 좋은 품종을 골라 경쟁에 대비하고 있다. 2005년에는 한국 세탁기 장비쇼가 있었다. 그러나 후속조치가 불가능해 쇼는 계속되지 못하고 말았다.

드라이클리너의 대표적인 쇼가 미국인이 주관하는 '클린쇼'이다. 2년마다 개최되는 클린쇼가 2007년 30주년 기념회로 라스베이거스에서 6월 11일에서 14일까지 개최되었고 500여 종의 물품이 출품되었으며, 1만 5,000여 명이 참가했다고 한다. 클린쇼에는 관계부처인 환경청에서 참가하고, 세탁소 전문보험회사가 참가했으며 굴지의 관련 회사인 보일러 클리닉, 멀티메틱, 유니언, 상코샤사, 상크샤, 이츠미, 후지, 트레빌, 후지스타, 선 라이즈, 미야타 셔츠기계, 유니온 드라이클리닝 기계, US 머쉬너리, 웨스턴, 멀티텍스, 피존그룹, 바이오 택, EM 비누, 이즈가마 EM 비누 등이 참가했다.

지부의 예로 뉴욕협회의 조직을 보면 뉴욕에는 2년 임기의 회장, 수석 부회장, 5명의 부회장, 이사장, 부이사장, 총무이사, 홍보이사, 감사이사, 재무이사, 기술이사, 고문, 고문 변호사 등으로 이루어져 있다.

뉴욕의 지역 협회는 보다 구체적인 사업을 담당한다. 회원 친선을 위한 골프대회와 낚시대회를 갖지만 보다 중요한 것으로 세미나를 개최해 세탁인 자격증을 획득하기 위한 교육을 실시하는 것, 각종 설계 허가에 관한 사항을 정확하게 알게 하는 것, 각종 법률에 대한 지식 함양, 의류 분석법, 공해에 대한 컨설팅, 뉴욕 시 빌딩국 보일러 허가사항에 관한 정보 등을 알리는 것이다. 그리고 무엇보다 중요한 것의 하나가 기름 소모품 등을 공동으로 구입하는 것이다.

한인 드라이클리너협회는 매년 5월 한미합동파티를 개최해 도매상과 친목을 도모하고 정보를 교환하고 있다. 뉴욕 한인 드라이클리너협회는 12월 세탁인의 밤 행사를 개최해 각 단체장, 장비업자, 거래처 공급업자 등 300명가량이 모여 행사와 여흥을 즐긴다. 이때 공급처에서 후원하는 경우가 많다.

1984년부터 매년 잡지『세탁정보』를 발행해 정보교환과 지식을 쌓고, 월간지로『월간세탁』을 발행하고 있다. 그리고 2006년부터 허가가 되어 6개월이 넘도록 찾아가지 않은 옷은 업자가 자유로이 처분할 수 있게 되었다. 이에 따라 연말에 찾아가지 않는 옷을 불우이웃에게 전해줄 수 있게 되었는데 브루클린에서만 거의 7,000점의 옷을 주었다고 한다.

뉴저지 드라이클리너협회에는 회원 중에서도 하이드로카본 세탁장비인 애니클린(Any Clean)과 이지클린(Easy Clean)을 사용하는 세탁업주들이 별도의 모임인 세탁경영인그룹을 조직했다. 이들 세탁장비는 한인 업체인 조명원 씨가 대표로 있는 '세탁USA'가 생산, 판매, 애프터 서비스를 제공하고 있다. 그룹회원들은 세탁장비가 너무 많아 효율적인 경영 개선이 이루어지지 않고 있는 상황을 극복하고 동일한 세탁장비를 사용하는 업주들이 모여 기계 사용법, 업소 운영 노하우 등을 공유해 연 매상 100만 달러의 이윤을 올릴 수 있는 업소가 되기 위해 공동노력하자는 것이다.

세탁USA 조명원 대표는 미 대형 세탁인 그룹에 납품한 경험을 살려 한인 세탁인들에게 애니클린, 이지클린 등 하이드로카본 세탁장비를 공급하고, 한인들이 선진 경영기법을 배워 한 차원 높게 발전하도록 돕고 있다.

드라이클리닝 하면 한인들은 2년 전에 시작한 워싱턴 D.C.의 정진남 씨의 '바지 소송사건'을 연상한다. 이것은 세탁소에 맡긴 바지를 제시간에 찾아가지 못해 손해가 났다고 로이 피어슨 판사가 5,400만 달러의 소송을 제기한 것이다. 터무니 없는 소송사건이었으나 상대가 판사이기 때문에 소송을 당한 정 씨 부부는 몹시 긴장했다. 그러나 드라이클리너의 한인들 모두가 단결 하여 성금을 모아 정 씨를 후원하고 용기를 주었다. 결국 소송사건이 시작한 후 2년 후 정씨 부부가 승소했고 소송을 건 피어슨 판사는 재임용에서 탈락했을 뿐만 아니라 변호사협회에서도 제명되고 말았다.

식품협회

뉴욕 한인들의 식품협회는 1984년 우유회사의 가격횡포로 불이익을 당하게 되자 식품 상인 30여 명이 모임을 갖고 우유 공동구매를 가결하고

뉴욕한인그로서리협회를 조직한다. 그 후 1987년 전국식품협회인 국제한
인식품주류총연합회(National KAGRO)의 한 지역 회원으로 가입하게 된다.
그리하여 명칭도 뉴욕한인식품협회(Korean American Grocers New York Associa-
tion)로 개칭하게 된다.[6]

식품협회는 청과협회가 생긴 이후 생겼다. 그것은 채소 상점의 샐러
드 바에서 불리하게 되자 델리 가게를 이루고 델리와 샐러드 바를 병행하
면서 뉴욕 맨해튼에서 없어서는 안 될 가게로 발전했기 때문이다. 물론 뉴
욕 이외의 지역의 식품 상점과는 그 기원을 달리하고 있다. 식품 상점은
소비자가 직접 접하는 가게로 취급하는 품목이 2,000여 종이나 된다. 뉴욕
에는 5개 보로에 약 3,000개의 한인 식품 가게가 있다. 이들은 델리 음식,
식품, 과일, 고기, 빵 등의 식품 그리고 꽃까지 진열하고 있어 청과상 상점
과 혼동되기도 한다. 물론 청과상과 식품점은 다른 점이 많다. 우선 청과
상은 자기가 상품을 직접 도매상에서 구매하거나 배달원에게서 구입하며
주종이 채소와 과일이다. 그러나 식품점은 대부분의 상품을 도매상이 배
달해준다.

뉴욕식품협회는 전국식품협회에 가입되어 있다. 전국식품협회는 연
2회 전국 총회를 개최하며 각 지회에서 2~3명의 대표자가 참석한다.
2006년의 경우, 애틀랜타에서 총회가 있었고 약 200명이 참가했다. 식품
협회가 총회를 하게 되면 소매상에게 물건을 조달하는 식품 도매상들이
후원을 하고 상품도 기증해 경비가 오히려 남는 경우도 있다고 한다.

전국 조직의 지회로 있기 때문에 지회는 조직이 적으며 뉴욕도 이에
예외가 아니다. 뉴욕식품협회의 조직은 집행부에 회장, 수석부회장, 도매
상 추진 팀장, 냉동교육 팀장, 행사준비 팀장, 특별 사업 팀장 등이 있고 협
회 산하에 재정기획분과, 장학포상징계분과, 주류분과, 식품분과가 있다.

---

6 뉴욕그로서리협회 구 회장 담.

이사회는 이사장, 부이사장, 간사, 그리고 고문이 있다.

뉴욕식품협회는 청과협회와 깊은 관계가 있어 1991년 청과협회가 흑인불매운동에 항의하기 위해 시청 앞 광장에서 시위를 할 때 식품협회 회원 200여 명이 이 시위에 동참해 청과협회에 큰 힘이 되어주었다.

식품상도 청과상 못지않게 고객에게 시달리고 불매운동 사건도 더 많았다. 특히 흑인 주거지인 할렘에 있는 한인들의 가게가 흑인 주민들에게 많이 당했다. 1984년 10월에 있었던 할렘 125가 아이크 식품 상점은 거스름돈 때문에 폭행사건이 일어나 흑인 주민들의 6개월이나 계속된 지속적인 시위로 결국 한인 식품점, 식당, 생선가게 등이 문을 닫고 가게를 철수하고 말았다. 흑인들의 한인이 소유하는 빌딩을 헐값에 팔고 나가라는 것이다. 이 배후에는 샤카 주루(Shaka Zulu)라는 비타협으로 유명한 흑인 단체가 있었다.

이와 같은 문제를 해결하기 위해 할렘 지역에 한인들이 할렘상인번영회를 조직해 흑인들을 달래는 작전을 취했다. 한인들은 주민들이 주최하는 지역 행사에 참가하기도 하고, 흑인 종교단체 대표자와 유대를 강화하며 주민 청소년 농구를 후원하고 극빈자 노인 등을 돕는 사업에 참가하고 있다.

뉴욕은 단독으로 연 1회의 전시회를 갖는다. 1991년 제1회 맨해튼 매리엇 마키스 호텔에서 식품쇼를 개최했다. 1993년에는 제5차 아시아 아메리카 식품쇼를 주최하기도 했다. 2006년의 경우 50개의 부스를 마련했고, 2박 3일간의 전시회에 1,000여 명이 다녀가기도 했다. 연 2회 실시하는 식품쇼를 할 때면 도매상에서 음료나 맥주 등을 공급해주고, 심지어 복권 또는 금융업계 등 80여 업체가 후원해준다. 이곳에서도 관련 업체가 충분히 후원해 회원들의 회비 없이 전시회를 치를 수 있었다. 때로는 야외 전시회를 하기도 한다. 오히려 지역사회에 환원한다는 의미에서 장학금을 내놓기도 한다.

뉴욕식품협회는 한국의 농산물을 직접 수입하려다 실패했고 자체의 기금으로 협동조합을 설립하려다 역시 실패하고 말았다. 그러나 공동구매 노력은 계속하고 있으며 불황 타개를 위해 도매상으로 확대도 시도하고 있다. 뉴욕식품협회는 미국의 도매상들과 관련을 갖고 있으며, 한편 한국과의 관계를 위해 2000년도 모국상품 구매사절단을 구성해 한국을 방문해 10여 개 한국 사탕과 주스 도매상을 방문하고 상점에 쉽게 진열할 수 있는 한국 상품 10만여 달러에 해당하는 물품을 구입해왔다. 이들은 하나의 독립된 단체로 다른 직능단체와 같이 신년 하례식, 한인 식품인의 밤 행사를 하고 장학금 전달식을 진행했다.

식품협회도 5월에 춘계 골프대회를 한다. 이때는 이사진만이 참가한다. 9월에는 야유회와 식품쇼를 한다. 10월에는 초계 골프대회를 하는데 이때는 다른 사람도 참가할 수 있는 오픈 골프대회로 불우이웃 돕기를 위한 행사이다. 또한 한인회가 주최하는 골프대회에도 참가한다. 뉴욕식품협회는 회원들이 필요로 하는 교양교육을 실시하는바 예컨대 담배 및 위생 교육 등을 자체 내에서 실시한다. 식품점 교육에서 가장 중요한 것은 냉동에 관한 교육과 세미나이다.

식품협회도 어려웠던 시기가 있었다. 2007년 3월 전현직 회장단에 갈등이 있었고 이것이 검찰에까지 고발하는 사태로 발전했다. 이것이 화근이 되어 이사장 선출과 이사진 집행부 구성이 날치기로 이루어져 간부들간의 불상사마저 생기게 되었다. 이에 이사장은 수습을 위해 나섰고 이사들의 몸싸움까지 있었으나 결국 집행부에 유리하도록 수습되었다.

식품상에서 어려운 점이 있다면 고용인 중 서류미비자가 체포되는 것이다. 이민단속국에서 무작위 불신검문을 통해 한인들이 고용하고 있는 남미계 고용인을 잡아가는 것이다. 어디서 누가 체포되었다는 소문이 돌면 히스패닉계 노동자 사이에 체포불안이 순식간에 확산된다.

봉제협회

　　재미동포의 봉제업이라 하면 당연히 LA 자바시장을 연상한다. 그러나 뉴욕에서도 한때 봉제업이 성행해 처음 이민 온 사람, 특히 여성 중에 재봉틀을 밟지 않은 사람이 없었다 할 정도로 뉴욕 한인사회에 공헌을 하기도 했다. 특히 가발업이 사양길에 들면서 봉제업이 성행해 1975년과 1980년 사이에 맨해튼에 30~40개 업소가 150여 개로 증가하더니, 1985년에서 1995년 사이 500여 개 업소로 증가했다.[7]

　　봉제업은 다른 직종과 다른 것이 한인들이 처음부터 중국인과 경쟁을 했던 것이다. 뉴욕 중국인들은 맨해튼 남부에 위치한 차이나타운에 300~400개 봉제업소가 있었는데, 이것은 한인보다 20여 년 전에 시작한 것이다. 한인들이 유태인에게서 봉제업을 물려받을 때 중국계에서 노동조합이 생기면서 어려움을 겪었는데, 이때 한인들은 유태인을 따라 중부 맨해튼에 자리를 잡는다.

　　봉제협회도 다른 영역과 같이 원청업자에게 시달림을 받아야 했다. 원청업자들은 하청업자인 한인들의 납품 품목을 중국계와 경쟁시키면서 가격을 절하했으며, 물품의 노임 미지불을 이유로 납품가격을 인하했고, 부도수표의 발급 등으로 한인업자들을 골탕 먹였다. 한인업자들이 두려워하는 것 중 하나가 노동청 이민국 직원들이 한인 공장을 급습 단속해 벌금을 징수하는 것이었다. 또한 운송업을 담당한 이탈리아계 트럭 업자들에게서도 농간을 당하고 매년 인상되는 운송비와 싸워야 했으며 공장 임대주인 유태인의 임대료 인상과도 투쟁을 해야 했다.

　　한인업소들은 노동청에 시달리고 이민국에 시달리며 운송업자들에게서 어려움을 겪고, 한편으로는 깡패들에게 시달리던 1980년에 대뉴욕봉제협회(Korean Apparel Manufacture Association)를 결성하게 된다.

7　뉴욕봉제협회 김 회장 담.

봉제협회의 당면문제는 첫째 인력의 확보문제였다. 봉제업계 고용인의 분포는 처음 시작할 때 한국인이 주종을 이루고, 히스패닉계를 적게 고용했었다. 이를테면 그 비율이 80대 20이었다. 그러나 현재는 히스패닉계가 80%고 한인들은 20%에 미치지 못하고 있다. 시간과 더불어 부족해지는 노동력의 확보도 문제이지만 청과상에서 본 것과 같이 노동자들의 최저임금 지불과 초과수당 지급을 요구하는 문제가 있다. 그리고 한인들이 많이 고용하는 불법 체류자의 단속문제 그리고 고용인들의 노동조합 결성을 요구하는 문제 등이다.

협회는 사방의 적에 대해 간부 이하 전체가 하나가 되어 어려움에 대처해나갔다. 첫째, 중국계와 경쟁하기 위해 제품을 정확하게 정시 납품을 해 신용을 얻어내고, 제품의 고급화로 경쟁을 이겨냈다. 이와 더불어 우선 회원을 보호해야 했으며 더 나아가 새로운 기술을 개발하고 연구를 병행해야 했다. 이에 따라 협회는 FIT, 즉 'Fashon, Institute, Technical'을 모토로 회비의 일부로 1만 달러씩을 연구비로 조성해 새로운 디자인 개발에 주력해나갔다. 기계의 자동화를 위해 독일제 신형 자동기기로 재품을 고급화하고, 신속한 생산을 도모해 경쟁력을 높였다.

무엇보다 협회는 노동청이나 이민국에서 요구하는 사항을 회원들에게 정확하게 알리기 위해 세미나를 수시로 개최해 법조문을 설명하고 법을 잘 지켜 벌칙금이나 위약금 손해를 보지 않게 했으며, 불시검문과 단속을 하지 않게 했다. 한편 노동자의 노임도 정확하게 지불해 노동자의 고통을 덜어주게 했다.

무엇보다 협회는 봉제와 관련된 실, 부속품, 부품 등을 제공하는 업체들을 봉제협회 회원으로 포용하고 필요한 자에게는 간부 자리까지 주어 봉제산업과 관계 업자들이 하나가 되는 시책을 펼쳐 봉제업계의 호황을 맞이했다. 그리하여 1980년대 호황기에는 연말파티에 1,200명이나 사람들이 모여드는 최대 연회를 베풀었고, 회원 간의 골프대회, 낚시대회 야유회를 가졌으며, 장학금도 많이 내고 타 업체를 돕는 일에도 게을리 하지 않았다.

그러나 봉제업계의 호황도 1990년대 들어 미국이 멕시코, 캐나다와 NAFTA를 결성하자 봉제업계는 다시 타격을 받게 된다. 봉제업계는 인건비가 저렴하고 통관절차나 노동법이 까다롭지 않은 남미, 아시아, 중국 등 지역으로 공장을 옮기게 된다. 엎친 데 덮친 격으로 하부 맨해튼에 있던 중국계 업자들이 한인이 있는 중부 맨해튼으로 진출하면서 기술자를 빼앗아 가고, 임대 경쟁을 벌이며, 가격에서도 한국 업체를 괴롭히게 된다. 말하자면 봉제업계도 중국인에게 밀려 많은 한인업자들이 가게를 닫고 식품이나 네일가게로 전환했다. 남미로 공장을 옮기는 사람도 있었으나 타 업종으로 전환했고 특히 봉제공장에서 노동을 하던 여자들이 네일가게로 전환해갔다.

이에 봉제업은 20~30년의 경험을 살려 부가가치가 높은 세품 생산으로 전환하는 한편, 해외로 진출하지 못한 업체들은 임대가 싼 변두리로 옮기고 자리를 옮기지 못한 120여 개의 업체가 뉴욕 맨해튼 중부 섬유지구(Middletown Germent District)라고 하는 34가와 42가 거리와 9가 애비뉴와 6가 애비뉴 사이에 집결해서 제품을 고급화해 타 민족이 추정치 못하게 하고 해외로 진출한 한인 업체와 긴밀한 연계를 지어 새로운 생존을 모색하고 있다.

극히 최근에 맨해튼을 떠나 퀸즈 롱아일랜드에 봉제공장 단지를 조선하기 위한 물밑작업을 진행 중에 있다. 이것은 빌딩을 구입해 층별로 봉제업체가 입주하는 방식으로 조성될 예정이다.

봉제업과 관련된 방계사업의 하나가 원단업체이다. 뉴욕에는 4개의 큰 원단업체가 있다. 이들은 봉제업자에게 원단을 공급하는 업체로 나름대로의 상권을 형성해 상품의 고급화, 시장 확대를 꾀하며 원단쇼를 행하고 있다. 4대 원단도매업자의 한 업체인 '엘레강트'는 1, 2층 매장 1만 7,000스퀘어피트와 지하 1만 2,000스퀘어피트의 규모로 전시판매하고 원단은 수백만 야드에 달한다고 한다. 이러한 업체들도 상품의 고급화시키고 새로운 제품에 민감하게 적용해 경쟁을 이겨나가고 있다.

뷰티서플라이협회

뉴욕에 뷰티서플라이협회(The Greater New York Beauty Supply Dealers Association)가 결성된 것은 1995년이다. 당시 15개 업체의 사람들이 모임을 갖고 뉴욕에 뷰티서플라이협회의 필요성을 토론했다. 며칠 후 50개의 소매상과 30개의 도매상이 모여 정관을 정하고 임원을 선출해 협회가 출범하게 된다.[8]

뉴욕은 뉴욕, 뉴저지, 코네티컷 3개 주가 각기 별도로 총연합회에 소속되어 있다. 뉴욕협회는 회장, 수석부회장, 브롱크스 부회장, 브루클린 부회장, 퀸즈 부회장, 맨해튼 부회장, 사무총장, 재무이사, 홍보위원장, 공동구매워원장, 대외협력위원장, 재무이사, 총무, 공동구매위원 등이 집행부를 구성하고 80명의 이사진을 두었다.

뉴욕 일원에 한인 뷰티서플라이 상점이 회원 160여 개, 비회원이 60개 정도로 약 220개의 점포가 있는 것으로 파악하고 있다. 뉴욕에 속해 있는 지역을 보면 브루클린에 46명의 업주와 50개 점포, 브롱크스에 44명의 업주와 45개 업소, 맨해튼에 16명의 업주와 20개 업소, 퀸즈에 58명의 업주에 44개 업소, 도합 144명의 업주와 159개의 업소가 있다.

한인 이외의 민족으로 뉴욕 시에서 뷰티서플라이 가게를 운영하는 사람이 약 100명이 된다고 한다. 한인업소는 뉴저지에 150여 개, 코네티컷에 50여 개가 있다. 전국적으로 한인이 소유한 상점이 7,000개로 예상하고 있으며, 이것은 미국 전체 뷰티서플라이의 약 60%가 된다고 본다.

---

8 미국뷰티서플라이협회 손 회장 담.

뷰티서플라이가 취급하는 제품의 종류가 약 2만 개인데 보통 한 가게가 1,700에서 1,800종의 제품을 취급한다. 품목은 가발, 케미컬 그리고 액세서리로 크게 나눌 수 있다. 뉴욕협회장 박헌교 씨 가게를 중심으로 보면 가게는 3,000제곱피트이며 제품을 약 1,700여 개를 취급한다. 머리에 관한 거래 도매상은 30여 업체이고 화장품, 케미컬을 다 합하면 약 100개의 도매상과 관계를 갖는다. 도매상과 원청회사와의 관계는 별도의 관계이다. 뷰티서플라이의 도매상은 소매 가게가 자기의 제품을 판매해주어야 한다. 말하자면 소매와 도매가 공생관계에 있기 때문에 청과상과 같은 관계는 아니었다. 제품을 도매상에 반납하는 경우도 있으며 가발은 2개월 이내, 케미컬은 1개월 이내에 반환이 가능하다. 가게의 지역에 따라 다르지만 이곳 가게를 출입하는 고객의 70%가 흑인이고 히스패닉이 25% 정도이며 나머지가 인두인 등 다른 소수민족이다. 주중에는 하루 약 300명에서 350명의 고객이 출입하고, 주말에는 약 500명이 출입한다고 한다. 이 가게는 큰 편으로 5명의 고용인을 갖고 있다. 다른 가게와 달리 고용인은 흑인이 1명, 멕시칸 1명, 과테말라, 엘살바도르, 자메이카 흑인 각 1명이다.

뷰티서플라이의 중요 품목은 가발이다. 가발은 한국이 생산과 도매 그리고 소매까지 독점하고 있으며, 가발이 전성기를 이룬 것은 1960년대와 1970년대 한인 이민들이 미국으로 몰려올 때이다. 한국이 가발을 수출해 벌은 돈이 1965년 1,200만 달러였고, 1970년 7,000만 달러, 1975년 7,500만 달러, 1980년 5,600만 달러, 1983년 5,200만 달러였다. 최고조에 달했던 1970년대 한국 수출의 6.5%를 가발이 점했었다. 가발의 전성기가 지나 1980년대에 들어 가발가게가 의류상, 뷰티서플라이, 장신구상 등으로 발전해갔다.

가발이 전성기를 지나는 것이 이른바 YH사건 이후이다. YH란 YH Chang(장용호) 사건을 계기로 한다. 당시 한국에서 호황을 누리던 장용호 공장에서 여직원이 투신자살하는 사건이 발생한다. 이 사건 이후 한국에서 가발제조공장이 인도네시아, 베트남 등지로 옮겨가고, 미국에서도 직접 가발공장을 하는 사람이 생긴다. 그리고 일부는 뷰티서플라이를 시작하게 된다. 현재도 뉴욕 일대에 가발 공장을 크게하는 업소가 10여 곳이 된다.

최근 뷰티서플라이계에서 지대한 관심을 갖는 것이 가발시장이다. 가발시장에서 중저가 가발의 가격이 상승해 모든 가발 가격이 상승하고 있다. 이것은 인모 가격이 상승했기 때문이다. 생활의 필수품이 된 가발 중에서도 인모가발 가격이 상승되면서 다른 가발도 덩달아 상승해 3년 전에 10달러이던 가발이 현재 23달러가 되었으며, 그것도 품절현상이 일어나 더욱 가격이 치솟는 것이라 전망한다.

인모가 품절현상으로 가격 상승이 현재 뷰티서플라이 업계의 최대 과제이다. 그간 인모를 중국이 독점했으나 중국도 시골 여자의 머리가 점점 없어지고 인도나 베트남에 가서 인모를 구하는 형편이 되었다. 특히 2006년부터 가격이 상승하기 시작했고 짧은 머리 단모는 오르지 않았으나 10인치 이상의 장모가 상승하고 14인치 이상은 거의 배가 올랐다.

가발은 인모냐, 화학 합성제품이냐로 구별하지만 이것에도 수백 종류가 있고, 색깔, 길이 등에서도 종류가 다양하다. 가발은 또한 기계로 만든 가발(machine tied)이냐 손으로 직접 만든 가발(hand tied or mono top)이냐로 구별하고 그 중간에 부분적으로 손으로 만든 가발(mono top and machine tied)이 있다.

가발의 가격이 상승하는 것과 유가가 상승해 소비심리가 위축되는 것도 문제지만 뷰티서플라이 업계도 가게가 증가해 가까운 거리에 가게들이 이웃해 과다경쟁을 하게 되는 것이 문제이다. 늘 그러했지만 최근에도 말하자면 새치기 가게가 생겨 여러 가게를 힘들게 한다. 한 예로 한 가게가 99센트 스토어로 문을 열었다. 이것은 주위 가게들도 묵인한 것이고 협회도 묵인한 것이다. 2004년 5월에 시작한 이 가게가 1년이 지난 2005년 5월부터 화학제품을 진열하더니 2007년 4월에는 정식으로 뷰티서플라이 가게로 변신했다. 이 가게 주위 100야드 사이에 기존 가게 3개가 있으며 가장 가까운 가게는 불과 30야드도 안 되는 거리에 있는 것이다.

뷰티서플라이가 긴장하는 것은 다른 가게가 생겨 경쟁할 것에 대비하는 것도 중요하지만 가게 내에 도둑을 막는 것도 중요하다. 흑인 고객들의 좀도둑도 문제이지만 더 큰 것으로 강도, 밤도둑, 들치기 그리고 종업원의 절도행위 등이다. 무장 강도가 들어오면 강도가 원하는 현금을 주어야 하고 상품 등을 순순히 건네주어야 한다. 밤도둑에 관해서는 경보장치를 설치하는 것이 좋으나 가게 안에 숨어 있는 사람이 있는지 확인하고 문을 닫는 것이 중요하다. 의심스러운 행동을 하는 들치기를 발견하면 조용한 곳에 가서 타이르는 방법이 있고 종업원에게 사전 교육을 시켜야 한다. 무서운 것의 하나가 종업원의 절도행위이다. 현금 훔치기, 상품 빼돌리기, 대금 지급 없이 친구에게 막 퍼주는 행위, 낮은 가격 부과 등 그 수법이 다양하다. 따라서 종업원을 잘 가려 채용해야 한다.

뷰티서플라이는 총연합회가 있고 산하에 28개 지부가 있으며 이것을 크게 5개 광역협의회로 묶는다. 5개 광역협의회란 동북부에 7개, 동남부에 13개, 중서부 7개, 서부 3개, 중남부 4개이다. 총연합회는 쇼를 개최하지 않고 뷰티 엑스포(Beauty Expo)라는 별도의 기구가 있어 이곳이 주관이 되어 연 1회 뷰티쇼를 개최한다.

최근 문제가 된 것은 수십 년 내려오던 뷰티서플라이 업계가 최근 둘로 갈린 것이다. 전에 내려오는 미주 뷰티서플라이 총연합회(NBSDA)에서 갈려 나온 아메리칸 뷰티서플라이 총연합회(ABSA)가 생겼다. 세인트 루이스에 있는 ABSA 조태완 사장이 전통적인 뷰티서플라이협회와 별도로 아메리칸 뷰티서플라이총연합회를 경성하고 2007년 8월 5일과 6일 뉴저지 시코커스에 있는 메도랜드 엑스포센터에서 뷰티 엑스포를 개최했다. 새로 생긴 협회이지만 170여 관련 업체가 참가하고 270여 부스가 설치되었으며 6,000여 명의 방문객이 다녀갔다고 한다.

　전국적인 쇼 이외에도 업체가 주관해 행하는 쇼도 있고 지역이 주관해 행하는 쇼도 있다. 지역이 쇼를 할 경우 총연합회가 일부 재정 지원을 하기도 한다. 지역협의회가 행하는 쇼는 흑인 지역사회와 친선을 도모하기 위한 것이나 흑인 학생에게 장학금을 마련하기 위해 행하는 것이다. 뷰티서플라이 쇼는 도매상에서 행하는 경우가 많다.

　큰 회사에서 개별적으로 행하는 쇼도 1만 명 이상의 관람객을 모으는 큰 쇼가 되고, 행사에 따라서는 연 8회 정도 행하는 곳도 있다. 지역을 돌아 다니면 개최하는 일반 개별 회사의 미니 쇼에서도 푸짐한 상품이 나오기도 한다.

　뷰티서플라이는 유행을 창조하는 업체이다. 따라서 항상 새로운 제품이 나오고 잠시만 한눈을 팔아도 바로 뒤지고 만다. 지역협회는 변화가 심한 제품과 시장변화에 적응하기 위해 세미나를 자주 여는 편이다. 수시로 회원 또는 간부를 소집해 최근 유행하는 시장 정보를 교환하고 회원 간의 사건이 발생하거나 의견이 있으면 즉각 이에 대처해나간다.

　도소매 간담회도 개최한다. 뉴욕 지역의 경우 5개의 주된 머리 도매상이 과당경쟁과 물건 돌려받기 등을 방지하기 위해 소매상을 초청해 간담회를 갖고 물건을 소개하며 협회의 지속적인 홍보를 요구하기도 한다. 이러한 소규모 회의는 업종별로 행하기도 한다.

　뷰티서플라이 지역 협회도 회원이 밤 행사를 행한다. 이것은 연말과 사업이 본격적으로 바빠지기 전인 3월 중에서 하루를 선정해 만찬 파티를 행한다. 회원만이 아니라 회원들이 많이 거래하는 사업 유관 도매상도 초청해 보통 400여 명이 모인다. 이때 공로패, 감사패 등을 수여한다.

　뷰티서플라이협회도 연 2회 골프대회를 한다. 봄에 하는 대회는 회장배 골프대회이고 가을에 행하는 것은 이사장배 대회이다. 봄의 골프대회는 회원들 간의 친목을 도모하는 것이고, 가을의 대회는 장학금을 모금하기 위한 것이다. 뷰티서플라이 골프대회의 특징은 회원만이 아니라 도매상 임직원도 초청해 인원이 100여 명이 되게 다수가 참가하고, 매번 여러 협찬사가 후원을 해 상품도 푸짐하다.

　뉴욕에 있는 가발제조공장은 30여 개가 있고, 그중 김광석 사장과 김희석 부사장 형제가 이끄는 'Shake and Go'가 소유한 8만여 제곱피트의 대형 공장이 연매출 1억 3,000만 달러로 1위이고, '선데이양'이 연매출 8,000만 달러로 2위라 한다. 선데이양 공장의 규모가 5만 제곱피트이며 직원이 65명이고, 이 공장에서 생산되는 가발이 1만 종류에 달한다. 이 공장이 주관하는 쇼를 연간 4~5회 개최한다. 자료 도매상으로 유명한 회사가 키스(Kiss)이다. 키스는 뷰티서플라이 상점에도 제품을 공급하지만 네일 업계에 공급을 많이 하고 네일상 발전에 크게 공헌한 기업으로 알려져 있다.

　뷰티서플라이도 다른 민족의 도전을 받기 시작했다. 뉴욕한인뷰티서플라이협회에 따르면 수년 전부터 뉴욕 일원에 하나둘씩 문을 열기 시작한 타 민족 운영의 뷰티서플라이 업소들이 최근에는 빠르게 늘면서 한인 시장을 잠식하고 있다고 한다. 가장 눈에 띄는 상인은 아랍계와 중국계로 근년 1~2년에 급격히 증가했다. 뉴욕 뷰티서플라이 시장의 80%를 한인이 점하고 있으나 아랍계가 약 40개, 중국계가 약 30개가 된다. 아랍계와 중국계의 경우 가족중심경영이나 공동경영 형태로 박리다매 방식으로 상품을 판매하고 있다. 이에 대해 한인업소들은 아랍계와 중국계 상인들의 확장에 대책을 강구하고 있다. 공동 대응 이외도 품질 차별화, 서비스 개선 등을 통해 대응하고 있다.

네일협회

　네일상점이란 손톱을 관리하는 미용의 일종으로 한인들이 시작한 시점은 1980년대에 들어서이다. 그 이전에는 러시아계 유태인들이 1970년에 시작했던 것이다. 이들은 미용실에서 분리해 적은 규모로 여자의 손톱을 관리하고 치장하는 장사를 시작했고 한인들에게 물려준 직업이다. 한인들이 유태인들에게서 가게를 사거나 새로 시작해 현재 뉴욕에서는 네일가게 하면 한국 여성을 연상할 만큼 한국인의 전문직종이 되었다.[9]

1991년 1,500개이던 한인들의 가게가 2006년 현재 약 5,000개로 15년 사이에 3배가 증가했다. 네일상이 호황을 맞아 1990년에 전성기를 지나 현재는 약간 주춤한다고 하나 뉴욕의 맨해튼 일대에 100여 개, 퀸즈에 450개, 브루클린에 500여 개, 브롱크스에 500여 개, 롱아일랜드에 1,000여 개, 스테이트 아일랜드에 200여 개, 업타운 뉴욕에 3,500여 개, 뉴저지에 1,200여 개, 그리고 코네티컷에 600여 개의 상점이 있어 뉴욕의 메트로폴리탄 일대에 약 5,000개의 가게가 있다. 광의의 뉴욕 지대에 7,000여 개의 업체가 있어 현재에는 수적으로 가장 많은 업종의 하나가 되었다. 그리고 전국적으로는 약 3만 개의 가게가 있다고 추정한다.

이곳 네일가게에서 종사하는 한인 여성이 뉴욕에 약 2만 명, 그리고 뉴저지에 약 4,500명이라 추정한다. 1990년이 호황기라 한 것은 이때가 전성기였으며, 이어 1995년부터 베트남 이민자가 잠식하기 시작했고 1998년부터는 중국인이 잠식하기 시작했기 때문이다. 현재는 400개를 차지하고 있으나 이들의 성장이 만만치 않다고 한다. 한인들의 가게는 플러싱에서 에스토리아로 확대되고, 에스토리아에서 엘름허스트로 확대되어갔고 다시 뉴저지 쪽으로 확대되어갔다. 경쟁이 심해 상가 임대료가 역시 2~3배로 증가해 소상인을 압박하는 것이다.

현재 한인업소로 네일상이 가장 많은 수를 점하는 셈이다. 네일상은 여자가 주로 하지만 가게가 여자 단독 소유로 된 것이 전체의 30%이고, 60%는 부부가 공동으로 소유하는 것이고 나머지 10%는 남자 소유에 여자 지배인인 것이다. 고용인은 학생, 불법 체류자, 중국 동포 등 다양하다.

9　뉴욕네일협회 김 회장 담.

네일은 손톱을 관리하는 것이 주된 작업이다. 손톱에는 백인식과 흑인식이 있다. 백인식이란 손톱을 깨끗하고 투명하며 백색으로 치장을 하는 것이고, 흑인식이란 손톱에 색을 칠하거나 문양을 놓거나 문양 있는 손톱을 끼워 주는 것이다. 한인업소의 고객 대부분이 백인이어서 백인 식을 주로 하고 있다. 한인들이 네일상을 시작한 후 손톱만이 아니라 스파(spa)라 하는 발 닦고 주물러주기, 피부를 관리하는 스킨케어(skin care)가 첨가되고, 최근에는 눈, 어깨, 전신을 마사지하는 것이 첨가되고 남자 고객도 증가해 고객의 15%가 남자라 한다.

네일상은 육체적 노동이지만 손을 만지고 다듬기에 손님의 느낌과 관련된 감정적 노동이라는 특성이 있다. 고객의 대부분이 백인 중 상류 여성이어서 고객관리가 까다로운 것이 특성이다. 고객이 증가하면서 흑인 직업여성이 고객이 되어 이들을 성심으로 모시게 되자 이들에게서 큰 인기 있는 종목이 되었다. 따라서 주택가 주부를 대상으로 하는 네일상과 직장여성들이 퇴근 후 들리는 네일상으로 분류되고, 이 중간에 해당하는 빠르고 잠깐 서비스를 받는 종류가 생기게 되었다.

30년 전 네일가게를 시작할 때 소규모 자본으로 시작할 수 있었다. 여자들이 계모임 등에서 약 10만 달러로 가게를 시작하는 경우가 많았다. 현재는 100만 달러가 넘어야 가게를 열 수 있다고 한다. 실은 가게 자체는 별 돈이 들지 않는다. 문제는 쾌적하고 조용한 환경을 만드는 것이다. 주택가로 주부가 많이 오는 곳과 사무실 근처에 있어 직장여성이 많이 오는 데가 다르다. 문제는 서비스를 어떻게 해서 고객을 많이 오게 하느냐 하는 것이다. 최근에 한인들이 새로이 개발한 분야가 손톱과 발을 관리해주는 것 이외에 피부를 관리하는 것, 그리고 몸을 관리하는 보디마사지로 발전해 봉사의 영역을 확대해갔다.

네일가게에는 최소 5명이 일하고 큰 가게에서는 20~30명의 종업원이 일하고 있다. 보통 아침 10시에서 저녁 7시까지 일하고 한 사람이 하루에 80달러를 벌고 팁으로 50달러 정도를 번다. 손톱을 손질하는 것이기에 간단한 책상 하나만 있으면 작업이 가능하지만 발을 관리하는 곳은 큰 의자에 발을 담그는 물통이 있고, 이것을 수십 대 갖추려면 가게가 제법 커야 한다. 보디마사지의 경우 누울 침대가 있어야 하고 침대에 눕는 것은 개별 방을 필요로 하기 때문에 가게는 더욱 커야 한다.

손님을 접대하는 방식은 뉴욕과 LA가 다르다. LA에서는 고객이 어느 테이블을 지적해 개인이 단골 테이블을 갖고 있기 때문에 그 고객이 안 오면 테이블이 비어 있게 된다. 그러나 뉴욕은 가게가 공동으로 운영하기에 고객 개인이 지정한 테이블이 없이 공동으로 관리하며 노는 사람이 없게 한다. LA와 뉴욕이 다른 것의 하나는 캘리포니아에서는 베트남 여자가 많아 60%를 점유하고 뉴욕에는 한국 여자가 많은 것이다.

보통 한 가게에서 월 1만 달러의 수익을 올린다. 한인 가게가 5,000개라 한다면 한인들이 월 5,000만 달러를 버는 것이 된다. 5,000개의 가게에서 일하는 한인들이 봉급을 제외하고, 한인사회로 들어가는 돈이 4,000~5,000만 달러가 된다. 이것이 말하자면 한인사회를 간접적으로 돕는 것이 된다.

네일상으로 유명한 가게에 '대싱디바'라는 곳이 있다. 맨해튼 70번가와 2에비뉴에 있는 이 가게는 조앤 정 씨가 운영하는 가게로 규모는 1,100제곱피트에 불과하지만 항상 신선한 분위기와 철저한 고객 중심의 서비스 그리고 독특한 디자인과 브랜드 이미지로 연간 100만 달러의 매상을 올렸다고 한다.

네일 상인들은 자신들의 권익을 옹호하기 위해 1987년 뉴욕한미네일협회(Korean American Nail Salon Association of New York)를 결성했다. 뉴욕네일협회는 사무실을 플러싱에 두고 회장단, 이사회를 두고 있다. 회장단은 회장 1명, 수석부회장 1명, 부회장 5명, 총무 1명, 홍보부장 1명, 그리고 사무장 1명이 있다. 사무장은 주로 출판을 관리한다. 이사는 40명이고 이사의 임기는 2년이다.

네일협회는 1년에 2회, 11월과 3월에 정기총회를 하고, 이사회는 1년에 1회로 3월에 개최한다. 간부들의 모임은 월 2회 정도로 자주 한다. 이 외에도 필요시 세미나를 개최하고 신제품의 공동 구매, 장학기금을 마련하기 위해 골프대회를 개최하기도 한다. 협회에서 중점을 두는 것은 전시회인 쇼를 연 2회 개최하는 것이다.

봄과 가을에 개최되는 네일과 스파쇼는 100개의 네일 재료업계의 150여 개의 부스가 참가하는 것이 보통이다. 2006년에는 겨우 80개의 업체에서 150부스를 장만했다. 쇼에서는 새로 개발된 신제품을 소개하고 선전하는 외에 손톱, 발, 피부, 보디마사지에 대한 신기술 세미나가 있어 회원업소의 경쟁력을 강화하게 한다. 한편 네일업 종사자들의 창의력과 신기술 개발을 위해 퍼젤 스칼프 및 네일 경연대회를 개최한다. 2007년 쇼에는 약 7,000명의 관객들이 참가했다.

9월에 열린 가을 쇼는 도매업소의 협력 없이 네일협회 단독으로 개최한 쇼이다. 플러싱 코리아 빌리지에서 개최된 가을 대회에 90여 도매업체가 참가하고 8,000여 명이 다녀가는 큰 성황을 이루었다. 쇼의 내용은 전시회와 세미나였고 특히 '시너지 젤 시스템'을 주제로 한 네일 경연대회가 큰 각광을 받았다. 예년과 같이 2007년에도 한국의 네일협회가 참가했다. 한국에는 60여 개의 단과대학에 미용 네일학교가 있고 종합대학에도 2~3개 대학에서 미용 네일학과가 있다. 한국의 경우 실무적인 것보다 예술에 관한 공부를 하기 때문에 뉴욕의 쇼에 연수차 참가하는 것이다.

2007년 9월 9일과 10일 양일간 뉴저지 티넥에서 열린 '이스턴 네일 액스포'는 뉴저지 네일협회가 개최한 제5회 전시회로 한인들의 첨단 기술과 제품을 전시하는 장으로 유수 도매업자의 90여 개 부스가 설치되고 홍보전이 전개되었다. 이 엑스포에서는 네일 미용 라이선스 무료 세미나, 무료 보디마사지 세미나, LCN USA사가 주관하는 네일콘테스트, 네일아트 우수작품 전시회, 네일 미용 세미나 등이 동시에 진행되었다. 이곳에서도 코리안 커뮤니티센터와 잉글우드 병원의 도움을 받아 건강진단을 실시했다.

협회가 주도해 네일·스파쇼를 개최하고 많은 참석자가 참석해 성황을 이루는 것은 새로운 기술을 도입해 경쟁력을 강화하려는 의도에서이다. 특히 다민족의 시장 잠식이 강화되면서 한인업자들은 긴장을 하고 업소의 고급화, 대형화, 손님 유치를 위한 업소 내의 분위기 조성, 그리고 업종의 다양화로 경쟁을 이겨나가려는 것이다. 업소의 다양화 일환으로 최근에는 남성들도 고객으로 맞이하고 있으며 그 비율이 10%에 이른다 한다.

네일협회는 협회를 위해 경영진을 위한 세미나도 개최한다. 이것은 주로 네일업주들이 알아야 할 뉴욕 주의 주법을 알아 고용인을 부당하게 취급하지 말 것, 그리고 최저임금과 팁 소득, 오버타임 규정 등을 홍보해 차질이 없게 하는 것이다. 그리고 회원들의 회계 관계나 보험 관계 세미나도 개최해 업주나 종업원이 불이익을 당하지 않도록 하는 것이다.

네일협회는 대한인사회 봉사로서 회원만이 아니라 일반 한인들에게 일정한 날을 정해 무료 건강진료를 실시한다. 2007년 제9회를 맞은 무료 진료에도 천식, 내과, 비뇨기과, 안과, 감염상담, 혈압·혈당 검사, 척추신경, 한방과 등을 검사하게 했다. 여자에게는 유방암, 자궁암 등의 진찰을 실시하고, 대장·직장암 검사도 실시했다. 건강진료에서는 직접적인 질병 검사 외에 의료보험에 관한 상담도 한다.

네일협회는 장학금제도를 두어 회원 자녀에게 장학금을 수여한다. 장학금 수여식은 보통 회원의 날 행사 시 실시하는 것으로, 이때는 총영사 한인회장 등 한인사회 유지들을 초청하고 미국 지역 국회의원을 초청한다. 보통 300여 가족이 참가해 식이 끝난 후 노래자랑 등 여흥을 즐기기도 한다.

네일협회가 행하는 중요한 대외 사업의 하나가 주 정부를 상대로 한 노동법, 네일위생법 등을 업자에게 유리하도록 개정하는 운동이다. 그리고 맨해튼 미드타운 일대에서는 뉴욕 주의 감시와 단속이 심하며 특히 기습적인 단속에서 불법이 적발되면 1,000달러 이상의 벌금을 물게 된다. 이것에 대한 완화를 요구하는 운동도 하지만, 회원들에게 이것을 주지시켜 불리한 대우를 받지 않도록 미연에 방지책을 강구하기도 한다.

대외관계의 하나가 한국과 일본 등지의 네일협회 내지 네일 관련자들과 연계를 갖고 공동으로 세미나를 개최하거나 한국의 제품 또는 일본의 제품을 미국에 소개하고 미국의 새로운 재품과 기술을 한국이나 일본에 전하는 가교역할을 하는 것이다.

미용인협회

뉴욕 내 미용인협회가 발족한 것은 1991년이다. 뉴욕 일원에 한인들의 미용실이 120여 개가 된다. 아직 대규모가 아니라서 회장 점포가 협회 사무실이다. 한때 회보도 발행했으나 현재 없어지고 말았다.[10]

현 회장이 사용하는 미용실은 플러싱 중심가에 위치하고 있는 상점으로 넓이는 1,800제곱피트다. 고용인 7명이 있으며 한국사람이 4명, 히스패닉계가 2명, 그리고 중국 동포가 1명이었다. 근무시간은 9시부터 저녁 8시까지며 쉬지 않고 손님이 있었다. 이곳에서 사용하는 재료는 한국 제품과 미국 제품을 사용하며 밖에 진열하는 제품은 외국 것이지만 실제 사용하는 것은 파마약과 기구 등 한국 것이 대부분이었다.

미용인협회에서 행하는 사업으로는 1월 25일 행하는 미용인의 날 행사가 있다. 뉴욕 일원의 회원만이 아니라 미용인들과 관계를 가진 사람 등 약 500명이 모인다. 협회는 매월 1회 마지막 화요일이면 경로센터에 머리 봉사를 하러 간다. 이러한 봉사보다 주력하는 것이 미용인의 실력을 함양

---

10 뉴욕미용인협회 이 회장 담.

하는 학습과정이다. 주 1회 회원들에게 필요한 영어 용어를 가르친다. 매달 1회 기술자나 전문인을 초청해 새로운 기술이나 새로운 제품에 관한 학습을 하고 최근에 유행하는 것을 배우기도 한다. 이런 세미나에 초청되는 강사는 큰 화장품 도매회사에서 선발된 사람이다. 협회는 협회의 명의로 기술훈련 과정을 설치해 기술을 배워 미용사가 되려는 사람들에게 교육을 시키고 수료증을 수여한다. 이 미용사 자격증으로 미용실을 운영할 수 있다. 그간 수료하고 나간 젊은 사람이 30여 명이다.

사람들은 옷보다 머리를 중요시하는 경향이 있다. 특히 여자의 경우 그러하여 단골손님이 많다. 최근 경향은 스트레스와 음식 등으로 탈모현상이 젊은이에게도 일어나고 있어 미용실을 찾는 젊은 사람이 많아지고 있다. 중년 이상이면 흰머리가 생겨 염색하는 사람이 많고 젊은이들은 일부러 보라색이나 빨강색으로 머리 염색을 하는 사람도 증가하고 있다. 미용은 뷰티서플라이와 협력관계를 갖고 있으나 네일가게와는 별 관계가 없다.

미용계에도 다른 업종에서와 같이 중국계의 침투와 경쟁이 날이 갈수록 심해지고 있다. 특히 이 가게가 있는 플러싱 중심가는 중국 상가들이 침입해 초기에는 이 상점이 한인타운 중심지였으나 이제는 중국 상가에 포위된 셈이다. 그러나 기술이나 미용에서 고급화해서 중국 미용실을 찾는 고객보다 고급 고객층을 끌고 있으며 중국인 중에서도 고급스러운 사람은 이 미용실을 단골로 하고 있다. 최근에 흥미로운 경향은 남자 고객과 어린이 고객이 증가하는 것이다.

귀금속 보석협회

뉴욕에는 보석상이 많은 것으로 유명하다. 트라이 스테이트에서 보석상을 하는 한인은 약 300명이라 한다. 한인들이 보석상에 주력하게 된 것은 1990년대이며 이에 따라 1992년 '미동부한인귀금속보석협회(Te Association of Korean Jewelers of Eastern U.S.A.)'를 조직했다. 보석상은 보석가게를 말하지만 보석에는 소매를 하는 보석가게와 보석을 가공하는 기술인이 따로 있으며 협회 초기에는 별도의 협회를 구성하고 있다가 1995년 이들이 통합되어 오늘에 이르고 있다.[11]

귀금속보석협회도 회장 이하 4명의 부회장, 총무부장과 차장, 재무, 홍보, 감사, 자문, 장학. 사고대책 등 6개 부서를 맡는 부장 등 도합 12명으로 집행부가 구성되어 있다. 귀금속보석협회도 30명으로 구성된 이사회가 있다.

귀금속보석협회도 다른 협회들과 같이 연 1회의 총회, 연 1회의 이사회가 있으며 특이한 모임으로 전직 회장단의 모임이 자문단 격으로 있다. 이 협회에서도 회원 간의 친목을 위한 골프 대회가 있고 특이하게 조기축구회가 있다. 그리고 이 협회도 언 1회 보석인의 밤 행사기 있었다.

귀금속보석협회도 나름대로의 세미나를 개최해 회원들과 일반인의 도움이 되게 한다. 세미나는 회원에게 무료이지만 일반인에게는 참가비 20달러를 받으며 선착순 100명으로 청중을 제한한다. 보석협회의 세미나에서는 보석을 감정하는 방법을 공개한다. 합성 다이아몬드의 역사, 합성 다이아몬드의 종류와 제작과정, 합성 다이아몬드와 천연 다이아몬드의 감정 방법, 합성 다이아몬드가 보석업계에 미치는 영향 등을 소개한다.

부동산협회

뉴욕, 뉴저지, 코네티컷 등 트라이 스테이트 내에 한인 부동산 회사가 780개나 된다. 이들이 동업자로 친목을 다지기 위한 것보다 회원들 간의 보다 긴밀한 연락을 갖고 정보를 교환할 목적으로 1996년 뉴욕 한인부동산협회를 결성했다. 협회 집행부는 회장 이하 부회장, 재무, 사업, 홍보 등

---

11   뉴욕귀금속보석협회 신 회장 담.

15명으로 구성되어 있고 이사회는 50명으로 구성되어 있다. 부동산협회는 아직 자체의 사무실을 갖지 못하고 현회장의 사무실을 사용하고 있다. 정확한 수를 파악할 수 없으나 부동산업계는 브로커 라이선스를 가진 업자와 라이선스를 갖지 못한 시영사업인으로 구별한다.[12]

회장 이조안 씨가 경영하는 한인 부동산(Good Choice Realty)은 플러싱 노던 블루바드에 위치하고 있으며 3곳의 지점을 가진, 부동산업계에서는 최상위에 속하는 부동산이다.

30년의 역사를 가진 '우리부동산'은 종업원이 18명이고 모두 브로커 라이선스를 가진 고학력자이다. 우리부동산이 플러싱에 위치하고 있기 때문에 고객의 35%가 한국인이고, 중국인이 35%, 기타가 30%이며 기타에는 백인, 인도인, 유태인 등 여러 민족이 섞여 있다. 고객에 중국 사람이 많기 때문에 고용인 중 3명이 중국인이다. 그리고 한국어로 된 부동산 잡지 외에도 중국어로 된 잡지 등의 첫 페이지에 '우리부동산 Good Choice Realty'를 선전하고 있으며, 이 광고 지면을 10년간 계약했다. 이곳도 다른 부동산과 같이 실무자가 부동산 매매를 성립하면 수입의 30%를 회사에 내게 하고 있다.

부동산업자는 크고 작은 부동산을 선보이고 매매를 흥정하는 것이 본업이다. 대상은 주거 모두에 해당하지만 미국에는 농장의 매매도 상당하다. 이러한 상행위는 각 부동산업자가 하는 것이지만 부동산업계는 상당한 부동산에 관한 지식이 있어야 하기 때문에 협회는 계속해 부동산업자가 필요로 하는 분야의 교육을 실시한다. 부동산업계의 특성이 있다면 여자 업자가 많은 것이다. 협회의 집계에 따르면 부동산업자의 약 60%가 여자이다.

부동산협회가 주관하는 중요한 교육 세미나는 연 2회 있다. 하나는 3

---

12 뉴욕부동산협회 이 회장 담.

월 정기총회 시에 회원을 위해 행하는 교육이 있고, 다른 하나는 5월에 회원뿐만 아니라 일반인에게도 공개하는 교육 세미나로 부동산 박람회라 한다. 3월 정기총회를 끝내고 협회원을 위한 교육 세미나에서는 주로 부동산업자가 알아야 할 부동산 관련법, 부동산과 관련된 세법, 1031유사교환법에 따른 세법, 수시로 변하는 복합주상법에 관한 설명, 그리고 지역에 따라 건평률의 허가 범위 등에 관한 설명을 듣는다. 이때 부동산 관련 전문 변호사 이외에 건축설계사와 시 당국의 공무원이 강사로 나와 관련 법규를 설명해준다.

부동산업자는 부동산 매매에 관한 지식이나 법규뿐만 아니라 건축법도 알아야 한다. 특별한 분야로는 저소득층 건강보험도 알아야 하고, 보험 없는 자들의 거주법도 알아야 하며, 아동이 다칠 경우 취해야 할 태도에 관한 법규도 알아야 한다. 특히 업자늘에게 흥미로웠던 것은 가게를 소독히고 청소하는 법으로, 이것은 부동산업자가 설명을 해준다. 특히 회원들에게 흥미를 끌었던 것은 집에 있는 바퀴벌레의 성격을 설명하는 것이었다.

부동산협회가 심혈을 기울인 대회는 5월에 행하는 부동산 박람회이다. 부동산 박람회를 위해 협회는 2주간 매일 신문에 전면 광고를 내고 일주일간 라디오에 광고해 많은 사람이 참가하게 한다. 따라서 부동산업자만이 아니라 부동산과 관련 있는 사람, 그리고 부동산에 관심 있는 일반인 등 많은 사람이 모이는 부동산업계의 큰 잔치이기도 하다. 2007년 플러싱 대동연회장 볼룸에서 실시한 부동산 박람회는 오전 9시부터 저녁 5시까지 실시했으며 1,000여 명의 관람객이 인산인해를 이루었다. 4명의 전문 변호사가 투자로서의 부동산 상법, 투자법, 매매법 등을 설명했고, 일반인의 관심이 많은 증여세법, 상속법 등에 관한 설명이 있었다. 1,000여 명이 모인 부동산 세미나에는 변호사의 강의 외에도 주택융자와 관련해 많은 은행관계자가 참가했으며, 주택융자와 관련된 모기지 관련자가 참석했고, 건축업계 인사들도 참석해 설명도 하고 질의도 받았다. 본회의장 앞 복도에

데스크를 마련해 각종 상담에 응하기도 했다. 특히 관심을 끌었던 것은 건강과 관련한 것으로 건강보험이 없는 저소득층이 헬스케어 프로세스로 어떤 혜택을 얻을 수 있고, 4명의 자녀를 둔 사람은 어떤 혜택을 받을 수 있으며, 18세 미만 아동의 무료보험 혜택을 신청하는 방법 등을 설명하고 질의에 시원한 답을 즉석에서 얻을 수 있어 일반인에게 인기가 있었다.

부동산업자는 2년마다 라이선스를 갱신해야 한다. 면허증을 갱신할 때 마다 새롭게 바뀐 법규도 알아야 하기 때문에 부동산협회는 1년에 2회 협회원을 위한 재교육을 자체적으로 실시한다. 이것을 지속교육이라 하며 업자의 직결된 사항이기 때문에 많은 협회원이 교육에 참가한다.

부동산업자에게 중요한 것은 고객에게 신임을 얻는 것이고, 고객과의 지속적인 유대를 갖는 것이다. 고객은 개인이지만 그 사람의 성격·직업 등을 잘 파악해 개인 집이나 상점을 매매하고 교환할 때 적성에 따라 적정한 가격으로 흥정을 해주는 것이다. 말하자면 신용이 가장 중요한 생명이 된다.

부동산협회는 부동산을 소개하는 『월간 부동산』이외에『부동산 박람회』를 발행한다. 다른 협회의 잡지와 달리 부동산 매매에 따른 법규를 설명하고, 유산상속에 관한 설명, 부동산 거래절차와 제반 경비, 주택 융자, 부동산 관련 세금을 보고하는 방법, 건축에 관한 법규, 심지어 이민법까지 자세히 설명하고 있다. 무엇보다 부동산업자가 알아야 할 용어해설이 많다.

부동산협회도 회원들의 친목을 위한 골프대회, 송년의 밤 행사 등이 있다. 골프대회는 부동산협회의 경우 회원들만의 친목이 아니라 부동산과 관련된 사람들의 사교장이고 관계자들과 우의를 다지는 기회이기도 하다. 부동산협회 골프대회에는 부동산과 관련된 변호사, 은행 간부들, 모기지 융자자들, 그리고 건축설계사 등 부동산과 관련된 사람을 초청해 친선의 기회로 삼는다. 협회 회원 간의 친목으로는 등산을 한다. 심한 추위를 피하고 월 1회 정도 회원이 모여 등산을 하고 이것을 친목의 기회로 한다.

부동산협회는 골프대회 등에서 마련한 기금으로 봉사단체를 지원해, YWCA, 노인 상조회, 무지개의 집, 밀알 장애인 복지관 등을 방문한다.

보험재정협회

미국에서 발달한 영역의 하나가 보험일 것이다. 뉴욕에 회사를 둔 보험회사가 "대뉴욕지구 한인 보험재정협회"(Korean American Insurance and Financial Association)를 창립한 것이 1995년이다. 뉴욕 일원에 약 100명의 보험회사가 있다고 보고 있다. 보험재정협회는 회장과 수석부회장, 대외부회장, 대내부회장 등 4명을 포함하고 사무총장과 사무차장, 부장 5명, 운영위원 3명, 감사 2명, 그리고 직전회장을 포함 총 17명이 운영위원회를 구성하고, 32명으로 구성된 이사회를 두고 있었다. 보험재정협회가 자랑하는 것은 역대 선임 회장이 고문단을 형성해 현 회장과 집행부를 적극 도와주고 있다는 것이다.[13]

보험재정협회도 다른 협회들과 같이 연 1회의 총회만찬과, 8회의 정기운영위원회, 연 4회의 이사회, 회원의 밤 행사, 친선 골프대회 친선 낚시대회 등을 행한다. 보험재정협회는 부동산협회와 같이 전문적인 지식을 요하는 부분이 많고 면허를 2년마다 갱신해야 하기 때문에 지속적인 교육을 실시하고 있다. 교육에서 중점을 두는 것은 보험 윤리와 사기를 방지하는 것이다. 이곳 교육을 담당하는 사람 중에는 변호사나 업자도 있으나 보험재정협회는 미국의 보험회사 간부나 시당국 보험국장 등을 초청해 미국의 법을 알게 한다. 보험재정협회의 특이한 것이 있다면 미국의 서부 LA에 있는 미주 한인 보험재정 전문인협회와 교류를 갖는 것이다.

보험재정협회는 무엇보다 교육에 특성이 있다. 장기 또는 단기로 회

---

13 뉴욕보험재정협회 김 회장 담.

원과 일반인을 대상으로 하는 교육은 생산물 책임보험, 상해보험, 주택보험, 생명보험, 노후대책, 기간성 생명보험, 저축성 생명보험, 유니버셜 보험, 투자성 보험, 생존자 보험, 홍수보험, 해상보험, 대학 학자금, 사업체 건강보험, 내일업소 보험, 업무상 과실보험, 종업원 상해보험, 스킨케어 보디마사지 관련 보험, 주정부 제공 건강보험, 의료보험, 자영업자를 위한 은퇴보험, 화재보험, 셀프 펀드 의료보험, 택시·리무진 보험, 자동차 보험, 장기 간호보험, 종업원 상해보상보험, 신체장애 혜택보험, 새로운 연금보험법 등 복잡하고 세분된 보험의 내용을 전문가에게 설명을 듣기도 하고, 회보에도 자세히 설명해 회원들이 주지토록하고 있다.

보험업계는 부동산업계와 달리 미국의 대 보험회사와 연계를 가져야 하며 고객을 보험에 가입하게 하고 이들을 보호해야 하는 이중적 의무를 갖고 있다. 미국 보험회사는 한인들이 보험회사를 시작할 1980년대만 해도 한인들의 규모가 작고 마켓이 적어 별 관심을 두지 않았으며 한인 소규모 업자들이 미국 회사와 관련을 가지려 해도 외면하기 일쑤였다. 그러나 최근 미국 대보험회사들의 태도가 달라지고 있다. 한인이 문의하면 잘 대응해주는 것은 물론 보험회사의 행사나 세미나 등에 오히려 먼저 한인업자들을 협회를 통해 초청하기도 한다.

미국 대보험회사는 약 20개소가 있다. 이들이 점차 한인들의 소보험회사에 관심을 갖는 것은 한인업자들의 규모가 확대되고 성장한 것도 있으나, 한인 보험회사의 미국 진출과도 관련이 있다. 한인업소들은 미국 보험회사만이 아니라 한국 대보험회사와도 연결을 지었으며, 이들도 미국으로 진출해 미국 보험업계에 주목을 받기 시작했기 때문이다. 미국에 진출했거나 미국과 관련을 가진 보험회사로는 삼성, 현대, 교보, 대한생명, LG보험, LIG보험 등이 있다. 이들은 재미동포 보험회사와 관계를 갖고 보험재정협회의 행사에 적극 참여하며 행사의 스폰서가 되어주기도 한다.

보험회사는 소자본으로 개인이 시작하는 경우도 있으나 대자본을 가진 회사도 있어 동포 기업가와 1,000만 달러 이상을 투자해 큰 보험회사를 운영하는 사람도 있다. 한인 보험회사들은 한인을 주 고객으로 상대하지만 최근에는 중국인, 더 나아가 히스패닉계 사람도 고객으로 상대해 시장을 확대해가고 있다.

보험회사의 하나인 유나이티드 건강보험사는 단독으로 인턴십 프로그램을 실시하고 있다. 35명의 청소년을 모집해 여름방학 약 50일간 유니온플라자 너싱홈을 방문해 노인들에게 봉사하고 이력서 작성, 면접 요령을 가르친다. 그리고 연사를 초청해 강연을 듣게 한다. 이것은 한인 2세들이 한인사회에 대한 관심을 갖게 하고 이것을 통해 한인으로서의 정체성을 심어주려는 운동이다.

요식업협회

요식업은 한인의 역사와 같은 존재이며 한인들의 이민사와 운명을 같이하는 중요한 부분의 하나이고 한인들의 문화를 직접 외국인에게 선보이는 문화사절단의 역할을 수행하는 중요한 곳이기도 하다.[14]

뉴욕에 최초로 생긴 한인 식당이 1962년 맨해튼 브로드웨이와 56가에 위치한 "아리랑 하우스"였다. 이곳의 시작은 외국인보다 향수를 달래는 한인들의 고향 같은 식당이었다. 그 후 오하이오 주 글리브랜드에서 개최한 세계식품박람회에 출품했던 김밥이 박람회가 끝난 후 뉴욕으로 와 한인 김밥집이 생기게 되었다.

1970년대 명물 식당으로 등장한 곳이 뉴리 홍이 경영하는 '우리하우스' 였다. 7번 애비뉴와 56번가에 위치한 우리 하우스에 이어 박명규 씨가 운영하는 '삼복식당'이 43가 중심가에 생겼으며 이어 박정숙 씨가 경영하

---

14 뉴욕요식업협회 심 고문 담.

는 '호심'이 120 웨스트와 44가 사이에 생겼다.

1973년에는 이희호 씨가 경영하는 '인천집'이 브로드웨이와 30번가 사이에 위치했고, 1974년에는 심재길 씨가 경영하는 '명동식당'이 브로드웨이와 35번가 사이에, 주 씨가 경영하는 '우동하우스'가 브로드웨이와 27번가 사이에, 그리고 최두철 씨가 경영하는 '갈비하우스'가 브로드웨이와 31번가 사이에 위치하게 된다. 그리고 1979년에는 김유병 씨의 '뉴욕곰탕하우스'와 곽현규 씨의 '강서회관'이 브로드웨이와 32번가 사이에 위치하면서 브로드웨이와 32번가가 한인타운의 중심지가 된다.

오늘날 뉴욕 일대에 한국식당이 240여 개소, 퀸즈 지역에 100여 개소, 뉴저지 지역에 78개소 그리고 맨해튼에만 42개소가 있다고 한다. 한인 식당은 크게 세 분류로 나눌 수 있다. 하나는 한국전통음식을 판매하는 한국식당이고, 하나는 한국식당에 스시바를 겸한 식당이고 다른 하나는 일본식 식당을 경영하고 있는 것이다. 한인들 업소는 처음부터 식당을 경영하는 사람 이외에 청과상이 겸한 샐러드 바 델리 가게에서 독립해 작은 샐러드 바에서 시작해 뷔페식의 대중식당으로 발전하고, 사람의 왕래가 빈번한 곳에 간이식당으로 발전한 집도 있고 이것을 주택가로 옮겨 뷔페에서 식당을 옮기고 이것을 큰 식당으로 발전시킨 집도 있다. 특히 1990년대 들면서 한국식당이 대형화되었고, 음식이 다양하고 식당이 청결하며 한식이 다이어트 음식으로 각광을 받기 시작하면서 한인 식당이 인기를 끌게 된다.

이러한 식당 중 특히 맨해튼에 있는 식당은 대형이라기보다 한국음식을 전공으로 하는 집이 많으며 이곳은 이미 한인들만 상대로 하는 식당이 아니라 외국인들과 섞인 오히려 외국인을 위한 한국식당이 되었다. 연회장을 갖춘 대형 식당이 5개소나 된다. 특히 플러싱의 금강산은 대형으로 유명하지만 24시간 영업을 하며 외국 손님 한국 손님이 끊임 없이 붐비는 곳으로 유명하다. 이들 한인 식당들이 모여 한인 요식업협회를 결성했다.

요식업계에서 성공한 사람을 들자면 중화반점 상춘원으로 유명한 박

정숙 씨, 뉴저지 기꾸식당의 심재길 씨, 뉴욕곰탕하우스의 김유병 씨, 강서
회관의 곽현규 씨 그리고 금강산식당의 유지성 씨 등이다.

H마트

최근에 유행하는 것이 대형 마트이다. 한인들의 마트로 뉴욕 일대에
서는 한아름마트, 한양마트, 아씨마트 등 3개 마트가 유명하다. 한양마트
나 아씨마트는 뉴욕에 한하지만 권일현 씨가 시작한 한아름마트, 이를 테
면 H마트는 전국으로 확대되어 LA까지 포함해 전국에 13개 업소가 있고
그중에서도 뉴저지의 리치필드마트가 가장 크고 다음이 뉴욕의 유니온마
트가 된다. 한인들이 다수 거주하는 플러싱 일대에도 141가마트, 유니온마
트, 그리고 156가마트 등 3곳이 있다.[15]

141가마트를 예로 보면 이러하다. 마트의 넓이는 2,000제곱피트이다.
이것은 대형에 속하는 것으로 일반적으로 상점이 500~1,000제곱피트는
소형, 1,000~1500제곱피트는 중간, 2,000제곱피트 이상을 대형이라 한다.
미국 한인마켓으로 대형에 속하는 것이 약 20개가 된다. 이곳 H마트에서
일하는 종업원이 약 50명인데, 대형 마트치고는 인원이 적은 편이다. 전국
에 있는 H마트에 근무하는 종업원이 2,500명에 달한다. 이곳 마트의 특성
은 24시간 개점하는 것이다. 일반적인 마트는 아침 8시부터 저녁 10시까
지 개점하는 것이 보통이다.

마트를 찾는 고객은 주변에 거주하는 주민이지만 멀리 타지방에서 한
달 치씩 대량으로 구입해가는 사람도 있다. 주변 주민은 보통 낮에 한 번
씩 구경삼아 들르는 단골손님, 하루에도 몇 번 오는 손님이 있고, 저녁에
퇴근하면서 들리는 고정 고객들도 있다. 이리하여 매일 이 마트에는 600명
에서 700명이 출입을 한다. 이곳의 특이한 것은 독거인, 노인, 갓 이민온

---

15 뉴욕 141가마트 김 총무 담.

사람이고 히스패닉계를 포함해 동양계와 백인의 비율이 8대 2가 된다. 이 것이 시골로 가면 역전해 백인이 다수를 이룬다.

가게의 상품은 크게 4가지 분야로 분류된다. 식품 부분, 고기·생선 부분, 채소 부분, 그리고 생활용품 부분이다. 식품은 주민을 고려하고 미국 인·히스패닉계 등을 고려해 상품을 진열한다. 동양계 한국인들이 고객의 주류를 이루기에 쌀, 라면, 양념류, 과자, 음료수, 냉면 등 집에서 요리하는 데 필요한 모든 식품이 있다. 특히 한국인이 필요로 하는 한국 것은 모두 있는 셈이다. 이것은 위탁구입하기도 하고 H마트 구입부에서 직접 구입해 오기도 한다.

고기는 미국 도매상이 조달한다. 미국은 한국보다 부위가 세분화되어 있고 도매상이 매일 조달해 신선도를 잘 유지한다. 생선류는 중국 도매상 에서 조달한다. 이것도 매일 배달해 신선도를 잘 유지한다. 한국에서 오는 것으로는 명태와 전복 등이며 이것도 매일 비행기로 운송을 하고 반드시 원산지 표시가 있어야 한다. 채소와 과일은 한츠포인트 도매상에서 구입 하기도 하지만 H마트에서 직접 농장에서 구입해오는 경우도 있다.

생활용품은 한국 제품이 주류를 이루고 있으며 밥솥, 다리미, 심지어 파리채까지 한인들이 필요로 하는 모든 제품이 진열되어 있다. 한국제품 은 20여 개의 도매업체들이 경쟁하면서 자기 제품을 진열하고 있다.

한국인이 필요로 하는 김치는 '잘가네' 김치공장과 거래를 해서 이곳 에서 각종 김치를 조달해준다. 김치가 예상 이상으로 많이 팔리는 종목이 다. 김치 이외의 반찬, 떡 등은 전문가게에서 조달해온다. 한인들은 역시 제사를 많이 지내는 것을 알 수 있다. 추석이나 설 등 명절이 되면 제수를 찾는 이가 많아 이에 빨리 대비한다.

고객으로 오는 미국 사람들은 중국 가게보다 한국 가게를 선호한다. 그것은 한국 가게가 보다 깨끗하고 서비스가 좋고 친절하며 직원들의 움 직임이 빨라 필요한 것을 신속히 구할 수 있기 때문이다.

3. 뉴욕 한인의 경제활동

직능단체 종합 분석

16개 직능단체에서도 청과협회, 수산인협회, 세탁협회, 식품협회, 봉제협회, 뷰티서플라이협회, 미용협회, 귀금속협회, 네일협회, 부동산협회, 보험협회 그리고 요식협회를 보았다. 말하자면 16개 직능단체협회회 가입단체에서 생산에 직접 관여하는 단체를 다 본 셈이다. 이들 협회들은 협회이기 때문에 공통점이 있고 협회 직종에 따라 차이도 있었다.

직능단체를 분석하기 전에 언급해야 할 것이 직능단체의 대표성이다. 앞서 본 직업의 종류를 분류한 자료에, 의생활 영역에서 의류판매업이 175명이고 세탁업이 184개소라 했으나 직능단체에 의류판매업은 없고 봉제협회와 세탁협회가 있었다. 말하자면 직능단체에 의류판매상 협회는 없다. 식생활 영역에서도 식당, 제과, 연회장을 갖춘 식당, 청과상, 생선가게, 식품점, 주류점, 건강식 관련, 주방기기 등 다양했으나 직능단체에 가입된 협회가 청과, 생선, 식품뿐으로 반 이상이 협회가 없다. 그나마도 식생활은 낮은 편이다. 주생활 관련 협회도 업고 사무용품, 컴퓨터 관련업소, 자동차 관련 업소, 철물점 업소의 협회는 없는 셈이다. 따라서 직능단체협의회에 가입된 협회는 주로 식생활 영역이 많고 의생활, 주생활 그리고 장신 부분의 일부에 지나지 않는다. 그러나 다른 직종도 협회를 가진 곳이 많을 것으로 추정되고 그들이 협회를 조직하면 이곳에서 보려는 싱향을 따를 것이며 조직이나 운영도 유사할 것으로 사료되어 직능단체협의회에 참가한 협회만 분석해도 뉴욕 한인 경제생활을 충분히 이해할 수 있을 것으로 사료된다.

분석의 대상으로 11개의 협회를 업종의 성격상 4가지 종류로 나눌 수 있다. 첫 번째로 초기에 많은 고생을 하고 성립된 협회로, 청과상, 수산인,

봉제가 이에 속하고, 두 번째는 식품, 세탁, 뷰티서플라이 등 성립 시 그다지 심한 고생을 하지 않은 협회이며, 세 번째 분류는 네일, 미용, 귀금속과 같이 고객문제나 협회 성립 시 비교적 고생을 하지 않는 협회, 그리고 네 번째 분류는 부동산, 보험과 같은 설립 연대가 늦고 고객관리가 수월한 협회로 나눌 수 있다.

첫째 분류에 속하는 협회는 회원들이 심한 고생을 해서 자체의 방어를 위해 협회를 조직한 대표적인 협회들이다. 이들은 1970년대 중반에 설립되었다는 공통점도 갖고 있다. 특히 도매상의 횡포와 맞서고 한츠포인트와 같은 넓고 험한 곳에서 새벽에 강도를 당하고 폭력을 당해 이것에 대항하기 위해 협회를 조직했다. 이러한 협회의 직종은 전형적인 중간인 이론에 포합된 조건을 갖는 업종들이다. 말하자면 도매상은 백인이고, 고용인은 히스패닉이며, 고객은 흑인 또는 히스패닉의 저소득층이다. 이러한 도매나 고객과의 관계가 평탄하고 쉬운 것이 아니었다. 도매상의 횡포와 폭력에 대항해야 했다. 한인들이 도매로 전환하려 할 때 기존 도매상이 폭력으로 저지해 결국 도매로 진출하지 못하고 있는 것이다. 봉제업이 대상으로 한 도매상은 한츠포인트와 같은 곳에 있는 것이 아니라 험한 위협은 받지 않았다 하나 도매상의 횡포를 당하기는 같은 것이었다. 더구나 봉제업은 시 당국과의 관계가 힘이 들었고 단속이나 불신검문을 받는 등의 고생을 해야 했다.

두 번째 범주에 속하는 협회는 개척의 진통을 겪지 않았다. 식품상이 그러하고, 세탁업도 개척의 고생이 없었으며 뷰티서플라이도 가발에서 넘어왔기 때문에 청과상과 같은 진통을 하지 않았다. 그러나 초기 업종이 생성될 때 특이한 곳이 뷰티서플라이이다. 뷰티서플라이는 가발에서 출발했으며 시작할 당시 3가지 조건이 있었다. 하나는 흑인운동이 절정에 달하고 흑인들이 멋을 내기 시작할 때 가발이 유입되었고, 한인들이 유태인들에게서 흑인 미용상점을 인계받으면서 유태인들이 고가로 판매하던 것을 한인들이 박리다매로 싸게 팔았으며 한국에서 가발 생산을 독점해 갓 이민 온 동포들이 이것을 팔기 시작한 것이다. 이 3가지 조건이 하나가 되어 이른바 뷰티서플라이 업이 성행하게 되고 이것을 한인들이 독점하게 된다. 성립조건이 다르다 해도 도매와 고객이 다른 민족으로 이루어진 중간자 이론에 이 직종도 첫째 부류의 직종과 같은 것이었다.

설립 당시의 조건이 험하고 힘들지 않은 것이 셋째 부류와 넷째 분류의 직종들이다. 이들은 성립 당시 험한 투쟁이 필요하지 않았으며 부동산이나 네일가게와 같이 괴롭힐 도매상이 없었고 보험업계와 같이 상부 기관을 상대할 곳이 있어도 이들은 소매격인 한인업소를 괴롭히지 않았으며 오히려 호의적이었다.

대부분의 업종이 그러하지만 특히 흑인을 상대로 하는 업종의 협회가 고객에게도 많이 시달렸다. 청과상이 그러하고 수산업이 그러했으며 뷰티서플라이가 그러했다. 이들이 불매운동을 야기했고 이들을 달래야 했다. 흑인 고객도 문제였으나 흑인을 고용한 뷰티서플라이는 더욱 고용인 관리와 고객 관리의 어려움을 겪어야 했다.

성립 당시 불리한 조건을 갖고 투쟁을 한 업종일수록 대내 단결이 강화되고 회원 간의 친선을 도모하는 경향이 강했다. 이들이 오히려 한인사회에 봉사하는 사례가 많았고 또한 한국 제품을 구매해 한국을 도와주려는 욕구도 강했다.

그러나 일단 성립된 협회는 조직에서나 행사 등이 유사했다. 모두 집행부와 이사회를 두고 있고 이사회의 인원이 많은 깃이 공통된 점의 하나였다. 그리고 모든 협회는 정기총회, 야유회, 그리고 협회원의 밤 행사를 했으며, 예외 없이 골프대회를 했고 장학제도를 두었다.

또한 대부분의 업종이 대형 쇼를 한다. 세탁업, 뷰티서플라이, 네일, 귀금속 등의 쇼는 많은 인원이 동원되고 많은 부스가 진열되는 대규모 행사를 수행하고 있다. 그중에서도 뷰티서플라이 쇼는 전국 규모의 쇼와 지역협의회 차원의 쇼, 그리고 가발 도매업체 자체가 새로운 상품을 알리기 위한 쇼를 1년에도 몇 차례 추진해 쇼가 하나의 행사가 되어 있다. 이에 버금가는 쇼가 부동산 쇼이다.

쇼가 많은 것은 새로운 제품을 생산하는 것과 관련이 있다. 새로운 것을 추구하는 것은 생산제품만이 아니다. 부동산이나 보험의 영역에서도 새로운 제품만이 아니라 새로운 법규나 새로운 경향을 알아야 할 필요가 있어 쇼 이외에 세미나들을 개최해 새로운 경향을 따라가고 있다. 특히 부동산과 보험회사와 같이 라이선스가 필요하고 이것이 2년마다 갱신되는 영역에서는 더욱 새로운 것을 따라 자체 내의 학습도 있고 공개 학습을 겸한 쇼도 진행하고 있다.

대부분의 협회들이 사회봉사를 하고 있었다. 한인사회에서 물품을 기증하기도 하고 자원봉사 식으로 공헌하기도 한다. 사회봉사로 가장 유명한 것이 청과상의 추석맞이 대잔치라 하겠다. 이것은 청과상만이 할 수 있는 대대적인 행사로 동포사회에 추석을 알려 고향의 정서를 되돌아보게 하고 미국 사회에 한국적인 것을 알리는 행사로서 의미 있는 행사라 하겠다. 그러나 이것을 위해 청과상협회는 크나큰 희생을 감수해야 한다.

뉴욕 한인들 업자를 보면 새벽에 집을 나와 가게로, 도매상으로 뛰어가고, 플러싱에서 맨해튼으로 뛰어가서 고객의 비위를 맞추고, 다시 골프장으로 뛰어가고, 저녁이면 술자리로 달려가는 하루의 생활이 마치 도무를 하는 것과 같고 이들이 모여 협회를 운영하는 것은 마치 열기를 뿜어대며 강강술래 집단무를 추는 것과도 같이 보였다.

무일푼으로 낯선 미국 땅에서 길가 노점상으로부터 시작한 뉴욕 한인 기업인들은 참으로 장한 민족이라 아니할 수 없다. 원래 한인들은 선비문화에 젖은 사람들이고 타 민족과 더불어 사는 지혜가 없는 민족이다. 태평양에 버려진 것과 같은 초기 이민 생활의 목적은 단 하나, 경제적인 기반을 구축해 악착같이 살아보겠다는 것이다. 이를 악물고 출발한 이민 생활에서 오늘에 이르는 장족의 발전을 이룩한 것은 한국인들의 고생을 낙으로 삼고, 역경에 넣으면 넣을수록 그것을 성실로 극복하려는 특이한 민족성의 발로라 아니할 수 없다. 강한 생존욕구와 희생정신, 교육열 등으로 한인들을 유태인(Jews)과 유사하다 해서 'Kews'라 부르기도 한다.

맨해튼 중심으로 발달한 한인 상인들은 이미 1970년대 뉴욕한인경제인협회를 창설하고 한국에 구매사절단을 파견해 한국 제품을 수입하는 한편 BNB 은행을 설립하고 한국학교를 설립해 한인의 정체성 확립에 일조를 했다. 당시 맨해튼에서는 이미 성공한 5인방이 있었으니 유독종, 김혁규, 김동빈, 정수일, 최희용이다. 이들이 주동해 은행을 세우고 건물을 구입하며 한인 상가를 도왔으며 8·15가 되면 길을 막고 식을 올린 것이 후일 코리안 퍼레이드로 발전해갔다.

한인 이민 1세들은 경제적 기반을 구축해야 한다는 대명제에 성공한 사람들이다. 그중에서도 현재 최상급에 속하는 기업인으로 몇 명의 젊은 기업인을 손꼽는다. 이를테면 부동산으로 성공한 홍성은 사장이 1억 달러 이상을 소유한 갑부이고, 스피트 클럽의 다니엘 리 역시 1억 5,000만 달러 이상의 자산을 소유하고 있는 부동산업계 갑부이며 건축업자이기도 하고 골프장을 소유하고 있다. 보다 많이 알려진 사람이 스포츠 위에의 정영인과 H마트를 운영하는 권일연 씨이다. H마트는 애틀랜타에 5개, 시카고에 2개 등 전국에 18개나 된다. 그의 형 권중갑 씨도 맨해튼 한인촌에 있는 스탠퍼드 호텔을 소유하고 있는 등 갑부로 친다. 요식업계에도 앞서 본 것과 같이 박정숙, 심재길, 김유병, 곽현규 등이 부자로 알려져 있고 뷰티서플라이계에서도 '쇄크 앤드 고' 사의 김광식 사장이 연 매출 1억 5,000달러를 상회한다고 한다.

장래 보다 많은 갑부가 출현하겠으나 한인사회에서 갑부가 출현한다면 그것은 2세일 것이다. 한인사회는 이미 주체가 1.5세 2세로 넘어가는 과도기에 진입했다. 한인 기업인 40% 정도가 아들이나 사위에게 기업 경영을 물려주고 후견인 또는 고문의 지위로 물러섰다. 한인 기업계 세대교체가 이루어지는 동시에 새로운 도전자 내지 경쟁자를 갖게 되었다.

한인 업계 전체에 도전해오는 새로운 이민자는 중국인, 아랍인 그리고 인도인들이다. 이들이 한인업소 모든 분야에 치밀하게 도전해온다. 특히 중국인들의 도전이 가장 위협적이라 할 수 있다. 현재까지 한인업자들이 잘 대처하고 있으나 중국인의 도전을 쉬운 것이 아니라 심각하게 생각하고 대처해나가야 한다.

경제지원활동

한인들에게만 있는 경제계의 특이한 2가지 현상이 있다. 이것은 경제를 간접적으로 후원하는 것으로 하나는 차세대 무역스쿨이고, 하나가 한국 상품전이다.

차세대 무역스쿨은 세계해외한인무역협회(OKTA)가 주관해 전 세계 25개 도시에 있다. 뉴욕도 차세대 무역스쿨이 있으나 뉴욕은 경제인협회가 주관했으며 조준홍 초대 교장의 공로로 이루어졌다. 한국 산업자원부의 후원과 OKTA의 지원으로 운영되는 뉴욕 차세대 무역스쿨은 대학생 또는 젊은 무역인을 대상으로 50명을 선정해 2박 3일간 집중적인 연수를 행하는 것이다.[16]

2007년의 예를 보면 장소를 뉴저지 프트리 힐튼호텔로 하고 강사진은 이근식 호프스프라 대학교 국제경영학 교수, 서강식 대한무역진흥공사 뉴욕 무역관 부관장, 남진우 무역협회 뉴욕지부장, 이근복 중소기업 진흥공단 미국사무소장, 박일준 산업자원부 뉴욕주재 상무관, 서진형 전 세계 해외한인무역협회장 등이었다.

---

16 서진형 사장 담.

수업 내용은 한인무역인들이 가져야 할 사고개념의 기본틀, 한미 통상관계 및 다자간 무역정책, 무역실무, 전자상거래 개요 및 마케팅 방안, 한국 중소기업과의 협력관계, 비즈니스 성공 사례 등이다.

그간 뉴욕 차세대 무역스쿨에서 배출된 젊은이가 140명에 이르며 이들을 네트워킹해 회원 간의 정보를 공유하고 이들이 뉴욕의 여건과 경제인협회의 인맥을 활용해 한인 무역을 이끌어가는 지도자, 경제 사관생으로 성장할 수 있도록 하는 것이다. 차세대 무역스쿨은 한국인 사이에서만 이루어지는 것이고 전 세계 25개소에서 행해진다는 것은 장차 한인들 사이에서 세계적인 기업인들 출현할 수 있다는 데서 희망적이라 할 수 있다.

뉴욕 맨해튼의 플라자 파빌리온에서 2007년 5월 15일과 16일 양일간에 뉴욕한국상품전시회가 개최되었다. 미국의 다른 지역에서도 한국 상품전을 개최하지만 한국에서도 뉴욕의 상품전은 특별히 많은 신경을 쓰고 있다. 2007년에도 한국 중소기업청, 중소기업협회, 중소기업진흥공단, 한국무역협회, 대한무역투자진흥공사 등 5개 유관 기관이 협력했다.

행사를 주관한 크린엑스포USA에 의하면 한국으로부터 미용, 생활용품, 생활가전, 산업, 레저 관련 62개 업체와 해외한인무역협회 소속 5개 업체 등 모두 67개 업체가 참가했고 100여 개의 신상품을 출품했다고 한다. 또한 소비재 중심의 신개발 상품과 아이디어 상품, 첨단 퓨전제품 등을 선보였다. 특히 아이디어 상품으로는 초소형 휴대용 소화기, 아토피 스킨케어 제품, 자외선 살균 소독기, 휴대형 공기청정기, 물수건 제조기, 애견용 의류, 잉크 카트리지 자동충전 시스템 등이 선보였다.

전시회에는 약 600여 명의 한인 바이어를 포함 도합 2,000여 명이 전시장을 찾았으며 특히 메이시 백화점, 홈디포 등 대형 바이어들도 참관했으며 전문적인 상담도 상당 수 이루어져 성황을 이루었다고 한다. 한국의 상품전시회는 한인들만을 위한 것이 아니지만 이것이 한인동포사회와 젊은 세대의 한인들에게 주는 영향은 지대한 것이라 할 수 있다.

뉴욕 한인 소개

　최근 타임스지가 뉴욕에 거주하는 한인을 묘사한 흥미로운 기사가 있어 이곳에 소개한다. 맨해튼 32가의 한인타운은 뉴요커와 관광객이 즐겨 찾는 명소가 되었다고 전재하면서 비빔밥부터 초대형 스파까지 갖고 있는 한인사회의 다양성과 역동성을 지적했다. 우선 한인으로 유명해진 김치, 불고기, 비빔밥 등을 소개하고 한인들이 각종 파티나 이벤트에 한국 소주를 마신다고 했다. 한국형 치킨인 본촌 치킨도 소개하고 신 벗고 들어가는 채식 식당의 공깃밥, 버섯반찬, 두부 등을 소개했다. 유니온 가에 먹고 마실 수 있는 수많은 업소도 소개했으며 퀸즈의 장엄한 H마트도 소개했다. 문장의 마디마디에 뉴욕 일각에 소수민족으로밖에 보이지 않았던 한인들의 문화가 이미 미국 속에 깊이 침투했다는 것에 놀라운 표현들이 나타나 있었다.

　미국인들에게 흥미로웠던 것은 사우나였다. 타임스지는 한국의 문화를 체험할 수 있는 곳은 사우나라 하고 칼리지 스트리트에 있는 초대형 사우나 '인스파월드'를 소개했다. 6만 제곱피트에 달하는 공간 넓이에 놀랐고 다양하고 대형의 버블스파와 풀장도 놀랄 정도였으나 남녀가 죄수복 같은 유니폼을 입고 활보하는 모습도 장관이었던 모양이다. 말하자면 자기들의 세계에서 자신 있게 행동하는 한인들의 모습이 흥미롭고 대견스러워 보였던 것이다.

4

뉴욕 재미동포의 종교생활

1. 한인교회

미주 내 한인교회

　미국으로 이주한 중국인들은 종친회를 구성하고, 일본인들은 현민회를 중심으로 활동했으며, 한국인들은 교회를 중심으로 교민사회를 발전시켜 왔다고 한다. 한국인들 특히 재외동포들은 '왜 종교 특히 기독교와 관련이 있을가?' 하는 의문이 생기지 않을 수 없고 그 실상은 어떠한가 궁금치 않을 수 없다.

　1903년 1월 13일, 인천에서 출발하여 하와이에 도착한 1,031명의 한인들은 인천의 내리교회 목사인 조지 히버 존스(George Heber Jones)의 권유로 이민을 했고, 이민 온 사람들은 교회 신자가 주류를 이루었기 때문에 동향인이나 동족을 찾을 수 없었다. 특히 첫 이민자에 독실한 신자가 있었다. 낯설고 외로운 객지에 모인 한인들은 1903년 7월 오하우 섬 모쿨리아에 있는 농장에서 예배를 보기 시작했다. 본격적인 예배를 보는 것은 하와이 감리교 감리사인 조지 피어슨의 도움으로 허텔 스트리트 모퉁이에 마련한 감리교 선교회(Korean Methodist Misssion)에서 1903년 11월 3일 시작했다. 그 후 론 위드맨(Lohn Wadman)이 1905년 4월 엠마스쿨 스트리트의 큰집을 얻어 이사를 가면서 한인감리교회로 승격했다. 당시 로스앤젤레스에는 1904년 한인 감리교회가 설립되었고, 샌프란시스코에는 1903년 상항감리교회가 성립되었다. 그러나 한인교회라는 명목의 교회가 성립되는 것은 1918년 이승만이 미국 감리사인 윌리엄 H. 프라이(William H. Fry)와 교회 기능에 대한 의견 대립이 있은 후 미국 감리교회에서 독립된 한인교회(The Korean Christian Church)가 설립하면서 시작된다.[1]

1910년 국권을 상실하면서 교회는 더욱 중요한 의미를 갖게 된다. 식민지 시대 한국 국내외에서 한인을 도와준 것은 기독교뿐이었다. 교회 집회 시 한국의 독립을 호소하고 애국심을 호소해 교회는 마치 정치적인 연설장과 같이 되었다. 특히 당시에는 이승만을 지지하는 교회를 한인교회 또는 이승만교회라 했다.

1922년에 세워진 뉴욕한인감리교회는 예배당 위층에 방을 마련해 기숙사로 사용했고 교회는 토론의 장이 되어 뉴욕한인감리교회는 교회 연구소라 명명했다. 이곳을 다녀간 사람이 이승만, 서재필, 장리욱, 안익태, 장덕수, 김활란, 박마리아, 윤치호 등으로 이들은 해방과 독립 그리고 제1공화국에 공헌한 사람들이다.

뉴욕의 예를 보면 일제시대만이 아니라 해방이 된 후에도 교회가 한인들의 모이는 유일한 장소였다. 당시 뉴욕의 한인사회를 주도하고 한인회를 결성한 학생들은 한인교회에서 모임을 가졌다. 1960년에 들어 한인의 이민이 본격화되고 학생 수보다 교민 수가 많아지면서 동포에 의한 한인회가 결성될 때에도 모임의 장소는 역시 한인교회였다. 1960년 중반 브

---

1   『대뉴욕한인 100년사』, 2004, 158쪽.

루클린에 한인중앙교회가, 그리고 뉴저지에 한인교회가 새로이 생겼으나 그때까지도 뉴욕한인교회가 한인들의 집회소였다.

하와이 사탕수수밭으로 이민 온 노동자로부터 1960년대 새로운 이민법에 따라 대거 이민이 이루어지는 이민자들 사이에 하나의 연결점이 있었다면 그것은 교회가 교민생활의 중심이었다는 것이다. 이러한 역사를 통해 한인교회는 재미한인교회로서 몇 가지 특성을 갖게 된다. 그 하나가 한인교회의 신자들이다. 미국 한인교회는 한국에서 무신론자이건 불교신자이건 기독교에 쉽게 귀의하는 것이다. 이것은 교민생활이 정신적으로 공헌해 종교적인 위안처를 구한다는 이민 생활의 조건에서 유래되는 것과 더욱 중요한 원인으로 한인들의 과거에 종교 간의 충돌과 대립이 없었다는 것이며 이것은 또한 기독교, 천주교, 불교 등 모든 종교가 한국에서는 유교적인 사회 규범을 공유하고 있기 때문이다. 그리해 미국으로 이민 온 한인의 80%가 교회에 나가는 것이다.

미국 한인교회의 특성은 복음주의 교회(evangelical church)의 성격을 갖고 있다. 말하자면 복음이 신자 생활의 중심이 되어 있는 것이다. 따라서 한인 기독교회는 순수 복음주의 교회 또는 광신적 교회로 전락할 소질을 갖고 있는 것이다.

한인교회는 교파가 다르나 시간이 경과되면서 형태와 구조가 유사해지는 경향이 있다. 이를테면 침례교회는 원래 장로제도가 없었다. 그러나 미국에 온 한인 침례교회는 장로제를 도입했다. 장로제를 둔 이유는 다른 교회를 모방해서가 아니라, 내부 사정으로 말하자면, 장로를 두게 되면 장로가 일반 신자보다 더 열심이어서 모범이 되고, 장로가 헌금도 많이 내어 교회에 유리하기 때문이다. 그러나 미국에 온 감리교회가 미국의 감리교회를 모방하고 더욱 철저한 감리교회로 되어야 하지만 장로교회의 형태를 모방하는 것이 한인교회이다.

미국의 한인 천주교는 많은 신자 수를 포함하고 있는 대형 교회가 많은 것이 특성이다. 이것은 신부 수가 적기 때문일 것이지만 한국의 천주교회는 작은 교회를 지향하고 있는 것과 대조를 이룬다.

뉴욕지구 한인교회

위에서 본 한인교회가 뉴욕 한인교회를 언급한 것이지만 좀 더 자세한 것을 보기로 한다. 뉴욕한인교회란 장로교회로 맨해튼 21가와 메디슨 애비뉴 사이에 있는 미국 감리교회에서 1922년 한인들이 모여 첫 예배를 본 것이 효시가 된다. 당시 한인예배를 주동한 사람이 조병옥이고 학생들이 주축이 되었다. 당시 뉴욕에 한인은 약 80명 정도였다. 그 후 1923년 4월 439 웨스트 21번지로 이전해 이곳에서 4년간 예배를 드렸으며 현재 교회가 있는 633 웨스트 115번지 건물로 이사한 것은 1927년이었다. 이곳은 교회인 동시에 기숙사를 겸해 교회와 연구소라는 현판을 달았다.[2]

뉴욕에는 또 하나 한국과 인연이 깊은 교회가 있었다. 뉴욕 브루클린 라파예트 애비뉴(Lafayette Avenue)에 있는 장로교회이다. 이곳은 1857년에 세워진 미국 교회이다. 이곳 교회의 맥 윌리암스(Daniel W. McWilliams)라는 장로가 1884년 선교헌금으로 6,000달러를 교회에 희사했다. 이 선교헌금은 바로 미국 측 장로교 총회 외지선교부로 보내지고 교회는 선교사를 물색했고, 1885년 물망에 올라 선교사로 결정된 사람이 언더우드(Horrace Underwood)이다. 이 교회에서 언더우드 파송 80주년을 기념해 언더우드 차펠을 건립했다. 이 교회를 기점으로 1963년 브루클린 한인교회가 설립된다. 백예원 목사의 집례로 매주 오후 2시 한인들의 예배가 있었다. 그 후 1970년 11월 맨해튼 이스트 310가와 42가에 있는 교회로 옮겨 뉴욕한인중앙교회라 개칭했다. 그 후 1968년 한인중앙교회에서 퀸즈에 한인교회가

---

2 『대뉴욕한인 100년사』, 2004, 160쪽.

분리되어 나오고 1970년 롱아일랜드에 한인교회가 분리되어 나온다.

이과 같이 1922년 뉴욕에는 한인교회 하나가 있었고 1970년대만 해도 맨해튼에 뉴욕한인교회와 한인중앙교회, 브루클린 한인교회, 그리고 퀸즈 한인교회 등 4개의 교회가 있었다. 1970년대 말과 뉴욕 일대에 갑자기 교회가 우후죽순 격으로 건립되어 1978년 맨해튼에 7개, 퀸즈에 28개, 브루클린에 3개, 브롱크스에 3개, 스테이튼 아일랜드에 3개, 도합 43개의 교회가 생겼다. 그로부터 약 20년 후인 1992년에는 뉴욕에 269개, 뉴저지에 97개의 교회가 있었고, 2006년 기준으로 뉴욕에는 421개, 그리고 뉴저지에는 212개의 교회가 있다.

뉴욕 뉴저지 일대에 거주하는 한인들의 수를 교민들은 50만 명이라 하지만 실재 통계로는 20만 명이라 한다. 이 지역의 한인을 20만 명이라 할 때 교회 1개에 한인 330명의 신자가 있는 셈이다. 20만 주민의 신자가 60%라 한다면 교회 1개에 신자 200명이 있는 셈이다.

뉴욕 거주 한인의 60%가 기독교 신자이고 그중 48%가 개신교, 13%가 천주교라고 한다. 이것은 한국의 개신교가 전체의 20%인 것과 비교한다면 한국의 3배가 되는 것이고, 한국의 천주교가 전체의 7%인 것과 비교한다면 천주교는 한국의 2배가 되는 셈이다. 불교의 경우 뉴욕 주민의 13%가 신자라 하니 이것은 한국의 불교 신자가 전체 인구의 27%일 것과 대비해보면 기독교와 불교의 흥미로운 대조가 된다.

전국적인 분포에서도 그러하지만 기독교 중에서도 장로교가 가장 많다. 뉴욕, 뉴저지 그리고 코네티컷을 합한 3개 주에서는 장로교가 324개로 가장 많았다. 다음이 감리교로 그 수가 89개였으며, 셋째가 순복음교회로 49개였고, 다음이 33개를 가진 침례교회였다. 이것은 전 미주의 한인교회 분포와 유사하지만 순복음교회와 감리교회, 침례교회의 순위가 전국 분포와 차이가 있었다. 전국적인 것은 장로교가 1,464개, 침례교가 463개, 감리교가 395개, 그리고 순복음교회가 282개였다.

뉴욕 일대에 67개의 기독교 기관이 있고 21개의 신학교가 있으며 9개의 기도원, 그리고 기독교 방송매체가 7개소가 있다. 이것 또한 인구에 비례하는 것으로 이를테면 로스앤젤레스가 있는 캘리포니아와 비교하면 캘리포니아에는 기독교 기관이 202개, 신학교가 61개, 기도원이 28개, 방송매체가 24개가 있었다.

뉴욕 지역에서 수적으로 가장 많은 장로교는 소속으로 보아 몇 개로 다시 나누어진다. 가장 많은 수인 85개 교회가 한국의 기독교 장로회에 속하는 한미장로교(Korean American Presbyterian Chruch: KAPC)에 속하고, 56개는 미국의 장로교회(Presbyterian Church in the United States of American)에 속한다. 16개는 네덜란드에 근거를 두고 있는 장로교 개신 교회(Reform Church in American)에 속하며, 다른 장로교회는 개별적으로 한국의 장로교와 관련을 맺고 있다.

감리교회는 장로교와 달리 비교적 단일화되어 74개 교회가 연합감리교(United Methodist Church)에 속하고 나머지는 한국의 감리교회와 직접적인 연관을 갖고 있다. 침례교회는 미국의 두 파인 미국복음성소교회(Korean Evangelical Holiness Church of American: KEHCA) 아니면 남부침례교회연합(Southern Baptist Convention: SBC)에 속한다.

미국의 타 지역도 같은 것으로 뉴욕 한인 기독교의 특성을 말하자면 보수적인 복음주의 교회라 할 수 있다. 오히려 미국보다 더 보수적이다. 성경에 의존하는 것이 강하고, 예수의 신성을 강조하며 예수의 구원을 굳게 믿고 있으며 무엇보다 복음주의(evangelism)를 강조하고 있다.

신자들의 신앙생활을 묻는 답에 신자의 60%가 성경을 주기적으로 공부하고 기도하는 시간이 길며, 교회에 출석하는 비율이 높게 나타나 있다. 2005년도 실시한 조사에 의하면 신자의 95%가 최소 일주일에 1회 교회를 가고, 36%가 일주일에 2회 교회를 가며, 14%가 매일 아침기도를 간다고 한다. 이것은 백인의 28%, 흑인의 34%, 그리고 라티노의 49%가 일주일에

1번 교회를 가는 것과 비교하면 한인들이 얼마나 열심히 교회에 나가는지를 알 수 있다.

뉴욕 일원 692명을 대상으로 설문조사를 행한 김계호의 연구에 의하면 하루에 1회 이상 기도하는 신자가 73.3%나 되고, 매일 정기적으로 성경을 읽는 사람이 57.7%나 되며, 일주일에 1회 이상 교회 모임에 참가하는 사람이 92.2%이고, 매달 200달러 이상 가족헌금을 내는 사람이 59.1%이며, 교회생활이 삶의 만족을 얻는 원천이라 생각하는 사람이 80.2%라 한다. 이것은 한인 교민들이 얼마나 교회에 열심인가를 보여주는 내용이고, 교민들이 한국에서보다 더 자주 교회를 가는 것이 된다. 천주교회에서도 주 1회 교회는 가는 사람이 60%이고, 주 2회 가는 사람이 19%라 한다. 천주교도 기독교만큼은 못해도 자주 가는 편이라 하겠다.

1990년에 시작한 기독교 방송은 24시간 방송되며 2000년 기준으로 4만 명이 가입되어 있다. 1999년에 시작한 기독교 TV는 케이블 채널이며 1시간 방영되고 평일에는 밤 11~12시, 금요일에는 아침 8~9시, 그리고 일요일에는 오후 2~3시에 방영된다. 특히 일요일에는 별도의 채널에서 6시간 설교와 찬송과 예배를 중개하고 있다.

뉴욕 일대에서 유명한 대형 교회로는 뉴욕 순복음교회, 퀸즈 한인교회, 퀸즈 장로교회, 뉴욕 장로교회, 아름다운 교회, 그리고 플러싱 제일감리교회 등을 들 수 있다. 뉴저지에는 필그림 교회, 아콜라 연합감리교회 등이 대형 교회로 알려져 있다. 최고라 하는 순복음 교회는 신자가 약 3,000명으로 추정되고 퀸즈 한인교회가 약 2,000명, 그리고 그 이하는 1,500명에서 2,000명이 될 거라 추정한다.

천주교는 기독교와 다르게 뉴욕 뉴저지 일대에 20개의 교회가 있으며 이들은 제도상 미국 천주교 주교의 관할하에 있는 것이 된다. 천주교회는 교회 수가 적기 때문에 신자가 많은 대형 교회가 많다. 그중에서도 뉴저지에 있는 천주교회는 신자가 7,000명에 달하는 대형 교회이다. 천주교회의 특징인 교구에 속해 있기 때문에 기독교와 같은 교회 간의 경쟁이 없다. 말하자면 한인 기독교 교회는 경쟁이 심하다.

미국에 한국교회가 많은 이유로는 위에서 본 이민사회라는 조건 이외에, 미국으로 이민 온 한국사람들이 엘리트로 선발된 사람이라는 배경이 있고, 미국이라는 이민생활에 비신자들이 많이 개종한 것이 있으며, 교회의 대형화로 선교에 유리했다는 점 등을 들고 있다. 무엇보다 중요한 원인은 교직자의 수가 많다는 것이다. 이것은 한인들의 신학교가 많은 것에서 유래되는 것이기도 하다.

뉴욕 뉴저지 일대에는 불교 사원이 27개가 된다. 이들은 1990년 이후에 성립된 것이고 그중 조계종이 2개, 원불교가 2개가 있다. 불교는 기독교와 같이 신자들이 많지 않다. 그 이유는 사원이 멀리 있고, 사원에는 기독교와 같은 교육 프로그램이 없기 때문이다. 이곳에서 말하는 교육이란 신자들의 교육을 말하며 교회 부설 한국학교를 말하는 것이 아니다. 불교계에서도 2개의 한국학교가 부설로 있다.

불교계도 2002년부터 방송을 갖고 주 1시간 토요일 8~9시에 불교방송을 실시하고 있다. 불교계에서는 4월 8일 부처님 오신 날 맨해튼에서 퍼레이드를 행한다. 이곳에 100여 명이 관등을 들고 행렬을 하는 것이다. 중국인들은 차이나타운에서 별도로 초파일 행사를 행한다.

새순교회

개체적인 교회생활을 보기 위해 하나의 교회를 선택했다. 뉴욕 내에만도 421개의 교회가 있다. 그중 하나의 교회가 얼마나 대표성을 갖느냐 하는 문제가 제기될 수 있으나, 한인교회의 대부분이 크기에 따라 차이가 있어도 교회 조직이나 생활에는 대동소이해서 하나의 교회를 선정해 살펴봐도 별 문제가 없다고 생각했다.

새순교회는 1985년 30명의 신자가 양키스 공원(Park in Yankers)에 모여 예배를 본 것이 시작이었다. 그 후 바로 퀸스로 옮겼고 코로나 체육관을 빌려 예배를 보다가 백인 교회를 빌려 예배를 보았으며 현재 위치인 베이사이드로 이사한 것이 1990년이다. 베이사이드 다운타운 북쪽의 토지를 구입하고 새로운 교회를 건축해 1992년에 완공했다. 건물은 3만 5,000제곱피트에 3층 건물이고 지하실까지 갖추고 있다. 지하실은 부엌과 큰 식당으로 친교실이라 한다. 1층에는 대형 예배실이 있고, 일요학교용의 작은 교실들이 있으며, 청년회 교육용 방, 그리고 유치원이 사용할 방이 있다. 2층에는 체육관이 있고 부목사 4명의 사무실이 있다. 3층에는 원로목사실과 객실이 있다.[3]

새순교회는 앞서 본 분류에 의하면 장로교회 16개가 속한 미국 개신교회(Reform Church in America)에 속한 교회로, 특히 키빈(Calvin)이론을 추종하는 교회이다.

이 교회의 신자들은 베이사이드와 인근 퀸즈 동부지역, 리틀 넥(Little Neck) 오클랜드 가든(Oakland Gardens) 그리고 더글라스턴(Dauglaston) 등지에 거주하는 사람들이다. 이 지역은 백인이 많이 거주하고 아시아계를 합하면 27%가 되며 그중 한인이 가장 많고 다음이 중국계 사람들이며 중국인들은 약 2만 3,000명이 거주하고 있다. 무엇보다 학군이 좋은 곳으로 알려져 있다.

교회는 목사가 중요한 위치를 점하고 있다. 새순교회의 원로목사는 60대 초반의 한재룡 목사이다. 한 목사는 1971년 도미해 무디성경학교(Moody Bible Institute)에서 학부과정을 마쳤으며, 뉴저지에 있는 뉴 부른스위크 신학대학(New Brunswick Theological Seminary)에서 석사과정을 이수하던 중 1978년 샌프란시스코에서 목회를 했다. 이후 1983년 뉴욕으로 옮겨 다른

---

3   새순교회 담임목사 전 목사 담.

교회의 부목사로 부임했다가 이곳으로 왔다.

한 목사 주도하에 12명의 장로로 이루어진 교회협의회가 모든 사항을 의논하고 결정한다. 심지어 목사 임용권까지 행사하는 곳이 이 회의이다. 따라서 교회는 장로 중심의 교회라 할 수 있다.

예배와 기도

주일예배는 9시, 11시, 4시 30분 등 3회의 예배가 있으며 11시 예배가 주된 예배가 된다. 9시 예배는 교회의 일을 하는 사람들이 미리 보는 예배로 약 90명 정도가 참가한다. 11시 주예배에는 350~400명이 참가하며 어른이 약 200명이고 청소년들이 같이 예배를 본다. 예배를 보러 오는 신자를 위해 버스 5대, 밴 5대가 총동원된다.

예배가 끝나면 광고를 한다. 신자들의 결혼, 출생, 병이나 입원, 회갑, 은혼식 등을 광고하고 새로운 신자를 소개한다. 이것은 교회 신자들이 가족과 같은 느낌을 갖게 하는 중요한 시간이다. 신자가 가족으로 느끼게 하기 위해 신자 주소록을 작성한다.

예배가 끝나면 다 같이 점심식사를 하고 친교시간을 갖는다. 식사에 보통 300명 이상이 참가하는데, 신자들이 가족 잔치가 있으면 떡을 희사해 잔치음식을 나누어 먹는다.

식사 후 오후에는 12~2시까지 성경시간이 있고, 3시부터 기도 모임이 있으며 별도로 영어예배시간을 갖는다. 이때 보통 40여 명의 2세들이 참석한다.

수요일에는 저녁 8시 30분에서 9시 30분까지 1시간의 수요예배가 있으며 흔히 50여 명이 참가한다. 금요일에는 8시 30분부터 늦게까지 금요예배가 있고 이에 참석하는 사람이 약 40명이 된다. 그리고 매일 새벽 6시에 새벽예배가 있으며 이곳에도 40명 이상이 매일 참가한다.

새순교회에는 다른 교회에서와 같이 구역예배가 있다. 이것은 세포조직과 같은 조직예배(cell ministry)를 말하며 전 교회 구역을 32개 지역구로 나누고 한 구역에 보통 6~8세대가 포함되게 한다. 구역예배는 구역 내에서 교대로 개인 집에서 간단한 예배를 보고 친목을 도모하는 것으로 약 2시간 정도 걸린다. 이러한 모임을 통해 구역 내의 신자들이 마치 한 가족과 같이 상부상조하고 즐거운 때나 특히 힘들고 어려울 때 서로 의지가 되고 공동으로 문제를 해결하도록 한다.

교회 사업

교회가 행하는 중요한 사업의 하나가 유치원을 운영하는 것이다. 월요일부터 금요일까지 오전 9시에서 저녁 4시까지 약 30명 정도를 수용하고 한국어와 영어 이중언어로 교육을 실시한다. 직장을 가진 부모가 어린이를 교회 유치원에 맡기고 마음 놓고 직장생활을 하게 하고, 소상인들의 경우 가게를 보게 하는 것이다.

새순교회에서도 주말학교인 한국학교를 운영하고 있다. 한국학교는 토요일 9시부터 12시 30분까지 3시간 수업을 한다. 학생은 40명으로 제한하고 학기당 40시간의 수업을 받게 한다. 방과 후에는 태권도, 사물놀이, 무용, 영어, 수학을 별도로 가르치며 방과 후의 특별활동에는 약 80명이 참가해 수업을 받는다.

체육관은 교회 젊은이들이 언제나 와서 놀고 즐기며 운동을 할 수 있게 일주일 내내 닫는 날 없이 공개하고, 교회예배 시에만 정숙을 위해 쉬게 하며, 저녁은 화요일과 목요일에만 연다. 체육관에는 농구대가 있고 배구를 할 수 있게 했으며 탁구대 5개가 준비되어 있고 배드민턴도 할 수 있게 되어 있다.

교회가 신자를 위해 행하는 봉사의 하나가 개인적인 상담에 응하는 것이다. 목사가 바쁘면 장로가 대신하기도 한다. 교회는 단체적으로 세미나를 개최하기도 한다. 세미나는 건강에 관한 것, 신자들의 관심이 많은 세금에 관한 것 등이다. 새 이민자가 오면 교회가 적극적으로 정착과정을 돌봐준다. 환자의 병문안이나 신자의 장례식에 참석하는 것 또한 교회의 역할 중 하나가 된다. 노인학교 운영도 교회의 큰 역할이다.

새순교회는 교인들의 친목을 다지기 위해 7월 메모리얼 데이에 공원에서 체육회를 하고 2006년의 경우 4일간 뉴욕 업스테이트에 캠프를 가기도 했다. 교회에서는 50대 이상의 신자들이 친선을 위해 골프대회를 개최해 친선을 도모한다. 또한 교회는 춘추로 연 2회 효도관광이라 해서 노인들을 모시고 박물관, 기념관, 명승지 등을 돌게 한다.

새순교회는 한국의 전통문화를 계승하기 위해 설날과 추석이면 신자에게 한복 입기를 권하고, 추석에는 송편 만들기, 설날에는 세배하기 등의 행사를 하고 떡국을 먹는다. 국경일인 3·1절과 8·15 광복절에 특별한 행사는 없으나 설교 시 이런 날을 기억하도록 의미를 강조한다.

선교활동

새순교회는 선교활동을 강조해 선교가 6개 종교생활의 하나라 한다. 한 사람이 1년에 한 사람을 선교해 개종시키는 의무가 있다고 한다. 선교활동을 위해 7개의 선교단(missionary groups)을 조직했다. 한 사람이 두 집단에 속할 수도 있다. 각 집단은 연 2~3회 한인 식품점에서 선교하거나 노인정을 방문해 선교활동을 한다. 특히 교회는 연 2회 총동원령을 내려 한두 명 교회에 데려오게 한다.

해외선교로는 러시아, 중국, 남미 그리고 중미 등에 선교사를 파견하고 이들을 지원한다. 한국에 있는 교회로 새로 건립해 재정적 후원이 필요한 교회도 돕고, 한국에서 외지로 선교 나간 선교사를 돕기도 한다. 간접적인 방법으로 기독교 방송사를 돕고 기독교 연합회가 세운 플러싱의 청년 센터를 돕기도 한다. 북한 돕기도 열심히 한다.

그러나 진작 옆에 있는 한인 교민사회에는 무관심하다. 교회가 무관심한 것도 문제이지만 한 사람이 평균해보면 주 20시간 이상을 교회에서 보내기 때문에 한인사회에 봉사할 시간도 없다. 여성의 활동이 많아 가정을 돌보지 못하는 사람도 많은데, 특히 장로의 경우 더하며 물심양면으로 한국사회와는 동떨어지게 된다.

새순교회 신자들도 11조를 잘 내는 편이고 건축비도 잘 내고 있다. 주일 헌금으로 들어오는 수입이 1만 7,000달러이며 이것은 한 집이 평균 85달러를 내는 것과 같다. 특별헌금으로 건축비 등이 있으며 어떤 이는 건축비로 3만 달러를 희사하기도 했다. 특별헌금까지 합하면 한 가정이 5,960달러를 내는 것이니 이것은 월 500달러를 내는 것과 같았다. 11조를 성실하게 내는 것은 신자들이 그 이상의 은혜를 받는다고 믿기 때문이고 이것 역시 희사하고 복을 비는 기복종교적 발상이라 할 수 있다.

교회의 활동은 예산 집행에서도 볼 수 있다. 예산의 38%가 교직자에 사용되고, 24%가 교회 기물과 유지비에, 17%가 교육에, 16%가 선교에 사용되며, 8%만이 사회봉사에 사용된다. 한국교회는 이와 같이 교직자에 할애하는 예산이 많은 것으로 알려져 있다.

이상에서 본 것이 극히 평범한 교회의 조직이고 운영이며 활동이다. 재미한인교회가 미국에 있으면서도 장로 중심이라 하지만 실은 목사 중심의 권위주의적 성격이 강하다. 한인교회는 예배 장면 또한 특색이 있다. 미국 교회는 흑인 교회나 노래하고 열광적이지 백인들의 교회는 조용하고 침착하게 예배를 본다. 한인교회는 흑인보다 더 정열적이고 심지어 열광적이라 할 수 있다. 한인교회는 미국 교회에도 없는 새벽기도를 하고 이 참가자 또한 많은 편이다. 이것은 한인 여성들이 새벽에 산으로 기도로 가는 습관과 유사하다. 한인교회의 특성은 무엇보다 신자들에게 교회 이외에 소모할 시간의 여유를 주지 않는다. 신자만이 아니라 청소년들도 가능하면 많은 시간을 교회에서 보내도록 한다. 무엇보다 한인 신자들은 헌금을 잘 내는 것으로 신앙심이 깊을수록 교회에 희사하는 금액이 많아진다. 이러한 한인교회의 특성을 다시 한번 정리해본다.

2. 한국교회의 특성

교회 종류

뉴욕을 중심으로 하되 다른 연구를 곁들여 미주 한인교회의 특성을 다시 한번 추려 정리해본다. 미주 한인교회는 한국의 기독교 교회보다 그 수가 많은 것이다. 위에서 지적한 것과 같이 개신교는 한국의 3배이고 천주교도 한국의 2배가된다. 교회가 많은 것은 신자가 많아서가 아니라 교역자가 많다. 미국의 경우 미국 신학교를 졸업하기란 쉬운 것이 아니다. 그러나 미국에는 한인 신학교가 너무 많다. 미국에서는 장년기가 지난 사람이 자기의 직업을 저버리고 신학교에 들어가 공부하고 나와 목회자가 되는 경우가 많다. 말하자면 목사의 수가 너무 많아 교회가 자주 분열되고 작은 교회가 많은 것이 한인교회의 특징이다.[4]

한인교회는 인원이 적은 소형 교회가 많고 대형 교회 또한 많은 것이 특성이다. 교회는 신자 수에 따라 분류하면 4개의 유형이 있다. 신자 60명 이하의 소형 교회는 가족교회(family church)라 한다. 이것은 10여 가족으로 구성되어 있고 신자의 수가 적어 모두가 가족처럼 면식집단을 이루고 있기 때문이다. 이런 교회는 때로는 목사가 교회 수입으로 살 수 없어 자기

---

4   『대뉴욕한인 100년사』, 2004, 174쪽.

나름의 직장 또는 직업을 갖는 경우가 있다. 현재는 많지 않으나 1970년에는 이런 교회가 대부분이었다.

신자가 60여 명에서 200명이 되는 교회를 목회자교회(pastoral church)라 한다. 일요일 예배에 약 40명에서 많을 경우 150명 정도가 참가한다. 이러한 크기의 교회는 목사의 강한 리더십이 필요하고 목사의 지도로 이루어지는 교회이기에 목회자교회라 하는 것이다. 이런 교회는 아직 독립된 교회 건물을 갖지 못하고, 미국의 모 교회에 의존해 예배를 보거나 모 교회에 임대료를 내고 사용하는 경우가 많다.

신자가 200명에서 800명 사이의 교회는 대형 교회 또는 프로그램 교회(program church)라 한다. 일요일 예배에 참가하는 신자 수는 보통 150명에서 많을 경우 500명에 이를 때도 있다. 이러한 교회를 프로그램 교회라 하는 것은 교회 내에 발달된 프로그램을 많이 갖고 있기 때문이다. 이를테면 교회 내에 새순교회와 같이 청소년 프로그램, 교육 프로그램, 사회봉사 프로그램 등 다양한 프로그램이 있다. 이런 교회는 독자적으로 건립한 교회 건물을 가졌으며 건물을 짓지 않고 미국 교회를 산 경우도 있다. 어떠한 방법으로라도 프로그램 교회는 독자의 건물을 가진 것이 일반적이다.

신자 800명이 넘는 대형 교회를 매가교회(mega church) 또는 협력교회(corporation church)라 한다. 이런 교회에는 보통 예배 시 500여 명이 참가해 장관을 이룬다. 장로를 중심으로 한 지도집단이 협력해 운영해나가기 때문에 협력교회라 하는 것이다. 이곳에서는 특히 교육을 강조하고 "주 안에 다 함께"(together in the love of God)를 무척 강조한다. 이러한 메가급 교회가 전 미국에 25개나 되며 캘리포니아에 15개, 뉴욕에 5개, 워싱턴 D.C.에 2개, 그리고 오리건 포틀랜드, 필라델피아, 라스베이거스에 각각 1개가 있다.

이러한 재미한인교회의 유형을 단계별로 설명하기도 한다. 첫째 단계를 기쁜 단계(launching stage)라 해서 교회가 신자를 끌어오기 위해 비행장까지 마중 나갔을 시기를 말한다. 교회가 성장하면 두 번째 단계인 상승 단계(lifting-off stage)로 간다. 교직자가 깨끗하고 고상한 모습을 보여야 하고 신자들은 그를 위해 조직체를 형성하며 교회는 전략과 비전을 가게 되는 단계를 말한다. 그리고 세 번째 단계를 성장 단계(growing stage)라 한다. 이 단계는 효율적 자원 동원이 이루어지고, 조직이 효율적으로 운영되며 교회가 여력으로 선교활동을 할 수 있다.

한인교회는 주거지에 있기 때문에 교회끼리 밀집되어 있는 것이 특성이다. 그러나 이것보다 신자들이 가까운 이웃에 있는 것이 아니라 먼 거리에 있는 것이 특성의 하나이다. 미국에서는 백인 교회고 흑인 교회고 교회의 3마일 이내에 신자들이 살기 때문에 이웃교회(neighborhood church)라 하지만, 한인들은 보통 10마일 밖에서 오는 신자가 많아 이웃교회가 되지 못하는 것이다.

한인은 직업과 직종을 자주 바꾸는 것으로 유명하다. 이민의 역사가 짧아서 그런지 한 교회에 오래 다니는 신자도 적다. 신자의 1/3이 3년 이내이고 6년이 대부분이며 25년 이상 다닌 신자는 2%에 불과하다. 참고로 미국은 한 교회에 25년 이상 다닌 신자가 흑인은 36%, 히스패닉계 사람은 34%, 그리고 백인들은 30%라 한다.

교회를 옮기는 이유로는 "다른 지역으로 이사를 해서", "예배가 영적 충족을 충분히 주지 못한다고 생각해서", "교회 내분에 말리기 싫어서", "목사가 마음에 들지 않아서", "근년에 교회가 실시하는 프로그램이 마음에 들지 않아서" 등이 있다.

목사가 마음에 들지 않아 교회를 옮기는 경우는 한국에도 있으나 미국의 경우는 한국과 차이가 있다. 미국의 한인교회는 한국보다 교회 보직자가 많고 장로도 많으며 회의제도가 발달했다. 한국교회를 피라미드 구조라 하고, 미국 한인교회를 수레바퀴형(wheel style) 구조라 하듯, 미국 한인교회는 상하구조가 아니라 수레바퀴 모양처럼 둥글고, 평등주의라는 말이다.

한인교회는 흔히 2가지 종류가 있다고 한다. 하나는 '한인민족교회'(Korean ethnic church)이고 다른 하나는 '혼성교회'(mixed church)이다. 이러한 혼성교회는 국제결혼한 여자들이 많이 다니는 교회이고 남편이 함께 교회에 나오기 때문에 혼성가족을 이룬다. 이런 교회에서는 한국어예배도 보고 영어예배도 봐야 할 경우가 있다. 대표적 혼성교회는 워싱턴 주의 타코마(Tacoma) 교회로, 신자의 40%가 혼혈 또는 국제결혼한 사람이다. 오클라호마 주 로톤(Lawton) 교회는 그 수가 80%나 되며, 텍사스 주 킬린(Killeen)은 70%, 그리고 텍사스 주의 엘패소(El Paso)도 80%에 달한다.

교회의 기능

한인교회의 가장 큰 특성은 교회생활이다. 새순교회에서 본 것과 같이 신자들이 일요일은 예배 후 친교시간이나 성경시간 등을 가지며 종일 교회에서 살고, 수요예배, 금요예배, 구역모임 등 공식적인 일로 시간을 너무 많이 소모한다. 교회에서 열리는 세미나에 참가하고, 친교 방문까지 하면 직장 이외의 전 시간을 교회에서 지내는 것이 된다. 이것은 교회가 한인 신자들에게 중요한 심리적 기능을 하기 때문이기도 하다.

시카고 부근에서 김광정 교수가 행한 조사 연구에서도 한인신자의 일요일 교회에 참가율이 78%라 한다. 다른 민족과 비교해보면 흑인은 34%, 히스피닉계는 49%, 백인은 28%라 한다. 이것으로 미루어 한인의 교회예배 참가율이 어느 민족보다 높은 것을 알 수 있다. 교회 행사에 6시간 이상 참가하는 경우도 한인이 54%, 흑인이 36%, 히스패닉계가 39%, 백인이 40%였다.

뉴욕에서 한국기독교회와 인도의 힌두교도를 비교한 민병감 교수는 이러한 흥미로운 대조를 보이고 있다. 한인교회는 신앙생활보다 사회심리적 이유에서 교회에 가는 경우가 많다. 말하자면 일주일 내내 외국인을 상대하다가 주말에 한인교회에 가는 것이 유일한 위안처가 된다. 특히 예배 후의 사교시간이 중요한 의미를 갖는다.

한인교회는 무엇보다 많은 기능을 하는 집단이다. 교회의 기능 중 중요한 것이 심리적 기능이다. 한인들은 교회에 가야 고향을 느끼고 고향 사람을 만나는 것으로 생각해 심리적 안정을 얻는다. 목사의 설교를 듣는 것만으로도 큰 위안을 얻는 신자가 많다. 또한 심리적으로 어려운 문제를 목사나 장로에게 자문을 구해 해결하기도 하고 중개를 요청해 해결하기도 한다.

한인들은 교회에 가야 여러 가지 사회생활에 필요한 정보를 듣는다. 말하자면 교회는 사회정보의 기능을 행하며, 1970년대까지 교회는 한인을 만날 수 있는 유일한 장소였다. 직장을 구하거나 바꾸는 것도 교회 정보가 기준이 되고, 자동차문제, 보험문제, 심지어 자녀의 교육문제 등도 신자를 통해 정보를 얻거나 신자 동료에게 자문을 구하기도 한다. 즉, 교회는 사회적 기능을 수행하는 중요한 곳이다.

교회는 사회봉사 집단의 기능을 한다. 최근에는 덜하지만 교회는 새로 이민 오는 사람들에게 좋은 봉사를 했다. 이러한 기능으로 한인교회를 이민교회라 하기도 했다. 신자를 확보하기 위해 비행장에까지 마중을 나가 교회로 안내하고 집 구하는 일, 자동차 면허를 따고 차를 구입해 운전을 하는 일, 생명보험을 비롯해 각종 보험을 드는 일, 은행 계좌를 여는 일, 주민으로 신고하는 일 등 이민 초기에 복잡하고 많은 어려운 문제들이 있다. 이것을 도와주는 곳이 교회이고 도와주는 사람이 신자들이다. 친형제도 시간이 없고 귀찮아 도와줄 엄두도 못 내는 것을 교회가 도와주고 해결해주는 것이다. 이것이 인연이 되어 신세를 진 사람은 그 교회의 신자가 된다.

사회봉사의 기능으로 특정 사업을 전개하고 있는 교회가 있다. 코네티컷 주 한인선교교회(담임목사 김남기)는 한인회와 공동으로 2년마다 페어필드 카운티의 주민 1,000여 명을 초청해 '한미 친선의 밤'을 개최해 한국의 음식을 대접하고 공연을 열어 한국문화를 널리 전파하고 있다.

뉴저지의 고어헤드선교회(담임목사 이상조)는 한국에 있는 고아를 돕는 사업을 전개하고 있다. 고아 가운데 성적이 우수하고 예체능계 재능이 우수한 학생을 선발해 장학금을 전달한다. 2007년 기준으로 장학금을 수여받은 학생은 총 456명이라 한다. 한편 지도자 양성 프로그램을 통해 고아 학생 10명을 선발해 미국을 구경시켜 장차 지도자가 되게 하는 사업을 전개하고 있다.

뉴욕과 뉴저지의 대형 교회 4개, 뉴저지초대교회, 아름다운교회, 퀸즈한인교회, 팰리세이드장로교회 등에 속한 의료진 168명이 발족식을 갖고 중남미 지역 선교활동을 전개했다. 의료진은 의사 55명, 치과의사 39명, 약사 20명, 한의사 5명, 간호사 49명 등 총 168명이고 선교 대상지는 온두라스의 엘 카스타뇨(El Castano)에 있는 앤드류 클리닉이다. 이러한 봉사활동이 보다 많이 이루어져야 하나 현재로서는 극히 드물어 신문에 크게 보도되고 있다.

교회가 갖는 보다 중요한 기능은 교회 직책을 부여하고 명칭을 주는 것이다. 말하자면 교회의 권사, 집사, 장로 등의 칭호가 바로 자기의 사회적 신분의 칭호가 되는 것이다. 한인 1세들은 한국에서 이미 직책과 명칭을 가졌던 사람이 많다. 이런 사람이 미국에 와서 소기업을 하면 그것이 칭호를 주는 것이 아니다. 따라서 한인교회의 칭호는 한인사회의 칭호가 되어 누구에게나 장로라 하면 그만한 사회유지의 명칭이 되는 것이다. 한인교회는 장년 남자를 장로로 임명하는 것이 대부분으로 장로는 남자, 여자는 권사로 등급이 나누어져 있다. 다른 민족의 경우 흑인의 경우 남자 장로가 30%, 히스패닉계는 39%, 그리고 백인은 57%이다. 한국의 경우 장로의 92%가 45세 이상의 남자이다.

장로는 교회에 중요한 최고의 칭호이기에 남자에게 주는 것이지만 교회에서 하는 책임도 크고 무엇보다 경제적으로 교회에 내는 헌금도 많아 재력이 있는 자가 장로가 된다.

한 조사에 의하면 1996년 장로가 되는 데 개인으로 3,000달러, 그리고 가족으로 5,200달러를 냈으며 권사는 개인적으로 1,750달러, 그리고 가족으로는 3,000달러를 교회에 희사했다고 한다. 어느 교회에서는 일반 신자가 자기 수입의 5~8%를 헌금으로 내는데 장로는 13~16%를 낸다고 한다. 말하자면 장로는 경제적인 희사의 대가로 명예를 얻은 것이 된다.

한인교회가 1970년대까지 나름대로 사회봉사를 담당해왔다. 그러나 한인사회에 봉사단체가 형성되면서 교회는 일단 한인사회에서 멀어지기 시작했고 극히 적은 분야인 청소년문제에만 관심을 갖고 대외적으로 해외선교나 북한 쪽으로 관심을 기울이고 있다

한인교회의 문제의 하나가 경제문제이다. 한인교회 신자의 경우 연간 2,000달러를 교회에 헌납하는 사람이 전체의 62%라 한다. 이것을 다른 민족과 비교하면 흑인이 35%, 히스패닉이 26% 그리고 백인이 40%라 한다. 연간 7,000달러 이상을 내는 사람이 한인의 경우 27%이고 흑인의 경우 8%이고, 히스패닉은 6%, 그리고 백인은 11%라 한다. 한인이 가장 많은 돈을 교회에 헌납하는 것을 알 수 있다.

중요한 것은 한인교회만큼 다양한 기능을 가진 사회집단이 없다는 것이다. 교회는 심리적 기능, 사회적 기능, 정보교회의 기능, 심지어 계를 통해 기금을 마련하는 경제적 기능까지 종합적으로 기능하는 사회집단이다.

이것과는 정반대로 한인교회는 사회에 환원할 줄 모른다. 지역사회의 불우한 사람을 위해 1시간도 사용하지 않는 사람이 한인의 경우 70%이고, 흑인이 33%, 히스패닉이 15%였고, 백인은 4%에 불과했다. 금전에서도 종교적인 행위 이외에 사용하는 것이 한인의 경우 20%이고, 흑인은 5%, 히스패닉은 15%, 백인은 4%라 한다. 한국인들은 한인사회와 한인을 위해서는 몹시 인색한 것을 볼 수 있다.

신자의 의식구조

미주 한인교회의 가장 중요한 특성은 교회가 지나치게 보수화되었고, 성경 말씀에 지나치게 의존하는 이른바 순복음주의(evangelism)에 치우쳐 있다는 것이다. 이것에 관한 김광정 교수의 조사연구가 있다. 신학적으로 자기가 보수적이라고 생각하는 사람이 한인의 경우 44%이고 중간적이라고 생각하는 사람이 33%, 그리고 보다 자유롭다고 생각하는 사람이 23%라 한다. 이것을 다른 민족과 비교하면 흑인은 보수가 22%, 중간이 53%, 히스패닉은 보수가 47%, 중간이 46%, 백인은 보수가 40%, 중간이 44%라 했다. 여기서도 한인이 자신을 보수적이라고 생각하는 비율이 높은 것을 알 수 있다.[5]

재미한인교회가 보수적이고 성경에만 집착하는 이유로 특히 근년에 이주해온 신자가 많아 교회의 분위기가 사회집단화하는 경향이 있기 때문이라 한다. 말하자면 새로운 이민자들이 교회의 예배 후 신자 집에 몰려가 술을 마시고 담배를 피우는 등 교회가 금하는 것을 지키지 않고 교회의 기강이 해이해지기 때문이라 한다.

보수적이라 생각되는 문항으로 "천당이 있다고 생각하는가", "지옥이 있다고 생각하는가", "사탄이 실재 존재한도고 생각하는가", "예수가 처녀에게서 태어났다고 생각하는가", "예수가 언젠가 부활해 이 세상에 온다고 생각하는가" 등을 물었다. 이것에 대한 답은 보수파의 95%가, 중간파의 88%가, 그리고 자유파의 70%가 "그렇다고 굳게 믿고 있다"였다. 말하자면 자기가 어떻게 평가하든 한인신자들은 신학적으로 상당히 보수적이라고 말할 수 있다.

성경에 대해 "성경은 우리 현세 생활에 반드시 필요한 책인가"라는 질

5　새순교회 담임목사 전 목사 담.

문에 한인 80%가 그렇다고 답했다. 한인들은 성경은 하나님의 말씀이고 일상생활에 필요한 것이라 믿고 있는 것이다. 그리하여 좋은 신자란 성경을 주기적으로 연구하고, 기도하는 시간을 가지며, 교회에 규칙적으로 참가하는 것이라는 것에 한인 60%가 적극적인 답을 보였다.

이러한 교회생활과 교회에 대한 신조와는 달리 가정에서는 다른 면을 보이고 있다. 민병갑 교수의 연구에 의하면 한인교회는 한인사회에 공공행사 시 기도를 해주기는 하나 사회에 참여가 적다. 가정에서 식탁기도나 자기 전 기도, 그리고 개별적인 성경 낭독은 있어도, 심지어 교회에서 구입한 테이프를 듣기도 하지만 가족원이 모여 행하는 공동기도가 없다. 특히 한국전통과 기독교 의식이 단절되어 있고 가정과 교회가 단절되어 있어 종교를 통해 전통을 유지하기 어렵다.

기독교 가정에서는 자녀에게 좋은 학생이 되기보다 좋은 신자가 되기를 바란다. 이는 천당에 가기 위한 종교적 이유일 뿐 도덕적으로 좋은 사람이 되려는 것이 아니다. 그리고 그것도 신의 도움으로 좋은 사람이 좋은 신자가 되라는 것이다.

한국의 경우 전형적 신자가 전형적 한국인은 아니다. 인도의 경우 힌두교는 힌두문화와 일치되어 좋은 힌두교 신자는 좋은 인도인이다. 말하자면 한국의 경우 종교와 민족적 정체성이 상호 배타적이며 상호 보완적이지 못하다.

한국기독교는 기독교적 가치를 한국의 민족적 가치의 상위에 놓는다. 이것은 한국기독교가 강한 복음적 배경을 갖기 때문이다. 말하자면 한국기독교회는 제도적인 면에서만이 아니라 종교문화에서도 복음주의적 교회라 할 수 있다. 한국기독교회는 교회 내에서 한국적 풍속이나 가치를 구현할 수 없다. 그러나 한국어를 가르치고 부모 존경의 유교적 가치를 가르치고 있다고 한다.

한인교회와 신자 그리고 교직자의 특성을 들어 설명한 것에 4가지를 지적한 것이 있다. 첫째 교인들의 사회화된 종교성(privatized religiosity)을 지적했다. 이것은 복음을 개인적이고 사적인 차원에서만 해석하고 복음의 사회적 차원은 크게 상실된 종교성을 말한다. 기독교적 믿음과 수행이 주로 신자들의 내적·영적 안정이나 건강의 축복, 물질적 축복을 강조하지만 교회를 둘러싼 사회적 쟁점들에 대해서는 무관심하다는 것이다. 이를테면 다인종사회인 미국의 인종문제라든가 정치경제문제에 대해서는 한국교회는 거의 언급이 없다.

둘째, 한인들의 신앙이 죄와 회개와 구원과 같은 사적인 것에 치우쳐 있다는 것이다. 이러한 것과 반대되는 사회의 구조악에 관해서는 외면하고 있다. 이러한 것을 포함한 구조적 악의 문제를 신앙문제와 별개로 취급해 사회 구조악을 볼 능력을 상실한 것이다. 그 결과 1990년에 뉴욕 브루클린에서 발생한 한인 청과상과 흑인과의 문제가 발생했을 때 그리고 1992년 LA 폭동사건이 발생했을 때 한인교회는 침묵하고 있었던 것이다. 심지어 한국의 기독교가 세계 기독교에 공헌한 민중신학적 전통을 재미한인교회는 계승받지 못하고 있다.

셋째, 교회생활의 종파성(secterianization)을 지적하고 있다. 이것은 한인교회들이 종파의 특성을 닮아 모두 종파가 되었다는 것이다. 구체적인 것으로 교회가 타 집단에 대해 수용적이거나 조화롭지 못하고 사회로부터 퇴행해 다른 것에 대한 거부적·배타적인 면을 강조한다는 것이다. 종파성의 하나가 교회의 의례가 열광적이고 감정적(emotional satisfaction)인 면이 강하다는 것이다. 또한 교회는 독점의식이 강해 헌신적인 신앙심과 충성심만을 강조하는 것이다. 한인교회는 교리적으로 성서 무오설과 같이 타협하지 않는다. 그리스도의 재림과 개종을 강조하며 직접적 종교체험을 통해 회개와 구원만을 확인하고 강조하는 신앙이 되었다는 것이다. 그리고 구원 지향성이 현세적이기보다 내세적인 것이 특색이 있다.

넷째, 목회자의 편견을 지적하고 있다. 한인 목사들 중에는 미국 사회를 모두 악으로 보는 사람이 있다. 미국 대중문화는 사탄이고 미국을 파멸으로 이끄는 것이라 한다. 재미한인들은 미국을 구원하기 위해 하나님에의해 새로이 선택된 서민(chosen people)이라고 설교하고 있다. 9 · 11 사태를 소돔과 고모라로 비유해 하나님께서 징벌하신 것이라 하며 이제 하나님의 심판이 시작되었기 때문에 곧 천년왕국이 임한다는 재림주의(advantist)를 역설하고 있다.

2세 문제

최근 한인교회에 문제로 대두되는 것이 2세들 문제이다. 말하자면 2세들의 교회 일탈 현상이다. 이것을 패터 차 교수는 조용한 일탈(silent exodus)이라고 했다. 소리 없이 교회에서 사라진다는 말이다. 2세들은 어린 시절 자기가 한국인이 아니라고 생각하고 한국인인 것을 수치스럽게 생각하나 부모의 성화로 한인교회에 부모를 따라 온다. 교회에서 합창도 하고 교회 소년 활동에도 참가하는 등 부모의 말을 잘 듣는다. 그러나 이들이 중학교에 진학하고 고등학교에 진학하면서 자기가 백인이 아니라는 것을 확인하고 백인 친구와 멀어지면서 자기의 고유한 생활 주기, 고유의 가치관을 찾는다. 이때 한인교회의 가부장적 의식구조와 권위주의적 태도 그리고 경직된 좁은 마음 등을 발견하게 되고 이것이 싫어 한인교회를 기피하는 것이다.[6]

이것은 단순히 영어예배로만 구원할 수 있는 것이 아니다. 2세들은 록음악이 있는 미국식 예배를 좋아한다. 보다 심각하게 이들을 이해하고 이들은 포용하며 무엇보다 이들 자신이 자신의 세계를 개척해갈 의지를 갖게 해야 한다. 한인교회는 가장 많은 기능을 가진 집단으로서 그리고 가

6 　새순교회 담임목사 전 목사 담.

장 기초적인 집단으로서 교회를 통해 전체 한인들의 의견이 수렴되고 이 것이 주류사회에 전달될 수 있는 기능을 강화해야 한다. 그리고 교회는 한 인사회에 보다 적극적으로 참여하는 방향으로 나아가야 할 것이다.

5

뉴욕 재미동포의 예술 · 체육활동

뉴욕은 세계 금융과 경제의 중심지인 동시에 언론과 예술의 중심지이기도 하다. 따라서 예술에 뜻이 있는 한인들이 뉴욕에 모여들어 공부를 하고 자기의 기량을 연마해 예술계에서 두각을 나타낸다. 중앙일보가 집계한 바에 의하면 뉴욕 한인사회에는 음악 관련 단체가 18개, 미술 관련 단체가 10개, 문화 관련 단체가 14개, 일반 예능 관련 단체가 6개, 기타 연극, 사진, 문인 등이 9개, 도합 57개의 단체가 있다.

1. 음악계

예술계에서 으뜸인 것은 음악이다. 뉴욕은 카네기 홀을 비롯해 20여 개의 큰 공연장이 있고, 필하모닉을 비롯해 많은 오케스트라와 심포니 등 악단이 있는 세계 음악의 중심지기도 하다. 이러한 음악의 도시 뉴욕에서 음악을 공부하는 한인 학도들도 몇천 명에 이르고 그간 일찍이 음악에서 두각을 나타낸 음악가들도 다른 영역에 비해 많은 편이다. 뉴욕에 거주하면서 음악으로 유명한 소프라노의 홍애경, 서애경, 바이올린에 사라 장과 강효, 합창단에 안 트리오 등을 손쉽게 들 수 있다. 최근에는 가수 비나 장 윤정이 유명하다. 이와 같이 음악에서는 한국을 주 무대로 하면서 뉴욕에 알려진 사람, 뉴욕을 주 무대로 하면서 한국에 알려진 사람, 그리고 뉴욕과 한국을 왕래하면서 양쪽에서 활동하는 음악인 등이 있다. 뉴욕의 시대별 음악계를 살펴보면 다음과 같다.[1]

고전음악

음악계에서는 일찍이 1960년대로 거슬려 올라간다. 1960년대 이름을 날린 대표적인 사람이 한동일과 정경화였다. 피아니스트 한동일은 13세에 도미해 1965년 리벤트리트 콩쿠르 대회에서 1등을 해서 한인의 위상을 드 높였다. 정경화는 1967년에 역시 리벤트리트에서 우승을 해서 명성을 얻 었다. 한동일과 정경화 이외에 국제 콩쿠르에 입상해 세계무대에서 명성 을 얻은 한인 음악가로 백건우, 김영욱, 정명훈, 강동석 등이 있다.

1970년대 활동한 음악가로는 이성숙이 1972년 뉴욕시티오페라 〈마 담 버터플라이〉의 주인공인 나비부인의 역을 담당했다. 이것이 최초의 오 페라 가수로 국제무대에 등장한 1호가 된다. 현종곤 지휘자가 오케스트라 '웨임 심포니'에서 〈코리아 판타지〉를 지휘해 유명해졌다. 테너 가수 박인 수는 1977년 '에밀레 오페라단'을 창단하고 10년을 이끌어오다 한국으로 돌아갔다. 같은 해 김춘자는 '서울 챔버 앙상블'을 창단해 활동했다. 그리 고 심경흠은 1983년 '뉴욕 코리안 심포니'를 창단해 활동을 전개한다.

1980년대는 음악단 창단의 해이기도 했다. 1981년 이준무가 '서울 음 대 챔버 오케스트라'를 담당하더니 후에 '뉴욕 서울 교향악단'으로 개칭했

---

1   뉴욕한인음악가협회 이순희 대표 담.

고 다시 2000년에는 이것을 '우륵 챔버 오케스트라'로 개칭했다. 그는 23년 동안 뉴욕에서 활동하면서 63회의 연주회를 가졌다. 소프라노 이순회는 후배 양성을 목적으로 1984년 한국음악재단을 설립하는 한편 매년 5회 문화원에서 콘서트를 개최한다. 1986년에는 이병천이 '브니엘 콘서트 콰이어'를 창단했다. 처음 20명에서 출발해 현재는 59명에 이르렀고, 매년 12월에 에버리 피셔홀에서 헨델 메시아 전곡을 연주한다. 바리톤 최상균이 '오페라 유리디세'를 창단했고 줄리아드 예비학교 교수 성시선은 '뉴욕 심포니에타'를 창단한다. 의사인 최진훈은 뉴욕 코리아 챔버 오케스트라를 창단해 매년 카네기홀 리사이틀홀에서 정기연주회를 가지며, 테너 서병선은 뉴욕 예술가 가곡연주회와 자선음악회를 개최해 가곡 공연을 장려하고, 가곡 교실을 운영해 우리 가곡 보급에 주력하고 있다. 그리고 1995년 강효가 줄리아드 출신의 현악실내악단 '세종 솔로이스츠'를 창단한다.

1990년은 독주가의 성과가 돋보이는 해였다. 바리톤 최현수가 1990년 차이코프스키 국제음악 콩쿠르에서 1위를 했고, 바이올리니스트 제니퍼 고가 차이코프스키 콩쿠르에서 1등 없는 2등을 했으며, 첼리스트 장한나와 다니엘 리, 바이올리니스트 김지연, 줄리엣 강 등이 활약했고 특히 안 트리오가 데뷔했다.

작곡가로 유명한 이가 윤채현과 한대수 등이다. 윤채현은 작곡가, 편곡가, 재즈피아니스트로 1976년부터 2000년까지 뉴욕에서 활동하면서 교회음악, 연극음악, 콘서트 등에서 크게 활동했다. 한대수는 1970년부터 청년문화의 선두주자로 26년간 활약하면서 〈행복의 나라〉 등 80여 곡을 작곡했다.

한인들은 카네기홀에서 매년 정기연주를 행한다. 2007년 10월에는 카네기홀 아이작스턴 오디토리움에서 김남윤 감독의 뉴저지 필하모닉이 정기연주회를 가졌다. 유럽인이 아니면서 카네기홀에서 매년 정기연주회를 갖는 민족은 없다. 그런 의미에서 한인은 특이하다 하겠다.

세계 정상의 오페라 무대인 뉴욕 메트로폴리탄 오페라하우스를 정복한 3인의 한인 성악가들이 2007년 10월 27일 "세계적 성악가들의 화음" 콘서트를 개최했다. 이 3인은 소프라노 홍혜경, 테너 김우경, 바리톤 윤형 등으로 이들은 아리아와 정겨운 가곡으로 가을 밤을 수놓았다. 오페라 데뷔 23주년을 맞는 홍혜경 씨는 아리아 곡으로 유명하고, 노래하는 배우라는 찬사를 받았으며, 메트 오페라에서 프리마돈나의 자리를 지켜온 자랑스러운 한국의 딸이다.

연세대학교 음악대학 뉴욕동문회가 2007년 10월 4일 카네기홀 와일리사이틀홀에서 연세동문 음악회를 가졌다. 프로그램은 〈오페라 카르멘〉, 〈리골레토〉, 〈라 트라비아타〉, 〈토스카〉, 〈세빌리아의 이발사〉, 〈돈조반니〉 등의 아리아를 비롯해 〈비목〉, 〈목련화〉, 〈가고파〉, 〈보리밭〉, 〈산촌〉, 〈진달래꽃〉, 〈고향의 노래〉 등 가곡으로 꾸며졌다. 이것 역시 2003년부터 매년 열리고 있다.

정명훈 씨가 이끄는 서울시립교향악단은 2007년 제62회 유엔의 날을 기념하는 공연회를 펼쳤다. 이것은 한국인 반기문이 유엔 사무총장이 되어서가 아니라 그 이전부터 매년 정기적으로 행해온 행사의 하나이다.

연례행사처럼 되어버린 것의 하나가 줄리아드에서 한인들이 수상하는 것이다. 2007년에는 한인 2세 피아니스트 엘레자베스 조이노가 줄리아드 음대에서 주는 권위 있는 음악상인 '윌리엄 페책상'을 수상했다. 관행에 따라 노 씨는 부상으로 링컨센터 앨리스털리홀에서 입상기념 연주회를 가졌다.

한편 2007년 9월 9일 시작된 뉴욕시티오페라의 2007~2008 시즌 동안 소프라노 이지영 씨는 링컨센터 뉴욕스에이드 시어터에서 7차례 공연된 모차르트의 오페라 〈돈 지오반니〉에서 제를리나 역으로 출연했고, 베이스 김영복 씨는 9일부터 29일까지 6차례 공연되는 푸치니 오페라 〈라보엠〉에서 콜린 역으로 등장했다.

이와 같이 한인들은 음악계에서 이미 두각을 나타낸 사람이 많아 유명하고, 줄리아드 음대와 깊은 관계를 갖고 있다. 줄리아드와 관련해 우스운 사건이 하나 있었다. 1980년대 줄리아드 음대의 학생 반 이상이 한인이었는데 한 민족이 이렇게 많을 수 없다 해서 대학에서 교수회의를 개최했고, 줄리아드가 세계적인 음악대학이지 한국인의 대학이 아니다 해서 한국인 학생의 수를 제한하자는 의견이 있었다고 한다.

한국 음악계를 대표하는 정경화 씨가 모교인 줄리아드에서 선생으로 새로운 삶을 시작했다. 세계무대 정상에 오른 한국의 1세대 바이올리니스트 정경화 씨가 2005년 9월 갑작스러운 손가락 부상으로 공연을 중단했으나 예순을 앞둔 정 씨가 후학을 위해 전념할 수 있는 기회를 가진 것이었다.

음악회에서 가끔 있는 일이 입양인이 성장해 음악을 전공하면서 어머니를 찾는 감격적 연주를 하는 것이다. 부산에서 태어나 생후 6개월 만에 뉴욕으로 입양되어 뉴욕에서 성장한 사무엘 기영 네맥 군이 줄리아드 음대 재학 중 친구들과 같이 어머니를 찾아 20년 만에 한국을 찾았다. 자기의 음악소리를 듣고 어머니가 오신다면 정말 좋겠다고 하는 네맥 군을 친구 박선아, 제이 페리, 스카일러 펑, 로빈 주트라스 등이 동반해 2007년 6월 13일 서울 호암아트홀과 15일 그랜드 힐튼 호텔이서 친어머니 찾기 콘서트를 가졌다.

국악

고전 서양 음악에 비하면 한국의 국악은 비교할 수 없을 정도로 미국 무대에서 열세라 할 수 있다. 그러나 한국의 국악인은 뉴욕에서 외로운 도전을 하고 있다. 국악의 경우 음악의 주 무대에서 인정받지는 못해도 한인 동포들에게, 그리고 동포를 통해 풀뿌리 차원에서 인정받기 시작했다. 그 증거가 국악인의 활동이다. 뉴욕에는 현재 약 200명의 국악인이 활동하고

있으며 국악만을 전담하고 생활이 가능한 사람만도 약 50명은 족히 될 것
이라 한다. 그만큼 뉴욕에서 국악의 공연의뢰가 많고 활발하다는 것이다.

국악을 위한 동우회가 5개 있다. 이들은 한국국악원, 민속예술원, 동
아문화원, 한미문화원, 독도 등이다. 이들 5개 국악단체를 돕는 단체가 미
국한국국악진흥회다. 국악진흥회는 동우회가 공연을 할 수 있도록 지원하
고 공연 시 관객을 동원하는 등의 일을 담당하고 있다. 동우회는 보통 1년
에 1~2회의 정기공연회를 갖는다.

국악진흥회는 2007년 10월 13일 플러싱고등학교에서 제7회 미주한국
전통국악경연대회를 추진했다. 이는 동포 2세들에게 한국의 전통과 뿌리
를 알 수 있는 기회를 제공하고 다른 민족에게는 한류에 발맞추어 한국문
화를 소개하는 기회가 된다. 또한 한국의 무용과 국악을 배우는 사람들이
한국전통음악을 겨루는 것이다. 참가자들은 초·중·고, 대학부 그리고 일
반부로 나뉘고 개인과 단체가 참가할 수 있으며, 참가 부분은 한국무용과
관악, 현악, 사물놀이, 풍물 등 기악 부분과 판소리, 민요, 창 등이다. 여기
서 최고상을 수상하면 상을 받고 한국의 전주대사습놀이에 출전하게 된다.

2007년 10월 맨해튼 다운타운 실험음악공연장에서는 국악과 양악 그
리고 전위음악과 미술이 만나는 특이한 연주회가 있었다. 국악인 박봉구
씨와 바이올리니스트 제니퍼 최, 기타리스트 마코 카펠리가 구성한 밴드
'2스카이 트리오'가 웨스트빌리지의 클럽 브레히트 포럼에서 연주회를 가
졌다. 이날 연주회에서는 마코 카펠리의 3살짜리 딸이 그린 그림을 배경으
로 3인의 연주자가 즉흥 연주를 했다. 이와 같이 국악은 전통적인 연주를
통해 미국 사회에 진출하면서 양악과의 공조를 꾀해 서양 음악과의 접목
을 시도하기도 한다.

국악은 또한 어린이 중심의 교육과 행사에 참가해 국악 보급에 힘을
쓰고 있다. 어린이 공연에 출연해 한인 어린이에게 전통문화를 계승하는
데 공헌한 사람으로 뉴욕 한국국악원의 박윤숙, 국악협회의 박수연, 전명

숙무용단의 전명숙, 그리고 한국무용회의 손정아를 꼽는다. 국악으로는 박정배가 무대연출로 한국전통음악을 소개했으며, 가야금의 박상원이 전통 악기를 소개한 것으로 유명하다.

현대음악

뉴욕에서 활동하고 있는 보컬리스트 김윤선 씨가 한인 최초로 재즈 페스티벌의 시조격인 뉴포트 재즈 페스티벌에 참가했다. 그녀는 로스웰러드 밴드와 함께 무대에서 8곡을 선사했다. 김윤선은 덴버대학교 재즈학과에서 이수한 현대음악가로, 그간 맨해튼과 브루클린에 있는 50여 개 클럽에서 활동했다. 또한 이름 있는 텔류라이드 재즈 페스티벌, 뉴욕 그래피티홀 오브페임 페스티벌 등에 참가한 경력이 있는 사람으로, 장차 한인들의 재즈계 진출에 큰 도움이 되었다.

문화선교단체인 라이프라인미션은 맨해튼 이스트 휴스턴 스트리트에 있는 맨해튼 호텔에서 미술 전시회와 콘서트가 함께 열리는 '콘갤러리'를 열었다. 2007년 11월 5일에서 10일까지 개최된 이 콘갤러리는 오후 1시부터 오후 9시까지 컴퓨터를 활용한 미술작품 등을 관람할 수 있는 시간이 있고 오후 8시부터 1시간 30분 정도 콘서트를 들을 수 있다. 하루 평균 18곡 정도를 연주할 수 있다. 음악은 한인오케스트라, 뉴욕미션오케스트라가 출연해 팝뮤직과 영화음악, 가스펠 음악 등 3개 장르의 음악을 연주한다.

대중음악에서 가장 돋보이는 것이 초특급 한류스타 비의 공연이다. 비의 미주 대도시 순회공연의 일환으로 2007년 6월 23일 맨해튼 메디슨스퀘어가든 아리나에서 2번째 뉴욕 콘서트를 가졌다. 이 공연은 2006년 2월에 있었던 뉴욕 데뷔 콘서트와 2가지가 다르다. 첫째 목표 청중이 아시안-아메리칸이 아니고 미국인이며, 둘째 콘서트 장소가 5,500석짜리 MSG 시어터에서 1만 8,000석 규모의 MSG 아리나로 바뀐 것이다. 2006년 『뉴욕타임스』지에 의하면 비가 세계에서 가장 영향력 있는 인물 100인 중 아시아계 연예인으로 유일하게 선정된 가수이다. 그리고 최근 『피플』지는 세계에서 가장 아름다운 사람 100인 중의 한 사람으로 비를 선정했다. 말하자면 비는 미국에서 성공한 첫 번째 아시아 팝스타가 된다. 그의 춤이 매력을 끄는 것은 한국적인 태권도가 춤에 가미되었기 때문이다.

『뉴욕타임스』지에 소개된 음악가로 한인의 경우 비가 있고 그 외에도 신중현, 바이올리니스트 제니퍼 고, 오페라 가수 테너의 김우경, 피아니스트로 조이스 양, 바이올린에 사라 장, 기타에 임중현과 이세경 등이 있다.

음악의 경우 특히 고전음악은 한인들이 가장 많이 두각을 나타낸 영역으로 개인적으로도 유명한 명인이 속출했고 콘서트, 콰이어나 앙상블, 오케스트라 합창단 등이 조직되어 한인들의 음악성을 충분히 발휘하고 미국의 주류 사회에도 인정을 받고 있다. 이것에 비한다면 국악은 너무 격자를 느끼고 격세지감을 느낀다. 그러나 국악은 국악대로 미국동포사회와 미국 사회에 꼭 있어야 할 영역이라 생각된다.

2. 무대예술

음악이 그러하듯 영화 연극, 뮤지컬 등의 무대예술 또한 뉴욕이 유명하다. 뉴욕은 뉴욕주립대학교에 영화학과가 있어 유명하긴 하지만, 필름 아카데미가 있어 영화를 공부하러 오는 학도들이 많다. 말하자면 영화, 연극, 뮤지컬은 뉴욕이 중심지가 된다. 뮤지컬은 특히 브로드웨이가 유명하다. 이곳에서도 많은 수의 젊은 한인 학도들은 오프 브로드웨이(Off Broadway), 말하자면 브로드웨이 뒷길에 있는 골목극장에서 등용의 길을 찾고 있다. 이와 같이 예술 분야에서는 어느 분야에서건 뉴욕에 와서 공부해야 한다.

영화

음악보다 더 흥행을 일으키는 것이 영화이다. 최근 뉴욕에도 한류 바람이 불어 뉴욕한국영화제가 성황을 이루고 있다. 말하자면 뉴욕한국영화제가 뉴욕에서 호평을 받기 시작한 것이다. 2007년 8월 21일 맨해튼 시네마빌리지와 IFC센터 그리고 브루클린 BAM 시네마테크에서 사작된 2007년 뉴욕한국영화제에 〈미녀는 괴로워〉, 〈극락도 살인사건〉, 〈왕의 남자〉가 상영됐으며 일주일 전 표가 매진되었을 정도로 성황을 이루었다.

영화로는 『뉴욕타임스』가 봉준호의 〈괴물〉, 〈왕의 남자〉, 신상옥의 〈불가사리〉, 곽경택의 〈태풍〉 등이 소개되었다. 2008년 1월에는 한재림의 〈우아한 세계〉, 〈들소리〉, 전윤수의 〈식객〉, 이명세의 〈개그맨〉, 김성욱의 〈못 말리는 결혼〉 등이 상영되었다.

연극

연극, 무용, 전통무용을 합한 무대예술에서 이름을 날린 이는 홍준이, 홍준호 형제이다. 그들이 연출한 〈신은 더 이상 여기에 살지 않는다〉는 『뉴욕타임스』, 『뉴욕프스트』, NBC 등의 언론에 소개되면서 유명해졌다. 누구보다 유명한 작가로 들 수 있는 사람이 장두이이다. 그는 1978년 '알댄스 디어터 사운드'를 창단하고 시, 연극, 춤 등 종합예술의 실체로서 30년간 뉴욕에서 활동해 100여 편의 연극과 무용을 공연했다. 그리고 1992년에는 '코러스 플레이어즈'를 창단한다.

윤영선은 '없는 극단'을 창단하고, 안은숙은 2000년 연극협회를 창설해 후배들을 양성하고 있다 또한 김은희는 '인라이트먼트'를 창단해 불교적 작품을 무대에 올리는 공을 세우고 연극의 명맥을 유지하는 데 공을 세운다.

무용

　현대무용에서 유명한 사람이 1988년 "화이트 웨이브 라이징"을 창단한 김영순이다. 그는 1977년 도미해 35개의 작품을 발표했고, 미국 이외에 스위스, 동남아, 홍콩, 중국, 한국 등에서 순회공연을 했으며, 2002 덤보 댄스 페스티벌을 주최한 인물이다. 그는 미국 내에서만 169개 무용단체와 접촉하면서 700여 명의 무용수를 공연케 한 공을 세웠다.

　전위무용으로는 1981년 무용단 '래핑스톤'을 창단한 홍신자가 유명하다. 그녀는 1966년 컬럼비아대학교 무용학과에서 석사를 하고, 1980년 유니온 인스티튜드에서 무용학 박사를 취득한 후 무용가, 명상가, 베스트셀러 작가로 명성이 높으며 한국에 귀국해 명성운동가로 활동을 계속하고 있다. 유영하는 한인 처음으로 '미시 그레이엄 무용단' 단원으로 된 사람이다. 그녀는 댄스 스포츠를 지도하는 안무가로 변신해 한인사회에 공헌했다. 이선옥은 1976년 '선무용단'을 조직했다. 그녀는 동양의 선 사상을 춤으로 표현한 사람이다. 그녀는 1969년 도미하여 '올내이션 댄스컴퍼니'의 단원으로 활동하며 유럽, 아시아 등지에서 300여 회의 공연을 했다. 1993년 '이선옥 무용단'을 창단했고, 뉴욕아시아 태평양 현대무용제(APRCCN)를 창립했다. 박사욱은 '포스 디멘션댄스'를 창단해 유명하다.

　무용가 안은미는 현란한 춤으로 『뉴욕타임스』로부터 격찬을 받은 사람이다. 그녀는 1994년 도미해 〈별이 빛나는 밤〉에 출현해 머리를 빡빡 밀고 윗옷을 완전히 벗은 채 파격적인 몸짓의 춤을 추었다. 이것으로 그녀는 뉴욕예술재단상을 수상했고 『뉴욕타임스』지로부터는 "눈부신 상상력과 재치로 가득 찬 마술 같은 환상을 주는 무대였다"는 격찬을 받는다. 그녀는 '안은미 무용단'을 창단해 새로운 무용문화를 만드는 데 전력하고 영화, 패션쇼, 퍼포먼스 등 다양한 분야에서 재능을 발휘하고 있다.

　한국 유니버설 발레단이 2001년 뉴욕시티 디어트에서 3일간 〈심청〉,

〈라 바야데르〉, 〈명성황후〉, 〈난타〉를 공연해 호평을 받았다. 『뉴욕타임스』지에서는 강순영 무용단을 소개했고, 신자홍의 필그림매직(Pilgrimage)과 김문수의 무속춤, 그리고 구실자·정선화 등을 유능한 무용수로 소개했다.

축제

단체로서 유명한 것이 1984년 결성된 퀸즈 한인문화위원회이다. 이것은 후에 미동부한인문화위원회로 개칭하고, 매년 8월 플러싱 메도스 코로나 파크에서 개최되는 퀸즈 페스티벌에 적극 참가해 미주 최대 규모의 소수민족 대축전에서 단연 돋보이는 존재가 되었다. 그러나 1998년 임원진이 바뀌면서 쇠퇴해 최근에는 음력설위원회와 합동으로 한미문화협회로 재생했다.

뉴욕은 여러 민족이 혼거하는 국제도시이고 뉴욕 시는 여러 민족의 축제를 장려하며 이들의 공연을 합해 공동축제를 권장한다. 뉴욕 시에는 7월을 '아시아 문화유산의 달'로 정해 여러 아시아 민족들이 축제를 벌이게 한다. 또한 메이시 백화점에서는 6월 29일 아시아 문화 행사로 북춤 등 한국전통무용과 하와이 훌라댄스, 중국의 리본 댄스 등의 공연이 있다. 2007년 7월 6일에는 아시아아아메리칸연맹(CAPA)이 주최하는 아시안 축제가 맨해튼 유니온 스퀘어에서 개최되었다. 이 축제는 미국 동북부에서 가장 규모가 큰 축제로 약 100여 개의 아시안 관련 단체가 참가한다. 축제 마당 주위에는 아시아 음식을 맛볼 수 있는 식품 코너가 있고, 매 시간마다 3~4개의 팀이 음악을 공연한다. 한국에서는 2세 단체인 yKAN과 한인커뮤니티 센터 등 여러 단체가 참가한다. 이에 앞서 1일 열리는 '메츠-아시안의 밤' 행사가 있으며 이곳에 한국의 풍물패 '한울'의 공연과 중국 전통무용 '용춤'의 공연이 있다. 여기에는 아시안 2,000여 명이 참가하며 경기 시작 전 한인 성악가 이용훈 씨가 미 국가를 부른다. 7월 13일은 한인들을 위한 '코리안 나이트' 행사가 열린다.

롱아일랜드에서 개최되는 한인문화축제는 타 민족에게 한국전통문화를 알리는 행사이다. 롱아일랜드 한인회와 롱아일랜드 나소카운티 정부가 공동으로 주최하는 이 축제는 2007년의 경우, 7월 29일 롱아일랜드 아이젠하워 파크에서 개최되었다. 이 행사는 한국 축제인 동시에 이 지역의 대표적인 다민족 문화축제이기도 하다. 이 축제의 하이라이트는 '타 민족을 위한 열린 음악회'로 한국전통음악, 무용, 사물놀이, 국악과 서양악기를 혼합한 퓨전식 음악 등이 선보인다. 행사 중간 타 민족의 이해를 돕기 위해 전통문화에 대한 강좌도 곁들인다.

무대예술의 경우 돋보이는 영역이 무용이다. 현대무용에서는 한국적인 것을 가미해 미국 무대에 호평을 받을 뿐 아니라 한국적인 것을 더욱 심화시켜 독지의 영역을 개척해 미국 사회에서 호평을 받고 무한한 가능성을 보여주는 영역이기도 하다.

3. 미술계

음악 다음으로 많은 한인들이 모인 곳이 미술계라 하겠다. 뉴욕에는 SVA, Parsons, FIT, 컬럼비아대학교 미술대학, 뉴욕주립대학교 미술대학 등 미술에 관한 교육기관이 많아 미술학도들이 모여든다. 특히 유명한 소호와 첼시 등의 지역에 전시장이 많아 뉴욕에 모여든 한인 화가나 학생들을 합해 모두 1,000여 명이 될 것으로 추정한다. 그중 약 5%가 미술에서 최상급에 속하는 사람이라 보고 있다.[2]

미술계에서 중요한 것은 전시공간이다. 전시공간으로 문화원의 갤러

---

2 뉴욕미술가협회 김 회장 담.

리 코리아가 있다. 물론 이곳은 한국인뿐만 아니라 모든 사람에게 미술공간으로 공개되어 있다. 플러싱에 있는 열린 공간도 모든 사람에게 공개되어 화랑 겸 다른 전시회도 가능한 공간이다.

한인화가의 활동을 위한 협회로는 연목회나 호연회 등 한국화를 중심으로 하는 모임과 한미현대예술협회와 같이 서양화와 동양화를 같이 하는 협회가 있다. 음악에서 국악과는 달리 미술의 경우 동양화는 전혀 미국에서 호응을 받지 못하고 있다.

미술계에도 뉴욕에 거주하면서 한국을 드나드는 작가도 있고 한국에 거주하면서 뉴욕에 3~4개월 머물면서 창작활동을 계속하는 사람이 있다. 특히 현대미술의 경우 뉴욕에서 각광을 받아야 세계적인 명성을 얻을 수 있다. 한국이 가난했을 때는 그 뜻을 이루지 못했으나 1970년대 이후 뉴욕을 드나들면서 활동을 계속하는 작가가 증가하고 있다.

현대미술

뉴욕 출신 한인화가로는 멀리 장발 선생까지 거슬려 올라간다. 장발 선생은 컬럼비아대학교에서 미술사와 미학을 공부하고 한국에 귀국해 활동한 사람이다. 기병기 화백은 추상미술을 한국에 도입한 사람이고, 김보형은 조선대학교에서 교수생활을 한 사람이다.

한미현대예술협회는 2007년 7월 16일부터 29일까지 열린 공간에서 단체전을 열었다. 이 전시에는 권영춘, 박경희, 이귀자, 송영애, 우경웅, 이은수, 이상수 등이 서양화를, 박현숙, 이수자, 윤미량, 김주상, 권명원, 이유성, 윤미경 등이 한국화를, 조남천, 김금자, 이명희, 송인갑, 최재원, 이법철 등이 사진을, 김동욱, 김익규, 서미경, 윤향란 등이 멀티미디어 작품을 전시했다. 1980년대 전위작가로 활동한 사람이 정찬승이다. 롱아일랜드대학교 미술대의 이승이는 설치작가로 유명하다

최근 인카네이션(incarnation)이라는 주제로 전시회를 갖는 공동전시회가 있었다. 이곳에는 변정권의 작품 〈굿모닝 아메리카〉, 조덕현의 〈캠퍼스의 숯〉, 전광영의 〈한국과 뒤섞인 홍보〉, 황란의 〈휴식〉, 김아타의 〈최후의 만찬〉, 구본창의 〈가벼운 도자기 묘사〉, 이준호의 〈실 도장〉, 이미키의 〈폼폼 프로젝트〉, 박남중의 〈혼합된 언론〉, 이자예의 〈벚꽃〉 등을 전시했다. 이것을 종합적으로 보면 이들은 포스트 글로벌 사회를 묘사한 것으로 비교문화적 패러다임을 가졌으며 작품들은 식민지문화에서 번식·교배문화로, 교배문화에서 권화문화(Incanational culture)로 향하는 적극적이고 미래지향적 문화교류의 패러다임을 보여주고 있다. 그리고 나아가 미술은 아름다움을 추구하는 것이 아니라 새롭고 긍적적인 패러다임을 제시하는 것이 중요하다고 했다. 말하자면 이들이 최첨단을 걷는 한인화가들이라고 할 수 있다.

지화조, 조영칠, 김정옥 3인 화가의 작품전이 뉴저지 펠리세이즈 파크 도서관 갤러리에서 2007년 7월 개최되었다. 전시회는 풍경 수채화와 반추상화, 한국화 작품이 전시되었다.

퀸즈 박물관에서는 이색적인 볼펜 추상화가 전시되었다. 이것은 이일 씨의 작품으로, 다민족의 전시장과 같은 뉴욕에서 생존하려면 남들과 달라야 한다고 생각해 볼펜을 잡았고 그림의 기본인 선으로 돌아갔다고 한다. 3,000제곱피트 규모 갤러리에 청색과 검정 볼펜을 사용한 대작 8점, 초기의 실험작 86점, 그리고 박물관의 둥근 벽에 설치한 50피트 길이의 대작 〈파노라마〉가 전시되었고, 2007년 9월 19일에서 9월 30일까지 열렸다.

뉴욕에서 화가의 활동을 돕기 위해 이웅용, 남현주, 박무남 등이 미주한인서화협회를 조직해 한국의 전통적 서예를 가르치고 특히 사군자를 전문적으로 지도했다. 그 후 협회에 세대교체가 이루어져 배병수, 박원선 등이 지도하고 있다.

최근 뉴욕 맨해튼의 첼시에 한인 화랑이 몰려들고 있다. 첼시는 맨해튼 남북으로 20~30가, 동서로 10~11애비뉴 사이에 위치한 지역으로 이 첼시 지역에 250개의 갤러리가 밀집한 세계 최고의 화랑가다. 현대 미술의 중심지라 할 수 있다. 이곳에 한인들의 갤러리 '티나 김 파인아트', '나아트 갤러리', '아라리오 갤러리' 등이 입주해 있다. 이밖에도 27가에 'PS35', 26가에 '2X13 갤러리', '존첼시 아트센터'가 있어 한국화랑 6개가 5분 거리 내에 몰려 있다. 이것은 미국에 관심 있는 외국인들이 한국의 작품을 관람할 수 있는 좋은 조건이 된다. 국제 화랑들도 첼시 진출을 계기로 세계적인 작가와 호흡을 같이하는 것이 되어 한국의 미술계 발전에 크게 이바지할 것이다.

또 하나의 화랑가인 소호에는 김옥자와 박영미가 한국화랑을 개설했으며, 이수연은 소호 웨스트 브로드웨이에 '수연이 갤러리'를, 이강자는 '혜나갠드 갤러리'를 설치했다. 안성숙은 '시그마 갤러리'를, 이정옥은 'API 갤러리'를, 김양수는 '미디어센터'를 설립했다. 한국문화원에 있는 갤러리 코리아도 전시에 큰 도움을 준다. 이들 이외에도 작은 공간 등이 있으며 전시공간만 해도 갤러리가 15개 정도가 있고, 맨해튼에만도 10여 개의 화랑이 있다. 맨해튼 화랑의 특성은 순수 전시회만이 아니라 작품을 매매하는 것이다.

설치미술

미술계에서 가장 유명한 사람은 설치미술의 백남준이다. 비디오 아트의 선구자, 행위예술가, 플럭서스 예술가라는 명칭을 가진 고(故) 백남준 선생은 한국에서보다 미국에 더 알려진 세계적 설치미술의 태두로 알려져 있으며, 비디오를 조각, 설치, 퍼포먼스, 필름에 접목시켜 예술의 영역을 대폭 확대하였다. 그의 작품은 시각, 음향, 테크놀로지의 3요소가 어우러질 때 비로소 가능한 비디오 작업을 통해 관객을 끌어들이는 것이라 한다. 그는 미국과 한국에서만이 아니라 일본과 독일에서도 많이 알려진 작가이다.

백남준의 뒤를 이어 설치미술에 유명한 작가가 서도호, 마이클 주, 김수자, 강익중 등이 있다. 그중에서도 유명한 작가가 강익중이다. 그는 1994년 휘트니 미술관 "멀티플 다이얼로그"전에서 유명해졌고 1997년 베네치아 비엔날레에서 특별상을 수상했다.

사진

설치미술 다음으로 알려진 사람이 사진작가인 김이태, 전광영, 구봉찬, 배병우 등이다. 특히 경매장에서 유명한 작가로 이우환, 김창열, 고영훈 등을 들수 있다. 전시를 통해 알려진 작가는 니키 리(Nikki Lee)이다. 니키 리는 『뉴욕타임스』지에서도 극찬을 했다.

사진작가도 전시회를 하고 설명회를 갖기도 한다. 그 대표적인 사람이 박노아 작가이다. 그는 중앙일보 문화센터에서 개최되는 박노아 사진 전시회에서 대중을 위한 '사진 워크숍'을 개최해 관객에게 사진의 역사와 이미지 창출에 필요한 테크닉, 미학 강의, 실습 등을 곁들였다.

미술계는 음악과 달리 개인의 작품을 만드는 공간이 있어야 하지만 그것보다 중요한 것이 전시장이고 전시회라 할 수 있다. 따라서 어디에 작업장을 갖고 어디서 전시하는가가 중요하다. 그리고 미술은 개인전도 중요하지만 단체전시회가 중요하며 많은 사람들이 동시에 작품을 출품하기도 한다. 이러한 미국의 특성 등으로 뉴욕에서는 소호와 첼시가 발달했고 이곳은 이미 유럽의 파리를 능가하는 세계 미술계의 메카가 된 것이다. 이곳에 한인화가들과 화가지망생이 모여들어 기술을 연마하고 재능을 발휘하고 있어 한국의 미술계는 전망이 밝다 하겠다.

미술작품 전시회만을 행하는 행사는 아니지만 복합적 전시회가 있다. 2007년 6월 15일 뉴저지 포트 리 커뮤니티센터에 아시아문화예술재단이 마련한 아시안 문화유산 박람회가 그것이다. 이곳에는 현대작가 작품전과 함께 동양의 전통의학, 한국의 국악과 차문화 소개 등 다양한 이벤트가 있었다. 전시에는 청전 이상범, 심산 노수현, 이당 김은호, 서정 변관식 등 유명 산수화가들의 작품과 8폭 병풍, 홍선대원군의 난초, 청화백자, 달항아리 등 유물 35점과 현대작가 곽석손, 김영수, 손인환, 노재승, 장혜림, 김규태 등의 작품 20점이 전시되었다. 아울러 한국의 녹차, 연차, 국화차 등의 시음 행사도 있었다. 손인자 회장은 귀중한 기회라 잭 알터 포트 리 시장, 샬롯 벤더보크 뉴저지 주하원의원 등을 초청해 한국의 전통문화를 소개했다.

뉴욕에는 전시장과 화랑이 많으며 국립박물관 이외에도 구겐하임, 휘트니, 메트로폴리탄, 모마 등 세계적인 박물관도 많아 뉴욕동포들이 이런 곳에서 세계적인 미술작품을 즐기며, 미국을 방문하는 방문객들도 이러한 박물관을 보고 가는 것이니 화가나 화가지망생만이 아니라 뉴욕동포들도 많은 문화 혜택을 보고 있다.

4. 문학계

예술계에서 보다 소외된 영역이 문학계일 것이다. 특히 영어를 구사할 줄 모르는 1세 작가들은 한국어를 유지하고 발전시킨다는 긍지를 갖고 있으나, 이것이 주류사회인 미국 사회에 무슨 소용이 있는가 하는 위축감에 사로잡혀 있고 소외감을 갖고 있다. 따라서 소외된 사람들끼리의 모임을 갖고 스스로를 위로해간다. 그리하여 뉴욕 일원에서 한국문학을 애호하는 작가들이 1989년 미동부한국문인협회를 조직했다.[3]

---

3   미동부한국문인협회 김 회장 담.

문학인

　뉴욕 일대의 작가 11명이 모여 한인문인협회를 조직하고 2년 뒤인 1991년『뉴욕 문학』이라는 잡지를 발간했다. 1993년 제1회 신인상 공모를 실시해 문학강연, 심포지엄 후원, 시화전, 시 낭송회, 수필과 음악의 밤, 고교 백일장, 시조 알리기 학술발표회 등을 개최했다. 이러한 활동을 통해 한인문인협회는 회원이 70명에 달했다.

　문인들의 활동에 도움을 주는 곳이 한국일보, 중앙일보 등의 언론기관이다. 이들 신문사에서는 시, 소설, 수기 등을 모집해 소설 1등에 3,000달러, 시 1등에 1,000달러를 주었으며, 이것은 문인들에게 큰 장려와 보탬이 되었다. 한국일보에서는 작품 모집만이 아니라 신문사 내에 문화센터를 두고 문학교실을 실시해 일반인에게 한국어를 구상하고 능력을 개발하게 하고 문학에 소질이 있는 사람에게 문학작품활동을 하게 한 것이다. 한편 서울에 있는 재외동포재단에서 재외동포의 문학작품을 공모하고 시상하는 것도 문인들에게 큰 보탬이 된다.

　1세대를 대표하는 작가로 김정기가 있다. 그는 한국에서 1974년『당신의 군복』을 출판했고 도미해 1996년『애국가를 부르는 뉴요커』를 출판했다. 교민 1세로 미국 내에서 유명한 작가를 열거하자면 플로리다에 거주하는 시인 마종기, LA의 소설가 송상옥, 보스턴의 방이문 등을 들 수 있다. 이와 같이 동포 1세 작가는 뉴욕에 한하는 것이 아니라 미국 여러 곳에 거주하고 있다. 말하자면 미국 내 1세 작가가 많지 않다는 것이다.

　젊으면서도 한국어로 작품을 구상하는 작가로 이상문학상을 수상한 김지원, 정신과 의사이면서 서울에서까지 알려진 시인 서량, 플로리다의 한혜영, 시인 조형자, 재외동포재단에서 수상한 김은자, 시인 곽상희, 김종난, 최경자, 수필가 이계향, 이영주, 고은자, 한혜진, 이용해, 소설가 정규택 등을 들 수 있다. 흥미로운 것은 서량과 이용해 씨이다. 이들은 의사이면서 문학에 소질이 있어 서량은 시집을 내고 이용해는 수필집을 5권이나 출판했다.

문학활동

문학인들에게 큰 도움을 주는 곳이 앞서 본 중앙일보의 문학교실이다. 일주일에 1회 강의식으로 진행되는 문학교실은 월 100달러의 수업료를 내고 듣는다. 보통 1년을 수강하지만 몇 년을 다니는 사람도 있고 나이 많은 사람도 있다. 이곳에서는 작품을 쓰는 법을 수업하지만, 써온 작품을 고치기도 한다. 문학교실은 문학에 소질이 있고 꿈이 있는 사람들의 모임이라 꾸준히 계속되고 있다.

문학 애호인들에게 중요한 것은 김정기 선생이 진행하는 양서 소개 시간이다. 뉴욕의 라디오 코리아에서 김정기 선생이 일주일에 1시간 최근에 나온 좋은 작품을 소개하고 해설하며 문학에 관심을 갖는 이들에게 큰 도움을 주는 것이다. 특히 중소기업에 종사하며 문학에 소질이 있으나 개발할 기회가 없는 사람에게 유익한 시간이 된다.

문인들은 독자와의 만남을 주선해 소설 낭독회 등을 갖는다. 예컨대 2세대인 배우 겸 작가인 안젤라 미영 허 씨는 최근 맨해튼에 있는 반스앤노블에서 데뷔작인 『K타운의 여왕들』(*The Queens of K-Town*)의 낭독회를 가졌다. 많은 사람들이 모여 작품의 일부를 낭독하고 독자와 내용에 관한 질의 응답의 시간을 가졌다.

단체적인 시 낭송회도 있다. 미동부한국문인협회는 2007년 6월 23일 플러싱 코리아빌리지 열린 공간에서 시화전을 가졌다. 참가 시인은 고창완, 곽상희, 김영욱, 김명순, 김민정, 김부경, 김소향, 김소희, 김영란, 김영수, 김지원, 김주상, 복영미, 안영애, 양주희, 허영자, 윤관호, 윤석진, 이정강, 이희만, 정문혜, 천취자, 최임선, 최정자, 하운, 한영국, 황미광 등 27명이다.

뉴저지에 거주하는 동화작가 최효섭 씨가 한국아동문학학회가 선정한 아동문학상을 수상받았다. 그의 수상 작품은 『금순이와 · 백설공주』이다. 이것은 최초로 재미동포가 한국의 아동문학상을 받은 것이며 이민사에 큰 의미가 있다.

최근 2008년 초 시단에 소개된 것이 현대 시단의 거목 정현종 시인의 시집 『생각의 꿈』(*The Dream of Things*)이다. 정 시인의 시 81편을 선정해 영어로 번역한 시집인 이 시집은 2부로 구성되어 있다. 1부는 실존주의 경향의 초기 시, 2부는 생태주의 경향의 후기 시가 실려 있다. 그는 한국 주지주의 시의 새 지평을 연 시인으로 알려져 있다.

문학은 아니지만 문학활동에 도움을 주는 출판사가 있다. 뉴욕에 본부를 둔 인피니라는 출판사는 세리나 윤 씨가 창사한 출판사로 이곳에서는 아시아의 문화나 언어에 관련된 서적을 출판하고 있다. 1년에 100만 부씩 배포하는 출판 카탈로그 〈컬처 포 키즈〉와 〈아시아 포 키즈〉는 뉴욕, 시카고, LA 등 주요 8개 도시 학교와 도서관, 가정 등에 배달된다. 이 출판사는 2003년부터는 성인을 주요 독자로 하는 인피니를 설립해 굵직한 유명 작품을 펴내고 있다.

2세 작가

문학계는 한국어가 자유로운 1세와 영어가 자유로운 2세로 구분된다. 1세들은 미동부한국문인협회 회원으로 활동하고, 1.5세, 2세들은 코리안 아메리칸이란 의식을 갖고 있으며 협회에 가입하지 않고 개별적인 활동을 한다. 그러나 실제 1세이면서 영어로 작품을 쓴 사람도 있다.

이를테면 1930년대 유명해진 강용흘이 그런 작가이다. 그는 1921년 하버드대학교에서 영문학을 전공했고 1930년대 장편소설 『*The Grass Roof,*

The happy Grove』, 『*East goes West*』 등을 출판해 유명해졌다. 그는 한국에 귀국했다가 6·25 사변 후 다시 도미해 『아니다한 님의 침묵』 등을 번역했다.[4]

강용흘보다 젊은 이가 김은국(Richard E. Kim)이다. 그는 1954년 도미, 하버드대학교 영문학과에서 창작법을 전공하고, 매사추세츠대학교에서 창작법을 강의했다. 그는 1963년 『순교자』를 출판해 세계적 작가로 인정을 받는다. 그 후 그는 『*The Innocent*』, 『*The Lost Names*』 등의 작품을 발표한다.

박남수는 1975년 도미, 1981년 『사슴의 관』으로 대뷔, 시집 『초롱불』, 『갈매기 소묘』, 『신의 쓰레기』, 『생의 암장』 등을 출판하고 1991년 『어딘지 모르는 숲의 기억』, 1993년 『그리고 그 후』 등으로 유명해졌다.

1.5세의 대표적인 작가가 이창래이다. 그는 1965년 서울에서 출생해 3세 때 도미했다. 그는 1995년 『*Native Speaker*』로 PEN/헤밍웨이 상, 아메리칸 북 상 등을 수상하고 『뉴요커』지가 선정한 미국문단 대표적 젊은 작가 20인에 포함된다. 그는 1999년 『*Gesture Life*』를 출판했다.

최근에는 최양숙이 유명해졌다. 그녀도 1991년 도미하고 SVA를 졸업한 1.5세이다. 그녀는 1997년 동화집 『*Nim and the War Efforts*』를 시작으로 『*New Cat*』, 『*The Name Jar*』 10권을 출판해 『뉴욕타임스』의 '올해의 최우수 책'에도 선정되었고 정부가 정한 '탁월한 재능'을 가진 외국인으로 선정되어 영주권을 받기도 했다.

이들 1.5세 2세들은 최근 들어 작품을 발표하기 시작했다. 최근 극작가이자 희곡작가로 알려진 작가는 주리아 조와 이민진으로, 이민진은 『*Free Food Millionaire*』를 출판했다.

---

4 미동부한국무인협회 김정기 총무 담.

5. 체육계

체육회

　재미 한인들에게 체육대회는 한인을 하나로 묶는 좋은 기회이다. 따라서 한국에서 열리는 체전에 재외동포가 참가하고 한국에서 기회가 있을 때마다 동포들이 참가한다. 그리고 미주 내에서는 한인동포들의 체육대회를 개최하는 것이다. 뉴욕의 경우 1978년 8월 62명의 체육인이 코리아센터에 모여 대한체육회 뉴욕지회로서의 뉴욕체육회를 창립하고 오응서 박사를 초대 회장으로 추대했다.[5]

　뉴욕체육회에서는 1978년 10월 워싱턴에서 열린 도시대항 축구대회에 선수를 파견해 뉴욕팀이 우승을 했다. 1981년 LA에서 얼린 제1회 진미동포체육대회에서는 뉴욕팀이 2위를 했다. 1983년 8월에서는 제2회 전미 체전에서는 뉴욕이 1위를 했다. 1984년 8월 브롱크스 케네디 하이스쿨에서 제1회 미 동부지역 한인체육대회를 개최했다.

　한국에서 세계 올림픽이 개최되는 해 뉴욕에서는 3월 6일 후원의 밤을 가졌었고, 3월 20일에는 골프대회, 4월 20일에는 플라자 호텔에서 전통 의상 쇼, 4월 21일 아스토리아 매너에서 전통의상 쇼, 5월 14일 링컨센터에서 올림픽 축하 대음악회, 5월 29일에는 마라톤 대회, 6월 14일에는 성화 봉송, 7월에는 글짓기 대회 등을 전개했다. 체육회에서는 지하철 포스터를 제작해 배포하고, 올림픽 성금 모금운동을 전개했으며, 기념품 판매 운동을 전개하고 복권도 발행했다. 또한 자원봉사단을 모집하고, 교회 및 각 단체들의 협조홍보지원을 요청했으며, 동포 좌담회 등을 계속했다. 뉴욕체육회는 서울올림픽을 기해 자기들이 할 수 있는 모든 정성을 다해 한

5　『대뉴욕한인 100년사』, 2004, 462쪽.

국을 도운 것이다. 1989년 제1회 세계한민족체육대회에 50개국 1,330명이 참가할 때 뉴욕에서도 참가했다.

2007년도의 제14회 전미주한인체전은 6월 30일부터 7월 1일까지 4일 간 샌프란시스코에서 개최되었다. 21개 지역 2,000명이 참가한 이 대회에 뉴욕지역에서는 축구, 검도, 골프, 농구, 배구, 볼링, 수영, 야구, 씨름, 육 상, 탁구, 테니스 등 12개 종목에 153명이 참가했다.

태권도

재외동포가 각국에 그리고 세계에 공헌한 것이 있다면 그것은 태권도 일 것이다. 세계 도처에 한인 태권도 사범이 안 간 곳이 없으며, 가는 곳마 다 도장을 차리고 한국의 태권도를 전하고 태권도를 통해 한국과 한국의 얼을 전하고 있다.

뉴욕에서는 1962년 조시학이 태권도를 시작했고, 1978년 대뉴욕지구 태권도협회를 조직한다. 1983년 10월 메디슨 스퀘어 가든에서 제1회 미주 태권도 선수권 대회를 개최한다. 3일간 계속된 태권도 대회에 세계 158개 국에서 선수 3만여 명이 참가했고 ABC 방송이 1시간의 특집을 보도하기 도 했다. IOC위원 15명이나 초청되어 성황리에 끝낸 이 대회는 태권도가 올림픽 종목으로 채택되는 데 크게 공헌했다.

2003년 5월 플러싱고등학교에서 미주 한인 이주 100주년 기념 대한 민국 국가대표 태권도 대회를 개최했다. 이곳에 시범단 30여 명이 시범경 기를 연출했고 일반 회원 1,500여 명이 참가해 대성황을 이루었다.

뉴욕은 아니지만 워싱턴 D.C.에서 2003년 6월 28일 재미한인사회에 태권도 대선배되는 이준구 사범에게 워싱턴의 엔소니 윌리엄스 시장이 한인 이민 100주년기념 평화 콘서트 장에서 '준리의 날'을 선포했다. 이것 은 미국 모든 지역에서 한인 태권도가 사회에 큰 공헌을 했다는 것을 의미한다.

　미국 동부 뉴욕, 뉴저지, 코네티컷, 매사추세츠, 펜실베이니아 등 5개 주에 한인이 장학하고 있는 태권도 관장이 600여 명이고, 뉴욕 주에만 200여 곳의 도장이 있다. 이렇듯 태권도가 성장한 것은 미국의 태권도장에서 한국어로 구령을 부르고, 태권도인 하면 예의 바르고 겸손하며, 정의롭고 당당한 사람으로 여기기 때문이다.

골프

　골프는 재미동포사회에 없어서는 안 될 운동이 되었다. 한인회를 비롯해 한인들의 단체는 골프를 통해 친선을 도모하기 때문에 한인들의 모든 단체에는 골프 동우회가 있다. 골프는 친선만이 아니라 모금운동의 일환으로 열리기도 한다. 직능단체의 경우 지나치다 할 정도로 한인들은 골프를 즐긴다. 이러한 한인들에게 수준급 골퍼가 있을 것이지만 이곳에서 언급하는 골프는 프로 골퍼를 말한다.

　뉴욕, 뉴저지 등지에서도 한국계 어린 여성 골퍼들의 등장으로 화제가 되고 있다. "2007년 뉴저지 주니어 걸스 골프챔피언십"에서 한인 여학생들이 1~5위를 차지한 것이다. 1위는 해나 라, 2위 이사벨 한, 3위는 제시카 엄, 4위는 크리스탈 이, 그리고 5위는 조은애 양 등이다.

예체능계

　뉴욕의 예술계와 체육계를 보았다. 체육계는 다른 지역에 있는 것과 대동소이하지만 예술계는 뉴욕에 있기 때문에 다른 지역보다 활발하다고 말할 수 있겠다. 제2차 세계대전이 끝난 후에도 미술은 프랑스, 음악은 독일이 주도했었다. 그러나 냉전시대를 지나면서 미술이나 음악도 뉴욕이 세계의 중심지가 되었다. 뉴욕에는 세계적인 음악과 미술 학교도 있으나 박물관도 많아 세계적인 명품을 감상할 기회도 많고 카네기홀과 같은 공연장도 많고 전시장도 많아 예술활동을 쉽게 할 수 있다. 무엇보다 소호나 첼시와 같은 한 마을이 전시장을 이루는 곳들이 있어 이러한 분위기에서 경쟁을 하면서 예술성이 길러지는 환경적 조건을 갖추고 있는 것이다.

이러한 뉴욕이라는 환경에서 작품활동을 하면 그것이 바로 세계적인 수준으로 상승하는 것이기 때문에 한국의 작가들이 한국과 뉴욕을 드나들면서 작가생활을 영위하고 있다. 그리하여 설치미술의 백남준과 같은 거물이 탄생할 수 있었고, 특히 음악과 무용에서는 세계적인 인물이 많이 배출되었다. 음악은 개인이나 악단이나 수준급에 올라 세계무대에서 마음껏 재량을 발휘하고 있다. 참으로 갸륵한 한국의 아들딸들이라는 찬사가 아깝지 않다.

음악계는 고전음악에서 활동하는 것과 국악과는 큰 차이가 있어 동양적인 한국 것을 미국 주류사회는 인정하지 않고 있으나 뉴욕은 새로운 것을 창조하는 곳이고 무엇보다 다민족이 섞여 사는 다문화사회이기 때문에 국악이라고 위축될 것이 아니다. 더구나 뉴욕에서는 소수민족의 문화를 북돋아주는 축제 행사가 많아 국악도 뉴욕에서 없어서는 안 되는 영역이다. 그리고 앞으로는 축제 행사가 더욱 많아질 것이고 이러한 환경에서 국악인들은 국악을 가꾸고 다듬어서 세계 수준으로 승화 발전시켜나가야 할 것이다. 이런 의미에서 국악이나 동양화를 아끼는 사람, 그리고 한국어를 지키는 작가들이 각광을 받을 날이 있으며, 소중한 존재로서의 가치를 알아줄 날이 있을 것이다.

뉴욕이라는 환경에서 양악만이 소중한 것이 아니라 국악도 소중하고 오히려 불리한 조건에서 자기를 지켜나가는 사람이 더욱 소중한 한국인이 아닐가 생각된다. 예술의 세계는 사회를 앞서가는 것이 사명이다. 이제 서양과 동양을 융합해 제3의 새로운 문화를 창조하는 역할을 예술계가 선도

해나갈 것이라 생각하며 오늘 뉴욕에서 세계 최첨단을 따라 바쁘게 움직이
는 우리 한인 예술가야 말로 민족의 희망이며 세계의 희망이라 할 것이다.

제2부
뉴욕
재미한인사회의
교육

　　2000년대에 진입하면서 두드러진 현상이 '한류'(韓流)의 유행과 한국학의 유행이다. 동남아시아에서 불기 시작한 한류는 중국과 일본을 휩쓸고 이제 프랑스로 유럽에 상륙하고 있으며, 뉴욕을 중심으로 전 미국에 한류가 유행하기 시작했다. 한편 한국학도 중국과 러시아 대학에 한국학과가 설립되기 시작해 동남아시아, 중앙아시아, 몽고 등지에 한국어학과가 설립되었다. 미국과 유럽 여러 나라의 대학에서도 한국어 강좌가 설립되었고, 미국의 경우 그 수가 91여 개교에 이르고 있다. 한류는 일시적인 것으로 잠시 유행하고 지나가는 것인지 몰라도, 대학에서 한국학, 한국어 강좌는 그리 쉽게 유행하고 말 것이 아니라는 것은 자명한 사실이다.

　　이야기를 미국으로 한정해보았을 때 한인들의 동포사회 자체도 1세 위주에서 1.5세, 2세 시대로 넘어가는 과도기적 현상을 보이기 시작한 시기로 오늘날 한국학의 유행은 한인사회에 중요한 의미가 있다고 하겠나.

　　미국에서 한국학이 유행하는 데는 몇 가지 이유가 있다고 생각된다. 미국 사회의 원인으로 들 수 있는 것이 미국에서 SAT II에 한국어가 채택된 것이다. 미국의 SAT II에 한국어가 채택된 것은 한국어가 중국어, 일본어와 더불어 세계에서 배워야 할 동양어로 인정받은 것이 된다. 또 하나는 'Bush Grant 2004'에서 역시 한국어가 6개 외국어 중의 하나로 된 것이다. 2000년에 시작한 'Flagship Scholarship'의 9개국어에도 한국어가 있으며 2008년에 발표한 'National Security Language Initiative'의 10개 국어에도 한국어가 들어 있다. 이와 같이 미국 연방정부는 기회 있을 때마다 한국어를 미국의 중요한 외국어로 인정하고 있다.

　　한국학이 유행하는 간접적인 원인으로 들 수 있는 것이 한국 유학생 수가 증가한 것이다. 교민사회의 교육열이 높아 1.5세, 2세의 진학률이 높기 때문에 동포학생 수도 많으나 한국에서 유학 온 유학생이 20만 명을 돌파했고, 박사 과정으로 오는 학생, 심지어 조기 유학으로 오는 초등학교·중학교 학생이 5만 명이 넘는다고 한다. 미국에서는 어떤 민족의 학생 수가 많으면 그 민족에 관심을 갖고 연구하는 경향이 있다. 한국계 학생이 많기 때문에 대학들이 한국에 대한 관심을 갖게 된 것이다.

또 하나의 원인은 한국의 국력이 신장되어 한국이 10대 교역국, 경제 대국으로 성장한 것이다. 한국의 성장이 미국이 한국학을 추진하는 간접적인 원인이 된 것이다.

미국이 한국학에 관심을 갖고 SAT II와 'Bush Grant 2004'에 그리고 '2008 National Security Language Initiative'에 한국어를 채택했기 때문에 그냥 내버려두어도 된다고 생각하면 큰 오산이다. 오히려 이제부터 한국 사람들이 단결해 한국어 보급과 한국문화 보급에 더 적극적이어야 한다. SAT II와 'Bush Grant 2004' 그리고 '2008 National Security Language Initiative'에 한국어가 채택되기 이전에는 자연스럽게 내버려두어도 문제가 되지 않았다. 그러나 'Bush Grant 2004'가 발표된 이후 미국 중·고등학교, 초등학교에서는 외국어를 배우려면 중국어를 배우는 것이 좋다고 하는 학교가 전체의 80%가 되고 그나마 다른 언어를 배우려면 일본어를 채택하겠다는 학교가 20%가 되며 한국어를 선택하겠다는 학교는 극히 드물다. 이러한 의사가 반영된 것이 현재 미국에서 동양어를 배우는 학교의 수이다. 중국어를 배우는 고등학교가 1,000여 개, 일본어를 배우는 학교가 700여 개, 그리고 한국어를 배우는 학교는 65개이다. 따라서 한국어는 한국 교민들이 나서서 서둘러야 채택할 언어가 되었다. 이제 미국에서 한국, 중국, 일본 3개국이 총 없는 문화전쟁을 시작해야 하는 시기가 온 것이다.

중국은 우리보다 교민수가 많고 일본은 우리보다 역사가 길다는 조건을 갖고 있으나, 이들은 하와이와 서부 해안지대에 몰려 있다. 이들에 비하면 우리 한국계는 전국에 분포되어 있다. 특히 국제결혼한 여성과 그의 가족, 그리고 우리 고아를 입양한 부모를 한국계라 간주하고 한국전에 참가했던 참전용사를 한국계라 한다면 한국계는 중국이나 일본보다 훨씬 유리한 조건을 가진 것이 된다.

　다시 말하면 한국 교민, 한국 여성과 결혼한 국제결혼 가족, 한국 고아를 입양한 부모, 그리고 한국전에 참전했던 참전 용사 등 한국을 사랑하는 사람이 모두 한국계 사람이 되어 단합해 미국의 중·고등학교, 초등학교에 한국어반을 신설하고 한국문화와 언어를 보급하는 데 앞장을 선다면 우리가 중국이나 일본인보다 유리한 입장에 있는 것이 된다.

　특히 'Bush Grant 2004'에 의해 한 학교가 6개 외국어 중 하나의 외국어를 선택하면 다른 외국어를 더 추가하기가 어렵다. 중·고등학교, 초등학교에 한국어를 확보하는 것은 선점을 당하기 전에 한국어를 보급해야 하는 시한부 전쟁을 하는 것이 된다. 아마 이 시한부 문화전쟁은 앞으로 5~10년이 고비가 될 것이다.

　한국어와 한국문화의 보급의 기초를 다지는 시기가 앞으로 10년이라고 보았을 때 우리는 10년 대계를 세워 기초를 다지고 전력을 다해 추신해야 할 것이다. 이곳의 10년 계획은 교육의 10년 계획이지만 실은 이것이 재미동포사회의 10년 계획이 될 것이다. 10년 계획의 기반이 되는 오늘의 교육환경과 조건을 이곳에서 보기로 한다.

1

대학에서의 한국학 연구

1. 대학 개항

　미국의 미네소타대학교(Minnesota University) 웹사이트에 기재된 한국어·한국학 강의를 실시하고 있는 대학은 131개교라 한다. 그러나 뉴욕의 한국문화연구재단이 인터넷을 통해 자료를 확인할 수 있는 대학은 81개교이다. 한국의 학술진흥재단이 집계한 바에 의하면 미국의 91개 대학에서 한국학 내지 한국어 강좌를 개설하고 있다. 이들 91개 대학에는 하와이 대학교, UCLA, 하버드대학교 등과 같이 아세아학에 역사가 깊고 한국학 연구가 오래된 학교로부터, 최근 5~6년 전에 한국어 강좌를 시작한 학교까지 포함되어 있다.

　참고 삼아 말하면 세계 55개국 632개 대학에서 한국문화 내지 한국어 강좌가 있고, 한국학과를 가진 대학이 10개 이상이 되는 나라를 보면 베트남에 10개교, 몽골에 12개교, 일본에 18개교, 러시아에 22개교, 중국에 41개교 그리고 미국에 91개교가 있다.

　미국의 91개 대학 중 한국전공 교수를 집계하면 다음과 같다.

교수 수	학교 수	교수 수	학교 수
1	35	8	1
2	19	9	1
3	5	10	1
4	14	12	1
5	5	13	1
6	4	16	1
7	3	17	1

자료: 학술진흥재단 자료 집계.

위에서 보는 것과 같이 강사 1명을 두고 한국어 강좌를 개설한 대학이 35개교이다. 3명 이하의 강사진을 가진 학교가 59개교로 전체 대학의 64%가 되며, 교수 6명 이상을 가진 대학이 14개교이다. 대학 내에 한국학연구소를 가진 대학은 14개교인데, 교수 6명 이상의 학교가 모두 한국학연구소를 가진 것은 아니다. 한국학연구소가 있는 학교와 교수 6명 이상을 가진 학교를 보면 다음과 같다.

학교명	연구소	교수 수
University of Hawaii, Manoa	Center for Korean Studies	17
Intercultural Institute of California		16
University of California Los Angeles	Center for K. S.	13
George Washington University		12
University of Southern California	Center for K. S.	10
Columbia University	Center for Korean Research	9
Rutgers State University of New Jersey		8
University of California, Berkeley	Center for Korean Studies	7
University of Wisconsin-Madison		7
University of Pennsylvania	Center for Korean Studies	7

(계속)

학교명	연구소	교수 수
University of Illinois at Urbana-Champaign		6
University of California Irvine		6
Georgetown University		6
Defense Language Institute Foreign Language Center		6
Harvard University	Korean Institute	5
University of Michigan	Korean Studies Program	5
University of Washington	Center for Korean Studies	5
Stanford University	Korean Studies Program	4
Johns Hopkins University	US-Korea Institute	4
State Univ. of New York Stony Brook	Center for K. S.	4
Duke University	Korea Forum	2
North Park University	Center for Korean Studies	1

자료: 학술진흥재단 자료 집계.

이상에서 보면 교수 6명 이상을 포함하는 학교에 한국학연구소가 있는 곳이 6개교이고 없는 학교가 8개교이다. 또한 5명 이하의 학교에서 한국학연구소가 있는 학교는 8개교이다. 이것으로 미루어 교수 수가 한국학연구소를 두는 기준이 되는 것은 아닌 것으로 보인다. 그러나 교수 수가 많으면 한국학에 관한 연구가 많을 것이다. 그리고 한국학연구소가 있는 곳에서는 최소한 연구소로서 갖추어야 하는 강연회인 콜로키엄 등을 포함한 한국 관련 특별 프로그램이 있어야 연구소라는 명칭을 사용할 수 있다.

한국학이 언제부터 어떻게 시작되었고 현재 비중이 어떠한가를 보기 위해 한국학 전공 교수를 언어학 전공, 문학 전공, 그리고 기타 사회 인문과학을 전공하는 영역으로 3대분하고 교수의 계급에 따라 분류한 것은 다음과 같다.

교 수	계 급	언 어	문 학	기 타	미국인	합 계
교 수	16	6	50	50	(25)	70
부교수	7	5	15	15	(3)	27
조교수	7	7	27	27	(9)	41
객원교수	3	1	18	18		22
강 사	60	6	60	60	(5)	126

자료: 학술진흥재단 자료 집계.

위 자료에 의하면 객원교수를 포함해 객원교수 이상의 교수가 160명이고 그중 미국인이 37명이 되며, 강사는 126명이고 그중 미국인이 5명이다. 말하자면 총 286명의 교수 중 시간강사가 45.4%가 된다. 이들의 임명일시가 기재된 것을 집계해보면 1991년에서 1995년 사이에 임명된 자가 6명, 1996년에서 2000년 사이에 임명된 강사가 7명, 2001년에서 2005년에 임명된 강사가 23명, 그리고 2006년에 임명된 강사가 1명이었다. 말하자면 임명년도가 확인된 강사의 64.8%가 2000년 이후에 강사로 임명된 것을 알 수 있다.

현재 미국의 대학에서는 강사를 채용해 한국어 강좌를 시작하는 것이 유행이었던 때가 있었다. 최근 약간 주춤해져 한국어 강좌가 크게 증가하지 않고 있다. 앞으로 수강생의 수나 강사의 질을 보아 한국어 강좌나 한국학과를 증설할 승산이 높다. 그러나 이곳에서도 중국어 학과나 일본어 학과와 경쟁을 해야 한다. 학교는 어느 것을 증설하고 증가하는 것이 장차 유리하겠는가를 연구하고 유리한 방향으로 학과를 증설할 것이다.

대학교의 학과 증설이나 강좌 증설은 학교의 정책, 예산 등과 관계가 있으며 한국에서도 교육부나 학술교류재단 등이 고차원에서 교육정책을 연구하고 국가 차원에서 지원할 것이기에 일반인들이 개입할 여지가 좁다. 다만 시애틀에 있는 워싱턴대학교에서와 같은 경우가 간혹 발생할지 모른다. 이곳에는 한국역사의 대가인 짐 팔레(Jim Palais) 교수가 사망하자 한국학 전공자를 뽑지 않겠다고 했다. 이에 시애틀 동포들이 합심해 학교가 요구하는 50만 달러를 모금해 한국학 전공 교수 1명을 채용하기로 하고 한국학을 부활시킨 일이 있었다. 앞으로 어느 대학이 어떠한 조건으로 한국학의 증설을 요구할지 모른다. 그러나 이것은 국가적인 차원에서 해결할 것이다.

2. 서부지역

하와이대학교

이곳에서는 한국학연구소를 가진 14개 대학의 한국학연구소의 내용과 활동 사항을 보기로 한다. 한국에 가까운 미국의 서부 태평양에 위치한 하와이대학교 한국학연구소부터 보기로 한다.

하와이대학교의 한국학연구소(Center for Korean Studies)는 한국학 진흥과 한국학의 국제적 협력을 위해 1972년 설립했다. 하와이는 한국인이 처음으로 이민 간 곳이고 한국인, 일본인, 중국인이 섞여 사는 곳이라 미국이라기보다 동양적인 풍치가 풍기는 곳이며, 특히 한국인이 많이 거주하고 한국의 독립을 위해 한인들이 활동한 유서 깊은 곳이다. 이러한 조건에서 한국학연구소는 하와이 사회와의 관련을 갖고 있으며 미국 내에서 한국을 가장 많이 연구하는 곳이라는 자부심을 갖고 있다. 특히 하와이대학교 내에는 유일하게 한국의 근정전을 모방해 1979년에 건립한 건물이 있다. 이곳이 한국학연구소이다.[1]

하와이대학교 한국학연구소는 위원회제로 운영되는 것이 특징이다.

---

1   하와이대학교 홈페이지.

이곳에는 학사 학생위원회, 연구위원회, 출판위원회의 3개 위원회가 있다.

앞에서 본 한국재단의 집계에 따르면 하와이대학교에 17명의 한국학 전공 교수가 있었다. 그러나 하와이대학교가 공개한 자료에 의하면 32명의 한국학 전공 교수가 있다. 32명 교수의 전공 분야를 보면 아시아학이 1명, 국제정치학 2명, 역사학 3명, 사회학 4명, 도시계획학 2명, 정보통신학 1명, 운변학 2명, 언어문학 7명, 민족음악 2명, 경제학 4명, 언어학 2명, 교육학 1명, 무용 1명 등이다(부록 1 참조). 이상의 교수진 이외에도 소장을 비롯해 6명의 교직원이 있으며 이들이 도서관·연구·출판 관련 사무 등을 보고 있다.

하와이대학교의 교수진이 담당하는 한국학 관계 강의는 2007년 봄학기의 사례만 보더라도 다음과 같이 11개 학과에서 51개의 강좌가 진행되고 있었다(부록 2 참조).

학 과	강좌수	학 과	강좌수
인류학과	1	동아시아학과	9
통신학과	1	무용학과	2
동아시아 언어	1	역사학과	3
한국어학과	23	군사학과	1
정치학과	7	사회학과	2
여성학과	1		

자료: 하와이대학교 자료 집계.

정규학과목 이외에 다른 곳에서와 같이 연구소 자체의 강연회인 콜로키엄이 있으며, 매년 10회 이상의 강연과 발표회에 교내 교수 이외에 타 대학, 그리고 한국에서 저명한 학자나 정치인, 경제인, 문인 등을 초청해 특별 강연을 개최하고 있었다.

대학 연구소의 특징의 하나가 출판물이다. 하와이대학교의 한국학연구소에서는 매년 1권의 『한국연구』(Korean Studies)라는 학술잡지를 발행하고, 6회의 뉴스레터를 발행하고 있다. 한국에 관한 단행본은 중국, 일본 것과 같이 출판하며, 한국의 것은 2006년에 1권이 출판되었다. 그간 하와이대학교에서 출판한 단행본을 보면 언어 · 문학이 6권, 역사 관련이 7권, 정치사회 관련이 11권, 동포 관련이 4권 등이다.

연구소와 관련된 것의 하나가 장학금 제도이다. 하와이대학교의 경우 학교 자체의 학부생 장학금, 대학원생 장학금 등이 있으며 외부 장학금으로 12개소에서 지급받는다(부록 4 참고).

이 외에 풀브라이트 재단(Fulbright Foundation)과 같이 미국 내의 장학금이 3개가 있고, 한국의 한국학술진흥재단(Korea Foundation)과 같이 한국의 장학금이 3개가 있으며, 개인이 제공하는 장학금도 4개가 있다. 이들은 모두 한국학을 전공하는 학생에게 수여되는 것으로 학자 장학금, 연구 장학금, 그리고 특정 목적의 장학금으로 나뉜다.

한국학연구소에 속한 것은 아니지만 한국학 연구와 긴밀하게 관련된 곳이 도서관이다. 말하자면 한국학에 관한 도서가 얼마나 있느냐가 한국학 연구의 하나의 기준이 된다. 하와이대학교의 경우 한국학에 관한 한국어 자료, 그리고 영어, 독어, 불어 등 외국어로 된 모든 자료를 완벽하게 소장하고 있다는 해밀턴 도서관(Hamilton Library)이 있다. 이곳에는 도서 이외에 오디오 비주얼 자료가 완비되어 있고 영화, 비디오, 녹화 자료도 거의 완비되어 있다고 한다.

하와이대학교는 한국학연구소와 밀접한 관계를 가진 연구소 동서문화센터(East-West Center)가 있다. 이곳은 동서문화를 비교 연구하는 연구소이기 때문에 한국학연구소와 중복되는 학회, 연구회, 토론회, 전시회, 강연회, 공연 등이 행해지고 있어 한국학 연구에 크게 도움이 되고 있다.

하와이대학교 한국학연구소가 자랑하는 것의 하나가 예술품을 많이 소장하고 있는 것과 한국학 연구가들이 정년을 하거나 사망하면서 이곳 한국학연구소에 기증한 기증품이 많은 것이다. 고(故) 서두수 교수의 유물이 있을 뿐만 아니라, 크네즈(Kugene I. Knez), 베이커(Evelyn Becker McCune), 키네이(Robert A. Kinney), 김진훈(Ch'in-hung Kim), 모스코비치(Karl Moskowitz), 휴 강(Hugh H.W. Kang), 그리고 최영호 교수 등이 정년퇴임하면서 기증한 물품들이 연구소에 보관되어 있다. 특히 이곳 한국학연구소가 자랑하는 것은 하와이에서 활동하던 동지회의 1924년에서 1970년까지의 완벽한 자료가 보존되어 있는 것이다.

하와이대학교의 한국학연구소는 미국 내에서는 교수진이 가장 많으며 가장 많은 한국학 강의가 진행되는 한국학의 중심지라 할 수 있다. 그리고 도서의 소유량도 가장 많은 편이고, 출판에서도 이곳이 한국학의 중심지의 하나라 할 수 있다. 이곳 한국학연구소의 특징이 있다면 예술품이 많고 무엇보다 동지회 자료를 소유하고 있는 것이라 하겠다.

버클리대학교

미 대륙 서부의 명문대학인 버클리대학교(UC Berkeley)의 한국학연구소(Center for Korean Studies)는 한국의 인문학과 사회과학을 연구할 목적으로 1979년에 설립되었다. 처음 동아시아연구소에서 출발해 일본학 연구소의 일부로 있던 것이 한국학연구소로 발전해온 것이다.[2]

한국재단의 자료에는 버클리대학교에 7명의 교수가 있다고 했으나, 버클리대학교 자료에는 14명의 교수가 등록되어 있었다. 이들은 언어학 7명, 정치학 2명, 체육교육 2명, 그리고 인류학, 민족연구, 사회학 각 1명씩이었다.

이들의 강좌를 보면 2005년 가을학기에 인류학과에서 4강좌, 동아시

---

2   버클리대학교 홈페이지.

아 언어와 문학에서 11개의 강좌, 역사학에서 1강좌, 정치학에서 4강좌 등 4개 학과에서 20개의 강좌가 있었다. 2006년 봄학기에는 아시아학에서 4 강좌, 동아시아 언어와 문학에서 8강좌, 민족연구에서 3강좌, 지리학에서 1강좌, 법학에서 2강좌, 정치학에서 1강좌 등 도합 6개 학과에서 19개의 강좌가 있었다. 2005년 가을학기와 2006년 봄학기에 도합 1,048명이 한국 관련 학과를 이수했다고 한다.

버클리대학교 한국학연구소에서도 연구소 활동으로 발표회 연구와 특별 강연회 등이 있고 국제학술회의 세미나 등을 개최하며 2006년 한 해 에만도 8회의 발표회를 개최했다. 이곳 버클리대학교는 한국에서 교환 교 수가 많이 오는 곳으로 유명하다. 2006년도만 해도 30명의 교환교수가 와 있었다. 한국학연구소는 이들에게 발표할 기회를 준다. 그리고 연구소에 서는 영화시사회도 했으며 문학의 밤도 개최했다.

이곳 연구소는 학술지를 발행하지는 않았으나 뉴스레터를 발행하고 단행본으로 6권을 발행했으며, 2006년에 길희성의 『지눌: 한국의 선 시조』 (*Chinul: The Founder of the Korean Son Tradition*)를 출판했다. 지눌 대사는 1158년 에서 1210년까지 살았으며 한국에서 선종을 세운 대승이다.

이곳 연구소에서도 장학금을 지급하고 있었다. 학교 자체의 장학금 이 7명에게, 한국재단 장학금이 3명에게, 대산재단 장학금이 1명에게 지 급된다.

버클리대학교가 자랑하는 것의 하나가 동아시아 도서관이다. 이곳에 아시아어로 된 도서가 60만 권으로 미국 내에서 2번째로 많은 아시아 도서 를 소장하고 있다고 한다. 아시아 언어로 된 정기간행물도 3,985종이 있고 최근에는 온라인 데이터베이스도 완벽하게 보관하고 있다고 한다. 2005년 봄에서 2006년 가을학기 사이에 구입한 아시아 언어 서적만도 4,441권에 달한다고 한다.

버클리대학교 한국학연구소가 자랑하는 사업의 하나가 'K-12 Korean

Teacher's Workshop'이다. 한국재단을 비롯해 6개 재단의 후원으로 실시한 이 프로그램은 유치원부터 고등학교인 12학년까지의 학생을 가르치는 교사들을 초청해 한국에 관한 역사, 지리, 문학, 사회학 등의 강연을 집중적으로 실시하는 과정이다. 2006년에는 7월 24일부터 28일까지 5일간 계속해 한국학 강좌에 45명의 중·고등학교 교사가 초청되고 15명의 대학교수가 참가하는 큰 강습회를 실시했다. 중·고등학교 교사는 지리, 역사, 사회 등을 담당하는 교사로 한국에 관한 사항을 좀 더 자세히 알려는 교사들이다.

2006년에 실시한 한국학 강습은 4가지 내용을 포함하고 있었다. 첫째 힐디 강(Hildi Kang) 교수의 "The Legacy Lingers On: Korean Confucianism and the Erosion of Women's Rights"라는 제목의 특강이었다. 이것은 유교가 중국에서 발원했으나 한국에서, 특히 조선조에서 발달해 사회제노로서 정착한 것과 이것으로 인해 여성의 권리가 어떻게 변했는가를 설명한 것이다. 두 번째는 "Finding the Korean Voice in K-12 Teaching"을 제목으로 워크숍을 실시했고, 세 번째는 "법의 법칙: 세계 역사에서의 인권"(Rule of Law: Human Rights in World History)을 주제로 하기교사연수회(Summer Teacher's Institute)가 주관하는 세미나를 했으며, 네 번째는 "강의 계획: 한국 워크숍의 교수"(Lesson Plans: Teaching about Korea workshop)를 실시했다. 이 중에서 특히 강조한 것이 세 번째의 하기교사연수회였다. 이곳의 주제 강연으로는 세계 체계 과학(Global System Science), 언론 프로젝트와 교육 네트워크(Media Project and Education Network), 전자문화지도 시안(Electronic Cultural Atlas Initiative) 등 새로운 개념과 패러다임의 설명이 있었고, 노틸러스 재단(Nautilus Foundation)의 페터 해이스(Peter Hayes) 소장이 "한국에서의 환경적 도전의 조우"(Meeting Environmental Challenges in Korea)라는 제목으로 북한의 환경파괴에 대한 국제사회의 협력을 촉구하는 특강이 있었다.

버클리대학교 한국학연구소의 특성은 도서관에 장서가 많은 것과 교환교수가 많은 것이다. 버클리대학교의 명성에 비하면 한국학 활동이 그리 심한 편은 아니다. 버클리대학교의 특성이 있다면 특수 사업인 미국 중·고등학교 교사를 상대로 하는 한국학 보급사업을 들 수 있다.

스탠퍼드대학교

미국 서부 명문대의 하나인 스탠퍼드대학교는 최근 정치력과 경제력으로 부상하는 한국의 현안을 연구하기 위해 2001년 한국학연구소(Korean Studies Program)를 설치했다. 이곳은 스탠퍼드대학교의 아시아태평양연구센터(Asia-Pacific Research Center)의 일환으로 설립되었으며, 신기욱 교수를 영입해 그를 중심으로 한국학 연구가 진행된다. 무엇보다 스탠퍼드대학교는 정치적인 현안에 학제 간 다원적(multidiciplinary) 접근을 시도하고 있다.[3]

스탠퍼드대학교의 한국학연구소는 정교수인 신기욱 교수를 중심으로 한 체제로 강의보다 연구와 토론에 중점을 두고 있다. 따라서 연구소는 교수 1명과 10명의 연구원으로 이루어져 있다(부록 6 참조). 현재 한국학 연구에 투입된 인원은 많지 않으나 스탠퍼드대학교는 과거부터 한국정치와 경제에 관한 연구로 유명하며 지금도 그 전통을 이어가고 있다(부록 7 참조).

2006년 강의를 보면 인문과학대학의 신기욱 교수가 담당한 2개의 과정만 있었다. 하나는 "한국의 국가와 사회"(State and Society in Korea)이고 다른 하나는 "국가와 민족주의"(Nations and Nationalism)였다. 그 대신 2006년에 실시한 세미나는 11개였고(부록 8 참조) 이들은 주로 미국의 대북관계, 대중국관계, 대아시아 관계 그리고 한미관계 등이었다. 이와 같은 강연회 내지 토론회가 2005년에도 16회가 있었고 2004년에는 하반기에 6회가 있었다. 자료에 의하면 2007년도에도 상반기에만 9건이 준비되어 있었다. 당면 과

---

3 스탠퍼드대학교 홈페이지.

제로 한국학연구소가 진행 중인 연구과제로 4개가 있었다(부록 9 참조).

이러한 토론회와 연구 발표회를 정기간행물인 『*Journal of Korean Studies*』나 『*Occasional paper*』, 『*Discussion paper*』, 또는 단행본으로 발표하기도 한다. 최근에 연구소가 발행한 간행물을 보면 2006년 저널이 2권, 단행본이 4권이었다. 단행본은 국제관계, 한국의 민족주의, 북한 관계 등이었다. 단행본으로 출판된 것이 2005진에도 3권, 2004년에 3권, 2003년에 3권, 그리고 2002년에 1권이 있었다.

장학금의 경우도 스탠퍼드대학교의 경우 9개가 있었으며 모두 국제적인 학제 간의 연구를 목적으로 하는 것을 지원하는 장학금이었다(부록 11 참조).

스탠퍼드대학교는 강의 중심보다 연구 중심인 것이 특성이었고 교수 1인에 집중하는 연구체제를 갖고 있었다. 무엇보다 스탠퍼드대학교는 현안의 정치문제, 경제문제 등에 연구가 집중되는 것을 알 수 있었다.

UCLA

재미 한인들이 가장 많이 거주하는 LA에 위치한 UCLA는 한국계 학생이 가장 많은 대학이며 한국학 전공의 가장 정선된 교수진을 갖고 있는 것, 한인 1.5세와 2세들에게 가장 충실한 교과과정을 제공하는 대학, 그리고 충실한 한국학연구소(Center for Korean Studies)를 가진 대학으로 자부하고 있다. 이 연구소는 1985년 설립되어 미 대륙에서는 오래된 연구소에 속한다.

하와이를 제외한 미 대륙에서 교수진이 가장 많은 곳이 UCLA이다. 이곳 연구소에 전속된 교수가 정교수 5명, 부교수 2명, 조교수 5명으로, 도합 12명이 있고, 연구소 부속으로 정교수 3명, 부교수 2명, 조교수 1명, 도합 6명이 있으며, 전속된 강사가 6명이 된다(부록 12 참조). 이곳에도 한국의 교환교수가 많아 2006년 15명의 교환교수가 있었다.[4]

　　1998년 집계에 의하며 UCLA에 3,300명의 한국계 학생이 등록을 했고, 한국 전공의 학사과정에 100명이, 그리고 석·박사과정에 50명이 등록했다고 한다. 매년 약 2,000명의 학생들이 한국 관련 과목을 청강하고 있다. 이에 UCLA는 1.5세와 2세를 겨냥해 학부에 한국학 전공과정을 설치하고 또한 박사과정에 중점을 두고 있다.

　　학부과정은 크게 2가지 분야로 나뉜다. 하나는 한국어와 한국문학에 집중한 한국학 전공과정이고, 하나는 한국학을 동양학과 관련지어 학제간 다전공(interdisciplinary)적인 과정으로, 한국학을 부전공으로 하는 과정이다. 석사과정과 박사과정은 한국의 역사, 문학, 언어, 종교, 예술사, 민속, 사회과학 등으로 세분하되 크게 한국 언어와 문학을 전공하는 영역과 불교를 전공하는 영역으로 나뉜다. 한국 언어와 문학을 전공하는 박사과정에서는 일반 문화, 고전문학, 현대문학으로 전공을 하게 하고, 불교는 한국에서 승려 생활을 했던 로버트 버스웰(Robert Buswell) 교수가 있어 한국 불교, 중국 불교, 그리고 일본 불교를 전공으로 택하게 하고 있다.

　　2006년 1학기에 제공된 강좌를 보면 동아시아 언어문화에서 8강좌, 인류학에서 3강좌, 예술사에서 5강좌, 민속학에서 1강좌, 음악민족학에서 2강좌, 사회학에서 2강좌, 도합 21개의 강좌가 있었다.

　　이곳 한국학연구소도 다른 대학과 같이 특강 시리즈(Colloguium Series)가 있었다. 최근에 진행된 것으로 중요한 것이 헨리 루스 재단(Henry Luce Foundation)의 후원으로 이루어진 한국기독교 관련 회의와 한국학 연구원(Academy of Korean Studies)이 5년간 장기 계획으로 지원한 남미에서의 한국학 연구(Korean Studies in the Americans' A Conference)이다. 2006년 9월에 개최된 1차 회의에는 UCLA에서 6명, USC에서 1명, 아르헨티나에서 5명, 멕시코에서 4명, 브라질에서 3명, 칠레에서 3명이 참가했다.

4　　UCLA 홈페이지.

UCLA는 한국의 저명한 대학과의 교환 프로그램으로 유명하다. 한국의 서울대학교, 성균관대학교, 연세대학교, 고려대학교, 동국대학교, 이화여자대학교, 부산대학교, 경북대학교, 원광대학교, 영남대학교 그리고 한국학중앙연구원과 자매결연하고, 교수와 학생의 교환, 공동 연구, 그리고 공동 출판을 추진하고 있다.

예를 들어 2007년 여름 7월 25일부터 8월 3일까지 9일간의 장기 워크숍을 진행했다. 이것은 한국과 미국의 저명한 교수를 초청해 강의를 듣고, 한국의 역사 유적을 통해 문화체험을 하는 프로그램이다.

UCLA의 도서관은 전 미국에서 한국학 관계로 7위에 있다. 이것을 보완하기 위해 대학은 16개의 한국과 미국에 있는 도서관과 대여관계를 체결해 한국학 연구가 자료상 지장을 받지 않도록 하고 있다.

UCLA가 자랑하는 것의 하나가 한인사회와의 관계이다. UCLA는 과거 4년간 로스앤젤레스 통합학군(Los Angeles Unified School District)과 협력해 중·고등학교 및 초등학교에 한국어–영어 이중언어 프로그램(Korea-English Bilingual Immersion Program)을 실시했다. 이것은 초등학교부터 이중언어교육을 실시하면 고등학교를 졸업하면서 2개국어를 완전히 통달할 수 있다는 이론을 뒷받침하는 교육 실습이었다.

UCLA는 LA에 위치한 대학답게 한국계 2세들의 존재를 충분히 고려해 학사과정에 한국학 전공을 인정하고 학교 교수의 특성에 따라 한국학 박사과정, 그리고 불교의 박사과정을 두고 있다. 버클리대학교에서와 같이 UCLA에서도 지역 한인동포를 고려해 이중언어 프로그램을 실시해 조기에 교육을 실시하고 이것과 연결된 대학교과 과정을 진행하고 있다.

남가주대학교

LA 명문대학의 하나인 남가주대학교(University of Southern California: UCS)

은 1995년에 한국학연구소(Korean Studies Institute)를 두었다. 이 대학에서는 1942년 처음으로 한국어 강좌를 개설했으며 1977년 한국 전공 교수를 임명한 대학이다.[5]

현재 남가주대학교의 한국학연구소에 전속된 교수는 3명이고, 부속된 교수는 13명이며, 한국어를 전담한 강사가 5명이다. 현재 남가주대학교에 한국에서 교환교수로 와 있는 교수가 7명이다.

남가주대학교에서는 매 학기 한국학 관련 교과로 20개의 강의가 개설되어 있으며 한국학이 성립된 이래 약 2,000명이 한국어 과정을 수료했다고 한다.

남가주대학교가 자랑하는 것의 하나가 한국전통도서관(Korean Heritage Library)이다. 한국학에 관한 도서관으로 미국 내의 6대 도서관 중 하나로 인정받는 이 도서관에는 한국 관련 도서 4만 6,000권이 소장되어 있고 1,600종의 학술지, 1,500편의 DVD, 2,330편의 영화, 240장의 지도, 110매의 CD, 그리고 상당량의 사진 자료가 보관되어 있다고 한다.

남가주대학교가 자랑하는 것의 하나가 대학 경내에 도산 안창호 선생의 가옥이 보존되어 있는 것이다. 안창호 선생은 독립운동을 위해 전 세계를 방황했으나 그의 가족은 1930년대에서 1950년대까지 이 집에서 기거했고 한국 독립운동가의 모임장소가 되기도 했다. 대학 캠퍼스 밖에 위치한 것을 대학 경내를 확대해 이 건물을 영내에 두고, 다시 집을 옮겨 현 위치에 두었다. 2층 건물인 이 집은 한국전통도서관 옆에 있으며 내부를 수리해 현재 한국학연구소로 사용하고 있다.

---

5 UCS 홈페이지.

워싱턴대학교

　워싱턴 주 시애틀에 있는 워싱턴대학교에도 한국학 연구 프로그램이 있다. 학부와 대학원 과정에 한국학 전공이 있으며 한국어, 문학, 역사, 사회과학, 정치학 등을 전공할 수 있다. 한국학 전공에는 소렌슨(Sarenson) 교수를 비롯해 8명의 한국 전공 지도교수가 있다. 국제학 연구 대학이 제공하는 한국학 과목은 언어와 문화를 비롯해 17개의 과목이 있고, 한국학을 전공하는 학생이 들을 수 있는 타 학과 과목으로 인류학 14과목, 비교문학 3과목, 경제 3과목, 지리 4과목, 역사 11과목, 국제경제 2과목, 법학 2과목, 정치학 4과목을 추천하고 있다.[6]

　한국학 콜로키엄에서 2007년도 하반기에 실시한 특강은 5개가 있었으며, 내용은 경남대학교 이주태 교수의 한미 FTA에 관한 것, 서울대 주국 교수의 한국 형법에 관한 것, 로스앤젤레스시립대학교 이정일 교수의 중국 명조가 조선에 미친 영향, 어바나 샴페인 일리노이대학교 로날드 토비 교수의 산에 관한 것, 그리고 애리조나주립대학교 최혜원 교수의 현대 한국 여성에 관한 것 등이다(부록 14 참조).

　워싱턴대학교는 한때 짐 팔레 교수가 있었던 곳이다. 짐 팔레 교수는 미국 내 한국역사의 대가로 특히 대원군 연구를 비롯해 한국 근세사를 전공한 교수이다. 그가 생존했을 때 워싱턴대학교는 한국학 연구의 중심적 기능을 다해 미국 전역에서 한국학을 전공하려는 학생, 특히 한국역사를 전공하려는 학생들이 몰려왔었고, 미국 정부가 한국학에 관한 위탁교육을 이곳에서 실시하게 했었다. 현재도 그 전통이 있어 한국학을 전공하려는 미국 학생들이 많이 모이는 대학의 하나로 워싱턴대학교를 꼽는다.

6　워싱턴대학교 홈페이지.

3. 중부지역

미시간대학교

미시간대학교가 한국학을 시작한 것은 1984년으로 소급한다. 당시 대학의 학생과 교수 그리고 한인사회의 요구로 한국학 연구를 시작했다. 그 후 1990년에는 한국 언어 강좌를 개설했고 1995년에는 인문대학 내에 한국학을 전공하는 한국학연구소(Korean Studies Program)를 설치하게 된다.

한국학연구소에는 우정은 교수가 소장이고, 교수로는 데이빗 정과 헨리 엄 교수가 있고, 언어만을 담당한 강사로 조혜원, 박옥숙, 김정혜 3명이 있으며, 보조로 정혜성이 있고, 한국학 도서관 사서로 성유나가 있다.[7]

한국학과 관련된 학과의 교수로는 사회학과에 3명, 심리학과에 1명, 언어문화학과에 1명, 정치학과에 1명, 경제학과에 1명, 경영행정학과에 1명, 건축도시계획학과에 1명, 정보통신학과에 1명, 박물관학과에 1명, 영화비디오학과에 1명, 간호학과에 1명, 도합 13명이 있다.

미시간대학교가 제공하는 한국학 관련 강좌로는 미국 문화 영역에서 3개 과목, 인류학에서 1과목, 정치학과에서 1과목, 음악학과에서 1과목, 비즈니스 학과에서 1과목, 아시아 연구에서 7과목, 아시아 언어에서 6과목이 있다(부록 15 참조). 이러한 과정들은 학부학생을 대상으로 하는 강좌이지만 이곳에는 석사과정, 박사과정도 포함되어 있다.

교환학생 프로그램에 의해 현재 한국의 7개 대학 학생들이 미시간대학교를 다니고 있으며, 미시간대학교 학생들이 이화여자대학교와 자매결연을 맺어 그곳에서 학기 동안 국제교육연구소가 제공하는 수업을 이수하고 그것이 이곳의 학점으로 인정받는다.

---

7   미시간대학교 홈페이지.

미시간대학교 장학금은 세분화되어 있다. 이를테면 대학원생 이상으로 인문 사회과학 분야의 학생을 대상으로 하는 장학금, 개인 연구 교수를 보조하는 자에게 지급되는 장학금, 한국어를 공부하는 미국 학생에게만 지급되는 장학금, 해외에서 한국학을 연구하는 자에게 지급되는 장학금, 어학연수나 현지조사자에게만 지급되는 장학금 등이다(부록 16 참조).

미시간대학교 중앙도서관 내에 별도로 한국 관련 도서관이 있다. 이것은 동창생과 지역사회 한인들의 노력으로 1982년에 독립된 도서관으로 발전한 것이다. 특히 1996년 서미시간대학교에서 정년퇴임을 한 앤드류 남 교수가 2,400권의 도서, 서울대학교의 금장대 교수가 1,500권의 도서를 기증했다. 2003년에는 한국의 학술진흥재단과의 컨소시엄으로 많은 도서를 기증받고 수집했다. 미시간대학교는 지역의 특성을 살려 도서관도 재일동포, 통일문제, 이민사, 노동문제, 인권문제, 학생운동 그리고 자동차 산업에 관한 자료를 주로 모아 놓았다.

발표회 등의 활동도 활발해 2006년도 하반기에만 역사 1회, 언어 1회, 현대사회 3회, 이민 1회, 예술 2회, 영화감상 2회 등 10회의 발표회가 있었다. 이것으로 미루어 미시간대학교는 한국의 근세 사회문제와 미국에서의 한국 예술, 특히 한국의 영화에 관심이 있음을 알 수 있었다(부록 17 참조).

미시간대학교는 학교에서의 한국학 연구의 활동을 소개하기 위해 『*Korean Studies Program Newsletter*』를 연간으로 발행하고 있다.

4. 동부지역

듀크대학교

미국 동남부에 위치한 듀크(Duke)대학교는 2002년 한국 포럼(Korea

Forum)을 설립하였다. 이것은 최근 한국에 대한 관심이 고조되고 또한 한국에서 미국을 방문하는 학자, 공무원, 외교관, 실업인 등이 증가하면서 이들을 돕고 이들을 활용하기 위해 만든 것이다.[8]

따라서 듀크대학교에서는 체계적인 한국학 강의나 연구가 아니라 발표회, 특강, 토론회 등이 이루어지고 있다. 포럼은 정치학의 에머슨 니오(Emerson Niou) 교수가 소장직을 맡고 언어학을 전공한 김해영 교수가 부소장직을 맡고 있다.

그간 2005년과 2006년에 실시한 발표회의 7개의 주제는 19세기 제국주의에 관한 것 1회, 일제시대 인구조사에 관한 것 1회, 한국의 노동운동 1회, 한국의 불교 1회, 가족과 경제발전에 관한 것 1회, 한국의 입장에서 본 미국의 성과경제 1회, 북한 관계 1회 등이었다. 이것으로 미루어 듀크대학교의 관심은 한국의 현대사회에 있다고 할 수 있다(부록 18 참조).

듀크대학교가 역점을 둔 학술대회가 3회에 걸쳐 2002년 2월부터 2004년 2월까지 진행되었다. 21세기 한국 사회와 정치(Korean Society and Politics in the 21st Century)를 주제한 이 학술대회의 첫째 해에는 ① 한인 정체성 형성, ② 남북한 정치, ③ 2002년 한국의 선거 등 3개 패널의 강연과 토론회가 있었다. 2003년 실시한 제2회 학술대회에서는 ① 북한 핵 위협, ② 노무현과 김정일, ③ 남북통일을 위한 군사 경제적 해결방안 등을 토의했다. 그리고 제3회 2004년 대회에서는 ① 북핵문제와 노 정권의 대북관계, ② 노무현 정권의 통치위기 등이 토의되었다.

이러한 학술대회 이외에도 듀크대학교는 시국의 특기 사항이 있을 때마다 탁상토론회를 마련해 대중들과 토론회를 가졌다. 예를 들어 노 대통령이 탄핵을 받았을 때, 그리고 한국에 선거가 있을 때 어김없이 탁상토론의 공청회를 가졌다.

8　듀크대학교 홈페이지.

듀크대학교는 특이하게 한국에서 교환교수와 언론인을 초청해 명소의 관광과 여행을 시키면서 이 시간에 자유로운 토론을 하게 한다. 또한 듀크대학교는 2005년 가을학기부터 한국 영화를 상영하는 시연회를 갖고 학생뿐만이 아니라 일반인들도 참가해 영화를 감상하게 하면서 영화를 통해 한국문화의 보급을 꾀하고 있다.

듀크대학교는 최근에 한국학에 관심을 갖기 시작한 대표적인 대학이라 할 수 있다. 이러한 과정을 경과하고 보다 학문적인 방향으로 나아갈 수도 있다. 현 단계로서 듀크대학교의 특성을 말한다면 학문적인 연구나 강좌의 개발보다 토론회나 학회를 개최해 한국의 현안과 정치적 문제를 소개하고 토론해 한국에 대한 학생과 일반의 관심을 갖게 하는 것에 주력하고 있다고 하겠다.

스토니브룩 뉴욕주립대학교

스토니브룩 뉴욕주립대학교(State Univ. of New York, Stony Brook)는 1982년 한국학연구소(Center for Korean Studies)를 설립했다. 이곳은 정치와 경제를 제외한 순수 인문학적 입장에서 한국학을 발전시키기 위해 연구소를 설립한 것이다. 이곳은 특히 철학과 종교, 종교 중에서도 불교, 불교 중에서도 원효 연구를 중심을 하고 있다.[9]

한국학연구소에는 4명의 전속 교수가 있다. 이들은 종교와 철학을 전공하고 소장직을 맡고 있는 박성배 교수, 유교와 도교를 전공하는 김홍규 교수, 불교를 전공하는 주현 보조교수, 그리고 한국어를 전공하는 손해정 보조교수 등이다.

연구소 소속 교수는 적으나 한국에 관한 강좌는 많다. 인문계에 17개

---

9   스토니브룩 뉴욕주립대학교 홈페이지.

강좌와 언어과정에 7개 강좌가 있고, 인문계 강좌는 문화, 역사, 철학, 종교, 불교, 유교 그리고 사회과학 등이다(부록 19 참조).

스토니브룩 뉴욕주립대학교는 한국학 관계 출판을 많이 한 것을 자랑으로 삼고 있다. 이들은 크게 한국학총서, SYNY-SNU 교재 총서, 원효 번역서, 그리고 한국고전총서의 4가지 영역으로 나눌 수 있다.

한국학총서에는 다른 대학에서도 볼 수 있는 한국역사, 한국정치, 한국경제 등이 있으나 특이하게 불교, 유교, 기독교에 관한 저서와 이퇴계, 이율곡 등에 관한 연구사가 있다.

스토니브룩 뉴욕주립대학교는 1994년부터 서울대학교와 체결해 11권의 한국학 관련 도서를 편집 번역하고 있다. 이것이 SYNY-SNU 교재 총서이다.

원효 연구를 위해 스토니브룩 뉴욕주립대학교는 동국대학교와 협정을 체결해 한국 불교의 대승인 원효의 모든 작품을 번역하기로 하고 1994년부터 시작해 20여 명의 불교 전문가가 번역에 투입되었다. 이것을 하와이대학교 출판부에서 출판하기로 이미 결정을 보았다.

한국 고전의 번역을 위해 스토니브룩 뉴욕주립대학교는 고려대학교와 관계를 맺고 고전을 번역해 한국고전총서를 출판하기로 했다.

특별 사업을 위해 서울대학교, 고려대학교, 동국대학교와 협정을 맺은 이외에 스토니브룩 뉴욕주립대학교는 한국의 아주대학교, 이화여자대학교, 건국대학교, 서울시립대학교, 연세대학교 등 6개 대학과 교수와 학생 교환을 위한 자매결연을 맺었다. 이에 따라 현재 한국에서 3명의 교환 교수가 와 있다.

콜로키엄에서도 특색을 볼 수 있다. 2006년과 2007년에 있던 13개의 콜로키엄을 보면 세종과 한글, 정도전의 생애와 사상, 고려 말기의 유학 등 고려 말에서 조선조 초기의 역사를 다루었고, 풍수, 정신분석, 한국에서의 독일 문학의 수용 등의 발표가 있었고, 지눌 스님, 불교 미술 등의 발표가 있었다(부록 21 참조).

스토니브룩 뉴욕주립대학교는 미국에서도 한국학의 고전적 연구 중심지로 알려져 있다. 한국의 고전에서도 철학과 종교 분야의 연구가 깊으며 특히 불교를 전공하는 학자가 모인 대학으로, 강의나 발표회 그리고 출판에 이르기까지 모두 이러한 방향을 깊이 있게 연구하고 있다.

컬럼비아대학교

미국 동부 명문대학의 하나인 컬럼비아대학교에서는 1988년 한국학연구소(Center for Korean Research)를 설립했다. 컬럼비아대학교는 일찍이 재미 한인들의 도서 기증을 받아들여 1931년 한국을 위한 도서관을 설립했고 미국에서는 최초로 1934년 임웅필 목사가 한국어를 가르치기 시작했다. 한국학이 본격적으로 시작된 것은 1962년 스킬렌드(William Skillend)가 교수로 임명되면서부터이다. 그러나 그는 2년 후 자기의 본국인 영국으로 돌아가고 뒤이어 임명된 레이야드(Gari Ledyard) 교수가 인계받으면서 활발해졌다. 한국학 교수가 임명되던 1962년 동아시아 언어문화학과에서 한국의 역사, 언어, 문학, 종교, 철학 등에 관한 강의가 시작되어, 이때 한국학이 본격적으로 시작했다고 말할 수 있겠다. 물론 정치학, 인류학, 경제학, 법학, 경영학 등에서 한국에 관한 강좌가 있어 한국학을 보충하고 있다. 컬럼비아대학교가 특히 자랑할 것은 30년 이상 한국의 법제도를 연구해온 것이다.

한국학연구소에는 현재 11명의 교수가 있다. 이들은 한국사 전공이 3명, 한국어 강사가 4명, 문학이 1명, 그리고 인류학 겸임교수가 1명, 정치학 겸임교수가 1명이었다(부록 22 참조).[10] 또한 컬럼비아대학교에는 항상 5

---

10 컬럼비아대학교 홈페이지.

명 전후의 교환교수가 있다.

컬럼비아대학교의 한국학 강좌는 학부를 위한 것과 대학원생을 위한 것으로 나뉜다. 학부생을 위한 교과목은 5단계의 한국어 강좌와 아시아 인문학에서 한국 강의명이 명시된 1과목과 한국명이 명시되지 않은 일반 아시아에 포함된 강좌에 한국 것이 포함되어 있었다. 이와 같이 동부아시아의 문명이란 범주에서 한국 것이 명시된 것과 명시되지 않은 동아시아문명 입문과정이 있다. 그리고 역사 범주에서는 한국사가 명시되어 있는 과목이 1과목 있었다. 대학원 과정에서는 예술사에 1강좌, 역사에 5강좌, 법학에 1강좌, 문학에 3강좌, 그리고 언어에 5단계의 강좌가 있었다.

컬럼비아대학교는 한국학연구소 교수들의 업적을 자세히 기재하고 있다. 김자현 교수가 신유교주의 등 5권의 저서가 있고, 암스트롱(Charles Amstrong) 교수가 2권, 켄들(Laurel Kenndall) 교수가 3권, 사무엘(Samuel S) 교수가 2권, 그리고 슐츠(Carol Schulz) 교수가 한국어 독본 등 2권을 출판했다 (부록 23 참조).

컬럼비아대학교에는 법과대학 내에 한국법학연구센터(Center for Korean Legal Studies)가 있다. 이것은 한국교류재단과 한국타이어가 재정지원을 해서 1994년 특별히 한국의 법제를 연구하기 위한 센터이다. 미국의 법과대학에서 한국 법을 전문으로 연구할 기관을 가진 것은 컬럼비아대학교가 처음일 것이다. 이곳에서 한국의 법제와 한국 법을 연구할 뿐만이 아니라 한국에서 파견되는 법관, 변호사, 공무원 등을 교환교수로 수용해 단기간의 연구와 학습에 도움을 주는 곳이기도 하다.

컬럼비아대학교에는 학생들이 운영하는 코리아 포럼이 있다. 학기마다 학생들이 주동해 한국에 관한 강연회를 개최하고, 한국의 영화를 상영하며, 학생들 간에 친목을 위한 행사를 추진해간다.

컬럼비아대학교 한국학연구소에서 진행된 콜로키엄을 보면 한미 간의 FTA, 신자유주의 풍조, 한국의 근대화와 주택 대량 건축, 김지하와의 대화, 재일동포의 디아스포라, 도시 주변의 일재 잔재, 아리랑의 두 얼굴 등 시사적인 것과 근대적인 것이 많다(부록 24 참조).

컬럼비아대학교는 한국학에 관한 연구의 역사가 오래되었고 뉴욕에 많은 한인동포가 거주하고 있는 것에 비하면 로스앤젤레스의 대학들과 달리 한인 교민사회와 연결이 없다. 그러나 한국법학연구센터가 있는 것이 특색이고 학생들이 주동하는 코리아 포럼이 있는 것이 특색이다. 전체적으로 교수의 연구는 한국역사에 비중을 두고 있다. 콜로키엄 등은 문학과 재일동포에 관심을 보여주는 것이 특색이다.

하버드대학교

하버드대학교에서는 1981년에 설립된 페어뱅크동아시아연구소(Faibank Center for East Asian Research)에 한국학이 포함되었다가, 1993년 이곳에서 독립해 한국학연구소(Korean Institute)가 설립되었다. 하버드대학교에는 유명한 엔친연구소(Yenchin Institute)와 라이샤우어일본학연구소(Reischauer Institute of Japanese Studies), 그리고 하버드아시아센터(Havard Asian Center) 등이 있어 한국학연구소의 독립이 늦은 것이었다.[11]

하버드대학교 한국학연구소에는 실행위원(Executive Commettee)과 실무진(Staff)이 있다 실행위원은 소장인 맥캔(David R. McCann), 선임 연구 집행관인 베커(Edwar J. Baker), 평위원 에카트(Cater J. Echert) 교수, 평위원 김선주 교수가 있다. 이들은 문학을 전공한 소장 이외에는 모두 역사를 전공한 교수들이었다. 실무진으로는 부소장인 로렌스(Susan Lee Laurence), 연구소 담당의 칸드라, 연구 담당의 조세전, 회계를 담당한 말도니스(Kathryn Maldonis), 행정 담당의 맥콘(Susan McHone) 등이다. 하버드대학교에는 김구 포럼이 있

---

11 하버드대학교 홈페이지.

어 한국학의 콜로키엄을 주도하고 있다.

하버드대학교 한국학연구소가 권장하는 2006~2007학년도 강좌를 보면 일반교양이 4과목, 석사과정이 7과목, 석사와 학부과정이 공동으로 하는 과정이 15과목, 그리고 학부과정이 2과목이었다. 석사과정은 역사를 주로 하는 전공 과정이었고, 석사와 학부가 공동으로 하는 과목은 주로 어학으로 어학과정을 초급, 중급, 고급으로 나누었으며 독서가 2과목이 있었다(부록 25 참조).

한국에 관련된 2007년 콜로키엄을 보면 2월에 3회, 3월에 3회, 4월에 8회, 5월에 2회, 도합 16회가 있었으며, 이들은 일제시대 한국 합방 정책, 21세기 도전: 박근혜, 음악과 영화 제작, 조선 후기의 사회, 신라시대 일상 생활, 한국의 도자기와 인접 지역 관계, 중국의 인접한 나라 외교정책, 한국문학에 나타난 파라노이드 현상, 시낭송, 청동기와 쌀농사, 한미관계 2007년 주제, 일본과 중국, 한국, 미국 관계, 고대한국의 복합사회, 일본 식민지 정책과 국어, 영화 감상, 6자회담과 북핵문제 등이었다(부록 26 참조).

이러한 다양한 콜로키엄은 한국학 연구에서도 김구 포럼이 주관하거나 공동 주관하는 것들이다. 즉, 김구 포럼이 하버드대학교 한국학 연구에 중요한 기능을 하고 있다.

하버드대학교에는 특별하게 '한국학 석사생 학술대회'(Korean Studies Graduate Student Conference)가 있다. 석박사 과정 학생을 중심으로 실시한 이 대회는 2006년 10회를 맞이했다. 2006년 4월 29일 개최한 제 10회 대회를 보면 1분과는 전근대 한국, 2분과가 한국사와 주변, 3분과는 한국문학, 4분과는 현대 한국이었다. 발표자는 하버드대학교 학생에 한하지 않고 미국에서 UCLA, 캐나다의 브리티시 컬럼비아대학교, 듀크대학교, 동경대학교, 한국의 연세대학교, 한국학중앙연구원 교수 등이 참가했으며, 다만 학생이 주도했을 뿐 실제 수준 높은 국제학술대회였다(부록 27 참조).

하버드대학교에서도 한국에 관한 도서의 출판이 활발하다. 2005년에서 2006년 사이에 민선식 재단(Sun-shik Min Endowment)의 후원으로 출판된 한국문학, 특히 시집을 번역해 출판했다(부록 28 참조).

하버드대학교에는 하버드대학교 교수와 공동으로 연구하는 타 대학 교수도 많고 교환교수도 많아 이들을 다음과 같이 5개의 범주로 나누고 있었다. 첫째 영역이 협조(Associate)로 이것은 외부에 거주하는 학자로서 하버드대학교의 교수와 공동으로 연구를 진행하고 있는 사람을 말한다. 다음은 연구협조(Associate in Research)로 이는 하버드대학교가 있는 보스턴에 거주하는 대학교수나 연구원이 하버드대학교 교수나 연구원과 공동으로 연구를 진행하고 있는 사람을 말한다. 다음 방문협조(Visiting Associate)는 학계에 있는 교수나 연구원이 아닌 사람으로 하버드대학교와 관련을 갖고 연구를 하려는 사람을 말한다. 다음은 방문학자(Visiting Scholar)로 이는 타 대학 교수가 하버드대학교에서 연구를 히거나 관계를 깆는 사람을 말한다. 그리고 박사과정을 수료한 사람의 연구원(Post-Doctoral Fellowship)제도가 있다.

하버드대학교는 장학금과 펠로십도 세분화되어 있다. 박사과정 수료자로 한국문학을 전공하는 사람에 지급되는 문선식 장학금이 있고, 국제통신재단이 후원하는 한국문학 연구자에 수여하는 장학금, 연구자 여비를 주는 민영철 장학금, 박사논문 작성자에게 지급되는 민영철 장학금, 한국학술진흥재단이 수여하는 장학금, 한국연구소 데이터베이스를 위한 장학금 등이 있었다. 그리고 한국의 조선일보 인턴십과 국회 인턴십이 있었다.

하버드대학교는 한국의 이화여자대학교와 자매결연을 맺고 학생들의 교환 프로그램을 실시하고 있다. 이것은 맥캔 교수의 수업을 신청하고 이화여자대학교에서 제공하는 한국 교수의 수업을 청강하는 것이다. 이것이 미국의 학점으로 인정되는 것으로, 이 프로그램에 참가한 학생이 20명이었다. 수업이 끝난 후 한국에 온 학생들은 서울을 비롯해 경주 등지의 한국 고적을 답사하는 등 문화체험을 하고 간다.

하버드대학교의 한국학은 대학의 명성만큼 다양하고 다채롭다. 학과에서 제공하는 강의도 많고, 무엇보다 콜로키엄이 활발해 다방면의 발표를 들은 수 있는 기회가 많다. 학생들도 연구활동을 활발하게 추진하며 학생이 주관하는 국제학술대회는 제법 수준 있는 대회로 진행되고 있다. 하버드대학교에는 출판물도 많고, 교환교수 제도도 발달했으며 어느 방면에서건 주도적인 역할을 하고 모범적인 위치에 있는 것을 확인할 수 있다.

이상의 대학들의 한국학 관계를 간략하게 비교하면 다음과 같다.

대학명	연구소	교 수	강 좌	콜로키엄	비 고
하와이	Center for Kor.Stud. (1972)	32명	50강좌	연 10회	근정전식 건물, 동서문화센터
버클리	CKS (1979)	14명	20강좌	연 8회	동아시아 도서관, Teacher's Workshop
스탠퍼드	Ko.Stud. Program (2001)	1명, 연구원 10명	2강좌, 세미나 11강좌	연 22회	Asia-Pacific Reseach center
UCLA	CKS (1985)	12명, 부교수 6명, 강사 6명	21강좌	연 10회	이중언어교육, 여름 문화체험, 장기 프로젝트
남가주	Ko.Stud. Inst. (1995)	3명, 부교수 13명, 강사 5명		연 10회	안창호 기념관, 한국전통도서관
워싱턴	CKS	8명	17강좌	연 10회	
미시간	Ko.Stud. Pro. (1995)	3명, 부교수 13명, 강사 3명	20강좌	연 10회	한국도서관
듀크	Ko.Forum (2002)	2명			학술대회, 교환교수 우대, 토론회

(계속)

대학명	연구소	교 수	강 좌	콜로키엄	비 고
스토니브룩	CKS (1982)	4명	인문 17강좌, 언어 7강좌	연 13회	한국학총서, 원효연구, 고전번역
컬럼비아	Cent.Ko Reseach. (1988)	11명	26강좌	연 7회	한국법학연구센터, 코리아 포럼
하버드	Ko.Inst. (1993)	9명	28강좌	반년 16회	Yenchin Insitute Reischauer Institute, 김구 포럼, 한국학 석사생 학술대회, 이대 하기방학강좌

자료: 미국 각 대학 홈페이지 자료 종합.

도표에 의하면 미국 대학에 한국학연구소가 설립된 것이 1970년대 2 개, 1980년대 3개, 1990년대에 3개, 그리고 2000년대에 2개였다. 교수는 1 ~2명을 두고 있는 학교가 2개교, 10명 이내가 3개교, 10~20명이 4개교, 20명 이상이 1개교, 그리고 30명 이상이 1개교가 있었다. 강좌 수는 10~ 19 사이가 2개교, 20에서 30 미만이 6개교, 그리고 50이 1개교가 있었다. 콜로키엄은 연 7회를 하는 학교가 1개교, 8회가 1개교, 10회가 5개교, 13회 가 1개교, 20회 이상이 2개교가 있었다.

대학강사협의회

한국학을 전공하는 학자들 간에 교류가 있고 하나의 학회를 이루고 있지는 않아도 잡지를 통해 또는 아시아학회에서도 별도의 모임을 갖고 친목을 도모하고 있으며, 특별히 교수급에 이르지 못한 강사들만의 모임 이 있어 이곳에서 보기로 한다.[12]

12　미국대학강사협의회 김 회장 담.

미국 대학에서 한국학을 강의하는 강사가 주축이 되어 1994년 '대학 강사협의회'(American Association of Teachers of Korean)를 조직했다. 10년이 넘는 역사를 가졌기 때문에 이 학회는 회장단, 집행위원회, 운영위원회 등이 잘 갖추어져 있으며 200여 명의 회원을 갖고 있었다.

대학강사협의회의 중요한 목적은 대학에서 한국의 언어와 문학 그리고 문화를 가르치는 교수와 강사들이 수업에 필요한 정보를 교환하고 자료를 교환하며 정보를 공유하기 위한 사업을 전개하는 것이다. 이것을 위해 동 학회는 뉴스레터를 발행하고 주기적인 학술대회를 개최하고 있다.

학술대회의 한 예로 2005년 프린스턴대학교에서 실시한 것을 보기로 한다. 이 대회에서 중요하게 다룬 것이 공동연구였다. 경험을 공유하고, 앞으로의 교안을 공동으로 개발하자는 것이었다. 경험을 공유하기 위한 공동연구는 각 대학에서 실시한 한국어 강좌와 한국문화 강좌를 발표하게 하고 이곳에서 경험을 공유하는 방법을 토론한 것이다. 또 하나의 토론회는 대학 커리큘럼과 교수법을 발전시키기 위한 시안을 발표하고 이에 대한 토론을 진행시켰다. 보다 많은 사람이 참가한 영역이 한국학에 관한 개별 연구 발표였다. 개별 연구 발표는 미국에서의 한국학의 수준을 보여주는 것이기 때문에 학자들은 많은 관심을 갖는다.

동 학회는 학회의 기관지와 뉴스레터를 발행해 학회 회원 간의 연계를 강화하는 사업을 전개하고, 학회의 홈페이지를 만들어 회원의 정보교환과 자료교환을 촉진했다. 회원 증가를 위한 작업으로 대학 강사는 물론 한국어를 전공하는 대학원생을 준회원으로 영입하고 이들을 관리하는 일을 게을리하지 않고 있다. 소식지는 회원 간의 정보, 승진, 수상 등에 관한 정보를 교환하고 있다.

학회가 주력하는 것 중 하나가 한국어를 중심한 대학강사협의회가 미국의 다른 영향력 있는 언어학회, 국제비교언어학회, 동양언어학회, 아시아학회 등과 연계를 갖고 이들과 공동연구를 하거나 이들의 한국어 지부와 같은 역할을 하게 하는 것이다.

한편 이 학회는 한국의 교류재단(Korea Foundation)의 후원을 받아 교재 개발에 힘쓰고 부교재로 사용할 수 있는 한국 관계 무용, 음악 등을 DVD로 만들고 요리 관련 책 등을 영어로 번역해 회원들만이 아니라 일반인에게 보급하는 작업을 진행 중에 있다.

그간 이 학회가 연례대회를 개최하고 발행한 학회보고서(proceeding)에서 제10권 이후에 발행한 보고서의 주된 주제를 보면 다음과 같다. 각 보고서마다 5편 내지 6편의 논문이 수록되어 있으며, 매권의 첫 논문을 보면 한국어교육의 문제점, 언어와 문화, 교실에서의 언어 소통의 실태조사, 언어교육에서의 이론과 실태, 수업의 강화방안, 커리큘럼 발전 방안 등이다. 즉, 한국어를 수업하는 구체적인 문제와 해결책을 논의한 것들이다(부록 29 참조).

이상에서 본 것은 대학에서 한국어와 한국문화 등을 담당한 교수들 중에서도 신참인 강사들을 위한, 강사들에 의한 학회이다. 이 학회를 널리 알리려고 애를 쓰고 있으나 그리 널리 알려진 학회는 아니다. 오히려 고참 한국학 교수들은 널리 알려진 학회에서 활동하거나 널리 알려진 학회지에 논문을 발표하고 있다.

미국에서 널이 알려진 학회지는 앤아버(Ann Arbor)의 미시간(Michigan) 대학교 아시아학회(Association for Asian Studies)에서 발행하는 『아시아학 잡지』(*The Journal of Asian Studies*)가 있고, 한국학에 한정해서는 국제한국학협회(International Council on Korean Studies)에서 발행하는 『국제 한국학 연구』(*International Journal of Korean Studies*)나 하와이대학교에서 발행하는 『한국연구』, 그리고 스탠퍼드대학교의 한국연구 계획(Korean Studies Program)에서 발행하는 『한국학 잡지』(*The Journal of Korean Studies*)가 있다.

미국의 대학과 한국과는 특별한 관계가 있다. 1965년 새 이민법이 발효되어 한국으로부터 대대적인 이민이 오기 전, 말하자면 1945년에서 1965년 사이에 한국에서 미국으로 이민 온 사람은 3종류가 있었다. 하나는 국제결혼한 여인이고, 하나는 입양인이며, 하나는 유학생이었다. 당시 유학온 학생들이 학교를 졸업하고 미국에 남은 사람이 많았다. 따라서 한국인들은 중국인이나 일본인보다 대학교수가 많았다. 이들은 한국학을 전공한 사람들이 아니라 사회과학, 자연과학 등을 전공했으며 사회과학 중에서는 정치학 전공자가 많았다. 한국이 1970년대 중화학공업을 일으키는 시기에 미국에 있는 한국계 과학자들이 두뇌로 공헌해 한국의 중화학공업이 빠르게 성장할 수 있었던 것이다.

그 후 한국에 평화봉사단(Peace Corps)으로 왔던 사회과학 학생들이 한국학으로 전공을 바꾼 사람이 수십 명에 이르렀고 이들은 중국이나 일본을 연구하는 사람에 비해 한국을 연구한 사람이 없었기에 동양학의 구색을 맞추기 위해 한국학 전공자를 대학이나 동양학연구소에서 채용할 줄 알았다. 그러나 미국의 대학 사정은 이와 달리 한국학을 전공한 사람이 취직이 안 되고 모두 도태되어 극소수만이 그것도 학교 아닌 연구소 등에 취업할 정도였다.

10년 전부터 대학에 한국계 학생의 수가 증가하고 한국이 경제 대국이 되면서 대학에서 한국학 전공자를 구할 때 이제는 전공한 학자가 부족했고, 5~6년 전에는 갑자기 한국어 강좌가 유행해 위에서 본 현상을 가져온 것이다. 한편 한국어 강사를 구하기 시작하면서 한국계 학자 1세들이 정년퇴임을 하는 연령에 이르러 대학에서 한국 교수의 수가 감소하고 있으며 이들을 이을 학자가 뒤따르지 못하고 있는 형편이다. 한국학을 전공한 학자뿐만 아니라 한국학을 전공하지 않는 재미동포 학자나 교수도 이제 1.5세, 2세 또는 국제결혼한 이들의 자녀, 그리고 입양인들에게서 나올 것을 기대할 뿐이다.

최근의 한국학 관련 대학의 경향은 'Peace Corps Generation'이 물러가고 새로운 1.5세, 2세의 한국학 전공가가 등장하는 과도기라 할 수 있다. 하버드대학교, 컬럼비아대학교, UCLA, 하와이대학교 그리고 일리노이대학교 등이 한국학을 강화하는 추세에 있다. 개인적으로는 미시간대학교의 우정원 교수, 버클리대학교의 존 리(John Lee), 스탠퍼드대학교의 신기욱, 컬럼비아대학교의 암스트롱(Charles Armstrong) 교수 등이 활동하고 있으며 이들은 모두 40대 중반이다.

새로이 등장하는 학교로는 스미스대학교, 뉴욕주립대학교, 코넬대학교, 조지워싱턴대학교, 듀크대학교, 조지아대학교, 미시간대학교, 세인트루이스 워싱턴대학교, UC리버사이드 등이 한국학을 강화하고 있다.

학생 양성으로 이름 있는 곳이 하버드대학교, 컬럼비아대학교, UCLA, 프린스턴대학교 그리고 펜실베이니아대학교 등이다. 대학생의 경향으로 컬럼비아대학교를 예로 보면 박사과정 9명 중 4명이 동포학생이고 나머지는 한국에서 온 학생이다. 석사과정이 약 40명으로 사회과학 전공이 약 20명, 인문학 전공이 약 10명, 그리고 나머지 기타가 약 10명이다. 박사과정을 비롯해 전공으로는 역사학이 가장 많고, 다음이 문학과 언어학이 많으며 사회과학으로는 정치학 그리고 사회학 순이다. 하버드대학교, 하와이대학교 그리고 UCLA도 유사한 경향이라 한다.

과학자

한국의 근대화 특히 산업화에 미국의 대학 교수만이 아니라 연구소 등에 있는 재미동포 과학자들이 공헌한 것은 널리 알려진 사실이다. 이제 그 실체를 보기로 한다. 오하이오 주 콜럼버스에 있는 베틀레(Bettelle)연구소 이태규 박사가 국내외 과학자 50명을 초청해 심포지엄을 개최했다. 이것을 계기로 1971년 재미한국과학기술자협회(Korean-American Scientists and Engineers Association)가 창설되고 초대 회장에 김순경을 추천한다. 다음해인

1972년 한국에는 한국과학원(KAIST)이 설립되면서 주미 한국대사관에 과학관을 부설하고 과학 참사관을 파견한다. 한편 미국에서는 재미한국과학기술자협회가 지부를 설립해 현재 47개 지부와 4개 분회가 설립되어 있다. 뉴욕과 뉴저지, 필라델피아를 포함하는 뉴욕 메트로 지부는 김종환을 초대회장으로 하고 27명이 참가한다. 그 후 인원이 증가해 1977년에는 협회 회원이 1만 913명이 되고, 이들은 51개 지부와 6개 분회를 갖게 된다.[13]

3대 회장인 함인영 회장 시 제1차 모국방문 학술대회를 개최, 서울의 한국과학기술연구원(KIST)과 공동으로 심포지엄을 개최한다. 한국과 미국의 과학기술자들의 공동 학회는 현재까지 계속되고 있다. 한국은 1997년 한국학술진흥재단을 설립하고 외국 박사를 초청하니 외국 박사 1만 4,229명이 등록한다. 이 중 공학과 자연과학계가 7,963명이고, 인문계가 5,979명, 기타가 469명이다. 미국의 박사가 8,797명이며 한국으로 귀국한 사람이 5,000~6,000여 명이라 한다. 재미과학자 중에서 대표적인 사람으로 이휘소, 임덕상, 함인영 그리고 김순경 등 4명만을 보기로 한다.

이휘소(1935~1977)는 서울대학교 화공과를 졸업하고 도미해 1960년 펜실베이니아대학교 이론물리학에서 박사학위를 취득하고, 1961년 프린스턴고등연구소 연구원으로 있었으며 소립자 물리학자로 유명하다. 1965년 프린스턴대학교의 정교수가 되고, 1966년 스토니브룩 뉴욕주립대학교 교수로 자리를 옮겼다가 1971년 페르미국립가속기실험소로 옮기더니 1973년 그곳의 소장으로 취임한다. 그리고 얼마 후인 1977년 교통사고로 사망한다. 한국에서는 『무궁화 꽃이 피었습니다』라는 소설의 주인공으로 유명해졌다.

임덕상(1928~1982)은 개성 출신으로 서울대학교 문리대 수학과를 졸업하고 도미해 1957년 인디애나대학교 수학과에서 박사학위를 취득하고

---

13 재미한인과학기술자협회, 1998, 92쪽.

1957년 컬럼비아대학교 강사에서 시작해 조교수로 있다가 브랜다이스대학교 부교수 그리고 1965년 펜실베이니아대학교 정교수로 부임한다. 그는 대수기하학 등에서 특히 호몰로지 대수학(Homological Algebra) 분야에 공헌한 학자로 유명하다.

함인영(1925~2000)은 서울대학교 공대 기계공학과를 졸업하고 도미해 1958년 위스콘신대학교 기계공학과에서 박사학위를 취득한다. 1963년 펜실베이니아주립대학교 조교수로 임명되었고, 1969년에는 동 대학에서 정교수가 된다. 그는 'Metel Cutting Group Technology', 'Computer Integrated Manufacturing' 분야의 개척자로서 유명하다.

김순경은 일본 오사카대학교 화학과를 졸업하고 1949년 한국의 서울대학교 화학과 전임으로 있다가 1954년 예일대학교 화학과에 입학해 석사와 박사학위를 취득한다. 한국에 귀국해 서울대에서 근무하다 1962년 브라운대학교 화학과에 초빙되어 있다가 1969년 템플대학교 교수로 임명된다. 그는 통계역학, 수리문리, 군론의 응용 논문 등으로 유명하다.

중 · 고등학교, 초등학교 한국어 강좌

대학보다 중요한 것이 중 · 고등학교와 초등학교에서 한국어를 수업하는 것이다. 문화전쟁이라 한 것도 실은 중 · 고등학교에서의 한국어 강좌의 개설을 놓고 말한 것이다. 앞에서 언급한 것과 같이 현재 미국에는 65개교에 한국어 강좌가 있다. 현황을 쉽게 파악하기 위해 뉴욕의 경우를 보기로 한다.

1. 뉴욕 지역

한국어진흥재단의 집계에 의하면 뉴욕에서는 12개 학교에서 한국어 강좌를 실시한다고 했다. 그러나 2007년 조사한 바로는 실제 10개 학교에서 실시하고 있었다. 중 · 고등학교, 초등학교에서 실시하는 한국어 강좌에는 4가지 종류가 있다. 하나는 전승교육(Heritage Program)이라 해서 1.5세, 2세들에게 한국어를 수업하는 것이고, 하나는 NLA(Native Language Arts)라 해서 한국에서 이주해온지 얼마 되지 않아 영어보다 한국어를 잘하는 학생들에게 한국어를 잊지 말고 계속하라는 것으로, 고등학교 학생의 경우 한국의 고등학교 수준의 한국어를 수업하고 있다. 다음은 이중언어교육 (Dual Language)이라 해서 한국어와 영어를 동시에 가르치는 과정이 있었다. 그리고 하나는 외국어교육(Foreign Language)이라 해서 한국계가 아닌 학생들에게 한국어를 가르치는 과정이다. 4가지 종류에 따라 학교를 분류해보면 아래 표와 같다.

프로그램	학교
전승교육	Brorix High School of Science
	Stuyvesant High School
NLA	Bayside High School
	Cardozo High School
	Francis Lewis High School
NLA & 외국어교육	Flushing High School
이중언어교육	PS32 Elementary School
외국어교육	Middle School 142
	East West School of International Studies
	Junior High School 189Q

자료: 뉴욕 중·고등학교 홈페이지 자료 종합 분석.

위에서 본 것과 같이 전승교육을 가진 학교가 2개교이고, NLA 프로그램을 가진 학교가 3개교이며, NLA와 외국어교육을 동시에 실시하는 학교가 1개교였고, 이중언어교육을 가진 학교가 1개교, 그리고 외국어교육을 가진 학교가 3개교였다.

전승교육이란 어려서 이민을 온 1.5세나 이곳에서 출생한 2세들이 부모가 한국어를 쓰고 있으며 학교에 진학하면서 한국어를 사용하지 않는 학생이 모국어인 한국어를 제2외국어로 배우는 프로그램이다. 따라서 한국어의 수준은 초보부터 시작하지만 한국어를 집에서 사용하거나 어려서 들은 기억이 있어 수업이 빠르게 진행된다.

스타이브샌트고등학교

전승교육을 실시하는 스타이브샌트고등학교(Stuyvesant High School)를 보기로 한다. 이 학교는 뉴욕에서 시험을 치고 들어가는 3개 고등학교 중의 하나로, 시험을 치고 입학했기 때문에 명문학교이고 학생들의 자부심도 강하다. 이 학교는 9학년부터 12학년까지의 고등학교로 345 챔버가에 위치하고 10여 층의 거대한 건물을 갖고 있다. 학교 교사가 약 100명이고 학생은 2,800명가량이며 중국계 학생이 40%, 백인 학생이 약 40%, 한국계가 약 7%, 인도 동남아계가 6%, 스페인 학생이 1% 정도이다.[1]

이 학교에서 배우는 외국어로는 필수언어와 선택언어가 있다. 필수언어로는 스페인어, 불어, 독어, 이탈리아어, 라틴어, 중국어, 그리고 일본어이고 한국어와 히브리어는 선택언어로 되어 있다. 말하자면 중국어나 일본에 비해 한국어는 불리한 입장에 있다. 참고로 중국어가 필수어가 된 것은 중국계 동포들이 학교에 몇 번이고 탄원서를 냈기 때문으로, 중국 동포의 노력이 없었으면 중국어가 필수어가 되지 않았을 것이라 한다. 특히 중국계 동포들은 학교의 행사에 적극적으로 참가한다고 한다. 일본어는 학교에서 선정했으나 일본 학생은 거의 없다. 그러나 일본어반에서 성적이 좋으면 일본계 동포들이 상을 주는 제도를 만들었다. 한국어는 선택언어이고 상도 없으며 특히 AP(Advanced Placement)에 들지 않아 불리하다고 한다. AP에 든다는 것은 고등학교에서 이수한 한국어를 대학에서 인정을 받는 것으로 대학에 진학해 다시 되풀이하지 않아도 된다. 그러나 한국어는 AP에 들지 않았기 때문에 고등학교에서 학점을 따고 잘해도 대학에 진학해서는 다

---

1   뉴욕 스타이센트고등학교 이지선 교사 담.

시 초급부터 배워야 하는 것이다. 이것도 불리한 조건 중 하나이다.

이 학교에 다니는 한국계 학생은 210명이고 한국어 전승교육 2개 반에 다니는 학생이 58명이다. 9학년과 10학년을 대상으로 하는 한국어 I에 32명, 그리고 10학년, 11학년 그리고 12학년을 대상으로 하는 한국어 II에 26명의 학생이 청강하고 있었다. 두 학급 모두 주당 5시간의 수업을 하기 때문에 월요일부터 금요일까지 매일 1시간씩 한국어를 수업하고 있었다. 한국어를 담당한 이지선 교사의 말에 의하면 어려서 한국어를 들었고 집에서 부모가 한국어를 사용하기 때문에 학생들이 빠르게 따라온다고 한다.

플러싱고등학교

NLA 프로그램의 사례로 플러싱고등학교를 보기로 한다. 이 고등학교는 한인들이 많이 거주하는 플러싱의 중심가인 35-10 유니언가에 위치한 고등학교로 1875년에 설립된 오랜 역사를 가진 고등학교이다. 교사가 160명에 학생이 2,800명에 달하는 큰 학교의 하나이다. 이곳에는 한국계 학생이 115명이나 되었다.[2]

위에서 본 것과 같이 이 학교에는 NLA 프로그램과 외국어교육이 있는 학교이다. NLA반은 7학년 1개 반과 10학년 1개 반이 있고 7학년에 19명 그리고 10학년에 30명이 청강하고 있었다. 이 학교의 NLA반은 19년의 역사를 가지고 있다. 중학교 정도까지 한국에서 공부하고 미국에 이민온 지 오래 돼지 않은 한국계 학생을 대상으로 영어 대신 한국어를 국어로 유지하고 발전시키는 학급이다. 이 과정은 경험이 풍부한 여봉순 교사가 담당하고 있으며 한국의 고등학교 교과서를 사용하고 있다.

이 학교의 외국어교육은 9학년과 10학년 학생을 대상으로 기초반을 이루고 있으며 학생 32명이 등록했고 이 과목을 이수하는 학생은 미국 학

---

2   뉴욕 플러싱고등학교 여봉순 교사 담.

생과 남미계 학생이 대부분이고, 중국계 학생 3명과 한국계 학생 3명이 듣고 있었다. 한국계 학생은 2세 학생으로 한국어를 못하는 학생이었다. 이 학급은 1.5세로 교사가 된 김쥬리 선생이 담당하고 있었다.

PS32초등학교

이중언어교육의 대표적인 곳으로 PS32초등학교를 보기로 한다. 이 학교는 플러싱에서도 중국계 사람이 많이 거주하는 171-11 35가에 위치한 초등학교로 대표적 이중언어학교이다. 이 학교에는 67개의 스페인어반이 있으며 중국어반이 10개, 그리고 한국어 이중언어 과정(Korean Dual Language)은 2007년에 처음으로 유치반에서 실시하기 시작했으며 25명을 포함하는 반 2개를 신금주 교사가 담당하고 있었다. 한국어 이중언어반은 중국어 이중언어 과정을 모방했다. 현재는 중국어와 영어를 50대 50으로 수업하고 있으나 처음 시작할 때는 80대 20으로 영어 중심 교육을 실시했다. 그러나 중국의 학부모와 지역사회 중국인들이 합심해 방과 후 교실을 열어 중국계 선생을 초청해 중국의 언어와 문화 수업을 받게 했다. 3년이 지나 현재는 중국어와 영어가 50대 50이 된 것이다. 중국어와 영어가 50대 50이 된 후에도 방과 후에는 중국에 관한 교실을 계속하고 있으며 가난한 중국 학생을 장학금을 준다. 중국계 학생이 많아 학교의 평가가 낮아질 우려가 있으나 중국 사람들이 열심이 후원해 이 학교가 영어와 수학 성적이 높은 학교로 평가되어 좋은 학교라 평하고 있다. 이러한 중국 사람들의 덕분에 한국어 이중언어 과정은 처음부터 50대 50으로 출발했으니 중국인의 덕을 본 셈이다.[3]

---

3   뉴욕 PS32초등학교 신금주 교사 담.

동서국제고등학교

한국어를 외국어로 배우는 외국어 프로그램을 보기 위해 선택한 곳이 동서 국제학교(East West School of International Studies)이다. 플러싱 중심가인 46-21 콜든 가에 위치한 이 고등학교는 6학년부터 12학년까지를 수용하는 중·고등학교이고 2006년에 설립되었다. 이 고등학교는 중국어, 일본어 그리고 한국어만을 전공하는 외국어 특수고등학교이다. 이 학교는 2007년에 시작한 학교라 교사가 10명이고 학생은 140명이며 학생들은 아시아계가 50%, 히스패닉계가 30%, 흑인 15%, 백인 3.3%, 기타가 1%로 구성되어 있다. 한국어반은 7학년에 1개 반과 9학년에 1개 반이 있으며, 7학년 반은 학생이 22명이고 9학년 반은 20명이며 모두 외국인 학생이다. 수업은 55분을 1시간으로 하는 강의가 주 4일 계속되고 있다.[4]

한국어를 담당한 이정혜 교사에 의하면 장차 6학년부터 12학년까지 전 학년에 한국어반이 생길 것이며 오는 2007년 9월부터는 토요일에 한국어 보충수업을 실시해 중국어나 일본어반에 뒤지지 않게 하였다. 이 학교에 ESL반은 별도로 있으며 한국계 학생을 위한 ESL반이 3개 반이 있었다.

뉴욕에서 본 4가지 한국어반에 관한 사항을 요약하면 이러하다. 고등학교의 특성에 따라 4가지 중 하나를 선택하는 경향이 있었다. 다만 플러싱고등학교만이 2가지를 병행하고 있었고, 모든 과정이 극히 최근에 실시되기 시작한 것을 알 수 있다. 그리고 전승교육이나 이중언어교육 모두 한국은 중국이나 일본의 뒤를 따라가고 있으며 그것도 수동적이고 불리한 조건에 있다.

더욱이 불리한 것은 스타이브샌트고등학교나 플러싱고등학교와 같이 한국 학생은 많지만 이 학생들이 한국어 수업을 많이 듣지 않는다는 것이

---

4   뉴욕 동서국제고등학교 이정혜 교사 담.

다. 이를테면 스타이브샌트고등학교에 한국계 학생은 210명인데 전승교육을 듣는 학생은 58명에 불과하고, 플러싱고등학교의 경우 한국계 학생은 115명인데 한국어 강의를 듣는 학생은 40명에 불과하다. 물론 스타이브샌트고등학교에 다니는 한국 학생이 전부 전승교육을 들을 조건에 있는 것은 아닐 것이다. 그러나 한국어반에 보다 많은 학생이 들을 수 있다고 생각된다. 그런 의미에서 한국계 학생들은 한국어를 배우는 데 적극적이지 않으며 그 원인은 부모 때문이라고 생각된다. 부모가 한국어를 학교에서 수강하는 것에 반대하는 사람이 많은 것이다.

한국어가 중·고등학교에 보급되는 방법은 일본식으로 위에서 내려오는 식과 중국식으로 아래에서 올라가는 식이 있을 수 있으며 한국의 경우 현재로서는 중국식이 모방해야 할 방법이라 생각된다. 중·고등학교에 한국어 강좌가 보다 많이 보급되려면 우선 학부모의 의식의 전환이 필요하고, 학부모와 한국동포사회가 합심해 보다 적극적인 운동을 전개해야 할 것이다.

뉴욕한인교사회

뉴욕 시내 공립학교 중·고등학교 및 초등학교에 근무하는 교사들이 친목을 도모하고 어려운 문제가 생기면 공동으로 대처하기 위해 1992년 '뉴욕한인교사회'(The Korean Teachers Association of New York)를 조직했다. 1차 사업으로 교사회는 학부모들이 자녀들의 학교를 선택하거나 학교에 다니는 학생을 잘 지도하기 위해 학부모를 대상으로 학교와 교육에 관한 강좌를 시작했다. 다른 지방과 같이 뉴욕에서도 부모들이 직장과 직업에 전념하기에 자녀들의 학교에 무관심하고 또한 미국의 교육제도를 몰라 자녀들의 진학을 지도할 수가 없는 형편이다. 이에 교사회는 주 2회 정기적인 모임을 갖고 미국 교육제도를 홍보하고 진학에 관한 전화상담도 수시로 받기도 했다.

특히 미국도 해마다 새로운 교육제도를 만들어 학교에 관심이 있는 학부모라도 새로운 법제의 내용을 파악할 수 없었다. 특히 1996년에 들어 이중언어교육(bilingual education)이니 전승교육(heritage education)이니 하는 새로운 것들이 보급되면서 이것을 이해시키기 위한 학부모에 대한 홍보를 강화했으며 뉴욕 시에서는 1996년 3월 24일을 '한인 학부모의 날'로 정해 교육에 관한 홍보를 대대적으로 실시했으며, 뉴욕한인교사회는 정부시책을 적극 홍보하기 위해 한국계 언론사와 협력해 뉴욕 시 교육국과 교사회 그리고 한국의 신문사가 협력해 홍보를 확대해갔다.[5]

시간이 경과하면서 한국계 1.5세, 2세 중에서도 교사를 지망하는 사람들이 증가해 이들을 회원으로 흡수하고 교원의 자질을 향상시키기 위해 연수회도 갖고 교사들 간의 정보를 교환히기 위한 회보를 발간하기 시작했다.

한편 교사협의회는 뉴욕 시에서 발행되는 교육 관련 공문서를 정확하게 한국어로 번역해 회원들이 정확한 지식을 갖도록 하고 교육국에서 개최하는 각종 공청회나 회의에 회원들이 적극 참석토록 독려하고 있다.

뉴욕한인교사회가 공적으로 자랑할 것이 있다면 그것은 한국어와 영어의 이중언어교육을 실천시킨 것이다. 한국어를 배우면 영어를 배우는 데 지장이 있다고 하는 학부모들을 설득하고 학교와 교육국을 설득하며 특히 언론의 후원을 받아 결국 초보에 해당하는 유치원에서 한국어·영어 이중언어교육을 실시하게 된 것이다.

보통 월례회의에 20~30명 정도가 모이지만 뉴욕한인교사회 회원은 200명에 달한다. 이러한 모임이 가능한 것은 교육계 원로인 권현주 교사가 뉴욕 시 교육청에 근무했고, 회장 이정혜 선생의 열성이 있었기 때문이다.

5　뉴욕한인교사회 이원숙 교사 담.

2. 한국학 지원 단체

　　대학이나 중·고등학교의 한국어 강좌나 한국학 강좌를 후원하기 위해 이루어진 단체나 재단이 있다. 그 대표적인 것이 한국어진흥재단이다. 한편 순수 사적 조직으로 들 수 있는 것이 뉴헤이븐에 위치한 동암문화연구소이다. 같은 사적 조직이면서 미국에서의 한국학을 돕는 단체로 들 수 있는 것이 코리아 소사이어티(Korea Society)이다. 이곳에 한국어진흥재단, 코리아 소사이어티, 동암문화연구소 등의 조직과 활동을 보기로 한다.

한국어진흥재단

　　미국의 고등학교를 졸업하고 대학을 진학하는 학생은 SAT(Scholastic Assessment Test)를 치른다. SAT에는 SAT I과 SAT II가 있다. SAT I은 SAT Reasoning Test를 말하고 영어와 수학 2과목만을 치는 것이고, SAT II란 SAT Subject Test를 말하며 이에는 영어, 수학, 역사와 사회학, 과학, 그리고 제2외국어 등 5과목이 있다. 미국의 명문대학을 비롯해 150여 개의 대학에서 학생 선발 시 SAT II의 성적을 요구하고 있다. SAT II에 포함된 외국어가 프랑스어, 독어, 히브리어, 이탈리아어, 라틴어, 스페인어, 일본어, 중국어로 한정되었다가 1996년 9번째로 한국어가 선택된 것이다.[6]

　　미국 대학위원회(The College Board)가 1994년 한국어 시험 출제 제작경비로 50만 달러를 요구했다. 이에 재미동포사회가 하나가 되어 모금운동을 전개했으며 동포뿐만이 아니라 한국 기업도 참가해 11개월 만에 50만 달러를 모금해 미국 대학위원회에 전달했고 1995년 5월에 한국어가 SAT II에 채택된 것이다. 한인들은 모금운동의 여력을 모아 'SAT II 한국어진

6　한국어진흥재단 자료지, 2004.

흥재단'(Foundation for SAT II Korean)을 설립했다. 그 후 2005년 10월 재단의 명칭을 현재 사용하는 '한국어진흥재단'(Foundation for Korean Language and Culture in USA)으로 변경했다. 재단 본부는 현재 LA에 있다.

한국어가 SAT II에 채택되었다는 것은 한국어가 국제 언어로 인정받았다는 것으로 미국에 거주하는 동포들의 자긍심을 드높이는 것이었고, 미국에서의 한국학 진흥에 큰 도움이 되었으며 미국 사회에 한국의 언어와 문화를 확산하는 계기가 되는 것이었다. 한마디로 말하자면 한국어가 미국 SAT II에 채택된 것은 한국어를 사용하는 한국인이 이 지구상에 삶을 영위하기 시작한 이래 세종대왕의 한글창제에 버금가는 공적이라 하겠다.

한국어진흥재단은 미주 한인사회만이 아니라 한국 기업과 한국 정부로부터의 후원으로 한국어 보급과 한국어 시험을 위한 여러 사업을 진행하게 되었다. 여러 사업 중 우선 시급한 것이 매년 SAT II에 2,000명 이상의 한국어 응시생이 있어야 하는 것이었다. 이것을 위해 재단은 고등학교 학생들에게 한국어 이수를 장려해왔다. 그 결과 매년 한국어 응시학생이 다음 표와 같이 증가해왔다.

횟 수	실시년도	응시학생 수
1회	1997	2,447
2회	1998	2,472
3회	1999	2,548
4회	2000	2,605
5회	2001	3,366
6회	2002	3,194
7회	2003	3,425
8회	2004	3,240
9회	2005	3,888

자료: 한국어진흥재단 자료집.

한국어진흥재단은 남가주 한국교육원과 협력해 '한국어 지도 전문위원회'를 구성해 전체 문제를 토론하고 지도하게 했다. SAT II와 관련한 직접적인 사업으로 이 재단은 LA를 중심한 4개 지역, 오렌지카운티, 산 페르나도 벨리, LA 동부, LA 등 4곳에 'SAT II 한국어 시험준비반'을 개설해 여름방학에 8주간 집중적으로 시험 준비를 하게 했다.

한국어 보급에 시급한 것의 하나가 교재 개발이었다. 재단은 우선 1996년 『Living Korean for the SAT II』란 교재를 발간했고, 2003년에는 『SAT II 한국어 시험준비서』를 발간했다. 이어 재단은 참고서로 2005년에 『SAT II 한국어 시험문제집』을 발간했고, 한국어 교재로서 『Korean Level I』과 참고서로 『Workbook』을 발행했다.

한국어진흥재단이 주력한 것의 하나가 미국 중·고등학교에 한국어반을 신설하는 것이다. 그간 재단의 노력으로 한국어반이 설치된 중·고등학교는 2006년 9월 현재 전국에 65개교이며 학급 수는 232개 반, 수강하는 학생 수는 5,251명으로 1997년 이후의 경향을 보면 다음과 같다.

연 도	학교 수	학급 수	학생 수
1997	19	55	1,471
1998	27	78	1,810
1999	34	87	1,996
2000	34	82	2,069
2001	40	106	2,532
2002	41	127	3,251
2003	45	150	3,675
2004	49	155	3,832
2005	54	193	4,596
2006	65	232	5,251

자료: 한국어진흥재단 자료집.

이들 중·고등학교의 지역별 분포를 보면 다음과 같다.

지역(주)	학교 수	학급 수	학생 수	총학생률(%)
캘리포니아	41	159	3,966	75.5
뉴욕	12	28	604	11.5
워싱턴	3	6	149	2.8
일리노이	3	6	68	1.3
매릴랜드	1	12	120	2.3
뉴저지	1	8	100	1.9
미시간	1	6	96	1.8
펜실베이니아	1	3	75	1.4
버지니아	1	3	67	1.3
코네티컷	1	1	6	0.1
계	65	232	5,251	99.1

자료: 한국어진흥재단 자료집.

한국어진흥재단은 무엇보다 중·고등학교 교사로서 한국어를 가르칠 선생을 양성하기 위해 캘리포니아주립대학교 사범대학원 내에 한국어 교사 양성을 위한 프로그램을 신설하는 운동을 전개하고 있다. 한편 한국어 교사 자격증을 얻기 위한 한국어 교사 자격시험과 기본 교사 자격시험을 준비하는 학생에게 도움을 줄 방법을 모색 중이다.

재단이 주력해온 사업의 하나가 현직 한국어 교사를 훈련하는 것이다. 중·고등학교 교사의 한국어 보강을 위해 1999년부터 여름방학 기간 동안 한국에 보내는 프로그램을 진행해왔다. 1999년에는 계명대학교에, 2001년에는 이화여자대학교에, 2002년에는 경희대학교에, 2003년에는 고려대학교에, 2004년에는 다시 이화여자대학교에, 2005년에는 계명대학교에 교사를 보내 수 주간 한국어를 공부하게 했고 2006년에는 LA에서 강습회를 가졌다.

　2006년 8월 14일에서 19일까지 6일간 LA에서 실시한 제7회 연수회의의 내용은 이러하다. 대학교수, 중·고등학교 교사, 교육행정가 등을 초청해 학교에서 진행되는 구체적인 학습 사례와 문제점을 토의하고 학교와 관련된 교육행정의 체계와 이들을 활용하는 요령을 학습했고 학국어 학습에 필요한 주의사항 등을 토의했다.

　한국어진흥재단이 추진하는 사업의 하나가 미국의 중·고등학교 교장과 교육감을 한국으로 초청해 한국을 알게 하고, 해당 학교에 한국어 강좌의 개설을 추진하는 것이었다. 2000년에는 한국의 한양대학교와 공동으로 이 사업을 추진했고, 2001년에는 전남대학교와, 2002년에는 경북대학교와, 2003년에는 충남대학교와, 2004년에는 원광대학교와, 2005년에는 대구대학교와 그리고 2006년에는 계명대학교와 공동으로 추진했다.

　한국어진흥재단은 학생들에게 장학금을 주는 사업도 추진하고 있다. 미국의 중·고등학교에서 한국어를 공부하는 학생을 대상으로 하며, 세종대왕상과 훈민정음상, 특별상이 있다. 2007년 세종대왕상 수상자 31명에 200달러씩을 전달하고, 훈민정음상 46명이 100달러를 받았으며, 교육지도자상 6명에게는 500달러가 수여되었다. 가장 우수한 학생으로 선발된 29명은 여름방학동안 3주간 한국을 방문해 한국문화를 체험하게 한다.

　한국어진흥재단의 이사장인 문애리 UCLA 교수는 미국의 각지를 순회하면서 중·고등학교에 한국어반의 신설을 종요하고 있으며, 무엇보다 한국어가 AP(Advanced Placement)에 채택되기 위해 많은 노고를 아끼지 않고 있다. AP란 앞에서 본 것과 같이 고등학교에서 이수한 한국어를 대학에서 인정을 받는 것으로, 중·고등학교에서 배운 한국어를 대학에서 다시 되풀이해 초급부터 배우지 않아도 되는 것을 말한다. 다른 외국어의 경우 AP를 인정받아 중·고등학교에서 수업한 것을 대학에서 인정받아 대학에서는 보다 높은 수준의 언어를 이수하는 것이다.

코리아 소사이어티

한국에 관한 홍보와 교육을 보다 폭넓게 시행하고 있는 곳이 뉴욕에 위치한 코리아 소사이어티(Korea Society)라 하겠다. 시사에 관한 토론회, 문화에 관한 강좌, 영화 시사회 등 일반인을 위한 프로그램 이외에 교육에 관한 것도 언어교육, 교사용 특강, 한국방문 프로그램, 그리고 학생에 관한 프로그램 등이 있다.[7]

한국어 강좌는 외국인을 상대로 하며 초급반이 서비스 과정으로 개설되어 있고, 정식 언어강좌는 한국어 1급, 한국어 2급, 한국어 3급 그리고 한국어 4급으로 나뉘고 각급은 주당 2일 하루에 1시간 45분씩 강의를 한다. 각급의 학생 수는 20명 이하로 조절해 철저하게 지도하기에 학생들의 경쟁이 심한 편이다.

코리아 소사이어티가 자랑하는 프로그램의 하나가 K-12 리소시스라 해서 유치원에서 고등학교인 12학년까지의 교사를 상대로 하는 프로그램이다. 이것은 교사들이 수업에 필요로 하는 교재를 제공하고 '하루 회의'라 하는 특강을 실시한다.

중·고등학교 교사가 교과자료로 참고할 수 있는 자료가 7개나 있다. 이들 교재는 고등학교 수업, 중학교 수업, 한국역사, 한국 상식, 신라와 실크로드, 그리고 한국어 학습 등이다.

'하루 회의'는 1년에 2회 내지 3회 특정 강사를 초빙해 특강을 하는 것으로 2006년에는 5월에 "북한의 오늘"이라는 제목으로 강좌를 가졌고, 11월에는 브링검 영 대학의 페터슨 교수의 "세계사를 위한 한국사"라는 주제의 강의가 있었다. 그리고 한번은 한국 교육 아카데미의 메리 코너(Mary Connor) 선생의 한국어 특강이 있었다.

7　코리아 소사이어티 자료집, 2004.

코리아 소사이어티가 자랑하는 프로그램의 하나가 미국 중·고등학교 교사를 한국에 보내 한국을 체험하게 하는 것이다. 연 3회 실시하는 이 프로그램은 2007년의 경우 봄 과정에 10명, 여름 과정 20명, 그리고 가을 과정 20명을 선발해 12일 또는 15일간 한국을 방문하게 하며 비용의 전액을 소사이어티가 부담한다. 이 프로그램은 벌써 10년이 넘는 것으로 호응이 좋고 고등학교 교사들에게 큰 도움이 되는 프로그램이 되었다.

학생을 위한 한국방문 프로그램과 장학생 프로그램이 있다. 한국방문 프로그램은 미국 서해안 지역을 대표해 LA와 동해안을 대표해 뉴욕에서 각기 7명의 학생을 선발해 지도교사, 안내요원 등 도합 20명이 10일간 예정으로 한국을 방문해 문화체험을 하게 하는 것이다.

코리아 소사이어티의 학생 장학금이란 1년에 2명을 선발해 한국에 유학을 시키고 여비와 학비 그리고 생활비 전액을 부담하는 장학금이다. 이 장학금은 한국어를 전공하는 학생에 한하며 경쟁이 심한 것으로 유명하다.

코리아 소사이어티는 미국 중·고등학교와 대학을 대상으로 순회 특별 강좌를 실시한다. 특별 강좌란 무용, 옛이야기, 붓글씨 쓰기 등으로 여러 학교를 순회하면서 붓글씨 쓰기 실습을 하거나 무용의 기초 동작 등을 학생들에게 보여주고 가르쳐주는 것이다.

코리아 소사이어티의 각종 프로그램은 한국학을 지원하는 것보다 한국학을 전공하려는 학생, 그리고 미국 중·고등학교의 교사와 학생을 한국에 보내는 비용이 많이 드는 프로그램을 추진하고 있었다.

한국문화연구재단

앞에서 본 한국어진흥재단과 코리아 소사이어티는 비록 사설이라 해도 많은 예산을 갖고 있거나 많은 인원을 가진 조직이다. 같은 사설이지만 이들보다 규모가 작은 것이 있는데, 그것은 한국문화연구재단과 동암문화

연구소이다.[8]

한국문화연구재단은 뉴욕에 위치한 연구소로 1995년 뉴욕한국어교육원으로 출발해 2003년 현재의 한국문화연구재단으로 발족한 것이다. 한국문화연구재단은 원장 이성근 선생과 부원장 이외에 6명의 이사를 두고 이사진에 의해 후원을 받는 사설 재단이다.

한국문화연구재단의 사업은 정규적인 한국어 강좌와 특별 이벤트로 나눌 수 있다. 정규적인 한국어 강좌는 한국어 강좌, 입양인 한국학교, 그리고 한국어 교사 연수회를 포함한다. 한국어 강좌는 초급 한국어반, 중급 한국어반, 그리고 고급 한국어반이 있으며 각 한국어반은 다시 1~5급으로 나뉜다. 이 한국어 강좌를 담당하는 교사는 원장, 부원장 그리고 강사 4명이다. 이곳에서 특이한 것은 학생이다. 한국어 강좌를 수강하는 학생은 모두 성인이며 변호사, 의사, 금융인, 건축사, 디자이너 등 직업인이 대부분이다. 그리고 특기할 것은 처음에 한국계 직업인이 수강을 했으며 시간이 경과함에 따라 비한국인이 증가했고 현재는 중국인 일본인 등이 참가하고 있다. 과거 11년 사이에 1,500여 명의 수강생이 한국어 강좌를 수강했다.

한국문화연구재단이 자랑하는 것의 하나가 입양인 한국학교(Korean Heritage School of Adoptee: KOHSA)이다. 2005년 1월에 개설한 입양인 한국학교는 어린이반 1반, 부모반 1반, 그리고 입양인 성인반 2반을 운영하고 있으며 한국어, 한국문화, 한국역사, 음식, 풍속 차 등의 수업을 듣는다.

한국문화연구재단은 한국학교 동부지구 지역협의회 교사를 대상으로 한국어 교사 연수회를 수행하고 있다. 많은 수는 아니지만 한국어 교사 중에는 한국어 교사 자격증이 없는 교사가 있다. 이들을 위해 한국어 문법, 회화, 맞춤법, 발음 등을 강의하는 것으로 2일간의 단기 수업이다. 2003년

---

8   한국문화연구재단 자료집, 2004.

에는 43명이, 2005년에는 102명이 그리고 2006년에는 101명이 수업을 들었다.

한국문화연구재단은 특별활동으로 2003년 9월 18일 고종 황제 보빙사절단이 미국 대통령을 예방한 100주년에 되는 날을 택해 기념행사를 거행했다. 당시 한국의 민영익을 대표로 홍영식, 서광범 등의 외교사절단이 당시 미국 대통령인 어터(Chester A. Arthur) 대통령에게 고종 황제의 인사장과 신임장을 전한 장소인 현재 뉴욕의 제5애비뉴의 호텔이던 현재의 세계완구센터에서 그 행사를 재현했다.

두 번째 행사는 2005년 10월 춘원 이광수의 소설 『무정』을 영어로 번역해 출판기념회를 행한 것이다. 코넬대학교의 후원으로 이광수의 친손녀인 경희대학교 교수가 무정을 'Heatless'라 번역했는데, 당시 기념식에는 약 100명이 참석해 성황을 이루었다.

한국문화연구재단은 2006년 6월 지담 스님을 초청해 한국문화원 갤러리에서 한국의 작설차 특강을 개최했다. 당시 관람객으로 140여 명이 참가했으며 미국인도 40여 명이나 참가했다.

한국문화연구재단은 2004년 미국에서 실시되고 있는 한국어/한국학 연구 및 교육 실태를 조사했다. 인터넷을 통해 확인된 대학이 81개교이며 미국 중·고등학교는 50개교에서 한국어/한국학을 강의하고 있는 것으로 집계되었으며 현재까지 이것을 분석 중에 있다.

한국문화연구재단이 큰 업적으로 여기는 것의 하나가 한국어 교재이다. 2000년부터 시작한 교재로 『배우기 쉬운 한국어』가 있다. 1권에서 3권으로 이루어진 이 교재는 회화를 중심으로 학습하는 교재라는 특성을 갖고 있으며 이것에 더해 배우기 쉬운 한국어 연습문제집, 교사지침서 등을 발행하고 있다.

동암문화연구소

뉴헤이븐에 있는 동암문화연구소(East Rock Institute)는 1957년 고(故) 고광림 교수와 전혜성 교수가 설립한 사설 연구소이다. 그간 40여 년간 한국문화를 전파하고 재미한인의 엑소투스(Exodus)를 연구해왔으며, 학술지 『*American and Korean American Studies Bulletin*』을 발간했다. 학술지의 내용을 보면 한미 견제관계에 관한 것, 재외동포에 관한 것, 한국 여성에 관한 것, 한국음식에 관한 것, 한국인 인성에 관한 것, 한국 고고학에 관한 것, 영화에 관한 것, 종교에 관한 것 등이며 이것을 크게 한국문화를 미국에 소개하는 것과 재외동포에 관한 것으로 양분할 수 있다(부록 30 참조).

동암문화연구소는 과거 한미 간에 무역 마찰이 있었을 때인 1988년 한미 경제문제를 타결하기 위한 경제인 학술대회를 주관했다. 한국과 미국의 경제학자들이 한자리에 모여 한미 간의 경제교류 활성화를 위한 발표와 토론이 있었다. 한편 동 연구소는 1995년에는 한미 간의 친선을 도모하기 위해 한미 포럼을 주관했다. 이것은 미국의 저명한 인사를 한국에 초청해 좌담회와 강연회를 가진 것이고 한국의 저명인사를 미국에 초청해 한국의 문화를 미국에 전파한 것이다.[9]

재외동포에 관한 학술대회나 출판사업 이외에 새로이 요구되는 미국 중·고등학교 교사들에게 한국문화를 전파하기 위해 한국 교수단(Teach Korea Corps)이라는 프로그램을 3년 전부터 시작했다. 2006년 6월 29일에서 7월 1일까지 3일간 실시한 제2차 한국학습은 "영화, 문학, 예술을 통한 한국문화와 역사"라는 주제였다. 뉴헤이븐 근처 30여 개의 미국 중·고등학교 교사 30여 명이 참가했고, 프로그램에는 한국의 역사와 문화, 한국의 문학과 시, 음악, 예술 그리고 건축, 한국의 경제발달, 북한문제 등이 포함되

---

9   동암문화연구소 소식지, 2004.

어 있었다(부록 31 참조).

이상 동암문화연구소에서 실시한 미국 중·고등학교 교사를 위한 한국 강좌는 언어교육보다 문화교육에 중점을 두었고 미국 중·고등학교 교사가 여름 프로그램에 참가했다가 돌아가 자기들의 교과과정 내 한국 것을 어떻게 반영시킬 것이냐 하는 의견을 결론으로 수합하는 것이 특색이었다.

한미교육센터

로스앤젤레스의 고등학교 교사 메리 코너(Mary Connor) 교사는 세계연구독본(A Global Studies Handbook) 중 한국 편을 집필한 사람이다. 그녀는 이것을 계기로 4년 전부터 로스앤젤레스 일대의 미국 중·고등학교 교사를 모아 3박 4일간의 일정으로 한국에 관한 수업을 집중적으로 추진했다. 이것은 위에서 본 동암문화연구소의 프로그램과 같은 것이다. 그러나 이 프로그램은 로스앤젤레스라는 위치를 최대한으로 활용해 한국문화원의 후원을 받고 한인촌의 여러 가게도 순회하고 한인 식당에서 음식을 먹는 등 문화체험을 현지에서 실시해 좋은 호응을 받고 있다.[10]

이러한 좋은 호응으로 다음에는 3박 4일의 주된 행사 이외에 인근 도시에서 하루 과정으로 단기 수업을 하는 한국학 특강을 실시했다. 이것은 LA 근방 리버사이드나 샌디에이고 등 5개소에서 행해지고 있다.

이상 학교 이외의 단체와 재단에서 한국학을 간접으로 지원하는 5개 단체를 보았다. 한국어진흥재단과 코리아 소사이어티의 경우 민간단체라 해도 막대한 예산 규모를 가진 거대한 단체로 한국학 지원활동도 풍부한

---

10 한미교육센터 코너 교사 담.

프로그램을 갖고 있었다. 이것에 비하면 한국문화연구재단과 동암문화연구소 그리고 한미문화센터는 사적 단체로서 풍부하지 못한 예산에서도 충실하게 사업을 진행하고 있었다.

다섯 단체는 나름대로 설립 목적이 있고 목적에 부합된 특색 있는 프로그램을 갖고 있다. 한국어진흥재단은 SAT II를 위해 미국 중·고등학교에 한국어 보급을 목적으로 해서 중·고등학교 교장과 교육감 등 교육계 지도급에 있는 사람을 한국에 초청하는 사업, 교사 등을 한국에 초청하는 사업을 주로 했다. 코리아 소사이어티에서도 미국 교사들을 한국에 초청하는 사업을 진행했으나 교장이나 교육감 같이 지도급에 있는 사람에 대한 초청사업은 없다.

이곳에서 관심을 가지고 있는 것은 교사에 관한 교육이다. 다섯 단체가 공동으로 하는 사업은 중·고등학교 교사를 대상으로 하는 연수회이다. 교사연수를 하되 한국어진흥재단와 한국문화연구재단은 한국계 교사를 대상으로 하고, 코리아 소사이어티와 동암문화연구소 그리고 한미교육센터는 미국 중·고등학교 교사를 대상으로 하는 사업이다. 이 사업에서 코리아 소사이어티는 교사를 한국에 보내어 한국 사회와 문화를 체험하게 하는 것이고 동암문화연구소와 한미교육센터는 미국 내에서 수련회를 실시하는 것이다.

그 내용에 있어서도 한국어진흥재단은 한국어를 담당한 교사를 대상으로 해서 한국어에 관한 교수법, 띄어쓰기, 맞춤법, 문장, 단어 등 한국어 강좌에 치중하고, 동암문화연구소와 한미교육센터는 미국 교사를 대상으로 하기 때문에 한국문화 일반에 관한 내용이 많다.

이러한 공통점과 차이점이 있으면서 특히 한국문화연구재단은 입양인을 대상으로 하는 한국어교육이 있고 한국인을 대상으로 하는 한국어교육도 대상이 교사를 대상으로 하는 단기 교육과 사회인을 대상을 하는 장기 교육이 있다.

이상의 교육 관련 프로그램 이외에 한미교육센터를 제외한 4개 단체
는 나름만의 특이한 행사가 있다. 한국문화연구재단은 이광수 작품을 번
역했고, 고종황제 보빙사 행사를 되풀이하는 특별 행사가 있다. 동암문화
재단은 경제 포럼과 코리아 포럼을 행한다. 한국어진흥재단은 학생 장학
금을 지급하는 것이 다른 단체와 다르다. 그리고 코리아 소사이어티는 학
교를 순회하는 순회특별강좌를 실시하는 것이다.

3

주말 한국학교

1. 한국학교협의회

한국학교 개관

초등학교 수준의 한국계 학생을 대상으로 하는 교육기관이 한국학교이다. 미국에서 한국학교가 시작된 것은 이미 30년에 이르며 전국적으로 1,001개의 한국학교가 있으며 교사만도 8,000명이 넘는다. 미국의 한국학교는 크게 두 협회로 나누어져 있다. 하나는 LA를 중심한 한국학교연합회이고, 하나는 이것을 제외한 전국 규모의 한국학교협의회(NAKS)이다. 이곳에서는 한국학교협의회를 중심으로 해보기로 한다.

워싱턴 D.C.에 있는 한국교육관이 파악하고 있는 미국 내의 한국학교 현황을 보면 다음과 같다. 이것은 2007년 현재 영사관으로부터 보고된 자료이다.

지 역	학교 수	교원 수	학생 수
워싱턴	91	775	4,629
뉴 욕	186	1,785	10,857
시카고	127	1,027	5,408
휴스턴	82	731	3,750
샌프란시스코	97	684	4,839
로스앤젤레스	182	1,839	14,435
시애틀	84	606	3,750
보스턴	24	242	1,109
애틀랜타	109	812	4,851
호놀룰루	32	195	947
하갓냐	5	63	607
합 계	1,001	8,153	55,434

자료: 워싱턴 D.C. 한국교육관 자료집.

　　1,001개 한국학교는 전국적으로 분포되어 있으며 교민들이 많은 로스앤젤레스와 뉴욕에 많다. 학교 수는 로스앤젤레스와 뉴욕이 유사하지만 교원 수와 학생 수에 이르면 로스앤젤레스가 뉴욕보다 훨씬 많은 것을 알 수 있다. 3번째로 학교가 많은 곳이 시카고이고 4번째가 애틀랜타가 된다. 다음이 샌프란시스코이고 다음이 위싱턴 D.C.이며 다음이 시애틀 그리고 다음이 휴스턴이다.

재미한국학교협의회

　　전국에 분산되어 있는 한국학교가 상호 연계를 갖고 공동의 이익을 위해 전국적 규모의 모임을 이룩한 것이 '재미한국학교협의회'(The National Association for Koreans Schools: NAKS)이다. 1981년 동부지역 한인학교 대표자 41명이 버지니아에서 집회를 갖고 협의회를 결성하여 6개의 사업별 위원회를 두기로 했다. 6개의 위원회는 회원자격 및 회칙 위원회, 기획 및 홍보 위원회, 하계학교 운영위원회, 교육과정 교육자료 개발위원회, 교육자 연수위원회, 그리고 재정위원회이다.[1]

창립총회를 한 1981년에서 3년 후인 1984년부터는 매년 학술대회와 총회를 개최했다. 개최지를 각지로 옮겨가면서 대회를 개최해 각 지방의 참가자도 늘리고 시간이 경과하면서 참가자도 증가해 10회를 넘기면서 완전히 자리를 굳힌다.

이 전국연합회는 조직을 보다 효과적으로 운영하기 위해 13개의 지역협의회를 두었다. 13개의 지역협의회의 관할지역을 보면 아래와 같다.

지역협의회	관할지역
서북미	ID, OR, WA, AK
뉴잉글랜드	MA, ME, NH, RI, VT.
동북부	CT, NJ, NY.
동중부	DE, PA, S-NJ, WV.
동남부	AL, GA, NC, TN.
북가주	CA.
남서부	AR, LA, MS, OK, TX.
워싱턴	DC, MD, VA.
중서부	IL, WI, OH, IN, KY, ND, SD, MN, NE, IA, KS, MO.
미시간	Mi, OH.
하와이	HI.
플로리다	FL.
콜로라도	CO.

자료: 한국학교협의회 제공.

---

1 한국학교협의회 회지, 2005.

한국학교협의회는 매년 개최하는 총회와 학술대회 이외에 전국적인 규모로 행할 수 있는 사업을 진행하고 있다. 이것은 전국 학생들을 대상으로 하는 "나의 꿈 말하기 대회"와 "SAT II 모의시험"이다. 이것은 지역협의회의 예선을 거친 학생들이 전국 규모의 대회로서 총회 시 실시하는 경연에 참가해 당선자는 대회장의 상을 수상한다.

한국학교협의회가 매년 수행하는 학술대회의 성격을 보기 위해 2007년에 개최한 제25차 학술대회 및 정기총회를 보기로 한다. 제25차 학술대회 및 정기총회는 8월 2일에서 4일까지, 3일간 미시간 주 디어본(Dearborn)의 하이엣 레건시 호텔에서 개최되었다.

전일 행사로 8월 2일에 SAT II 한국어 모의고사, 최홍배 교수의 "독도 문제 바른 이해 바른 대응" 특강, 이 2개의 행사를 진행했다. 특강이 있은 후 전체가 모여 워싱턴 주 상원위원 신호범 선생의 "입양인 민족교육에 관하여"라는 주제강연을 들었다. 이어 회장단 회의와 이사회가 있었다.

다음날 아침에 시작된 개회식은 개회 선언에 이어 교육인적자원부 장관의 축사 대독과 재외동포이사장의 축사가 있었다. 이어 14명의 교육인적자원부 장관의 감사장 수여식과 재미한국학교협의회의 공로패 및 감사패 수여식이 있었다.

오후에는 5개 반으로 나뉘어 3시간의 강의가 있었으니 도합 15개의 강의가 있은 것이 된다. 강의는 대부분은 학습방법에 관한 것과 교육의 내용으로서의 역사와 문화 교육에 관한 것이었다. 오후 늦게 협회의 중요한 행사의 하나인 제3회 "나의 꿈 말하기 대회" 결선이 있었다.

다음날 오전에는 이광규의 "세계화 시대의 재미 한국어교육과 교사의 역할"이라는 주제 강연이 있었고, 이어 차인홍 교수의 "아름다운 남자, 아름다운 성격"을 주제로 한 강연이 있었다. 차 교수는 소아마비로 한국에서 고생하다가 미국으로 이주해 장애를 극복하고 바이올리니스트 그리고 악단 지휘자로 성공해 현재 대학교수를 하고 있는 사람으로 청중에게 큰 감명을 주었다. 이어 장기 근속 모범교사 및 개교 20주년 이상 학교 표창 수여식이 있었다. 이곳에서는 40년 근속자 1명, 30년 근속자 1명, 25년 근속자 5명, 20년 근속자 2명, 15년 근속자 14명, 그리고 19년 근속자 17명이 수상했다. 20년 이상의 한국학교가 22개교나 되었다.

동북부지역 한국학교 연혁

동북부지역의 한국학교가 타 지역의 표준이 되기에 그 연혁을 통해 한국학교가 어떻게 발전해왔는가를 보기로 하겠다. 뉴욕의 경우 1962년 3대 한인회장 김형린 시절 맨해튼 115가에 있는 뉴욕한인교회에서 한글학교가 시작되었다. 그 후 1966년 교육부장 한영교 씨가 한글학교를 맡으면서 본격적으로 학교답게 교사 2명을 채용하고 학생 15명이 등록한 학교로 되었다. 그리고 1969년 처음으로 동화대회를 개최한다.[2]

교회와 관계하지 않는 학교가 설립된 것은 1973년 뉴욕한국학교이다. 허병렬 선생이 교장이 되고 3명의 교사를 둔 이 학교는 교회가 탄생시킨 학교가 아니며 이때부터 한글학교가 아니라 한국학교라는 명칭을 갖게 된다.

한국학교가 크게 발달하는 것은 1975년 이후의 일이다. 1976년 롱아일랜드연합 한국학교를 비롯해 스태튼 아일랜드 한국학교가 세워지고, 1977년에는 퀸즈 한인천주교회 한글학교, 허드슨교회 한글문화학교가 세워지며, 1978년에는 뉴욕감리교회 한국어학교, 뉴욕 진아한국학교, 길벗교회 한글학교가 설립되고, 1979년에는 롱아일랜드 한인교회 한국학교, 브루클린 한인교회 한국어학교, 뉴저지 갈보리교회 무궁화학교, 남부 뉴저지 한국학교, 아스토리아 한인교회 한국학교, 남부 뉴저지 한국학교, 코네티컷 뉴헤이븐 한국학교가 설립된다.

---

2 한국학교협의회 동북부지역협의회 회지, 2005.

1980년대에는 한국학교가 급격히 늘어난다. 1980년 한반도 뉴욕한샘교회 주말학교, 로체스터 한국학교, 뉴욕한인교회 한글학교, 뉴저지 만모스 한국학교 등이 세워진다. 1980년대에 세워진 학교가 뉴욕에 35개교, 뉴저지에 22개교, 코네티컷 주에 1개교로 증가한다. 이때 생긴 한국학교 중 주목되는 것이 비교회의 뉴저지 한국학교이고, 뉴욕한인경제인협회의 부설로 세워진 브로드웨이 한국학교이다. 이들은 1983년에 세워졌다.

동북부지부 내의 186개 한국학교의 규모와 설립 연대를 보면 다음과 같다.

학생 수	1980	1981~1985	1986~1990	1991~1995	1996~2000	2001~2005	2006~	미상	계
10~20		5	5	3	3	10	4	1	31
21~40	3	10	8	13	10	14	6	2	66
41~60	2	4	7	4	5	15	1		38
61~80	2	4	5	2	1		1		15
81~100	1	1	1	1	1	2			7
101~120	1	3		2		2	1		9
121~140	1	2	1	1		1	1		7
141~160									
161~180	3	1							4
181~200			1						1
201~250			1	2					3
251~300		2							2
301~400		1		1					2
401~500									
501~600			1						1
합 계	13	33	30	29	20	44	14	3	186

자료: 한국학교협의회 동북부지부 제공.

이 집계에 의하면 한국학교의 설립 연대와 학교의 크기에 별 상관관계가 없는 것으로 보인다. 오히려 학생 200명 이상의 대형 학교가 1980년대에서 1990년대 전반에 세워지고 1990년대 후반에서 현재까지 소형 학교가 많이 세워진 것을 볼 수 있다. 현재도 매년 작은 학교가 설립되고 또한 소멸되어가기도 한다.

2008년 뉴욕교육원에서 집계한 바로는 뉴욕교육원이 관할하고 있는 뉴욕, 뉴저지, 펜실베이니아 그리고 코네티컷 등 4개 주의 학교, 교사, 학생 수는 다음과 같다.

지역명	학교 수	교사 수	학생 수	1개교당 학생 수	교사 1인당 학생 수
뉴 욕	94	843	4,944	52	6
뉴저지	59	628	4,534	77	7
펜실베이니아	25	260	1,156	46	4
코네티컷	8	54	225	28	4
계	186	1,785	10,859	58	6

자료: 뉴욕 한국교육원 제공.

뉴욕에 한인들이 보다 많이 거주하기 때문에 한국학교가 많은 것은 당연하다. 다음으로 많은 뉴저지의 거의 2배가 된다. 학생 수에 있어서는 뉴욕이 뉴저지보다 월등하게 많은 것이 아니다. 오히려 1개교당 학생 수는 뉴저지가 뉴욕보다 많다. 그리고 교사 1인당 학생 수는 거의 동일한 정도였다.

뉴욕교육원의 집계에 의하면 186개교의 대부분이 교회에서 운영하고 교회에 속한 학교이고, 교회에 속하지 않은 학교는 19개교로 전체의 10.2%에 불과하다.

동북부지역협의회

　　재미한국학교협의회는 13개의 지역협의회를 갖고 있다. 이들 지역협의회는 지역에 따라 크기와 형태가 다르나 구조와 기능 등에서는 유사한 점이 많다. 이들 13개 지역협의회에서 보다 크다고 하는 동북부지역협의회를 대표로 보기로 한다. 동북부지역협의회는 뉴욕, 뉴저지, 코네티컷의 3개 주를 포함하는 트라이 스테이트 지역에 186개의 한국학교를 담당하고 있다.[3]

　　1985년 재미한인학교 동북부지역협의회가 생기면서 획기적인 발전을 도모한다. 허병렬 선생이 초대회장이 되고 소속 학교들의 학습지도 방향이 설정된다. 학습지도 방향이란 효과적인 학습지도 방법, 교육환경 개선, 교사들의 자질 향상, 교육정보 제공 등이다. 그리고 공적 사업으로 교사연수회, 어린이 예술제, SAT II 한국어 모의고사, 한영·영한 번역대회, 교장·이사장·지역인사 초청 간담회, 연구교사위원회 운영, 그리고 회보 발간 등이 이루어진다.

　　지역협의회는 교재편찬 사업을 전개하고 회원 학교들이 대외 행사를 분담하기로 해서 어린이 동화대회는 롱아일랜드 한인교회 한국학교가 주관하고, 어린이 동요대회는 뉴저지 갈보리 무궁화 한국학교가 담당하며, 어린이 민속잔치는 원광 한국학교가 주관하고, 어린이 글짓기 대회는 뉴저지 한국학교가 담당하기로 했다.

　　지역협의회에서 행하는 사업은 재외국민교육원에서 개최하는 연수회에 선생을 선발해 보내는 것과 한국학교 전국대회에 선생을 추천해 참가하게 하는 것이다. 지역협의회 자체가 행하는 행사로 1988년부터 실시하기 시작한 자체 내의 교사연수회가 있다.

3　한국학교협의회 동북부지역협의회 회지, 2005.

　　2007년도에 행한 동북부지역협의회 교사연수회를 보면 다음과 같다. 6월 23일 개최한 교수연수회는 전체가 듣는 주제강연을 윤혜석 교수의 "이민자 언어습득과 교수이론"이었다. 이어 4개 반으로 나뉘어 강의가 진행되었다. 강의는 기초반 한국어, 한국어 문법, 중급반 한국어, 초급반 한국어, 유치반, 그리고 한국역사였다. 오후에는 처음 2개의 반으로 나뉘어 매듭과 자녀 교육의 강의가 있었고, 다음은 4개 반으로 나뉘어 한국어 문법, 회화, 한국학교 운영, 고급반 한국어 강의가 있었으며, 잠시 휴식이 있은 후 다시 4개 반의 강의가 있었다. 이것은 글짓기, 서예, 한국어 읽기, 그리고 연극이었다. 이상과 같이 지역협의회 연수는 하루에 끝나고 마지막으로 수료식이 있었다.

　　지역협의회가 후원하고 뉴저지 한국학교가 주관하는 한국어 글짓기 대회의 예로 2006년 10월에 실시한 것을 보면 제8회의 글짓기 대회에 초급반에 10개교 35명이 참가하고, 고급반에는 11개교 31명이 참가했다. 대회는 주제를 주어 그것에 관한 글을 짓게 했고 주제는 '휴대전화'와 '보름달'이었다. 보통 1시간 반의 충분한 시간을 주고 글을 짓게 하며 이어 심사를 진행한다. 심사는 시인 김정기, 소설가 정규택, 시인 김송희 3명이다. 심사 결과 장원 1명에게는 뉴욕 총영사관상 상장, 상패 그리고 장학금 500달러가 지급된다. 중급반과 초급반에는 각각 금상, 은상, 동상 각 1명이 있고 상장, 트로피 및 장학금이 있으며, 상금은 금상 250달러, 은상 150달러, 그리고 동상이 100달러이다.

　　재미한국학교 동북부지역협의회가 주최한 한영·영한 번역대회에서 입상한 34명에게 류패밀리재단에서 장학금을 수여했다. 뉴욕 총영사관에서 실시된 시상식에서 대상 500달러, 금상 300달러, 은상 200달러, 동상 100달러를 받고 장려상으로는 50달러어치 상품권을 받았다.

2. 주말 한국학교

동북부 지역협의회에 소속된 한국학교가 186개이며 이들은 지역, 학교의 역사 그리고 조건 등에 따라 모두 다른 특성을 갖고 있다. 그중에서 대표적이라고 할 수 있는 뉴욕 한국학교, 뉴욕 브로드웨이 한국학교, 롱아일랜드 한국교회 한국학교, 뉴저지에 있는 성 김대건 한국학교, 아콜라 한국문화학교, 뉴저지 한국학교, 우리한국학교, 세종한국학교, 그리고 코네티컷 토요한국학교를 보기로 한다.

뉴욕 한국학교

뉴욕 맨해튼에 위치한 뉴욕 한국학교는 허병렬 선생이 1973년 세운 학교이다. 뉴욕 한국학교는 뉴욕 지역에서 가장 오래된 학교이기 때문에 현재 대부분의 학교들이 이 학교를 모델로 삼고 있다. 이곳에는 교사들이 중심이 된 교사회, 학교의 제정을 후원해주는 이사회, 그리고 학교 학사를 도와주는 학부모회가 있다.[4]

2007년도 가을학기 학교 교사진은 교장을 포함 15명이고 이들이 학사운영을 담당하고 있다. 학급은 유치반 1반, 초등학교 수준의 6개반, 그리고 중등반과 고등반이 있어 도합 9개반이 운영되고 있다. 등록한 학생은 160명 정도로 학급별로 20명을 넘지 않는다.

맨해튼 남부에 위치한 존에프케네디고등학교를 임대해 토요일 9시부터 12시 15분까지 사이에 4시간의 수업을 한다. 첫 시간은 60분으로 모든 학급에서 한국어교육을 하고, 둘째 시간부터 40분 수업으로 진행하되 학년에 따라 한국문화, 민속놀이, 음악, 한국무용, 서예, 연극, 컴퓨터 등을

4　뉴욕 한국학교 허병렬 교장 담.

배운다.

　이사장 외 12명으로 구성된 이사회는 학교 운영에 대한 사업계획을 수립하고, 학교의 재정적 지원을 위해 이사회비를 납부한다. 학교 경상 경비는 학부모의 기부금으로 충당하고 이사회의 비용은 특별경비로 충당하는 것이다.

　뉴욕 한국학교가 보다 기대하는 곳이 학부모회이다. 학교의 경상비를 학부모회 기부금으로 충당할 만큼 학부모회가 경제적인 후원을 하고, 이 외에도 학교 운영에 깊이 관여하고 있다. 이를테면 학부모회에는 간식을 준비하고, 수업 전후에 장소를 정리하는 봉사부가 있고, 세미나나 취미생활을 후원하는 취미반, 소풍을 계획하고 실천하는 것을 담당한 교육부, 학교 문집을 발행하는 홍보부, 도서실을 담당하는 도서반, 학생 선도를 담당한 규율부, 후원금을 위한 재무부 등이 있다.

　뉴욕 한국학교에는 학부모들을 위한 평생교육대학이 있다. 이곳에서는 어린이들이 학습하는 동안 학부모들이 필요한 지식을 학습한다. 학습 내용은 서예, 꽃꽂이, 한문, 한국민속학, 미용체조, 한국무용, 동양무술, 영어, 카메라, 장구 등이다. 또한 별도로 토요일 시간을 마련해 외부 강사를 초빙하고 특강을 듣기도 한다.

　학교에서는 학사 일정 이외에 학기마다 학습발표회가 있다. 학습발표회는 선발된 몇몇 학생이 발표를 하는 것이 아니라 전교생이 1명도 빠짐없이 참가하며 발표회를 하는 것이 특색이다. 작품전시회도 있고, 체육회도 있으며, 공개수업도 행하고, 문집도 발행하고 있다. 소풍 이외에 여름방학에 2박 3일간의 가족 캠프가 있고 연말에 사은회가 있다. 그리고 학교 역사가 오래되었기 때문에 본교 졸업생이 5,000명이 넘으며 이들이 동창회를 조직해 모교를 돕고 있다.

　뉴욕 한국학교는 지역협의회에서 개최하는 글짓기 대회나 음악대회에 학생을 파견하지만, 무엇보다 한인회가 주최하는 한국의 날 거리행진에 꼭 참가하는 것을 정례화해 한국학교의 모범이 되고 있다. 뉴욕 한국학교의 무엇보다 큰 특성은 재미 한인사회의 원로 교사인 허병령 선생의 강한 지도력에 의해 이 학교가 모든 한국학교의 모범이 되고 있는 것이다.

뉴욕 브로드웨이 한국학교

뉴욕 브로드웨이 한국학교는 1983년에 설립된 학교로 뉴욕한인경제인협회가 지원하는 학교로 유명하다. 뉴욕한인경제인협회는 학교 임대료 1만 달러를 지원하고 있으며 경협 이사장이 이곳 뉴욕 브로드웨이 한국학교 이사장이 된다. 그러나 경제인협회는 전혀 학사에 관여하지 않기 때문에 학사를 위한 이사회, 학부모회 그리고 교사회가 다른 학교와 동일하게 진행되고 있다.[5]

2007년 가을학기에 등록한 학생은 84명이다. 순수 한국계 학생이 54명이고, 29명은 혼혈학생이었다. 혼혈은 부모의 한쪽이 한국계가 아닌 학생이며, 오히려 이들이 더 열심이라 한다. 순수 한국계 학생 중에도 이미 부모가 2세이고 학생이 3세인 학생도 있다. 수업료는 다른 학교와 유사하게 350달러를 받고 있다.

뉴욕 브로드웨이 한국학교가 자랑하는 것 중 하나가 교사진이다. 15명의 교사 중에는 뉴욕대학교에서 교육학으로 박사학위를 받은 교사가 1명이고, 일반 과목을 담당한 11명의 교사가 국문과나 영문과를 졸업했으며, 태권도, 무용, 음악을 지도하는 3명의 교사도 유아교육과를 졸업했거나 중·고등학교 교사로 근무하는 자들로서 교사의 자격이 충분하다. 보조 교사 4명도 1.5세로 교육계에 근무하기 시작한 선생들이다.

뉴욕 브로드웨이 한국학교는 맨해튼 남부의 610 제12거리에 있는 초

---

5   뉴욕 브로드웨이 한국학교 이 교장 담.

등학교 교사를 이용하며 4살부터 12학년까지 8단계로 나누고 9시부터 1시까지를 5시간으로 나누어 한국어, 음악, 한국역사와 문화, 한국무용, 태권도, 그리고 단소를 가르치고 있다.

학교 내에는 공개수업이 있고, SAT II 한국어 모의고사가 있으며, 나의 꿈 말하기 대회, 운동회, 학습발표회 등이 있다. 종업식에는 동화대회를 행하며 졸업식은 각종 시상식이 있고 합창대회는 가장 큰 교내 잔치가 된다. 교외 활동에도 적극 참가해 롱아일랜드 한국학교에서 주최하는 한국어 동화대회, 원광한국학교가 주최하는 민속잔치에 참가하고, 갈보리 무궁화 한국학교가 주관하는 어린이 동요대회, 뉴저지 한국학교 주관의 글짓기 대회, 동부지역협의회가 주관하는 한영·영한 번역대회에 참석한다.

학교운영에 적극 참여하고 없어서는 안 될 것이 학부모회이다. 학부모회는 각 반에서 2명을 선출해 16명의 회원이 있으며, 회장 1명, 부회장 3명, 회계, 서기, 고문이 각각 1명이 있었다. 학부모회는 학교 경비에 필요한 것을 위해 모금운동에 앞장서고, 학교 학사에 도움을 주며 간식을 준비하고 학생들을 식당으로 인도하는 것 등 교내에서 중요한 일을 담당하고 있다. 특히 11월에 있는 가족 파티 야유회를 학부모회가 주관한다. 이에 150여 명이 참가해 성황리에 추진하기도 한다.

뉴욕 브로드웨이 한국학교가 자랑하는 행사가 '나의 꿈 말하기 대회'이다. 2세 꿈나무들의 소중한 희망의 잔치로, 2007년 대회에는 초·중·고교생 17명이 참가했다. 원고 내용을 비롯해 표현력, 감동, 자신감 등을 심사하는데, 대상은 "밍크코트를 입지 마세요"를 주제로 한 아콜라 한국학교 손주희 양이 받았다. 대상에는 장학금 300달러, 트로피, 상장을 주었다. 금상에 2명, 은상 2명, 동상 3명이 받고, 참가자 전원에게 장려상이 주어진다.

롱아일랜드 한인교회 한국학교

한국학교 80% 이상이 교회에 소속된 한국학교이고 교회가 재정적인 지원을 하고 있으나 학교 명칭에 한국교회 한국학교라 하지 않는다. 그러나 롱아일랜드 한국학교는 교회가 작아 학교를 운영할 수 없다. 그러나 교회보다 자체의 힘으로 운영해가면서 교회에 소속된 것을 강조하기 위해 한인교회 한국학교라는 명칭을 사용하고 있다.[6]

이 한국학교는 1987년 교회가 성립되면서 동시에 개설된 학교로, 교장 고은자 선생 외에 8명의 교사와 6명의 보조교사가 있다. 학생은 3세부터 12학년까지이며, 현재 52명이 등록되어 8개 반으로 편성되어 있다. 이 학교가 전성기였던 시절 학생이 90여 명이었으며 현재 40명이 감소한 상태이다. 이 학교는 토요일이 아니라 일요일에 수업하는 것이 특이한 점이다. 교회예배가 끝난 오후 2시부터 4시까지 3교시 수업을 한다. 학교 수업료는 간식과 교재를 포함해 14달러를 받고 있다. 이 학교는 이사가 3명에 불과하지만 이사진이 견고해 학교에서 필요로 할 경우 잘 도와주고 있으며, 특히 40명으로 이루어진 학부모회가 바자회를 통해 기금을 마련해 학교를 후원하고 있다.

이 학교는 2가지가 유명하다. 하나는 한국어 동화구현대회(story telling)이고 하나는 입양인 잔치이다. 이 한국학교가 주최하는 동부지역 협의회 소속 학교들의 경연대회인 동화구현대회는 2007년 제23회를 맞이했고, 동북부지역 내 36개교에서 선발된 대표 56명이 금강산 연회장에 모여 열띤 경쟁을 벌였다.

입양인과 부모를 초대해 잔치를 벌이는 입양인 잔치도 이미 13회를 거듭해 뉴욕 일대에서는 알려진 잔치가 되었다. 2007년의 경우 12월 1일

---

6   뉴욕 롱아일랜드 한인교회 한국학교 고은자 교장 담.

플러싱 금강산 식당에서 개최된 대회에 120가정 340여 명이 참가해 한국의 음식을 대접하고 한국의 태권도, 찬양 율동, 한복쇼, 꼭두각시춤, 오케스트라 연주, 연 만들기, 다같이 노래하기, 부채춤, 전통 동화 등 다양한 프로그램으로 즐거운 하루를 보냈다.

롱아일랜드 한인교회 한국학교는 3년 전 학생들로 구성된 오케스트라를 조직했다. 물론 이 교회만이 아니라 3개 교회가 합해 50명으로 이루어진 오케스트라를 조직해 정기공연 이외에도 양로원 등을 다니면서 위로공연회를 갖기도 한다.

성 김대건 한국학교

뉴저지에 위치한 성 김대건 한국학교는 1986년에 설립된 천주교에서 운영하는 학교이며 종교단체가 운영하는 한국학교의 대표적인 곳으로 유명하다. 성 김대건 한국학교는 다른 학교와 달리 금요일과 토요일에 수업이 있고 교사도 2곳에 있다. 하나는 새들 리버 고드 585가에 위치한 새들브룩 학교(Saddle Brook School)이고 하나는 웨스트 에머레스트 애비뉴 85가에 위치한 잉글우드 학교(Englewood School)이다.[7]

성 김대건 한국학교는 천주교 교단이 운영하는 학교기 때문에 이사장은 한덕수 신부이고 교장은 이정미 수녀이다. 성 김대건 한국학교가 자랑하는 것이 교사진이다. 이 학교에는 2007년도 27명의 교사가 있었고, 전원이 교원자격증을 소지했다. 학교는 과외활동보다 수업시간에 충실한 것을 교사들에게 요구하고 교사들도 수업시간을 엄수하고 수업을 우선순위로 여기고 있다. 한편 학교는 교사의 실력을 함양하기 위한 연수회에 중점을 두고 있다. 교사 자체적으로 1개 학기 중 최소한 2회의 교사 연구 발표회

---

7   성 김대건 한국학교 이정미 교장 담.

를 갖고, 외부 인사를 초청해 강연회를 갖는다. 또한 학교는 지역협의회에서 개최하는 교사연수에는 전 교사가 참석하게 하고, 전국 규모의 NAKS의 교사협의회 연수에는 선생을 선발해 여비와 숙식비를 학교가 부담한다. 한국에서 개최하는 교사연수회에도 학교 재정이 허락하는 한 최소한 2~3명의 교사를 파견한다. 보조교사 10명도 졸업생 중에서 한국어를 잘하고 봉사정신이 투철한 사람으로 선발해 가르치고 있다.

새들브룩 학교는 유치반 2개 반, 초등학교 1학년부터 5학년까지 있으며 입양인반 1개 반이 있다. 학생은 도합 76명이다. 앵글우드 학교는 유치원반 2개반, 1학년반 1개 반, 2학년에서 6학년까지 2개 반씩, 7학년 1개 반, 그리고 고급반 1개 반, 도합 15개 반에 475명이 있으며, 두 학교를 합하면 학생이 559명이다. 학생들은 1학기 280달러의 수업료를 낸다. 둘째 아동은 270달러, 셋째 아이는 20달러를 낸다. 입양인은 수업료를 내지 않는다.

유치반에서는 한국어, 한국동요, 만들기와 꾸미기를 배우고, 1학년부터 7학년까지의 초등학교 과정에서는 한국어, 한국의 역사와 문화, 그리고 한자를 배운다. 고급반에서는 한국어, 고급회화, 논술을 배우고, 특히 SAT II 준비과정이 있다. 특별활동으로 서예, 예절교육, 한국음악, 민속놀이, 한국음식, 종이접기 등을 배운다.

이 학교에서는 자체 내에서 교재개발을 추진하고 있다. 교사들이 특히 어려워하는 것은 한국사를 가르치는 것이다. 많은 한국학교가 기독교 교회에 속해 있기 때문에 한국사 강좌를 꺼리는 경우가 많다. 따라서 성 김대건 한국학교는 별도로 역사연구교사 모임을 만들어 2주에 1회 회동을 하고 연구한 것을 발표하고 토론해 교재를 만들어가고 있었다.

성 김대건 한국학교는 정규과정을 중요시하기에 학교 자체에서 문화활동을 과외로 하지 않고 정규과목에 편입시켰다. 그러나 지역협의회에 참가하기 위해 풍물놀이반도 두었고 민속놀이도 별도로 준비해 경연대회에 참가하고 있다. 학생들이 많기 때문에 교내 행사도 다채로우나 성 김대건 한국학교도 다른 학교와 같이 지역협의회 내의 다른 학교에서 행하는 모든 행사에 참가하고 있다.

교내 행사로는 학과와 연계된 것으로 12월에 행하는 동화구현대회와 나의 꿈 말하기 대회가 있고 한국어 능력시험 및 SAT II의 시험이 있다. 명절과 관계된 것으로는 가을에 추석맞이 큰잔치와 5월에 어린이날 행사가 있다. 추석날은 학교에서 교사와 학부모 그리고 학생이 한대모여 송편을 빚고 음식을 장만해 놀기도 한다. 어린이날 행사는 민속놀이와 게임을 하고 학생 풍물단의 공연도 있다.

성 김대건 한국학교는 학생이 많아 대외활동도 적극적이다. 대외활동으로는 글짓기 대회, 한영·영한 번역대회, 동요대회, 동화구현대회, NAKS에서 행하는 나의 꿈 말하기 대회 등 다른 학교에서 행하는 행사에 참가하는 것이다.

성 김대건 한국학교에서도 학부모회가 적극적으로 학교를 돕고 있다. 학기마다 1번 학부모회가 주관이 되어 음식 바자회를 개최해 이곳에서의 수익금을 전부 학교 운영에 보태게 한다.

아콜라 한국문화학교

12년의 역사를 가진 아콜라 한국문화학교는 성 김대건 한국학교와 같이 토요일 학교와 금요일 학교 두 학교가 있다. 토요학교는 오전 9시부터 12시 10분까지 3교시를 하며, 사정이 있어 토요학교에 오지 못하는 학생을 위해 금요학교를 개설해 저녁 6시부터 8시까지 수업을 한다. 따라서 토요학교가 비중이 크고 금요학교는 토요학교의 보조적 역할을 하는 셈이다. 토요학교는 4살부터 12학년까지이고, 금요학교는 주로 11학년과 12학년 학생들로 구성되어 있다. 수업료는 다른 곳보다 비싸 260달러를 받고 있다. 선생은 도합 30명이며 두 학교를 겸하고 있는 선생은 6명이다. 이 학교의 특성은 교회 담임목사가 학교를 적극적으로 지원해주는 것이다. 이곳에도 40명으로 이루어진 이사회가 있다.[8]

토요학교는 첫 시간은 모든 반이 한국어 수업을 하고 정규시간 이외에 과외활동으로 고전무용, 음악, 사물놀이 등을 배운다. 악기는 부족해 5학년 이상만 배우게 하고 있다.

아콜라 한국문화학교 동북부지역 학교에서 선발된 학생이 기량을 겨루는 역사문화 퀴즈대회가 있다. 아펜슬러 박사가 기증한 1만 달러를 기본 기금으로 하고 교회에서 지원하는 5,000달러를 더해 3년 전에 시작한 이 경연대회는 중학교 이상의 학생이 참가하게 하고 한국에서 골든벨 식으로 진행하고 있다.

다른 교회 부설 한국학교가 모두 그러하지만 이곳에도 학교 간에 심한 경쟁을 하고 있는 셈이다. 이 학교 주위에 성 김대건 한국학교가 5분 거리 내에 있고, 등록금이 없고 점심을 제공하는 필그림교회가 이웃해 있다. 특히 뉴저지가 학교 간의 학생 유치 경쟁이 심한 곳으로 유명하다. 따라서 학교들은 학생 수, 교사 수 등을 경쟁으로 삼고 있으나 이 한국문화학교는 선생의 질로 대결하고 있는 셈이다.

뉴저지 한국학교

뉴저지에 위치한 뉴저지 한국학교는 1983년에 설립되었고, 선세트 레인에 위치한 테너플라이 중학교(Tenafly Middle School)를 임대해 교사로 사용하고 있다. 뉴저지 한국학교는 대표적 비종교계 한국학교로 유명하다. 명성답게 뉴저지 한국학교는 교사회, 이사회, 학부모회가 조화를 잘 이루고

---

8   아콜라 한국학교 허 교장 담.

있으며 학교 운영도 모범적이었다. 이사회는 뉴저지 유지 30명으로 구성되어 있으며 이사회비로 학교 운영을 돕지 않아도 되기에 비상시에 대비한 것뿐이다. 그러나 이사장이 토요일 학교가 열리면 학교에 와서 학교 사업을 지도하고 있다.[9]

교사회는 교장 전현자 선생을 중심으로 30명의 교사가 있으며 교사 자격증을 소유한 사람이 2/3가 된다. 학교 졸업생으로 한국어를 잘하는 사람이 자원봉사를 하며 그 수가 48명이나 된다. 뉴저지 한국학교에서도 교사연수에 중점을 두어 월례회에 교사가 공개수업을 하게 한다. 외부인사를 초청해 강연을 듣기도 하고 동북부지역협의회나 전국 규모의 연수회에도 교사들이 적극 참가하도록 학교가 재정적인 후원을 하고 있다. 교사들의 업무 중 중요한 것이 교재개발이다. 한국의 국제교육진흥원에서 발행한 교재를 중심으로 현지 시정에 맞게 교사들이 재편성해 수업에 임하고 있다.

현재 등록한 학생은 300명이다. 학교가 가장 융성했을 1997년도에는 학생 수가 470명까지 달했으며 한국어 학급이 25개, 특과 학습반이 6개반, 교사 수 25명에 보조교사 24명까지 있었다. 그러나 근처에 한국학교가 생기면서 학생 수가 감소되어 현재 수에 달한 것이다. 학급은 유치반 3개 반이 70명을 수용하고, 기초반 3개 반이 1학년과 2학년을, 초급반 3개 반이 3학년과 4학년을 포함하며, 중급반 4개 반이 4학년 5학년을 포함하고, 고급반 3개 반은 6학년에서 8학년까지를 포함한다. 초급반의 학생은 90명이며 학년이 높을수록 학생 수가 적어지고 있다.

뉴저지 한국학교는 정규과목에 치중하되 학년마다 특이한 과목을 의무적으로 배우게 했다. 1학년은 태권도, 2학년은 무용, 3학년은 동요, 4학년은 동양화와 붓글씨, 5학년은 문화(의식주), 6학년은 풍물, 7학년은 예술

---

9   뉴저지 한국학교 전현자 교장 담.

(도자기 등), 8학년은 역사를 배우게 하고 있다.

뉴저지 한국학교는 성 김대건 한국학교와 달리 과외활동에 치중해 정규수업 이외에 백일장 글짓기 대회를 비롯해 동화구현대회, 풍물반이 참가하는 어린이 예술제, 동요 부르기 대회, 능력고사, 미술전시회 낱말 경연대회, 일기쓰기 표창, 한국어 능력고사 연수회 등을 실시하고, 대외적으로 SAT II 능력고사를 비롯해 지역협의회 내의 타 학교에서 실시하는 모든 행사에 적극 참가하고 있었다.

대외 파견만이 아니라 뉴저지 한국학교는 동북부지역 행사인 한국어 글짓기 대회를 자체 내에서 개최하고 있다. 이미 8회나 된 한국어 글짓기 대회는 한글날이 있는 10월 한글날에 가까운 토요일을 택해 개최하며 동북부지역 내의 한국학교 학생들이 참가한다. 많을 때에는 200명에서 300명까지 참석해 글짓기 대회를 한다. 대회 참가자들에게 글제를 주어 글을 짓게 하고 수상자는 장원, 중급반 금상, 은상, 동상, 고급반 금상, 은상, 동상, 장려상이 있으며 참가자 전원에게 주는 참가상이 있다.

뉴저지 한국학교 부근에는 한국학교를 다니지 않는 한국학생이 많아 학교의 교사회에서는 이들 지역 학생들을 위해 한국문화 공개강좌를 실시하고 대학 교수를 초청해 공개강연회를 하기도 했다.

뉴저지 한국학교는 학부모회가 활발하다. 학부모회는 1년에 2회 바자회를 열어 이익금 전액을 학교에 희사한다. 다른 곳에서도 그러하지만 이미 1.5세, 2세가 학부모가 된 사람이 있다. 학교에서는 이러한 학부모들을 위해 한국문화 강좌를 실시하고 있다.

우리한국학교

뉴저지에 있는 우리한국학교는 한국에서 파견 나온 지상사의 자녀를 위한 학교로서 뉴욕 일대에 유일한 학교라 하겠다. 지상사 자녀를 교육하는 곳이기 때문에 학교 수업은 한국에 준하고 한국어 교재를 그대로 사용하고 있다. 우리한국학교는 이사회가 중요한 역할을 하는 학교이다. 22명의 이사가 후원을 하고 전적으로 학교 운영을 좌우하고 있다. 교사는 모두 지상사에 근무하는 사람의 부인이며, 한국에서 이미 교원자격증을 소지한 사람들이 많아 교사를 구하는 데 어려움이 없고, 오히려 교사가 남아 좋은 선생, 최근에 온 선생 등으로 선택해 채용하고 있다.[10]

뉴저지 클리프턴에 위치한 우드로 윌슨 중학교(Woodrow Willson Middle School)를 임대해 사용하고 있다. 2006년 374명의 학생이 등록해 초등학교 1학년에서 6학년까지 18개 반, 중학교에 해당하는 7학년에서 9학년까지 5개 반, 고등학교에 해당하는 10학년에서 12학년까지 2개 반, 도합 25개 반으로 편성했고, 교사는 34명이 있다. 우리한국학교도 한창 전성기인 1998년 학생이 513명이 등록했고, 학급이 31개나 되었다. 학생 수가 감소하는 것은 지상사에 장기 근무하는 사람이 많아지고 귀국하지 않는 지상사 직원이 증가하기 때문이다.

우리한국학교 학생은 월요일에서 금요일까지 정규 미국학교에서 미국 교육을 받고 토요일에만 이곳 우리한국학교에 와서 집중적으로 자기 학년의 수업을 한국어로 듣는다. 귀국해서도 한국에서 학습에 지장이 없도록 하는 것이다. 따라서 토요일 오전 8시 30분에 시작해 오후 3시 40분까지 7시간의 수업을 한다.

한국으로 귀국을 목적으로 하기 때문에 일반 한국학교와 어울리기 어렵다. 그러나 다른 학교에서 실시하는 수학경시대회와 한영·영한 번역경시대회에는 학생을 참가시킨다.

우리한국학교의 특색은 입양인을 위해 여름방학에 실시하는 세종캠프이다. 입양인을 위해 한국문화 체험하게 하고 풍물놀이, 태권도 그리고

---

10 뉴욕 우리한국학교 이교장 담.

한국어 강좌를 실시한다. 그리고 보다 재미를 느끼게 하기 위해 배 타기, 암벽 타기, 줄타기 등을 체험하게 한다.

코네티컷 토요한국학교

코네티컷 토요한국학교는 학생이 65명이 등록해 중형 학교에 해당한다. 코네티컷 토요한국학교는 코네티컷 주에 있는 학교로 코네티컷 오렌지의 오만 애비뉴 130가에 위치한 에밀리중학교(Amily Junior High School) 건물을 임대해 사용하고 있다. 이 학교는 일반적인 한국학교와 같이 코네티컷 교회 부설 학교로 출발했고, 9년 전에 독립해 학교 건물을 임대해 사용하고 있으며 현재도 경비의 일부를 교회가 담당하고 있다.[11]

이 학교의 교사는 10명이고 교사자격증을 가진 교사가 반수인 5명에 불과하다. 학생은 65명이고 4세부터 12학년까지 포함되어 있다. 학급 편성은 유치원반이 1학급, 1~2학년 학생으로 이루어진 금잔디반, 2~3학년으로 이루어진 채송화반, 3~4학년으로 이루어진 진달래반, 5~6학년으로 이루어진 민들레반, 6~7학년으로 된 장미반, 7~8학년으로 된 무궁화반, 그리고 9~12학년으로 된 SAT II 한국어반이 있다. 수업은 9시부터 시작해 12시까지 4시간을 하되 첫째 시간은 모두 한국어를 하고, 둘째 시간은 학급에 따라 한국어, 한국동요, 한국전통문화를 공부하며, 셋째 시간은 한국전통동화와 한국동요, 그리고 넷째 시간은 한국어, 한국역사와 문화를 수업한다. 한국역사와 음악은 특활 선생이 각 반을 순회하는 수업을 한다.

교사들은 학과목 수업 이외에 글짓기 및 그림 그리기 담당, 문집 발간 담당, 발표회 준비위원회 등 3개 부분으로 나누어 학교 행사를 담당하고 있다.

11　코네티컷 토요한국학교 신문섭 교장 담.

이 학교에도 이사회, 학부모회 등이 있어 학교 행사와 경비를 후원하고 있다. 학부모회는 회비 10달러를 내고 회를 운영하고 있다. 그러나 회비를 잘 내는 학부모는 35명가량이고, 학교행사에 적극적인 학부모는 12명 정도이다. 학부모들이 참가하는 학교 행사로는 개학식, 종업식 또는 졸업식, 글짓기 대회, 크리스마스 파티 등이다. 물론 학부모회 회비로만은 모든 경비를 충당할 수 없다. 이 학교의 정식 수입으로는 학생들의 수업료로 학생들은 220달러의 수업료를 내고, 이곳에서도 둘째 아이까지 다니면 총 400달러, 셋째 아이까지 다니면 총 540달러를 내고, 넷째 아이까지 다니면 무료이다. 학생 수업료는 연간 약 1만 7,000달러가 된다.

이 외에 이사회 후원, 교회 후원금, 그리고 모금운동에 의한 지원금 등이 있다. 30명으로 구성된 이사회는 연간 3,000달러를 지원하고, 교회 지원금이 연간 3,000달러이며, 하교 행사로 인한 모금운동, 그리고 개인의 협조로 연간 3,000달러 또는 4,000달러의 수입이 있다. 지출로 큰 몫이 될 교사 사용료는 다행히 내지 않고 다만 청소비로 1회에 200달러를 지불해 학기당 6,000달러가 지불되고, 교사에게는 시간당 20달러로 3시간 수업해 주 60달러가 지급된다. 그리고 3년 이상 근무하면 5달러가 추가된다. 잡지 출판비가 약 4,000달러, 행사비에 약 6,000달러가 소요되어 부채 없이 잘 운영되고 있는 편이다.

코네티컷 토요한국학교가 주관하는 행사로 "한글날 기념 전 코네티컷 지역 글짓기 및 그림그리기 잔치"가 있다. 이것은 코네티컷 주에 있는 하트퍼드 한국학교, 뉴헤븐 한국학교, 순복음 한국학교, 그리고 교회에서 운영하는 7~8개의 한국학교가 참가하는 행사이기 때문에 한번에 250~300여 명이 모인다. 그림 그리기는 유치원반에서 4학년까지의 학생이 그리고 글짓기 대회는 5학년에서 12학년까지의 학생이 참가한다.

이 학교에는 교사가 많지 않기 때문에 자체 내의 연수나 수련회를 갖지 못한다. 그러나 지역협의회에서 개최하는 수련회에는 교사 전원이 참

가하고, 전국 규모의 협의회 수련회에는 약 3명의 교사가 참가하며 학교에
서는 여비의 일부를 보조해준다.

기타 한국학교

이상에서 본 한국학교 이외에도 학교마다 사정이 달라 모든 학교를
나열하고 설명해 학교의 특이한 유형을 파악해야 하겠으나 186개 학교를
전부 나열할 수 없으므로 특색만을 몇 개 추려보기로 한다.

뉴저지 팰리세이즈 파크에 위치한 소망세종한국학교는 건립된지 불
과 3년에 불과하지만 담임목사가 학교장이 되어 솔선수범하고 진두지휘하
기 때문에 새로이 건립되었어도 번창하는 학교가 되었다. 단임 목사가 열
성을 다하면 바로 좋은 학교로 성장하는 예가 된다.

뉴헤이븐 한국학교는 교육 독지가가 한국학교를 설립해 운영하다가
힘이 들어 이사회에 운영을 맡겼지만 그것도 힘이 들어 결국 교회로 운영
을 이관한 특이한 학교이다.

뉴저지한인회 부설의 조은학교는 50대 이상 장년층을 대상으로 봄학
기에는 컴퓨터와 영어를 학습하고 가을학기에는 서예와 고전무용을 배우
는 특수학교이다.

3. 어린이 축제

뉴욕 어린이 민속큰잔치

원광한국학교가 주관하고 진행하는 어린이 민속큰잔치는 뉴욕의 고
정된 큰 행사로 알려져 있다. 1998년에 시작한 이 큰 잔치는 해를 거듭할수

록 성대함을 더해갔으며, 한때는 참가자가 2,000여 명에 달하는 큰잔치가 되었다. 지역적으로도 뉴욕 전원과 뉴저지 일원의 어린이가 참가하는 지역 협의회 잔치가 되었다. 장소는 매년 플러싱 메도스 코로나 파크를 사용했으나 2007년은 사정에 의해 퀸즈에 있는 커닝함 파크에서 개최되었다.[12]

진행요원이 120명이나 동원되는 이 큰잔치에는 투호, 딱지치기, 굴렁쇠 굴리기, 씨름, 유객주 놀이, 널뛰기, 공기놀이, 팔랑개비, 제기 차기, 실뜨기, 긴 줄넘기, 매듭 만들기, 민화 그리기, 고누, 예절마당, 태권도마당, 국악마당, 전통생활 체험마당, 윷놀이, 카네이션 만들기 등 20마당이 펼쳐진다.

특화전으로 볼거리 마당을 마련해 2006년의 경우 전통혼례식과 한복 패션쇼를 했었다. 혼례는 사주단자 보내기부터 시작해 사모관대의 신랑과 원삼 족두리로 단장한 신부의 교배지례와 합근지례까지 진행했다. 한복 패션쇼는 춘하추동 4계절에 따른 남녀 한복을 선보이는 잔치였다.

2007년도의 특화전으로는 어린이 돌잔치와 어린이 한복 뽐내기 대회를 열었다. 어린이 한복 뽐내기는 남자 어린이의 경우 바지, 저고리, 마고자, 조끼, 전복, 두루마기, 사규삼, 오방두루마기를 갖추어 입게 했고, 여자 어린이의 경우 치마, 저고리, 두루마기, 배자, 당의 등을 갖추어 입게 했다. 특히 어린이를 동반하는 어른의 경우도 한복 차림을 하게 해서 가족 나들이도 심사했다.

어린이 돌잔치는 별도의 상을 마련해 돌잡이 돌상차림을 했다. 돌상 차림에는 공동용으로 백설기, 수수팥떡, 사과, 배, 과일, 국수, 쌀, 미나리를 놓고 남자 어린이를 위해서는 무명실타래, 책, 붓, 종이, 활과 화살, 돈을 놓고 여자 어린이를 위해서는 무명실타래, 책, 붓, 종이, 가위, 자, 오색실, 천, 돈을 놓았으며 기타로 미 달러, 마우스, 골프공, 청진기 등을 놓았

12　뉴욕 원광한국학교 이 교장 담.

다. 돌상을 받는 것은 돌에 가까운 어린이지만 어린이 이외에 할아버지 할머니, 어머니, 아버지, 언니, 오빠 등 우리 집 식구와 외갓집 식구도 등장하게 했다.

원광 어린이 민속큰잔치는 원광한국학교가 주관하는 행사로 지역협의회가 후원하는 행사였으나, 이제 그 규모와 명성이 더욱 확대되어 명실공히 동북부지역협의회 전체 교민들의 행사가 되었다.

어린이 예술제

재미한국학교 동북부지역협의회가 주관하는 행사의 하나로 어린이 예술제를 들수 있다. 2007년 5월에 행한 예술제가 21회가 된다. 예술제에 참가한 학교는 12개교이며 이들이 연출한 공연은 다음과 같다.

학교명	연출 제목
원광한국학교	웃다리 사물놀이(경기 충청)
주사랑 장로교회 한국학교	합창(군밤타령 외)
롱아일랜드 한인교회 한국학교	무용(꼭두각시)
뉴욕 한국학교	노래극(천하대장군, 지하여장군)
팰리세이즈 한국학교	핸드벨 연주
갈보리 무궁화 한국학교	부채춤
사랑 한국학교	노래극(벌들처럼 살아요)
프린스턴 한국학교	화관무, 부채춤
롱아일랜드 연합한국학교	합창(신나게 아침을 외)
뉴욕 수정한국학교	노래극(우리의 옛날과 오늘)
아콜라 한국문화학교	한국무용
뉴저지 한국학교	사물놀이

자료: 동북부지역협의회 제공.

이상 12개교의 기량을 겨루는 어린이 예술제는 학교마다 자기들이 연마한 재능을 발휘하는 것이지만 한국적인 것을 선택하기 때문에 한국무용, 사물놀이, 합창, 그리고 노래극으로 한정되는 경향이 있다. 중요한 것은 이런 활동과 출연을 통해 한국적인 것을 좋아하고, 장차 성인이 되어서도 한국의 것을 즐기고 소중히 여기는 취향을 갖게 하는 것이다. 특히 한국문화에 대한 자긍심은 이러한 예술제에 출현함으로써 더욱 견고해진다는 것을 한국학교 교사들이 잘 알고 있어 학생들의 예술제 출전에 정성을 다하고 있다.

이상 한국학교와 한국학교의 활동을 보았다. 한국학교의 경향을 정리하기 위해 위에서 언급한 8개의 한국학교 자료를 간단히 비교해보았다.

학교명	설립	교사 수	학생 수	학년(반수)	이사회	학부모회	활 동	비 고
뉴욕 한국학교	1973	15	160	유치+12(9)	12	중요한 활동	각종 활동, 코리아 퍼레이드 참가	평생교육
뉴욕 브로드웨이 한국학교	1983	15	84	유치+12(8)		중요한 활동	각종 활동 말하기 대회	혼혈학생 다수
롱아일랜드 한인교회 한국학교	1987	9	52	유치+12(8)	3	40	동화구현대회	입양인잔치
성 김대건 한국학교	1986	27	559	금요학교, 토요학교			교사연수	교재개발
아콜라 한국문화학교	1995	30		토-유치+12 금-11,12	40			
뉴저지 한국학교	1983	30	300	유치+8	30		교사연수	글짓기 대회
우리한국학교		39	374	1+12(25)	22			지상사 자녀
코네티컷 토요한국학교		10	65	유치+12(7)	30	25		글짓기, 그림그리기

앞의 자료에서 보는 것과 같이 한국학교는 이미 1970년대 설립되기 시작했으며 특히 1980년대 많은 학교가 건립되었다. 한국학교의 설립연대와 학교의 크기나 활동에는 상관관계가 없다.

이 통계에 의하면 한국학교는 교사가 10명 이하의 소형 학교와 30명 전후의 대형 학교로 구별될 수 있으며, 보통 30명 이상이면 대형 학교라 할 수 있다. 교사 수와 학생 수가 병행하는 것으로 소형 학교에는 학생이 50명 이하로 적고 대형은 300명 이상으로, 559명의 학생을 수용하는 초대형 학교도 있다. 한국학교는 대부분 유치반을 설치하고 학년은 12학년까지 있는 것이 보통이었다. 한국학교는 이사회, 학부모회가 있고 이사회가 3명으로 구성되어 있는 학교도 있으나 이것은 극히 예외이고 20명~40명으로 이루어진 학교가 대부분이다. 학교에서 중요한 업무를 수행하는 것이 학부모회이다. 학부모회는 그 수보다 학교의 궂은 일, 어려운 일 그리고 중요한 일을 수행해 학부모회가 없으면 학교의 운영이 곤란할 정도로 학부모회가 중요한 기능을 하고 있는 것을 보았다.

한국학교는 90%가 교회에서 운영하는 주말학교라 한다. 교회의 주말학교적인 특징을 학교의 제도에서 볼 수 있었던 곳은 롱아일랜드 한인교회 한국학교뿐이었다. 이곳은 학교를 교회예배가 끝난 일요일 오후에 학교를 연다. 다른 학교들은 교회에 속해 교회 건물을 이용하기 때문에 토요일에 하는 것이 보편적이다.

교회와의 관계에서 대부분의 학교는 교회 시설을 이용하였다. 교회에는 예배당 이외에 신자들의 활동을 위한 작은 방이 많았고 이러한 교회 시설을 이용하는 한국학교가 대부분이다. 그러나 교회 건물을 사용하지 않는 학교는 모두 미국 학교를 토요일에만 이용하고 임대료 또는 사용료를 지급했다. 이것이 뉴저지 한국학교의 경우처럼 별 부담이 되지 않는 학교도 있으나 임대료가 큰 부담이 되는 학교가 많다. 코네티컷 토요한국학교와 같이 학교 당국에서 편리를 봐주는 학교도 있으나 이것은 그리 흔한 예는 아니다. 뉴헤이븐 한국학교와 같이 교회 밖에서 유지가 학교를 시작했으나 임대료 때문에 결국 교회에 소속하게 한 것이다.

이러한 실정으로 교회에 소속되거나 교회에서 독립된 한국학교라도 교사회, 이사회, 학부모회가 있는 것은 같았다. 심지어 뉴욕한인경제인협회가 후원해 성립된 뉴욕 브로드웨이 한국학교에서조차 이사회를 갖고 있었다. 말하자면 한국학교의 구비 조건으로 교사회 이외에 이사회와 학부모회를 가졌으나, 차이는 학교를 위해 보다 힘이 되어주는 것이 이사회냐 학부모회냐 하는 차이가 있을 뿐이다. 이사회가 활발한 곳에서는 학부모회가 약하고 이사회가 약한 곳에서는 학부모회가 활발한 그리고 중요한 기능을 하고 있었다. 예외가 있다면 그것은 천주교가 운영하는 성 김대건 한국학교 이다. 이곳은 이사장이 신부이고 학교장이 수녀였으며 이사회와 학부모회가 있어도 유명무실한 것이었다.

성 김대건 한국학교는 학생 수가 많기 때문에 예외적으로 금요학교와 토요학교 두 학교가 있다. 아콜라 한국문화학교도 토요반과 금요반이 있었으나 이곳은 토요반에 오지 못하는 학생을 위해 별도로 설치한 것이기에 성 김대건 한국학교의 2개 학교와는 다르다.

학교에서 수업하는 방법도 유사해서 첫째 시간에는 모두 한국어를 수업하고 둘째 또는 셋째 시간에 다른 수업을 했다. 한국어 이외의 수업 또한 유사해서 무용, 음악, 한국역사, 한국문화, 태권도 등의 한국적인 것을 수업했다.

모든 학교가 많은 신경을 쓰는 것이 교사 문제였다. 교사진이 어떠냐에 따라 학교가 평가되기 때문에 학교를 운영하는 책임자는 교사자격증을 가진 좋은 교사를 채용하려 한다. 따라서 좋은 학교로 알려진 학교는 우선 교사진 모두가 자격증을 가졌다고 자랑한다. 교회 학교에는 더러 자기 학교 자체에서 교사연수회를 갖기도 하고 지역협의회에서 주관하는 연수회나 전국 차원의 연수회에 파견해 계속 공부를 시키고 있다. 대형 학교일수록 자체 내의 교사연수회를 갖고 교사의 자질 향상에 힘을 쓰고 있다.

한국학교는 몇 곳을 제외하고 모두 토요학교이고 수업은 9시부터 12시까지를 3시간 내지 4시간으로 나누어 수업을 하고 있다. 한국학교들은 학생을 일반 학교의 학년을 기준으로 학년과 학급을 편성했고 교재는 한국의 국제교육진흥원에서 발행한 것을 사용하되 그것을 실정에 맞게 수정해 수업에 임하고 있었다. 수업은 한국어로 하되 한국의 문화와 역사를 공부해 2세들이 한국인으로서의 정체성을 기르는 것을 교육의 목적으로 했다.

모든 학교에서 한국사를 수업하는 것이 몹시 어렵다고 한다. 그것은 미국이라는 환경에서 한국을 이해하기가 쉬운 것이 아니며 특히 과거를 이해한다는 것이 쉬운 것이 아니기 때문이다.

학생 수와 관계없이 건실한 학교들은 지역협의회가 주관하는 행사를 나누어 맡고 있다. 동화구현대회는 롱아일랜드 한국교회 한국학교가 맡고, 글짓기 대회는 뉴저지 한국학교가 맡았으며, 민속잔치는 원광한국학교가 맡아 주관하고 있었다.

이러한 것 이외에도 학교 나름대로 자랑할 행사나 기구를 갖고 있다. 뉴욕 한국학교는 학부모회가 세분되어 있고, 학부모를 위한 평생교육대학을 설치하고 있다. 그리고 뉴욕 한국학교는 뉴욕 일대의 한국학교를 대표해 한인회가 주관하는 브로드웨이 코리안 퍼레이드에 참가한다. 뉴욕 브로드웨이 한국학교는 꿈나무 말하기 대회를 주관하고 뉴욕한인경제인협회가 후원하는 학교라는 것을 자랑하고 있다. 롱아일랜드 한국교회 한국학교는 동화구현대회 이외에도 입양인 잔치를 하는 것을 자랑으로 여기고 있다. 뉴저지 한국학교는 글짓기 대회 이외에 일반 주민을 대상으로 하는 한국문화 공개강좌를 두었고 특히 1.5세, 2세 학부모를 위한 문화강좌를 실시하고 있다. 지상사 자녀를 위한 수업 내용이나 방법이 특이한 것으로 다른 한국학교와 구별되지만 이 외에 우리한국학교는 입양인을 위한 여름캠프인 세종캠프를 실시하고 있다.

　　이상에서 분석한 것은 극히 적은 수의 외부에 자랑할 것을 가진 학교들을 본 것이다. 대부분의 학교가 이러하지만 또한 많은 한국학교가 교회에 속하고 있기 때문에 어려운 점을 갖고 있다. 교회가 지원하기 때문에 교회가 학교 운영이나 교과 과정에 간섭하는 것이다. 극히 소수이지만 아직도 교회가 한국학교와 주말 성경학교를 구별하지 못하는 곳이 있다. 교회가 학교에 간섭하기 때문에 선생을 신자 중에서만 기용을 하는 곳도 있고, 학생 수가 적어 학급이 형성되지 않아도 교회가 분리되고 다른 곳과 통합되는 것을 반대하는 교회가 있다. 무엇보다 문제인 것은 한국교회가 한국역사를 수업하는 것을 저지하는 것이다. 한국역사는 불교를 자랑하는 것이 너무 많고 이것이 기독교 정신에 위배되기 때문이라는 것이다. 한국어와 한국적인 것을 가르쳐 한국인으로서의 정체성을 유지하게 하려는 한국학교에서 기독교 정신에 위배된다고 한국사를 가르치지 못하게 하는 것은 문제가 아닐 수 없다. 따라서 한국학교는 교회에서 독립해야 소기의 목적을 달성할 수 있는 교육기관이 된다. 이것은 미국에 거주하는 한인들에게 심각한 문제가 아닐 수 없다. 미국에 거주하는 동포의 90%가 교회에 나가고 상당수의 한국인이 기독교 골수분자이기 때문이다. 이러한 차세대를 위한 교육문제를 심각하게 고민하고 한인사회를 지도하고 교육을 담당한 어른들이 참다운 민족교육을 위한 지혜를 짜 민족교육을 올바른 방향으로 유도해야 할 것이다.

4. 교육계의 성과

　　고등학교의 졸업 계절이 되면 으레 한국계 학생들이 수석 졸업을 하니 특상을 받았느니 하는 소식이 전해진다. 뉴욕, 뉴저지 지역도 예외는 아니다. 뉴저지 크레스킬 고를 수석졸업한 크리스티나. 이 양은 뛰어난 학업

성적과 특별활동 공로 등을 인정받아 졸업식에서 대표연설을 했다.

뉴저지 버겐아카데미를 졸업한 이기훈 군은 러시아 모스크바에서 개최된 제39회 국제화학올림픽에 3명의 미국 대표로 참가해 50개국에서 참가한 200명의 화학 영재 중에서 50위 안에 들어 은상을 수상했다. 이 군은 MIT에 진학했다.

뉴저지 버겐과학고등학교 샤론 김 양은 『타임』지와 보스턴 벤틀리대학이 공동으로 주최한 제3회 세계 리더십상 수상자로 결정되었다. 전 세계 고교생을 대상으로 인류, 기업, 사회, 과학 발전에 공헌한 리더십 지도자를 선발하는 '미래의 주역 25인상'(Tomorrow 25)으로 선정된 것이다. 공부도 잘해야 하지만 학교장, 교사, 지역사회 및 기업의 추천을 받아야 하고 관련 분야의 에세이도 제출해야 한다. 김 양은 2007년 3월 유엔 협력기관 UNA-USA 주최 전국 고교생 에세이 콘테스트에서 1위를 해서 상금 3,000달러를 받아 주목을 끌었던 바 있다.

한국계 미국 중·고등학교 교사는 뉴욕 지역만 해도 10여 명이 되지만 교장은 별로 없다. 뉴욕 주 웨스트체스터에 있는 공립학교 답스페리 고등학교 이기동 교장은 한인으로 드물게 교장인 것도 유명하지만, 뉴욕 일대에서 인기 있는 폭스TV 아침 프로그램 〈굿데이 뉴욕〉에 무려 3시간이나 생방송으로 소개되어 유명해졌다.

교장보다 많은 이가 교육위원이다. 뉴욕 시 교육위원으로 선출된 한인으로 25학군에 이황룡과 26학군의 이민경 씨가 있다. 280명의 교육위원 중 아시아계는 10여 명이고, 그중 2명이 한국계 위원이다. 미국의 교육위원은 선출직이고 임기가 2년이다.

뉴저지에서는 한인 밀집지역인 레오니아에서 정덕성이 교육위원으로 당선되었고 포트 리에서는 한인 1.5세인 박유상이 당선되었다. 이들 두 위원은 모두 한인들이 많이 거주하는 지역에서 출마했고 한인들의 후원이 컸던 것이라 한다.

2007년 뉴욕에서는 한인 변호사 63명이 탄생했다. 전체 응시자 3,538 명 중 44.3%인 합격자가 1,566명이고 그중 한인 653명이 합격했으니 이것 은 전체합격자의 41.6%가 된다. 뉴저지에서는 1,077명이 응시해 55.3%인 549명이 합격하였고 그중 한인이 24명이다.

미국의 사관학교는 다른 나라에 비해 더욱 긍지를 갖는 학교이다. 2007년 업스데이트 뉴욕의 미 육군사관학교에 합격한 사람이 1,300명이 고, 그중 뉴욕과 뉴저지에 거주하는 한인 13명이 합격했다. 또 5월 26일 거 행된 졸업식에서 900명이 소위로 임관되었고 그중 한인이 35명이고 뉴욕, 뉴저지 출신 한인은 3명이었으며, 타 지역 한인 소위임관자는 5명이었다.

이러한 소식들은 2007년 뉴욕, 뉴저지 지역에 한정한 것이므로 이것 을 좀 더 길게 그리고 전국적으로 확대한다면 한국인들의 사회상승률이 높은 것을 더욱 실감할 것이다. 한국인은 교육열이 높은 것으로도 유명하 지만 한국 젊은이들이 우수한 것도 널리 알려진 사실이다. 이러한 것은 부 모들의 정성 어린 희생을 바탕으로, 그리고 교사들의 성의 있는 노력의 결 실이라 사료된다. 그러나 위에서 지적한 것과 같이 한인들의 2세 교육에는 아직도 풀어야 할 문제가 많이 있다. 이것은 사회 지도층에 있는 어른들이 솔선수범해서 문제를 해결하고 한인사회를 올바른 방향으로 인도해야 할 것이다.

5. 결론

미국에서 실행되고 있는 한국학 교육과 한국어교육을 살펴보았다. 미국에서 한국학을 교육하는 곳을 제도권과 비제도권으로 나눌 수 있다. 한국학교가 한인들에 의해 주말에 이루어지는 교육이라 특이하지만 이것 도 제도권에 포함시킨다면 제도권에서는 대학교, 중·고등학교 그리고 정규 초등학교에서 한국어가 진행되기 시작했으며 한국학교까지 포함한다면 제도권에서는 초등학교에서 대학까지 한국어교육이 실시되고 있는 것이 된다.

제도권을 대표하는 대학에서는 91개 대학에서 한국어 강의와 한국학 강좌가 개설되어 있고, 몇몇 명문대학에서는 그 역사도 오래되고 한국학 연구소도 갖추고 있었다. 대학의 특징은 최근 5~6년 사이에 한국학이 크게 유행했고, 최근에는 오히려 주춤하고 있는 상태이다. 그러나 대학에서의 한국학 교육과 연구는 학계의 사정, 미국 대학들의 교육정책, 그리고 한국 교육부의 대외정책 등 고차원에서 이루어지는 것이기에 동포는 이에 간섭할 일이 아니다. 다만 대학에서 개설했던 한국어학과가 사정으로 동포들의 후원을 요청할 때가 있다. 그럴 때는 동포가 하나가 되어 대학의 한국학 살리기에 나서야 할 것이다.

초등학교 수준에서의 한국어교육은 주말 한국학교에서 담당하고 있다. 주말 한국학교에도 교사 자격문제, 수업시간문제, 교재문제, 운영경비 문제 등이 있으나 나름대로 20~30년의 역사를 갖고 있고 지역협의회, 전국협의회 등이 있어 학교 간의 연계를 갖고 학교를 위해 교사연수회를 추진하는 등 나름대로 안전성을 유지하고 확고한 기초를 갖고 발전을 모색하고 있다.

문제는 중·고등학교에 한국어 강좌를 개설하고 발전시키는 것이다. 주말 한국학교를 다니던 학생이 중학교에 진학하면 학교에서의 활동도 많아지고 무엇보다 어머니의 말을 듣지 않고 한국학교를 다니지 않는다. 그리고 고등학교 3학년이 되면 SAT II를 치러야 하기 때문에 중·고등학교 시절 계속해 한국어를 학습할 필요가 있는 것이다.

현재 미국 중·고등학교 65개 학교에서 한국어 강의를 하고 있으나, 이들은 이제 시작 단계에 있으며 보다 많은 중·고등학교가 한국어 강좌를 개설해야 한다. 최소한 한국 학생들이 다수 다니는 중·고등학교는 한국어 강좌의 개설이 시급하다. 그것은 중·고등학교에서 중국어나 일본어를 채택하기 이전에 한국어 강좌를 설치해야 하기 때문에 중·고등학교에서의 외국어 선택을 '문화전쟁'이라 한 것이다. 중·고등학교 교사에 대한 비제도권의 후원과 학습 기회가 많다. 비제도권의 재단과 연구소에서 실시하는 교사 연수는 한국계 교사를 대상으로 하는 연수회가 있고, 미국 교사를 대상으로 하는 연수회가 있다. 이들 상호 간에는 별 연관이 없으며 별도의 목적을 갖고 별도의 연수를 추진하고 있다. 이것도 상호 협력해야 하고 제도권과의 연계를 가져야 한다.

중국어, 일본어의 보급과 겨루려는 문화전쟁은 10년 내에 이루어질 전쟁이다. 그리고 이것은 한인 교민들의 성원과 노력만 있으면 얼마든지 승리가 가능한 전쟁이다. 이에 대한 일반 교민들의 자각과 교민 지도층의 결단력에 호소하는 바이다.

마무리하며

뉴욕을 중심으로 한인동포들의 사회생활을 1부에서 보았고, 2부에서는 교육 관련 내용을 보았다. 내용의 분석을 위해 2부로 나눈 것이지 내용과 목적에서 사회생활과 교육을 분리한 것은 아니다. 1부에서는 뉴욕을 중심으로 한 재미 한인사회가 어떤 활동을 하고 어느 정도 성장했는가를 알려는 것이었고, 2부에서는 재미동포가 지향해야 할 차세대 교육에 현 상황이 어떠하고 어떤 방향으로 나아가야 하겠는가를 보기 위함이었다.

2003년을 기해 재미동포들이 미주 이민 100주년 기념식을 올렸고 대대적인 행사를 치렀다. 그러나 뉴욕 등 미 대륙에 한인들이 활동하기 시작하는 것은 1965년 미국의 새로운 이민법이 시행되면서부터이다. 오늘날 재미동포의 주류를 이루는 동포사회와 하와이 이민과는 별 연관이 없는 것이다. 이런 의미에서 재미동포의 생활사는 1965년에서 시작된다고 말할 수 있다. 그 이전의 역사를 사전사라 한다면 사전사의 내용에 하와이 이민보다 1945년에서 1965년 사이에 이주해온 국제결혼한 한국 여성의 역사를 정확하게 기록하고, 이들이 1965년 이후 몰려온 한인을 어떻게 초대했고 어떻게 도왔는가 하는 것을 세밀하게 분석해야 할 것이다. 미주 한인 100주년을 말하면서도 진작 중요한 이 부분이 결여되어 있어 장차 미주 한인 이민사를 연구하는 사람은 이 영역을 반드시 올바로 기록하고 정당한 평가를 내려주어야 할 것이다.

뉴욕으로 한정했을 경우 오늘날 뉴욕 한인사회를 형성하는 것은 1965년 이후 이주해온 사람들이 맨해튼에서 잡화상을 시작한 데서라고 할 수 있다. 무일푼 맨주먹으로 뉴욕에 도착한 한인들은 태평양 복판에 버려진 낙엽과 같이 우선 먹고 사는 것을 걱정해야 했으며, 허름한 장소에서 저소득층 사람들을 상대로 손쉬운 장사부터 시작해야 했다. 그곳은 뉴욕에서도 흑인들이 많이 거주하는 우범지대였고 이들을 상대로 액세서리, 가발, 모자, 가방, 신발 등 저렴한 한국제품을 가져다 장사를 시작했다. 여러 번 언급했지만 원래 한인들은 장사를 잘 못하고, 특히 미국으로 이주해온 사람들이 상인이 아니었다. 유교문화에서는 상인을 천시해왔다. 한국에서는 중류 이상에 속할 동포들이 그것도 흑인을 상대로 장사를 시작했으니, 고객도 상인도 모두 서투른 솜씨로 만나고 어설픈 장사를 시작한 것이다. 그러나 다행히 한인들이 이주하기 시작하는 초기 미국은 흑인운동이 절정기에 이르렀고 흑인들이 멋을 부리기 시작했을 때였다. 그리해 한인들의 장사가 수월했고 한인들이 흑인 동네를 가면 폐허였던 장소가 깨끗한 상가로 탈바꿈 하는 것이었다.

뉴욕의 브로드웨이도 예외가 아니었다. 브로드웨이에서 노점상으로 시작한 한인들은 한인들의 특유한 부지런함으로 가게를 열고 사업을 확대해나가는 한편 지역을 확대해 플러싱 방향으로 뻗어나간다. 이때는 벌써 잡화에서 버젓한 가게를 갖기 시작했을 때이다. 한인들은 장식품상, 가발상, 모자, 가방 장사로 자리를 잡는 한편 청과상, 생선전을 시작했으며 봉제공장을 장악해 상당한 호황을 누리기도 했다. 무엇보다 그 성장속도가 가히 기적적이라 할 수 있을 정도였다.

그러나 경제적인 성장이 그리 순탄한 것은 아니었다. 청과상의 경우와 같이 우선 도매상과의 투쟁을 해야 했다. 한인을 괴롭힌 도매상에는 도매상인만이 아니라 한츠포인트와 같은 도매시장의 환경도 포함된다. 소매상인 한인들은 도매상의 괄시와 차별 그리고 편견과 싸워야 했고 한츠포인트의 험난한 새벽장에서 강도를 만나고 폭행을 당하며, 불공정한 대우 등을 견뎌가면서 장사를 한 것이다. 세월이 흘러 이제 도매상들도 한인들을 우호적으로 상대하고 있다고는 하나, 한인들이 도매상으로 진출하는 것을 철저히 막고 자기들의 영역을 지켜가며 한인은 소매에 족하도록 한계를 짓고 있다.

한인 상인들이 고생한 것은 도매상과의 관계에서만이 아니다. 한인들이 상대로 하는 고객 또한 문화가 다르고 힘든 상대였다. 언어나 관행만이 아니라 한인들의 고객인 흑인들은 저소득층이 대부분이었기 때문에 언어도 이해하기 어려웠으나 뷰티서플라이 상에서 보는 것과 같이 좀도둑이 많았고 인내와 극기심 없이는 할 수 없는 장사를 계속해왔다.

한인 상인들에게 어려웠던 것의 다른 하나가 고용인 문제이다. 한인들이 고용하 고용인의 대부분은 히스패닉계 남미 사람들이다. 이들 또한 흑인과는 다른 문화를 소유한 사람들이다. 이들을 다루기 또한 쉬운 것이 아니었다.

이와 같이 도매상은 유태인, 이탈리아인, 아일랜드인 등 백인을 상대로 해야 했고, 고객은 흑인 또는 히스패닉을 상대로 했으며, 고용인 또한 다른 민족인 히스패닉계 남미 사람들이었다. 이와 같이 어려운 관계를 유지해가면서 한인 나름으로의 특이한 창의력으로 가게를 발전시켰다. 청과상은 가게 안에 샐러드 바를 설치하고 다시 그 옆에 수프를 두었고 다시 샌드위치를 두고 꽃을 두어 가게를 변경시키는 한편 샐러드 바에서 샌드위치를 겸한 델리 가게로 발전해갔다. 생선가게 또한 변모를 거듭하면서 식당으로 발전하고, 가발 역시 뷰티서플라이 가게에 장신구, 모자, 신발, 의상을 두어 고객의 취향을 따라 가게를 변경해가고 마침내 백화점과 같은 모양을 갖추게 된다.

뉴욕의 경우 한인들이 민족산업이라 하는 세탁업, 식품업, 뷰티서플라이업 이외에 청과상, 네일상을 발전시켜갔다. 이들은 어려운 시련을 극복하기 위해 협회를 조직했으며 마침내 직능단체협의회까지 결성하게 된다. 직능단체협의회는 16개 산업체가 협력하는 대형 단체 중의 단체이다. 이것 외에도 상공회의소격인 경제인협회가 존재해 이제 한인들은 견고한 경제 기반을 구축했고 기업활동이 눈부시다 할 수 있을 정도로 활발해졌다.

브로드웨이 노점상에서 시작해 반세기 사이에 한인 기업들은 크게 성장해 사업체 각 분야마다 백만장자가 수십 명에 이르게 되었다. 전 미주의 식품업에 종사하는 사람이 3만 명 정도이고, 세탁업에 종사하는 사람이 약 2만 명이며 뷰티서플라이업에 종사하는 사람이 약 7,000명이라 한다. 이들이 모두 가게 하나를 소유했다고 가정하면, 이 3개 분야에서만 한인들이 5만 7,000여 개의 상점을 가진 것이 된다. 이들이 상점을 소유하려면 그만한 재력이 있어야 한다. 상인들 중 만약 10%가 상위권에 있는 부자라 한다면 최소한 570명은 부자에 속한다고 할 수 있다. 뉴욕이나 다른 지역의 한인사회에 식품업, 세탁업, 뷰티서플라이업만 있는 것이 아니다. 수 백 종의 직업이 있고 이들 모든 영역에서 첨단을 단리는 업자들이 있다. 참으로 경이로운 발전이라 아니할 수 없다.

최근 한인들이 개척해가는 슈퍼마켓을 보면 참으로 대단하다는 것을 느낄 수 있고, 수천 명이 참가하는 뷰티서플라이 쇼, 세탁인의 쇼, 시품상 쇼, 심지어 부동산 쇼 등을 보면 거대한 상권과 이에 도전하는 힘찬 기업인들의 기상을 읽을 수 있다. 참으로 경탄할 발전이라 아니할 수 없다.

한인 기업인들이 기특한 것은 모든 분야에서 기회만 있으며 한국의 제품을 수입하려 하고 한 푼이라도 조국에 보탬이 되려 하는 것이다. 미국의 법이 허하는 한 또는 법을 고쳐가면서 한국 제품을 수입하게 하고, 한국 제품을 하나라도 더 팔아주려 한다. 뉴욕 청과상의 추석맞이 대잔치는 청과협회가 심혈을 기울여 한국을 선전하고 한인들에게 명절임을 일깨워 한인으로서의 긍지를 갖게 하는 것도 중요하지만, 이것보다 한국의 농산물과 수산물 등 많은 것을 미국 사회에 선전하고 하나라도 더 팔게 하려는 갸륵한 정성을 다하는 것이 자랑스럽다.

　이러한 재미동포의 성의와 열정은 마침내 미국에서 다른 민족이 못한 큰 성과를 올리게 된다. 그것의 하나가 SAT II에 한국어가 채택된 것이고 다른 하나가 '미주 한인의 날'(Korean American Day)을 갖게 된 것이다. SAT II에 한국어가 채택된 것은 앞서 말한 것과 같이 한민족이 지구상에 삶을 영위하기 시작한 이래 세종대왕이 한글을 창제한 것에 버금가는 위대한 업적을 올린 것이다. 미국이라는 세계를 주도하는 나라가 한국어를 미국 사람들이 배워야 할 국제어로 인정한 것이다. 미국 연방정부는 1월 13일을 미주 한인의 날로 선포했다. 미국은 이민의 나라이고 미국에는 200여 종의 민족이 살고 있지만, 미국에 발을 디뎌놓은 날을 기념하는 민족은 없다. 유독 한국인만이 '미주 한인의 날'을 갖고 있는 것이다. 이 얼마나 기세당당한 소수민족의 자랑거리인가? 미국 정부는 한인의 날을 선포하게 된 배경을 한인이 미국 경제와 세계 시장의 활성화에 끼친 지대한 공로를 치하하기 위함이라고 했다.

　산이 높으면 계곡 또한 깊다고 한다. 한인들의 이러한 초고속의 경제 성장에는 그만한 후유증이 따르게 되어 있다. 뼈가 부러져라 일한 1세들은 누구보다 빨리 신심이 쇠약해지고 아직도 심한 스트레스를 받는 사람이 많다. 경쟁이 심한 이민사회의 스트레스를 못 이겨 흡연과 음주에 호소하거나 가정폭력으로 해소방안을 모색하는 사람이 있다. 버젓이 사회활동을 하는 남성의 뒤에는 말없이 희생을 한 여성이 있었다. 따라서 한인사회에서 남성보다 여성이 경제의 어려움에서 우울증이나 무기력한 사람이 많고 심지어 폐인이 되는 경우도 있다.

　따라서 뉴욕에는 기업체 못지않게 많은 봉사단체가 있다. 봉사단체의 차원에서 뉴욕 사회를 본다면 뉴욕은 참으로 많은 사회문제를 안고 있는 사회라 하겠다. 아직도 가정폭력이 주된 문제가 되고 있으며, 많은 사람이 저소득층을 면하지 못하고 있다. 그리고 한인사회는 급격히 노령화 사회로 진입해 많은 사회봉사단체가 노인문제를 다루고 있다.

　뉴욕에서 볼 수 있는 또 하나의 경이로운 한인의 모습은 예술계에서 읽을 수 있다. 뉴욕은 세계 경제의 중심이고 금융의 중심일 뿐만이 아니라 예술의 중심지다. 예술의 중심지 뉴욕에 거주하는 한인들은 뉴요커답게 예술계에서 특히 음악계에서 활발한 활동을 전개하고 있다. 한인들은 음악의 도시 뉴욕에서 마음껏 공부하고 능력을 발휘해 성악, 바이올린, 첼로 등에서 세계적인 명성을 얻고 있고, 이 외에도 심포니, 오케스트라, 앙상블, 콘서트 콰이어 등을 결성해 더욱 활발한 활동을 하고 있다. 세계 모든 민족의 기본 스텝이 행진곡이라 하는데 유독 독일인과 한국인만이 왈츠곡이라 말하는 것처럼 한국인의 천부적인 음악성은 독일인과 견줄 만하다. 이것은 한국인에게 특유한 음악적 소질이 있음을 말해주는 것이며 그것을 이제 미국이라는 세계 무대에서 펼치기 시작한 것이다.

　무대예술에서 특히 무용이 그러하며, 음악에 뒤질세라 미술 분야에서도 한인 젊은 학도들은 최첨단을 걷고 있다. 소호와 첼시를 누비는 한국의 젊은 화가들도 세계 무대에서 이름을 날릴 사람이 나올 날도 멀지 않았다. 뉴욕의 분위기가 그러하고 뉴욕이 주는 자극이 젊은이를 잠자고 있게 하지 않을 것이다.

　뉴욕의 분위기는 모든 소수민족에게 정열과 환희를 주며 더욱이 민족들 간의 경쟁을 일삼아 광란의 세계로 몰고 간다. 꽃이 피는 봄이면 뉴욕시가 주관하는 아시아 문화유산 축제가 있고, 수학의 계절 가을이면 아시안-아메리칸연맹이 주관하는 축제가 있으며, 한인이 주관해 행하는 한인의 축제, 중국인의 축제 등이 있다. 이에 따라 조용한 민족은 죽은 민족이 된다. 모든 소수민족은 나름대로 자기의 고유문화를 자랑하는 행사가 연이어 뉴욕을 조용하게 하지 않는다.

　뉴욕 맨해튼 유니온 스퀘어에서, 그리고 플러싱 메도스 코로나 파크에서 하늘 높이 사물놀이를 하는 한인 1세에게도 어느덧 겨울이 찾아와 한인사회는 1세에서 2세로 넘어가는 과도기가 되었다. 한인 1세들은 온 힘을 다해 경제적인 기반을 구축해 타 민족의 부러움을 샀으며 미국 사회에 소상인 기업인으로 성공했다. 그러나 이제 2세에게 모든 것을 물려주어야 할 시기가 온 것이다.

한인 1세들은 무엇을 2세에게 물려줄 것인가를 심각하게 고민할 때가 온 것이다. 이에 앞서 재미동포 1세들은 2세에 대해 어떤 존재인가를 생각해야 한다. 과연 1세들은 2세에 대해 부모로서의 역할을 다했는가 하는 문제이다. 2세들이 어렸을 때 부모들은 돈벌이에 전념하느라 제대로 돌봐주지 못했다. 학교를 다닐 때 자녀와 같이 학교 숙제를 도와주는 미국 부모와는 달리 대화 한 번 제대로 하지 못하고 학창시절을 보냈다. 대화를 한다 해도 부모는 한국식이고 자녀는 미국식이었다. 부모와 자녀는 세대차이뿐만 아니라 미국문화와 한국문화라는 문화적 차이를 경험해야 했다. 그러면서 부모는 좋은 학교, 일류 학교만 가라고 강조했고, 생활에 불만을 표시하면 돈만 주어 해결하려 했다.

개인적으로 부모가 자녀에게 사과해야 하는 형편이다. 뉴욕 한인사회의 예만 보더라도 개인은 그러하고 한인사회는 어떠했는가? 한인교회는 2세들에게 어떠했는가? 개인 못지않게 사회도 장학금만 주었지 청소년을 위한 프로그램 하나 제대로 된 것이 없고, 교회마저 2세들에게 염증을 느끼게 해서 2세들의 교회 이탈현상이 오늘날 한인교회의 문제로 되고 있다.

2세들은 부모인 1세를 어떻게 보고 있는가? 2세들은 1세를 싸우기만 하는 사람들, 상하관계를 강조하는 구태의연한 사람들이라 평하고 있다. 무엇보다 단합할 줄 모르고 피해의식에 젖은 사람이라 생각한다. 더욱이 무서운 것은 여러 사람들이 모인 장소에서 한국 여자들을 한구석에 모여 앉아 말 한마디 못하고 웃고만 있는 가련한 사람들이라 보고 있다는 것이다. 이런 사람들에게서 배울 것도 없고 대화할 수도 없다고 생각한다.

그러나 부모와 자녀이기에 오히려 자녀들이 부모를 이해하려 하고 용

서하려 하며 감싸주려 한다. 이러한 2세에게 1세는 무엇을 어떻게 전해줄 것이냐 하는 생각을 깊이 해야 한다.

2세들이 살아야 할 미국사회는 다민족국가이고 다문화사회라는 피할 수 없는 필수조건을 갖고 있다. 다민족국가란 한 영토 안에 여러 민족이 더불어 살아야 할 환경을 갖고 있는 것이고, 다문화사회란 모든 민족이 다른 민족의 문화를 존중하고 자기 문화를 보존 발전해야 하는 것이다.

미국이 2차 세계대전에서 승리하고 소련과 세계를 양분하고 지배할 때까지도 용광로설(melding pot)이 지배적이었다. 세계의 어떤 민족이라도 미국에 오면 마치 쇠가 용광로에 들어가 녹아 변형하듯 새로운 미국 사람이 된다고 했으며 미국에 이주해온 이상 빨리 미국문화에 적응하는 것이 좋을 것이라고 미국화를 장려했다. 그러나 미국이 베트남전을 경험하면서 아무리 작은 나라라 할지라도 단결을 하면 원자탄을 가진 강대국도 당할 수 없다는 것을 알게 되고 그간 미국이 누구를 혼합했느냐 하는 의문이 제기되었다.

그리고 대안으로 제시된 것이 샐러드 볼(Salad bowl) 이론이다. 이것은 미국에 온 모든 민족이 자기의 고유한 맛을 내고 고유한 맛을 가진 샐러드가 한 그릇 안에 잘 보존되어 있는 것이 미국이 지향해야 할 사회라는 것이다. 이것을 심포니에 비유하는 사람도 있다. 미국이 세계를 지배하는 것은 세계 각처에서 오랜 세월을 두고 성장해온 각기 다른 타악기나 관악기나 현악기가 같은 음을 내는 것이 아니라 각기 자기의 고유의 음을 잘 내고 그것이 조화를 이룬 것이 심포니이며, 미국은 그러한 심포니를 지휘하는 지휘자의 기능을 해야 세계를 주도하는 국가가 된다는 것이다. 구소련이 붕괴하고 미국이 유일의 세계 주도 국가가 되었을 때 더욱 이러한 생각을 하게 된 것이다.

미국에 사는 한인들은 현악기를 가지고 관악기의 흉내를 내러 온 것이 아니다. 동양의 현악기나 아프리카의 타악기는 서양의 관악기를 흉내

낼 수 없다. 현악기가 관악기 소리를 낸다면 그것은 이미 현악기가 아니다. 미국의 심포니가 필요로 하는 것은 현악기 소리를 잘 내는 현악기이지 관악기 소리를 내는 현악기가 아니다. 미국에 거주하는 모든 민족, 특히 유색인종이 자기의 고유한 문화를 자랑하고 자기의 언어를 자랑하는 다문화 사회 미국에서 한국인 후손만이 자기의 문화를 모르고 자기의 언어를 상실했다면 그것은 미국사회의 동참자가 될 자격을 상실한 것이 된다.

이제 재미동포 1세들이 장차 미국에서 삶을 영위해야 하는 2세들에게 무엇을 어떻게 물려주어야 하는가에 답이 나온 셈이다. 우리 한인들의 타협 못하는 아집을 물려줄 것이 아니고, 중국과 일본 사이에 낀 작은 나라 사람이라는 소인의식이나 한인들은 가장자리라는 열등의식, 또는 한국은 식민지였다는 피해의식 등을 물려줄 것이 아니다.

우리는 이미 천 년 전에 귀족이 독점하던 대승불교를 서빈 불교, 대중 불교로 발전시킨 위대한 원효 대사를 가진 민족이고, 500년 전 민본사상을 실천한 세종대왕을 가진 민족이며, 인성론으로 이기설을 다투던 이퇴계와 이율곡이라는 위대한 유학자를 가진 나라이다. 우리 전통과 역사 속에는 참으로 보석처럼 빛나는 위대한 선조들이 많다. 이러한 한국의 자랑스러운 전통을 후세들에게 전해주어야 한다. 그러기 위해서는 한국말을 잘하는 사람이 되게 해야 한다.

특히 미국은 최근에 이르러 한국어의 중요성을 되풀이하면서 강조해왔다. 1996년 SAT II에 한국어를 채택한 것을 비롯해 2000년 'Flagship Scholarship'에서도 한국어를 강조했고, 2004년의 'Bush Grant 2004'에서도 한국어를 강조했으며, 2008년 'Critical Language Scholarship'에서도 한국어를 강조했다. 미국 정부는 기회가 있을 때마다 한국어를 중국어와 일본어와 동격으로, 장차 미국이 필요로 하는 언어로 강조해왔다. 이제 미국에 사는 한인들이 할 사명은 미국 정부가 바라는 것과 같이 한국어를 국제어로 미국인들에게 가르쳐야 하고, 미국 사람을 가르치기 위해서는 한인들이 모두 한국어 선생이 되어야 한다. 미국에서 한국어를 배우는 것은 자기가 단순히 한국인의 후손이기 때문에 자기만을 위해 한국어를 배우는 것이 아니라 미국인을 가르치기 위해 배우는 것이다.

미국인에게 한국어를 가르치려면 자기 자신이 한국어를 잘해야 하고, 한국어를 잘하기 위해서는 한국문화와 전통에 대한 확고한 자신이 있어야 한다. 한국어를 잘하는 한국인의 후손이 자랑스럽다는 의식이 있어야 한국어를 가르칠 수 있고 한국어가 산 언어가 된다.

현재 미국에서 이루어지는 한국어교육은 어떠한가? 91개 대학이 한국어와 한국역사를 가르치고, 중·고등학교에서는 65개교가 한국어를 가르치며, 초등학교 수준에서는 1,001개 한국학교에서 토요일에 한국어를 가르치고 있다. 대학에서 중국어와 일본어를 가르치는 곳이 한국어를 가르치는 곳의 2배가 된다. 중·고등학교의 경우 중국어를 가르치는 학교가 1,000여 개교이고, 일본어를 가르치는 학교가 700개교라 한다. 초등학교 수준의 한국학교와 비교할 중국학교나 일본학교가 없으나 중국인도 일본인도 가정에서 학교에서 그리고 지역사회에서 자기들의 언어를 열심히 가르치고 있는 것을 알 수 있다.

대학에서 한국어를 가르치는 학교들의 약 반수가 최근에 한국어 강좌를 개설하고 강사를 한두 명만 두고 관망하고 있다. 학생들에게 한국어가 인기가 있어 보다 많은 학생이 등록을 하면 장차 한국어 강좌를 한국과로 승격시킬 것이고, 만일 학생 수가 감소된다면 한국어 강좌를 폐지하고 강사를 해고할 것이다. 대학에서 왜 한국어 강좌를 개설했는가? 한국계 1.5세, 2세들이 벌써 대학에 진학할 연령이 되어 10만 명 이상이 대학에 재학하고 있으며, 한국에서 유학 온 학생이 10만 명이 넘고, 국제결혼한 혼혈한인 학생 수가 상당수에 달하는 등 미국 대학가에 한인들이 수가 증가했다. 이런 현상을 보면 미국은 즉각 조처를 취하는 나라이기에 한국어 강좌를 개설한 것이다. 그리고 한국이라는 나라가 세계 10대 경제강국으로 부

상한 나라이기 때문에 장차 이 나라를 알고 이해하는 것이 미국에 도움이
될 것이라는 전망에서 한국어 강좌를 개설한 것이다. 대학에서 한국어 진
흥도 한인 2세들에게 달려 있다고 해도 과언이 아니다.

사정이 시급한 것은 중·고등학교이다. 한국어를 수업하는 학교가 65
개이고, 일본어를 수업하는 학교가 한국어의 10배가 넘으며 중국어는 이
미 한국이 따라갈 수 없는 천 단위에 들었다. 문제는 'Bush Grant 2004' 이
후이다. 이곳에서 6개국어를 추천했고 6개국어를 모두 필수로 하라는 것
이 아니라 그중 몇 개를 학교의 사정에 따라 선택하라는 것이다. 어느 학
교에서 어느 나라 언어를 선택하느냐 하는 전제에서 이제 미국에서 한국
어, 중국어 그리고 일본어가 경쟁을 해야 하는 것이다. 이것을 '총 없는 문
화전쟁'이라는 표현을 사용해보았다. 앞으로의 전망은 한국이 불리하다.
현재 미국 중·고등학교의 약 80%가 중국어를 선호하고 약 20%가 일본어
를 선호한다. 그러나 학생이 많은 것은 한국이 유리하다. 문제는 한국계
학생이 많이 다니는 학교의 학부모회가 어떤 태도를 취하느냐 하는 것이
고, 한인사회가 어느 정도 문제의 심각성을 인식하고 이에 대응하느냐 하
는 것이다.

다행히 뉴욕에서 근무하는 중·고등학교 교사와 한국문화재단 관계
자들이 이러한 문제를 인식하고 이것에 대처하기 위해 미국 중·고등학교
에 한국어 정식과목 채택을 위한 추진회를 결성해 사업을 추진하고 있다.
추진회는 김영덕, 이광호, 이세목 세 사람을 공동대표로 하고 서진형, 김기
철, 조병찬 세 사람을 후원회장으로 하며 이선근, 이지선이 사무를 담당하
고 있다. 이러한 조직이 생기자 학부모회가 앞장을 서고, 특히 고등학교 학
생들이 앞장을 서 이 운동을 도와주고 있다.

이러한 운동은 뉴욕에 한할 것이 아니라 미국 전역으로 확대되어야
한다. 이러한 소식을 접한 타 지역의 교육에 관심이 있고 재미동포 2세를
생각하는 사람들은 모두 동조할 것이며, 자기 지역에서 한국어 채택운동

을 전개해야 할 것이다.미국 내 한국어 보급운동은 완만히 진행되나 오래 지속되는 운동은 아니다. 이제부터 10년이 고비가 되고 10년 내에 한국어가 자리를 잡아야 하는 것이고, 따라서 한국어 보급운동은 시한부 운동이라 하겠다. 미국 내의 모든 한국인이 이것을 위해 앞으로 10년 동안 전력을 다해야 하며 이에 교육 관계자만이 아니라 정치인, 경제인, 문화인, 예술인, 언론인 등 모든 분야의 한인들이 전력을 다해야 한다. 특히 2세들에게 무엇을 물려줄 것이냐 하는 문제를 심각하게 생각하는 사람은 2세들에게 한국어와 한국문화를 상속 1호로 물려주어야 한다. 자산을 물려주고, 가게를 물려주며, 재산을 물려주는 것은 2차적인 것이고 한국인으로서의 긍지를 물려주는 것이 으뜸이고 그것이 한국어와 한국문화인 것이다.

다시 한번 되풀이하지만 인류의 역사는 아이러니하다. 세계를 지배하던 서양 문명이 세기말적 약점을 노출하기 시작했고 추태를 부리기 시작했다. 이제 더 이상 서양문화가 인류를 주도하는 문화가 되지 못하고 유럽이 아닌 다른 문화를 흡수해 보다 차원 높은 문화를 창달하려 할 때 서양인이 찾은 것이 동양문화이다. 서양문화가 동양문화를 흡수, 소화해 새로운 제3의 문화를 만들어야 한다고 생각해 동양의 것을 배우기 시작한 것이 이제 50년이 되었다. 그러나 동양은 이미 200년 이상 서양문화를 소화하기 위한 노력을 해왔다. 말하자면 서양문화와 동양문화를 융합하는 작업에서 서양은 동양보다 늦은 것이고, 동양이 서양을 훨씬 앞선 것이 된다. 말하자면 두 문화를 융합하는 작업을 동양이 주도하고 제3의 새로운 문화를 창조하는 것은 동양의 몫이 되었다. 이런 견지에서 역사는 아이러니하고 역사는 한 민족, 한 문화에만 역사를 맡기지 않는다고 하는 것이다. 문제는 동양에서 누가 더 많은 공헌을 하느냐이고, 이곳에 한국, 중국, 일본이 경쟁을 하는 것이다. 이것이 미국에서 'Bush Grant 2004' 이후의 한·중·일의 대결 양상과도 일맥상통하는 것으로 보인다.

미국에 온 한인동포는 직접 몸으로 부딪치며 서양의 것을 학습하고

342

있다. 이것은 동양과 서양의 문화를 융합해야 한다는 인류의 역사에서 보다 구체적이고 직접적인 융합의 작업을 하게 하는 것이다. 미국에 왔다고 동양 것을 버리고 서양 것만을 따르는 것을 문화의 고아라고 한다. 재미동포가 문화의 고아가 되기 위해 미국에 온 것은 아닐 것이다. 미국동포의 생활이 외롭고, 힘들고, 고달픈 것은 동서문화 융합의 작업이 그만큼 힘들다는 것을 말하는 것이다. 그러나 이러한 쓰라린 역경을 극복하는 것이 선구자이고 최첨단을 걷는 선두자의 모습일 것이다. 오늘을 사는 재미동포들은 위대한 인류 역사를 몸소 체험하고 실천하는 사람이다. 힘들고 어려우나 보람 있는 삶을 영위하고 올바른 방향으로 나아가려는 재미동포에게 무한한 영광이 있기를 바라며 이 글은 마감한다.

끝으로 미국에 거주하는 국제결혼한 여성과 입양인을 위해 좀 더 많은 시간과 노력을 기울이지 못한 것을 끝내 아쉬워하며 이 글을 끝내게 되어 이런 분들에게 미안하고 아쉬운 마음이 간절하다. 앞으로 다시 기회가 있으면 국제결혼한 한국 여성들의 갸륵한 삶과 어려서 입양해 견디기 힘든 문화충격 속에서 성장해온 입양인에 대해 공부할 것을 다짐하는 바이다.

APPENDIX

1. 하와이대학교 한국 관련 교수진

- Chizuko Allen: 국제연구 및 관계 보조
- Sun-Ki Chai: 사회학 조교수
- Minja Kim Choe: 인구학, East-West Center 소속
- Yong-Ho Choe: 역사학, 명예교수
- C. Michael Douglass: 도시 지역 계획, Globalization Research Center 소속
- Hugh H. W. Kang: 역사학, 명예교수
- Joung-Im Kim: 정보통신학 교수
- Karl E. Kim: 도시지역계획 교수
- Min-Sun Kim: 운변학 교수
- Yung-Hee Kim: 동아시아 언어 문학 교수
- Hagen Koo: 사회학 교수
- Fred Lau: 민족음악학 부교수
- Byongwon Lee: 민족음악학 교수
- Chung-Hoon Lee: 경제학 교수
- Dong Jae Lee: 동아시아 언어 문학 부교수
- Hye-ryeong Lee: 운변학 부교수
- Sang-Hyop Lee: 경제학 부교수
- Yean Ju Lee: 사회학 부교수
- Karl Moskowitz: 지역사회 연구원
- Duk Hee Murabayashi: 지역사회 연구원
- William O'Grady: 언어학 교수
- Gary Pak: 영어 부교수
- Mee-Jeong Park: 동아시아 언어 문학 조교수

● Gay Garland Reed: 교육 재단 부교수

● Moonweon Rhee: 산업관계 관리 조교수

● S. Ghan Rhee: 국제 제정 은행 교수

● Jungmin Seo: 정치학 부교수

● Edward J. Shultz: 아시아학 교수

● Ho-Min Sohn: 동아시아 언어 문학 교수

● Judy Van Zile: 무용 교수

● Alexander V. Vovin: 동아시아 언어 문학 교수

● Theodore Jun Yoo: 역사학 부교수

2. 하와이대학교 한국학 관련 강의 제목

인류학

● East Asian Archaeology

동아시아학

● Contemporary Asian Civilizations

● Contemporary Asian Civilizations: Honors

● Field Study: Korea

● Genders in Asian Performing Arts

● Capitalism in Contemporary Asia.

● Culture and Urban Formation in Contemporary Asia

● East Asia Now

● Asian Research Materials and Methods

● Research Seminar: Korea

통신학

● Special Topics: Communication in East Asia

무용학

● Korean Dance I

● Korean Dance II

동아시아 언어

● Korean Literature in Translation: Modern

역사학

- Civilization of Asia
- History of Korea
- Asian Research Materials and Methods

한국어학

- Elementary Korean
- Elementary Korean
- Elementary Conversational Korean II
- Intermediate Korean
- Intermediate Korean
- Intermediate Conversational Korean II
- Third Level Korean
- Third Level Korean
- Reading in Chinese Charaters
- Fourth Level Korean
- Fourth Level Korean
- Korean Composition
- Structure of Korean
- Introduction to Modern Korean Literature
- Language and Culture of Korea
- Korean Proficiency Through Film
- Selected Reading in Korean
- Korean for Academic Purposes: Political Science
- Korean Abroad
- Korean Verse
- Pedagogy of Teaching Korean as a Second Language
- Research in Korean Language Acquisition
- Reseach Seminar in Korean Language

군사학

- History of Military Warfare

정치학

- Global Politics/Comparative
- Global Politics/International Relations

- International Relations
- Current Issues in International Law, Organization, and Culture
- Advanced Topics in Global Politics
- Politics of Media
- Politics of Film

사회학

- Sociology of Korea
- Comparative Study of East Asia

여성학

- Pacific Asia Women in Hawaii

3. 하와이대학교 출판물

단행본

- Parental Encouragement and College Plans of High School Students in Korea. by Choon Yang and Goerge Won.
- The Traditional Culture and Society of Korea: Prehistory. ed. Richard L. Pearson. 1975.
- The Traditional Culture and Society: Art and Literature. ed. by Peter H. Lee. 1975.
- The Traditional Culture and Society: Thought and Institutions. ed. by Hugh H. W. Kang. 1975.
- The Korean Language: Its Structure and Social Porjection. ed. by Ho-min Sohn. 1975.
- Materials on Korean Communism 1 1945-1947, trans. and ed. by Chong-Sik Lee. 1975.
- Films for Korean Studies: A Guide to English-Language Films about Korea, comp. by Lucius A Butler and Chae-soon T. Youngs. 1978.
- Studies on Korea in Transition. ed. by David R MeCann, John Middleton, and Edward J. Shultz. 1979.
- Japanese Sources on Korea in Hawaii. compiled by Minako I. Song, and Masato Matusi. 1980.

- The Grammar of Korea Complementation. by Nam-Kil Kim. 1984.
- Koreans in the Soviet Union. ed. by Dae-Sook Suh. 1987.
- The Writing of Henry Cu Kim: Authobiography with Commentaries on Syngman Rhee, Pak Yong-man, and Chong Sun-man ed. and trans. with an introduction by Dae-sook Suh.
- Proceedings of the 2nd Conference on Cooperation and Regional Development Between Chejudo and Hawaii. 1988.
- Koreans in the United States: A Fact Book. by Herbert R. Berringer and Sung-Nam Cho. 1989.
- Koreans in China. translated and ed. by Dae-Sook Suh. 1990.
- Thematic Relations and Transitivity in English, Japanese, and Korea. by Nam-Sun Song. 1993.
- Tense and Aspect in Korean. by Sung-Ock S. Sohn. 1995.
- Consonant Lenition in Korean and the Macro-Altaic Question. by Samuel E. Martin. 1996.

기타 출판물

- Korea and the United States: A Century of Cooperation. ed. by Youngno Koo and Dae-Sook Suh. 1984.
- The Reluctant Crusade: American Foreign Policy in Korea, 1941-1950. by James Irving Matray. 1985.
- The Korean Frontier in American: Immigration to Hawaii, 1896-1910. by Wayne Patterson. 1988.
- Diplomacy of Asymmetry: Korean-American Relations to 1910. by Jong-suk Chay. 1990.
- Pine River and Lone Peak: An Anthology of Three Choson Dynasty Poets. trans. by Heter H. Lee. 1991.
- Korean Studies: New Pacific Currents. ed. by Dae-Sook Suh. 1994.
- The Clan Records: Five Stories of Korea. by Kajiyama Toshiyuki, translated by Yoshiko Dykstra, introdiction by George Akita and Yong-Ho Ch'oe. 1995.
- South Korea's Minjung Movement: The Culture and Politics of Dissidence. ed. by Kenneth M. Wells. 1995.
- Handbook of Korean Vocabulary. by Miho Choo and William O'Grady. 1996.
- The Record of the Black Dragon Year. translated by Peter H. Lee. 2000.

- The Ilse: First-Generation Koreans Immigrants in Hawaii, 1903-1973. by Wayne Patterson. 2000.
- Schooling in South Korea. by Michael J. Seth. 2002.
- Min-Yong-hwan: A Political Biography. by Michael Finch. 2002.
- Laying Claim to the Memory of May: A Look Back at the 1980 Kwangju Uprising. by Linda S Lewis. 2002.
- Voices from Straw Mat: Toward an Ethnography of Korean Story Singing. by Chan E. Park. 2003.
- Crisis in North Korea: The Fallure of De-Stalinization, 1956. by Andrei N. Lankov. 2004.

4. 하와이대학교 장학금

- The Center for Korean Studies Graduate Scholarships
- The Center for Korean Studies Undergraduate Scholarships
- The Donald C.W.Kim Graduate Scholarship for Korea Studies
- Foreign Language and Area Studies Fellowship for Korean Studies 2006-2007
- Korea Foundation Fellowship for Field Research
- Korea Foundation Fellowship for Korean Language Training
- The N.H. Paul Chung Endowed Graduate Scholarship
- The Yong-Min Endowed Scholarship
- AAS NEAC Korean Studies Grants
- East-West Center Scholarships
- Fulbright Grants
- Korea Foundation Grants

5. 버클리대학교 한국 관련 교수

- George De Vos: 인류학, 명예교수
- John Jamieson: 동아시아 언어 문학, 명예교수
- Kijoo Ko: 동아시아 언어 문학
- Lewis Lancaster: 동아시아 언어 문학, 명예교수
- Meehyei Lee: 동아시아 언어 문학

- Kay Richards: 동아시아 언어 문학
- Jiwon Shin: 동아시아 언어 문학
- Chare You: 동아시아 언어 문학
- Elaine Kim: 민족연구
- Ken Min: 체육교육
- Cahngseob Ahn: 체육교육
- Hong Yun Lee: 정치학
- Robert A. Scalapino: 정치학, 명예교수
- John Lie: 사회학

6. 스탠퍼드대학교 한국학연구원

- Yumi Moon: Acting Assistant Professor
- Kiristin C. Burke: Research Associate
- Doo-Hyon Choi: POSCO NGO Fellow
- Hee-Sun Kim: Korean Language lecturer
- Donald Macintyre: Pantech Fellow
- Chiho Sawada: Research Fellow
- Doo-Yeong Choi: Visiting Scholar
- Myung-Koo Kang: Postdoctoral Fellow
- Mi-Sun Kim: POSCO NGO Fellow
- Xlyu Yang: Pantach Fellow

7. 스탠퍼드대학교 한국 관련 연구진

- William Perr: FSI
- Michael Armacost: APARC
- Heney Rowen: Hoover Institute and APARC
- Larry Diamond: Hoover Institute
- Thomas Heller: Law School and FSI
- Dan Okimoto: FSI
- Lawrence Lau: Economics and APARC

8. 스탠퍼드대학교 2006년도 세미나 주제

- 2006년 10월 9일: US and allies must stand up to North Korea's treat.
- 2006년 10월 4일: Prof. Gi-Wook Shin comments on the North Korea's announcement that it will conduct a nuclear test.
- 2006년 9월 13일: The US-Korea tie: Myth and Reality.
- 2006년 8월 11일: Visiting scholars and fellows arriving at the Korean Studies Program.
- 2006년 8월 2일: Korea's ethnic nationalism is a source of both pride and prejudice, according to Gi-Wook Shin.
- 2006년 7월 11일: U.S. looks to China to influence North Korea.
- 2006년 6월 19일: Is the U.S. bringing terror to the table? Pantech fellow Daniel Sneider comments.
- 2006년 5월 30일: U.S. should be more worried about stalled North Korea talks, says Shorenstein APARC's Daniel Sneider.
- 2006년 4월 24일:
  - U.S. works to boost cooperation in Asia, says Shorenstein APARC's David Kang.
  - U.S China eager to gloss over any disagreement, according to Pantech fellow Daniel Sneider.
- 2006년 2월 16일:
  - China's growing ties to North Korea disturb Seoul.
  - Daniel Kang comments on South Korea's role in a dangerous neighbor-hood.
- 2006년 1월 19일: Containment is challenging, but better than using force.

9. 스탠퍼드대학교 한국학연구소가 2007년 진행한 연구 과제

- Does Perception Matter in International Relation?: Trends in US and Korean Media Coverage of the Alliance, 1992-2004.
- National and Regionalism in Northeast Asia.
- Reconciliation and Cooperation in East Asia.
- Stanford Korea Democracy Project.

10. 스탠퍼드대학교 한국 관련 2006년도 간행물

- Journal of Korean Studies, Vol. 10, 2005.
- Journal of Korean Studies, Vol. 11, 2006.
- Rethinking Historical Injustice and Reconciliation in Northeast Asia: Korean Experience. by Gi-Wook Shin, Soon-Won Park, Daging Yang eds. 2006.
- North Korea: 2005 and Beyond. Philip Yun, Gi-wook Shin, Robert Carlin eds. 2006.
- Ethnic Nationalism in Korea: Genealogy, Politics, and Legacy. by Gi-Wook Shin. 2006.
- Food Security in North Korea: Designing Realistic Possibilities. by Randall Ireson. 2006.

11. 스탠퍼드대학교 장학금

- Fellowships for undergraduate students
- Fellowships for graduate students
- Fellowships for postdoctoral scholars
- Fellowships for professional/international scholars
- Pentech student conference fellowships
- Pentech student research travel fellowships
- Pentech student workshop fellowships
- POSCO TJ Park NGO Fellowships
- Pentech fellowship for Mid-career professionals.

12. UCLA 한국학연구소 교수진

연구소 직원
- John Duncan: 교수, 소장
- Sejung Kim: 연구소 부소장
- Heshin Kim: 프로그램 담당 대표
- Julle Kim: 프로그램 보조

핵심교수

- Robert Buswell: 교수, 불교연구소 소장
- John Duncan: 교수, 역사학
- Kyu Sup Hahn: 조교수
- Burglind Jungmann: 부교수
- Don Kim: 전임강사 조교수
- Lisa Kim Davis: 조교수
- Ja Eun Ku: 한국학도서관원
- Namhee Lee: 한국현대사 조교수
- Peter Lee: 한국비교문학 교수
- Sung-Deuk Oak: 한국기독교 조교수
- Kyeyoung Park: 인류학 부교수
- Sung-Ok Sohn: 교수
- Timothy Tangherlini: 교수

협력교수

- Sun-Ah Jun: 교수
- Namhee Lee: 한국언어 조교수보
- Donald MeCallum: 일본예술사 교수
- Allee Moon: 부교수
- Shu-mei Shin: 부교수, EALC
- Miriam Silverberg: 명예교수
- Lothar von Falkenhausen: 예술사고고학 교수

강사진

- Mary Kim
- Jeongyeon Kim
- Jaeun Yoon
- Jongmyung Hong

방문교수

- Dae-Sook Suh: 정치학

13. 남가주대학교 한국 관련 교수

한국학 교수
- Chaibong Hahm: 국제관계 및 정치대학 교수
- Nam-Kil Kim: 동아시아 언어문화학과 교수
- Kyung-Moon Hwang: 역사학과 부교수

협력 교수
- Ruth Gim Chung: 교육임상학 부교수
- Richard Drobnick: 국제경영학연구소 소장
- Eric Heikkila: 정책계획발전학과 교수
- David James: 영상데레비학과 교수
- Hyeok Jeong: 경제학 조교수
- Alexander Jun: 임상교육학 부교수
- Joy Kim: 한국학도서관 사서
- Yong Kim: 경세학 조교수
- Je Hong Lee: 아시아태평양연구소 소장
- Kwan-Min Lee: 통신학 조교수
- Roger Moon: 경제학 부교수
- Jeffrey Nugent: 경제학 교수
- George Totten: 정치학 명예교수
- Yong-Joon Cho, Goan-Pyoh Hong, Seon-Kyung Jeon, Dong-Hee Kim, Ji-Hyun Park: 이상 5명 한국어 조교

14. 워싱턴대학교 한국학 콜로키엄

- 2007년 10월 17일: 경남대학교 이주태 교수의 The Korean-United States Free Trade Agreement and Its Implication.
- 2007년 10월 22일: 서울대학교 조국 교수의 Critical Controversies in Korean Criminal Law.
- 2007년 11월 30일: 로스앤젤레스시립대학교 이정일 교수의 Engaging the Late Ming in Choson Korea, China and Civilization from a Historial Perspective.
- 2007년 12월 3일: 어바나 샴페인 일리노이대학교의 로널드 토비(Ronald Toby) 교수의 The Mountain That Needs No Interpreter: Mt. Fuji and the Engagement of

the Foreign.

- 2008년 1월 14일: 애리조나주립대학교 최혜월 교수의 Competing Discourses on Modern Womanhood in Transcultural Korea.

15. 미시간대학교 한국 관련 강좌명

미국문화

- Social Sciences Approaches to American Culture, by Scott T. Kurashige.
- Humanities Approaches to American Culture, by Susan Najita.
- Periods In American Culture: Literary, by Susan Najita.

인류학

- Ethnic Diversity in Japan, by Jennifer Robertson.

아시아학

- East Asia: Early Transformations by Christian.
- Undergraduate Seminar in Korean Culture.
- Zen Buddhism, by James Robson
- Seminar in Cultural and Comparative Studies of Asia, by Mark H. Normes.
- Junior/Senior Colloquium for Concentrators, by Manishita Dass.
- Topics in Asian Studies, by Deirdre Leong de la Cruz.
- Independent Study: Directed Readings.
- Directed Readings.
- Dissertation Research: Precandidate.
- Dissertation Research: Candidate.

아시아 언어

- First Year Korean 1, by Insung Ko.
- Reading and Writing Korean 1. by Insung Ko.
- Second Year Korean 1. by Ok-Sook Park
- Third Year Korean 1. by Haewon Cho.
- Reading in Modern Korean 1. by Insung Ko.
- Independent Language Study.

특강
- Sophomore Seminar, by Silvia Pedraza.

음악학
- Music of Asia, by Joseph S C Lam

정치학
- Comparative Politics of Advanced Industrial Democracies, by Robert J. Franzese.

비즈니스 스쿨
- Business in Asia.

16. 미시간대학교 장학금

- University of Michigan Korean Studies Graduate Fellowship: 대학원생 이상으로 인문사회과학 분야 학생에게 지급
- Northeast Asia Council of the Association of Asian Studies/Korea Foundation Grant Programs: 개인 연구하는 교수를 보조하는 자에게 지급
- The International Institute Individual Fellowship: 한국어를 수강하는 미국 학생에 한해 지급
- Fellowship in Korean Studies Program: 학술재단에서 제공하는 장학금
- NEW as of April 14, 2003: 해외에서의 한국학 연구자에게 지급
- Korea Foundation's Field Research and Language Training Fellowships. 어학연수, 현지조사자에게 지급
- Jacob K. Javits Fellowship Program: 한국어 전공자에게 지급

17. 미시간대학교 콜로키엄

- 2006년 9월 13일: Ted Hughes와의 대화(컬럼비아대학교 언어문화)
- 2006년 9월 28일: Nikki S Lee Part and Project: 재미 예술가
- 2006년 10월 4일: The Female Factory Worker and the Politics of Gender in Colonial Korea, by Teodore Jun Yoo(하와이대학교)
- 2006년 10월 11일: Literature on the Eve of Revolution: The Qestion of Politics in 1970s South Korea Fiction, by Youngju Rye(UCLA)

- 2006년 10월 26일: Koryo Saram: the Unreliable People, 영화 감상
- 2006년 11월 8일: Korean Diaspora by Balazs Szalontai(Central Europian Univ.)
- 2006년 11월 27일: Context: An Ethical Question for Contemporary Art, by Joan Kee(뉴욕대학교)
- 2006년 12월 5일: The "Devil Cars" Riots: Science vs. Superstition in Late Nineteenth Century Seoul, by Min Suh Son(UCLA)
- 2006년 12월 8일: Attack the Gas Station: 한국영화 감상
- 2006년 12월 12일: the Hwarang Segi Manuscripts and Early Korean History, by Richard McBride(세인트루이스 워싱턴대학교)

18. 듀크대학교 콜로키엄

- 2006년 2월 17일: Politics of Gender and Sexuality in the Global U.S. Military Empire: A case of South Korea, 바사르(Vassar)대학교 사회학 문성숙 교수
- 2005년 11월 18일: Family in Korea's Economic Growth and Crisis, 연세대학교 사회학 김동노 교수
- 2005년 11월 17일: The North Korean Nuclear Crisis: After Beijing, What Next?, 연세대학교 정치학 문정인 교수
- 2005년 9월 30일: Vanishing Traces: Japanese Censorship in Korea in the 1930s, 시카고대학교 최경희 교수
- 2005년 3월 4일: Countercurrents of Influence: Korean Impact on the Buddhist Traditions of East Asia, UCLA Robert Buswell 교수
- 2005년 2월 25일: Culture, Power, and Worker Identity in South Korea, 하와이대학교 구해건 교수
- 2005년 1월 28일: Imperialism and the Semantics of Sovereignty in late 19th Century Korea, 미시간대학교 엄 헨리 교수

19. 스토니브룩 뉴욕주립대학교 한국학 관련 과목

인문학 계열
- 한국문화 입문
- 유교와 도교

- 한국과 일본의 종교
- 불교
- 동아시아 역사 입문
- 한국문학
- 인문학으로서의 한국학
- 사회과학 한국학
- 한국과 일본의 교육 철학
- 참선과 개안
- 한국학 세미나
- 한국학 독서
- 학사과정 교수법 1
- 학사과정 교수법 2
- 아시아–아메리칸 연구
- 동아시아 사회과학: 하기 해외연수
- 동아시아 인문과학: 하기 해외연수

언어 과정
- 초급 한국어 1
- 초급 한국어 2
- 중급 한국어 1
- 중급 한국어 2
- 고급 한국어
- 한국문학 연구
- 학사과정 교수 실습

20. 스토니브룩 뉴욕주립대학교 출판물

- Buddhist Faith and Sudden Enlightment by Sung-Bae Park. 1993.
- The Four-Seven Debate: An Annotated Translation of the Most Famous Con- troversy in Korea. Neo-Confucian Thought, by Michael C Kalton. 1994.
- The Korean Neo-Confucianism of Yi Yulgok, by Young-chan Ko. 1995.
- The Korean Neo-Confucianism of Yi T'oegye And Yi Yulgok, by Edward Y.J. Chung. 1995.
- Tao-sheng's Commentary on the Lotus Sutra, by Young-Ho Kim. 1996.

- The Korean Economy: A Visions for the 21st Century, by Hyung-Koo Lee. 1996.
- Chong Yagyong: Korea's Challenge to Orthodox Neo-Confucianism, by Mark Setton. 1997.
- Christ and Ceasar in Modern Korea, by Wijo Kang. 1997.
- Kim Songsu: Korean Nationalist Entrepreneur, by Choong Soon Kim. 1998.
- Modern Korean History, eds by Wayne Patterson and Yur-bok Lee. 1998.
- The Sutra of Perfect Enlightment with Commentary by the Son Monk Kihwa, by Charles Muller. 1999.
- The Korean Language, eds by Ik-Sop Lee and S. Robert Ramsey. 2000.
- Understanding Korean Politics, ed by Chung-in Moon. 2001.
- Syncretism: The Religious Context of Christian Beginnings in Korea, by David Chung. 2001.

21. 스토니브룩 뉴욕주립대학교 콜로키엄

- 2007월 4월 27일: King Sejong the Great and Hangul, by Hongkyung Kim(본교 교수)
- 2007년 3월 23일: Korean Cultural Property in American, by Na-Young Lee(문화재연구소)
- 2007년 2월 28일: Arts of Korean Buddhist Temples, by Daehyun Shin(불교문화연구소)
- 2007년 1월 26일: Life and Thoughts of Chong Tochun, the Choson Dynasty Planner, by Hongkyung Kim(본교 교수)
- 2006년 12월 22일: Shakespeare in Korea, by Byeongdae Ahn(한양여자대학교)
- 2006년 11월 24일: Recentralization, Reformation, and the Neo-Confucianism in the late Koryo, by Hongkyung Kim(본교 교수)
- 2006년 10월 27일: Praetorian Rule in the Koryo Dynasty, by Hongkyung Kim.
- 2006년 9월 22일: Chinul and the Three Gates, by Sung-Bae Park(본교 교수)
- 2006년 8월 25일: Korean Geomency, by Hongkyung Kim.
- 2006년 7월 28일: Philisophy in the Korean Rock Music, by Seong-Hwan Kim(대구대학교)
- 2006년 6월 23일: Reception and Influence of German Literature and Drama in Korea, by Ki-Son Kim(성신여자대학교)

● 2006년 5월 26일: Psychoanalysis, Then and Now, by Han-Soo Lee MD.

● 2006년 4월 28일: Early Development of the Koryo Dynasty, by Hongkyung Kim.

22. 컬럼비아대학교 교수진

● Jahyun Kim Haboush: 한국사 전공, 현 소장

● Charles K. Armstrong: 역사학 부교수

● Theodore Hughes: 한국문학 부교수

● Gari Ledyard: 한국사 명예교수

● Laurel Kendall: 인류학 겸임교수

● Samuel S. Kim: 정치학 겸임교수

● Carol Schulz: 한국언어 프로그램 소장

● Hyunkyu Yi: 한국어 강사

● Jin Hong Kim: 한국어 강사

● Beom Lee: 한국어 강사

23. 컬럼비아대학교 한국학 교수 연구실적

Ja-Hyun Kim Haboush

● The Rise of Neo-Confucianism in Korea(1985)

● A Heritage of King(1988)

● The Memoirs of Lady Hyegyong(1996)

● Culture and the State in Late Choson Korea(1999)

● The Confusian Kingship in Korea(2001)

Charles K. Armstrong

● Civil Society and Democracy in Korea(2002)

● The North Korean Revolution 1945-1950(2002)

Gari Ledyard

● The Dutch Came to Korea(1971)

Laurel Kenndall

● Getting Married in Korea: Of Gender, Morality, and Modernity(1996)

- The Life and Hard Time of a Korean Shamans(1988)
- Shamans, Housewivies, and Other Restless Spirits: Women in Korean Ritual Life(1985).

Samuel S.

- Korean Globalization(2000)
- The Two Koreas in the World Community(come soon)

Carol Schulz

- Intermediate 1 and Beginning 1. of Workbook doe Integrated Korean Series.(2001)
- Integrated Korean, Beginning I and II(2000)

24. 컬럼비아대학교 콜로키엄

- 2006년 4월 25일: The Korean-U.S. FTA: Neoliberalism, Culture, and Democracy in South Korea. by Nae-Hui Kang(중앙대학교)
- 2006년 4월 18일: Korean Modernity and Mass Housing Production: Interpreting the Rise of Ap'at'u since the 1950s, by Valerie Gelezeau
- 2006년 3월 22일: A Dialogue with the Poet Kim Chi-Ha
- 2006년 3월 9일: Between Life and Death: diaspora and Korean in Japan, by Sonia Ryang
- 2006년 2월 27일: Colonial Interiors on the Urban Periphery, by Janete Poole(뉴욕대학교)
- 2006년 2월 2일: The Dual Career of "Arirang": The Korean Resistance Anthem That Became a Japanese Pop Hit, by Taylor Atkins(북일리노이대학교)

25. 하버드대학교 강좌

- East Asian Studies 180. Asia Wave, by David McCann.
- Historical Studies A-17. The Two Koreas, by Carter J. Eckert.
- Foreign Cultures 80. Korea at 2100. by David McCann.
- Korean History 111. Traditional Korea, by Sun-Joo Kim.

석사과정

- East Asian Studies 211. Historical Theory and Methods, by Michael J. Puett.
- Korean History 230r. Reading in Premodern Korean History, by Sun-Joo Kim.
- Korean History 240r. Selected Topics in Premodern Korean History: Seminar, by Sun-Joo Kim.
- Korean History 253r. Modern Korean History: Proseminar by Carter J. Eckert.
- Korean History 255r. Modern History: Seminar, by Carter J. Eckert.
- Korean History 260r. Reading in Modern Korean History by Carter J. Eckert.
- Korean 300. Reading and Research, by Eckert, Sun-Joo Kim, David McCann, and Sang-suk Oh.

학부생과 석사과정

- Korean Ba. Elementary Korean, by Mi-Hyn Kim.
- Korean Bb. Elementary Korean, by Mi-Hyn Kim.
- Korean Bxa. Elementary Korean for Advanced Beginners, by Sang-Suk Oh.
- Korean Bxb. Elementary Korean for Advanced Beginners, by Sang-Suk Oh.
- Korean 120a. Intermediate Korean, by Sang-Suk Oh.
- Korean 120b. Intermediate Korean, by Sang-Suk Oh.
- Korean 130a. Pre-advanced Korean, by Mi-Hyn Kim.
- Korean 130b. Pre-advanced Korean, by Mi Hyn Kim.
- Korean 140a. Advanced Korean, by Sang-Suk Oh.
- Korean 140b. Advanced Korean, by Sang-Suk Oh.
- Korean 150a. Reading in Cultural Studies, by Sang-Suk POh.
- Korean 150b. Reading in Cultural Studies. by Sang-Suk Oh.
- East Asian Studies 160. Writing Asian Poetry, by David McCann.
- East Asian Studies 180. Asia Wave, by David McCann.
- Korean Literature 132. Korean Literature in Translation, by David McCann.

학부생

- Korean Literature 210r. Pre-modern Korean Literature, by David McCann.
- Korean Literature 212. Modern Korean Poetry, by David McCann.

26. 하버드대학교 한국 관련 콜로키엄

- 2007년 2월 1일: Investment in Cultural Rule: The Politics of Japanese Assimilation at the 1929 Korean Exposition, by Todd Henry(콜로라도대학교)
- 2007년 2월 12일: Korea in 21st Century: Challenge and Prospects, by Park Geun-Hye(한국 국회)
- 2007년 2월 16일: Music and Film Manager and Producer, by Jung-Sook Park (컬럼비아대학교)
- 2007년 3월 1일: Dictating Dress, Proscribing Posture: Symptuary Codes and Slavery in Late Choson Korea, by Joy Kim(프린스톤대학교)
- 2007년 3월 8일: Mortuary Practices of the Silla Kingdom in Ancient Korea, by Bong-Won Kang(경주박물관)
- 2007년 3월 15일: The Development of Ceramic Technologies on the Korean Penusula and its Relationship with Adjacent Regions, by Jong-taik Cho (고려대학교)
- 2007년 4월 2일: Chinese Foreign Policy in Northeast Asia: Japan, Korea, and Taiwan, by Leselotte Odgaard(덴마크 마루스대학교)
- 2007년 4월 5일: Haunted by Nightmare: Enlightenment Paranoia in Korea Literature, by Mun-yol Yi(한국 작가)
- 2007년 4월 19일: Peotry Reading, by Robert Pinsky and Frank Bidart.
- 2007년 4월 19일: Korean Bronze Metallurgy and Rice Cultivation: Multiple Paths and Diverse Sources, by Yang-Jin Park(충남대학교)
- 2007년 4월 24일: U.S-Korea Relations: the 2007 Agenda, by Kathleen Stephens (국무성 아시아 담당 차관보)
- 2007년 4월 26일: Japan Between Russia, China, Korea, the U.S and the Deep Blue Sea, by Akio Kawato(일본 은행)
- 2007년 4월 26일: Approaches to Complex Society in Ancient Korea: A Critical Review of Discussions on the Complex Society in Korea, by Kim Gyong-taek(문화보존대학)
- 2007년 4월 27일: Workshop on National Language and Colonial Modernity in Japan and Korea, by Christopher Hanscom(한국학연구소)
- 2007년 5월 2일: Film Screening "Never Forever", by Gina Kim(영화 작가)
- 2007년 5월 16일: The Six-Party Talks on North korea's Nuclear Weapons Programs: Problems and Prospects by Evens Revere(코리아 소사어티)

27. 하버드대학교 학생 학술대회

panel 1. Pre-Modern Korea
- Alexander Akin(Harvard U.): Was the Tongguk yoji sungnam Muzzled for Military Security?
- Gwang Ho An(한국학중앙연구원): the Stratification fo Local Clarks of Low Status in the Late Choson Dynasty

Panel 2. Korea's History at its Borders
- Seonmin Kim(Duke U.): The Ginseng Connection: Ginseng and Borders between Qing China and Choson Korea
- Yeunjee Song(UCLA): Manchuria-Korean History: Japan's Modern Invention of Historical Geography of Northeast Asia

Panel 3. Korean Literature
- Javier Cha(U. British Columbia): Cosmic Mechanism and the Paradox of Literature in Korean Neo-Confucianism
- Steven Capener(연세대학교) Paradise Found: Recovery and Redemption in Yi Hyoseok's Later Literature

Panel 4. Modern Korea
- Soon Ju Kim(한국학중앙연구원): A Colonial Public Hall Survives: Gyeongseong
- Bumin'gwan and the Politics of Space and Memory in Postcolonial Korea
- Hoi-eun Kim(하버드대학교): Erwin Baelz's "Anthrpological" Expeditions to Korea and His Theory of the Raqcial Similarity of Japanese and Koreans
- Haruka Matsuda(동경대학교): The Consequences of Military Exercises among the U.S., South Korea, and South Vietnam in the 1950s Open Discussion: The Future of Korean Studies

28. 하버드대학교 한국 시 번역물

- Because of the Rain: Korean Zen Poems, by Non-Chung Kim and Christopher Merrill. trans.
- Enough to Say It's Far: Selected Poems of Pak Chaesam, by David McCann, Jiwon Shin trans.

- Even Birds Leave the World: Selected Poems of Hwang Ji-Woo, by Non-Chung Kim and Christopher Merrill trans.
- The Dwarf. Cho Se-hui, by Ju-chan Fulton trans.
- The Three Way Tavern: Selected Poems by Ko Un, by Clare You and Richard Silberg trans.
- The Dog Thie: Lim Chul-Woo, by Myung-Hee Kim trans.
- The Depth of a Clam: selected Poems of Kim Wang-Kyu, by Brother Anthony trans.
- When the Plug Gets Unplugged: Poems by Kim Hye-Sun, by Dee-Mon Choi trans.

29. 대학강사협의회 간행물 주제

- Volume 1 (1995) Curriculum Design
- 〃 2 (1997) Teaching Strategies and Methodologies
- 〃 3 (1999) Teaching Strategies and Methodologies
- 〃 4 (2000) Program and Curriculum Development
- 〃 5 (2000) Strengthening and Articulation
- 〃 6 (2001) Theories, evidence, and practice in language teaching
- 〃 7 (2002) Task Design and Sequencing in the Communicative Language Information-gap tasks in the classroom
- 〃 8 (2003) Research Review
- 〃 9 (2004) Language and Culture
- 〃 10 (2005) Teaching Refusals in Korea

30. 동암문화연구소 출판물

- Vol.3. No3. Korean Women
- Vol.4. No.1/2. Dynamics of US-Korea Trade Relation.
- Vol.4. No.3. Rethinking the Korean American Identity.
- Vol.5. No.1. Realities and Visions of Korean Americans.
- Vol.5. No.2. Korean Family and Women.
- Vol.6. No.1. The Wisdom of Korean Food.

- Vol.6. No.2. Korean in America.
- Vol.7. No.1/2. Korean Personality in Relation to Its Culture.
- Vol.8. No.1/2. Korean Archeology and Korean Exodus.
- Vol.9. No.1/2. Therapeutic Foods in East Asia.
- Vol.10. No.1/2. The Emerging Generation of Korea Americans.
- Vol.11. No.1. Korean in Japan: New Dimensions of Hybrid and Diverse Communities.
- Vol.11. No.2. The Korean Diaspora on the USA: Challenges and Evolution.
- Vol.12. No.1. Korean Diaspora on China: Ethnicity, Identity, and Change.
- Vol.12. No.2. Koryo Saram: Korean in the Former Soviet Union.
- Vol.13. No.1/2. Korean American Cancer Control and Awareness.
- Vol.14. No.1/2. Korean Religion and Cultural Values.
- Vol.15. No.1/2. Reflections on Korean Cinema.
- Vol.16. No.1/2. Korean Diaspora and Strategies of Global Networking.

31. 동암문화연구소 하기 미 교수연수회 학습 내용

- Introduction to Korea History and Culture (by Hesung Chun Koh, Peter Hernden)
- Traditional Korean Values: Social Structure, Love, and Power (by Hesung Chun Koh)
- Aspect of Traditional Korea
  A) Literature and Poetry (by Peter Hernden, Seunghee Eu)
  B) Visual Arts, Music, and Architecture (by Christopher Park)
- Japanese Colonial Period in Korea (by Mary Connor)
- Modern Koreans in the US (by Edward Chang)
- Koreans in American: Personal Reflections (by Seunghee Eu)
- Economics Development and Globalization (by In-Kang Cho)
- North Korea, Threat to World Peace? (by Mary Connor, Mu-young Lee)
- Korean Culture as Seen Through the Arts: A Comparative View (by Hesung Chun Koh)
- What Have We Learned? Implementing Korea into the Curriculum (by Hesung Chun Koh, Edward Chang, Mary Connor, Peter Hernden)
- Spirituality and Well Being: The Art of Dynamic Channeling (by Andy Hahn)

이광규(李光奎)

1932년 인천 출생
서울대학교 사범대학 역사교육과 졸업
오스트리아 비엔나대학교 철학부 인류학박사
서울대학교 사회과학대학 교수
버클리 캘리포니아대학 교환교수
시애틀 워싱턴대학 교환교수
재외동포재단 이사장
현재 서울대학교 사회과학대학 인류학과 명예교수

저서
『한국가족의 구조분석』(일지사, 1975)
『한국가족의 사적연구』(일지사, 1977)
『문화인류학개론』(일조각, 1980)
『한국가족의 심리문제』(일지사, 1981)
『재일한국인』(일조각, 1983)
『재미한국인』(일조각, 1989)
『재외동포』(서울대출판부, 2000)
『세기의 과제: 연해주 물결운동』(집문당, 2004)
『신민족주의의 세기』(서울대출판부, 2006)
『우리에게 연해주란 무엇인가』(북코리아, 2008)
『한국, 한국어, 한국문화』(북코리아, 2009)